LIBERAL ARTS COLLEGE

世界の経済学50の名著

T・バトラー＝ボードン

大間知知子 訳

Discover
ディスカヴァー

50 ECONOMICS CLASSICS
By Tom Butler-Bowdon

‘This is not just a book for people who want to
save timeby reading one book instead of 50.
[It] looks into some huge pieces of economic thought
which even many important economists have browsed too swifty.
If you are not an economist, this book will teach you a lot.
And if you are an economist, it will also teach you a lot.’

これは50冊の本を読む時間を
節約したい人のための本ではない。

多数の有名な経済学者でさえ
表面的に通り過ぎてしまう数々の経済思想について、
本書はしっかりと解説している。

読者が経済学者でなくても、きっと学ぶものは多いだろう。

また、経済学者であっても、
本書から得るものは実に多いと思われる。

エルナン・ブレヘル

経済ジャーナリスト、アナリスト、ロンドン・スクール・オブ・エコノミクス講師

‘A fascinating and very timely book.’

この上なく魅力的でタイムリーな本。

ダニ・ロドリック

ハーバード大学ケネディスクール・フォード財団政治経済学教授

‘The synopses in this book are fair, balanced, and about as good an introduction to the broad range of modern economic writing, along with a few classics, as one is likely to find.’

公正でバランスの取れた内容であり、
現代の幅広い経済学書と古典的名著への入門書として、
決して期待を裏切らない。

ジェイムズ・K・ガルブレイス

テキサス大学教授、『不平等—誰もが知っておくべきこと』の著者

本書に寄せられた賛辞

目次

PROLOGUE
名著を読むことこそが経済学を学ぶ最善の方法である 021

CHAPTER1
資本主義に希望はあるのか

01 1776年
国富論
国家の富は国民のものであって政府のものではない
アダム・スミス 041

02 1867年
資本論
労働者と資本家の利害は絶え間ない闘争状態にある
カール・マルクス 057

経済学の目的は
富の研究ではなく
人間の研究である

03
1890年
経済学原理
アルフレッド・マーシャル
069

資本家の究極の目標は、
労働しないことではなく、
労働しなくてよい境遇を
誇示することにある

04
1899年
有閑階級の理論
ソースタイン・ヴェブレン
083

文化と宗教は
経済的成功の要因として
最も見過ごされてきた

05
1904年
プロテスタンティズムの倫理と資本主義の精神
マックス・ウェーバー
097

市場の自動調節機能は
実際には限界があるため
政府の介入が必須である

06
1936年
雇用、利子、お金の一般理論
ジョン・メイナード・ケインズ
109

資本主義は成功すると
必然的に衰退に向かう。
そして社会主義が到来する

07
1942年
資本主義・社会主義・民主主義
ヨーゼフ・シュンペーター
125

08
1944年
大転換
市場は社会と人間に奉仕するためにあり、その逆ではない
カール・ポラニー
137

09
1945年
社会における知識の利用
政府がすべての決定を下すのは非効率である。自由に経済活動を行うべきだ
フリードリヒ・ハイエク
151

10
1948年
サムエルソン経済学
厳しい市場原理と政府による公正な管理を両立する経済が適切だ
ポール・サミュエルソン&ウィリアム・ノードハウス
163

11
1949年
ヒューマン・アクション
価格システムが存在せず経済計算が不可能である社会主義経済は実現しない
ルートヴィヒ・フォン・ミーゼス
177

12
1962年
資本主義と自由
個人を保護し、品質を維持するのは政府ではなく、自由市場である
ミルトン・フリードマン
189

資本主義は
最も道徳的な
政治経済制度である
13
1966年
資本主義——知られざる理想
アイン・ランド
201

CHAPTER2
格差拡大に処方箋はあるのか

限りある世界の資源は
増加する人口を
養いきれない
14
1798年
人口論
トマス・マルサス
213

機会の平等を守る最善で公正な方法は、土地への課税である
15
1879年
進歩と貧困
ヘンリー・ジョージ
225

人々が飢えるのは十分な食料がないからではない
16
1981年
貧困と飢饉
アマルティア・セン
239

自分自身への投資は最も大きな収益が期待できる
17
1964年
人的資本——教育を中心とした理論的・経験的分析
ゲーリー・ベッカー
253

貧困国に必要なのは「所有権」の制度化である
18
2000年
資本の謎
エルナンド・デ・ソト
265

米国の格差は共和党によって人為的につくられた
19
2007年
格差はつくられた
ポール・クルーグマン
279

米国政府が主導した
惨事便乗型資本主義が
悲劇をもたらした
20
2007年
ショック・ドクトリン
ナオミ・クライン
293

麻薬のような援助が
アフリカの人々を
貧困に陥れている
21
2010年
援助じゃアフリカは
発展しない
ダンビサ・モヨ
307

現在の資本主義は
政治的にゆがめられた自由
市場主義にすぎない
22
2011年
世界経済を破綻させる
23の嘘
ハジュン・チャン
323

経済のグローバル化と
民主主義や国家主権は
両立できない
23
2011年
グローバリゼーション・
パラドクス
ダニ・ロドリック
339

トリクルダウンは嘘であり、
このままでは世代を超えて
格差が固定される
24
2014年
21世紀の資本
トマ・ピケティ
355

CHAPTER3
経済成長は不可欠か

25
1817年
経済学および課税の原理
国は自由貿易によって能力を最大限に生かすことができる
デヴィッド・リカード
373

26
1968年
都市の原理
都市はつねに富の源泉であり続けるだろう
今までもこれからも
ジェーン・ジェイコブズ
389

27
1973年
スモール・イズ・ビューティフル
生産量よりも人間について考慮する新しい経済学が必要だ
E・F・シューマッハー
401

成功はマネジメントとアイデアの重視から始まる
28
1985年
イノベーションと企業家精神
ピーター・ドラッカー
413

企業はなぜ存在するのか。経済における取引費用の役割とは
29
1988年
企業・市場・法
ロナルド・H・コース
427

競争と産業のクラスター化が豊かな国を作る
30
1990年
国の競争優位
マイケル・E・ポーター
439

健康な生活を守るには水などの共有資源をこれまでとは違う方法で管理する必要がある
31
1990年
コモンズの管理
エリノア・オストロム
453

世界は決して資源の枯渇に直面することはない
32
1996年
究極の資源2
ジュリアン・サイモン
465

企業家精神は成長の原動力であり尊重されるべきである
33
2010年
革新的企業家のミクロ理論
ウィリアム・J・ボーモル
479

GDPに問題はあるが経済成長の指標として代替できるものはない
34
2014年
GDP〈小さくて大きな数字〉の歴史
ダイアン・コイル
493

AI失業への対策は人間が機械にまさる点を見つけることだ
35
2014年
ザ・セカンド・マシン・エイジ
エリック・ブリニョルフソン&アンドリュー・マカフィー
507

米国を繁栄に導いたかつての経済成長はもう起こらない
36
2016年
アメリカ経済成長の終焉
ロバート・J・ゴードン
521

CHAPTER 4

なぜ人はカネに翻弄されるのか

37
1949年
新 賢明なる投資家
ベンジャミン・グレアム
富は、投機ではなく長期的な投資で増やすことができる
539

38
1955年
大暴落1929
ジョン・K・ガルブレイス
実体経済を損なう投機熱を抑止するのは政府の仕事である
551

39
1986年
金融不安定性の経済学
ハイマン・ミンスキー
資本主義は本質的に不安定なものであり、均衡を保つのは難しい
565

国家間の経済格差を広げただけのユーロは失敗だった
45
2016年
ユーロから始まる世界経済の大崩壊
ジョセフ・スティグリッツ
649

CHAPTER5
経済学は現実世界に太刀打ちできるのか

衰退を阻止するには離脱と発言の選択肢が存在しなければならない
46
1970年
離脱・発言・忠誠
アルバート・O・ハーシュマン
667

個々人の小さな行動も積み重なって、社会に大きな影響をもたらす
47
1978年
ミクロ動機とマクロ行動
トーマス・シェリング
681

世界を動かしているのは道徳ではなく、インセンティブである
48
2005年
ヤバい経済学
スティーヴン・D・レヴィット&スティーヴン・J・ダブナー
693

実際の人間は経済学が描く合理的な人間像とは大きく異なる
49
2015年
行動経済学の逆襲
リチャード・セイラー
707

企業家や商人を尊重する新しい考えのおかげで世界は豊かになった
50
2016年
ブルジョアの平等
ディアドラ・マクロスキー
723

注

○各章の扉の引用には、可能な限り既存の邦訳をそのまま用いた。旧漢字、旧仮名遣いのものについては、旧漢字のみ現代の表記に改め、仮名遣いはそのままとした。未訳のもの、既存の邦訳上で割愛されている部分については、本書訳者が訳出した。

○本文中の引用も、可能な限り既存の邦訳を引用したが、特に短文、単語レベルのものについては、地の分とのつながりなどの制約上、原意をそこなわぬよう配慮しながら、やむを得ず手を加えたところがある。また、既存の翻訳上で割愛されている部分については、本書訳者が訳出した。

○著者により選ばれた50冊の書名は、邦訳が出版されているものについては、その書名を引用した。調査の範囲で邦訳が見当たらなかったものについては、本書訳者が訳出した。

○本書で紹介されている文献については、邦訳の出版されているものについては『日本語書名』(出版社名　訳者名　該当頁)とした。また、調査の範囲で邦訳が見当たらなかったものについては『English title (本書訳者による邦題)』としている。

○邦訳は、版元の事情により、現在流通していない場合がある。しかし図書館などでの閲覧は可能であり、再配本や復刊の可能性もあることから、絶版、長期品切れ等の表記はしていない。

○本書で紹介している表紙画像は都合により、著者が参考にした原書とは出版社、版などが異なるものもある。

○名名著の著者を紹介するプロフィールに掲載されている著書の出版年は、邦訳書ではなく原書のものを示している。

○注釈の各マークは下記を示している。

■……邦訳書　【訳】……訳注　【編】……編集部注

※本書でご紹介している作品のなかには、現在では当然配慮すべき表現・用語が使用されている場合があります。本書では原著の表現をそのまま伝えることが作品の正しい理解につながると考え、原文のまま収録している箇所がございます。ご了承ください。

PROLOGUE

名著を読むことこそが経済学を学ぶ最善の方法である

経済学は我々の生活に直結している
経済学を知ることは、私たちのよりよい生き方を知ることである

「騎士道の時代は去った。そして、知識の商人、経済学者や計算屋の時代が、それに続いたのである」

――エドマンド・バーク（『サムエルソン経済学』）

経済学は現代社会を動かし、私たちの生活にも影響を与えかねないが、経済学の主要な理論や思想家、あるいは重要な経済学書について知っている人は少ない。

『世界の経済学 50の名著』は、主要な50冊の経済学書と100を超える経済理論、そして2世紀に渡る経済学史を見渡して、資本主義や金融、国際経済の世界に好奇心旺盛な読者を導き、産業革命の始まりからインターネットや人工知能が重要な鍵を握る「セカンド・マシン・エイジ」まで道案内するための本だ。

本書は、経済学史でも百科事典でもなく、アダム・スミスの『国富論』やトマ・ピケティの『21世紀の資本』など新旧を問わず、経済学を生き生きとした学問にする名著や独創的なアイデアへの手引書として書かれた。

中世には名誉や騎士道、信仰が何よりも重んじられたのと同じように、現代文明の中心には経済やお金や金融があると見抜いたエドマンド・バークは正しい。

かつて人間の運命はほぼ出自で決まったが、今日では私たちはきわめて経済的な存在である。私たちが社会の中で生き延び、成功したいと思うなら、各自が市場価値のあるものを生産しなければならない。

「ゆりかごから墓場まで、さらにはその先までも、人は生涯、経済学の無慈悲な真理を突きつけられる運命にある」とサミュエルソンは言う。

人を動かす根源的な動機の1つは富だ。お金と資産があれば、もっと財やサービスを手に入れることができ、個人の自由や権力が手に入る。参政権は理論上、自由と権力をもたらすはずだが、自分や家族の生活すらままならない状態では、そんなものはほとんど意味がない。

格差の拡大から不十分なインフラや教育、そしてインフレやデフレから財政赤字まで、数々の政治問題が実は経済問題なのだとしたら、個人、企業、そして国家が経済的に成功するための秘密を解き明かすことはきわめて重要になる。本書はそのために必要な知識を得る手助けになるだろう。

個人や国家が財政上の安定を確保する以外に、結局のところ経済学は何の役に立つのだろう？芸術を愛し、支援していたジョン・メイナード・ケインズは、経済学の目的は人生の中にあるよいものを楽しめるようにすることだと考えていた。

好不況の波がもたらす打撃を回避する安定した経済成長があって、はじめてそれが可能になる。経済学者は「文明の管財人ではなく、文明の可能性の管財人である」とケインズは『エコノミック・ジャーナル』誌の編集長を退任する際のスピーチで語った。

経済活動を政治から切り離して考えることはできない

つい忘れてしまいがちなことだが、アダム・スミスが『国富論』を書いた1776年には、「経済学」という言葉はまだ使われていなかった。当時は哲学の1分野として、政府がどのように収入を得るか、そしてどのように支出するかを考察する〝政治経済〟という領域があった。スミスの非凡な点は、この政治経済という伝統的な思想から脱却して、国の富を創造するのは国家ではなく民間の経済であり個人の努力であると明らかにしたところにある。アダム・スミスの業績によって、現在知られている経済学という専門的な学問が確立された。

しかし、私たちの生活は市場によって規制されるのと同じように、法や政治制度、そして社会規範によっても規制されている。私たちはまず市民であり、次に消費者なのだ。

実際、私たちは〝経済〟の中で生活しているというよりも、何らかの形式の〝政治経済〟の中で暮らしていると言った方がいい。それは福祉給付のある資本主義であったり、市場の要素を含んだ権威主義体制だったりする。

経済活動を国家や社会、政府から切り離して分析することは不可能だ。だから本書では狭義の経済学ではなく、〝政治経済〟に焦点を当てている。

完璧にはほど遠い科学としての経済学

経済学は、経験的事実や現象を実証的な方法で研究する経験科学だと考えられているが、実際にはイデオロギー的な分断や一時の流行に支配された歴史を持っている。

ロナルド・コースが主張したように、経済学の最大の問題は、実務家がわざわざ確かめたり承認したりしない仮説の上に理論やモデルが構築されていることだ。コースは、理論的にはすべてを完璧に説明できるが、現実には役に立たない経済学を、「黒板経済学」と呼んで批判した。

経済学の最大の過ちは、理論という名の荷車で馬を引かせようとしたことだ。その過ちには、次のようなものがある。

市場の自動均衡理論

市場は政府の介入を必要とせず、需要と供給、雇用と物価が互いの動きに合わせて優雅なダンスを踊り、自然に均衡に達成するはずだというこの理論は経済学の支配的な考え方として強い影響力を持っていたが、大恐慌という未曽有の事態が起きると、あっけなくその欠点をさらしてしまった。

市場の自動均衡理論は、雇用と労働者よりも通貨を重視し、金融の拘束衣という悪名を着せられた金本位制の時代に構築された。

現在では各国が抱える問題の優先順位にはお構いなく、完全な金融グローバリゼーションや規制緩和、民営化を要求する理論的根拠として使われている。

計画経済

国家が全体の利益になる選択と資源の配分をするために、必要なすべてのデータを入手できると想定する中央政府の計画経済。

一般的な意味での市場が廃止される結果、価格が示す情報は失われ、個人の利益が否定されるためにイノベーションは阻害され、経済はゆっくりと後退した。何よりも問題なのは、そのような制度はあらゆる部門を団結させるために、容赦ない強制を必要としたという事実である。


経済学者はこれまで、「1つの大きな理論」をいとも簡単に信じる傾向にあった。しかし本来なら、経済学者は新たに出現した事実に合わせてモデルを変更・修正し、現実のより正確な解釈を助ける多数の細かいデータを積極的に集めるべきなのだ。

なぜ経済学者は金融危機を予測できないのか？

経済学に向けられたもっと深刻な批判は、経済学が歴史の教訓を無視してきたという主張である。経済学を学ぶ大学生は30年以上前に書かれた本や論文をほとんど読まず、教科書が提示する現代の正統派理論だけを学んでいる。

しかし２００７〜０８年の世界金融危機から学ぶことがあるとすれば、経済と金融の歴史を軽んじてはならないという教訓だろう。どの世代も、今の経済は昔とは根本的に違うのだから、投機熱や恐慌や大暴落は二度と起こらないだろうと信じ——そして裏切られてきた。

世界金融危機の後、ロンドン・スクール・オブ・エコノミクスで開かれた会合で、エリザベス女王は居並ぶ経済学者を見渡して、「どうして誰もあんなことが起きると予想できなかったのですか？」と尋ねた。

危機を予測できた経済学者はわずか十数名しかいなかったという事実（オーストラリアの経済学者スティーブ・キーンは実際にその数を数えたそうだ）から、経済学は信頼に足る予測ができる客観的科学にはほど遠いことがわかる。

たとえば気象学者が天気予報の精度を年々上げているのとは大違いなのだ。その原因の１つに、現代の経済は単に生産構造と需要の充足だけでなく、将来に対する信頼や期待といった心理的な要因まで含むきわめて複雑なシステムだということが挙げられる。

イデオロギー的偏見のせいで誤った前提に基づくモデルが作られ、それもまた経済的予測を狂わせる。たとえばアメリカの金融と住宅ローンの規制緩和は、借りられる資金を増やして「オーナーシップ社会」（当時のジョージ・W・ブッシュ大統領が提唱）を実現すると期待された。しかし実際には、節操のない金融業界が無責任な貸し付けをいっそう増やし、不動産バブルとペテンのような金融商品は見過ごされ、数百万人を経済的破滅に叩き落とす大暴落を招いた。

経済学者のハイマン・ミンスキーは、資本主義のもとでは、適切な規制がない限り金融が膨張して限界に達し、不安定性を引き起こすと警告した。銀行や企業が政府に「改革」を要求するときは、誰が利益を得るのかを確かめる必要がある。ミンスキーは、「資本主義を批判した経済学のみが、資本主義にとって好ましい政策を導くことができる」（『金融不安定性の経済学』）とさえ述べている。

経済政策が特定のグループの利益のために占有され、利用される道具であり続ければ、資本主義が万人の幸福を増大させる力を十分発揮するのは難しいだろう。

経済学は人間の研究である

「経済学は日常生活を営んでいる人間に関する研究である。（中略）このようにして経済学は一面においては富の研究であるが、他の、より重要な側面においては人間の研究の一部なのである。」

――アルフレッド・マーシャル（『経済学原理』）

「人間の研究」という経済学の側面は長い間脇役に追いやられてきたが、ここ30年ほどの間に、人間はつねに自己の最大の利益のために行動する合理的存在であるという標準的な見方に対し、行動経済学は疑問を投げかけるようになった。

人間は「自己最大化」を目指す生き物だという信念は、市場経済の効率性に関する誤った考えと、市場による資源の完璧な配分という考え方を生む原因となった。実際には、私たちは自分にとって何が最善なのかわかっていないし、幸福になるチャンスを減らす不合理な行動を取る。

そして私たちを誤った結論に導く認知バイアスもある。経済学全体が合理的選択理論に基づいているとしたら、私たちは人間ではなく、「いくつかの選好を持つ消費者」にすぎなくなる。

イギリスの経済学者マーシャルは、社会とはそれぞれが最大の効用を欲し、必要な財やサービスを購入するために労働という「不効用」を我慢する無数の個人の集まりだと考えた。一方、企業はこれらの人々の欲望を満たすために、完全競争の状態で競い合っているとみなされた。

この秩序ある世界（ロバート・ハイルブローナーの言う「行儀のいい動物園」）では、明らかに戦争や革ないために無視されるか、ただの〝政治〟として片づけられた。

命、そして宗教の影響が入り込む余地はなかった。そのような領域は経済学的モデルにそぐわ

経済学は人間の心理や期待と大きく関わり、人々の生活に根本的で長期的な影響を与える力があるという理由で、経済学は倫理学であるとケインズは指摘した。人々の選択を数学的な方程式に落とし込むことはできない。たとえその方が便利だったとしても、それは無理な相談だ。

フランスの経済学者トマ・ピケティは『21世紀の資本』の中で、経済学が他の社会学の上に立とうとする傾向を批判した。ピケティは、経済学が数学に熱中するのは、「科学っぽく見せるにはお手軽な方法だが、それをいいことに、私たち住む世界が投げかけるはるかに複雑な問題には答えずにすませているのだ」（『21世紀の資本』）と書いている。

ケンブリッジ大学で経済学を教えるハジュン・チャンは、「良い経済政策を運営するのに優秀な経済学者は必要ない」（『世界経済を破綻させる23の嘘』）とさえ述べている。韓国出身のハジュン・チャンは、彼の母国を含む東アジアの奇跡的な経済成長は、大半が法律家や政治家やエンジニアの功績だと指摘している。

経済学者に対するこうした批判はあるが、自分たちの専門分野である経済学に何ができるかをつねに問い続ける経済学者、イデオロギーに惑わされず経済学的モデルだけに満足していない経済学者、非経済学的な行動動機を研究する経済学者は数え切れないほど存在する。

しかしハーバード大学教授のダニ・ロドリックは、経済学者もまた排他的な人間なので、「こ

ち側」でない相手の言うことには耳を貸さない傾向があると指摘する。その結果、同じグループ内の支配的な考え方に同調しがちな集団思考に陥り、危機や大きな問題に発展しかねないひずみが生まれているのに気づかなくなる。これは深刻な事態だ。

経済学者は現代の資本主義文化の権威であり、大衆ばかりでなく政治家すら経済学者の教えに従う。したがって、彼らの予測の誤りや手抜かりは現代の経済だけでなく、何世代も先まで影響を与える可能性がある。

しかし経済学者が現状を正しく見きわめ、市場の利点や、国内産業を保護するための自給自足より貿易を選ぶべき理由といった明快な考えを強く主張することによって、経済学者の思想は数十億の人々の福祉の向上につながるだろう。

経済学は〝事実〟を教えてくれる

「そして最後に、過去数十年間に経済史家によって発見された驚くべき事実がある。1800年から2世紀の間に、スウェーデンと台湾の平均的な国民が手に入れられる商業的な財やサービスは30倍、あるいは100倍に増加した。ここで注意してほしいのは、100倍であって100％ではないということだ。100％ならたったの2倍でしかないが、一番高い見積もりで100倍なら1万％の増加であり、最も控えめな数字を取って30倍だとしても、2900％の増加になる。過去2世紀の間に達成された大いなる豊かさは、それ以前の、そして現代の豊かさをはるかに凌駕している。」
——ディアドラ・マクロスキー（『ブルジョアの平等』本書訳者による訳）

アンガス・マディソンをはじめとする経済史家が指摘するとおり、世界の経済は産業革命前の2000年の間、ほとんど成長しなかった。

産業革命後にようやく経済は急速に成長し始めたのである。過去2世紀の間に生活水準は驚異的な比率で上昇した。この「大いなる豊かさ」を説明するのは、「経済学と経済学史に課せられた重要な科学的使命である」とディアドラ・マクロスキーは言う。

過去200年間に書かれた経済思想家の著作を見ると、人口超過、経済格差、環境の大変動といった陰鬱な将来の警告が次から次へと登場する。

実際にはそのような事態は起こらなかったし、起こったとしても想像したほどひどい事態にはならなかった。しかしその事実は忘れられ、よいニュースは見過ごされる。

いまだに10億人が貧困状態で暮らしているのは確かだが、農業生産の進歩のおかげで、世界人口は増加したにもかかわらず、飢饉ははるかに少なくなった。戦争や自然災害で死ぬ危険は減り、それと並行して生活水準は上がり続けている。

現在の予測では、あらゆる国々と人類の大半が1世紀以内に今日の欧米諸国の生活水準に追いつくと見られている。しかし経済学者のジュリアン・サイモンは、「多くの人が、生活状況はどんどん悪くなると考えたり、発言したりするのをやめないだろう」と指摘している。

将来の見通しが明るいと思えないなら、サイモン、マクロスキー、ダイアン・コイル、ロバート・J・ゴードンの著作の紹介を読んでほしい。事実に基づいた根拠を確かめられるはずだ。

しかし、人口も消費も増えていく中で、世界が成長を続け、しかも資源の枯渇は起こらないなどということがどうすれば可能なのだろうか？

ある資源が不足し始めれば、おそらく人間は創意工夫を発揮するだろう。鯨油に代わって原油が採掘され始めたように、これからは風力や太陽光発電などの持続可能なエネルギー技術が原油の需要を次第に減らしていくだろう。

資源とは一定の量しかないものではなく、人間の知性が生み出すものだ。人間の知性という資源が大きな問題のほとんどを解決するだろうということは、歴史が示している。長期的に見れば、私たちが向かう方向は明らかだ。これまでも、人口が増えても世界はより豊かになり、あらゆる観点から見て向上してきたのである。

資本主義か？　社会主義か？

経済学はマクロスキーの言う「大いなる豊かさ」に貢献しているだろうか？

ルートヴィヒ・フォン・ミーゼスは、アダム・スミスをはじめとする古典派経済学者の思想があったからこそ、近代的な富の創造に適した状況が生まれたのだと主張した。「科学技術の進歩を阻んでいた古くさい法律、慣習や偏見を排除して、改革者や革新者の非凡な才能をギルド、政府の保護や諸種の社会的圧力の束縛から開放した」のは古典派経済学者たちだったからだ。「征服者や収奪者の威信を失墜させ、（中略）ビジネス活動から生じる社会的恩恵を実証した」のは経済学者たちだったとフォン・ミーゼスは言う。

つまり、経済学の法則は権力者の傲慢に対抗する力として働いたのである。産業革命は自由放任主義経済の思想がなければ実現しなかっただろう。

ミーゼスとは対照的に、カール・ポラニーは政府や国家の保護がなければ市場は決して存在しなかったと主張した。

市場、そして富を生産する市場の能力が拡大し、発達することができた背景には、政治的自由の確立があった。政治的自由が認められたことによって、特権を持たない庶民が才能を生かして生産した財やサービスを売ることができるようになり、能力を思う存分発揮することが可能になった。

ポラニーとミーゼスのうち、正しいのはどっちだろう?

経済的繁栄のためには、国家と国家が与える政治的権利が必要だろうか。それとも政府は市民と市場にとって邪魔なだけなのだろうか。

理想の政治経済制度とは、厳しく規制され、計画され、利益よりも社会正義を優先する社会だろうか。あるいは法や秩序、国防、そして契約の法的強制のみを提供し、その他の点では市民が自分の目標を追求する完全な自由を認める最小の国家だろうか？

この問いに対する正しい答えは、「その間のどこか」だ。経済学は〝平等〟と〝効率性〟のトレードオフを考慮せざるを得ない。私たちは市民として、正義を増進し、貧富の差を減らし、基本的な医療と教育を誰もが受けられるような社会的成果を要求する権利がある。しかしその目標を追求しすぎれば、国の財政は破綻し、努力して手に入れた富が再分配されるために、個人の自由は損なわれる。

実際には過去半世紀の間に、多くの人々が福祉国家に賛成票を投じてきた。コストはかかっても、食品の基準や金融界に規制を設け、最低賃金や国立公園を制定することを望んだのである。

ポール・サミュエルソンは2009年に亡くなる前に、自身の有名な経済の教科書『サムエルソン　経済学』の第19版に「中道派宣言」と題する序文を寄せた。中道派とは、「市場の容赦ない規律と政府の公正な監視をあわせ持つ経済制度」を支持する姿勢であると述べている。

中道派は証拠だけを重視する立場を取る。そして過去20年間の出来事――2007〜08年の世界金融危機も含めて――は、明らかに規制なき資本主義も中央政府による計画経済も、どちらも繁栄への現実的な道ではないということを示している。

著名な経済学者のジョン・ケネス・ガルブレイスは、1994年のインタビューで彼の政治的立ち位置はどこにあるのかと質問されて、次のように答えている。
「私は実用本位でものを考えている。市場がうまく機能する状況では、市場を支持する。政府の介入が必要な場面では、政府を支持する。『民営化に賛成だ』とか『絶対に国有化すべきだ』と言う人の意見をうのみにすべきではない。私はそれぞれの状況で役に立つものなら何でも賛成だ」

社会科学の1分野として、経済学はイデオロギーを超えて「役に立つ」考え方だけを模索していかなければならない。

とは言うものの、社会主義制度と資本主義制度のどちらかの暮らしを選ばなければならないとしたら、資本主義制度の方が個人や社会にとって価値あるものをはるかにうまく提供するだろうということは、事実が明確に証明している。

それが事実だとすれば、資本主義についてもう少し知識を深めるのはいいことだ。何といっても、世界人口の大半は今や資本主義制度のもとで生活しているのである。『世界の経済学50の名著』は、その大部分を資本主義を知るという目的に捧げていると言っても過言ではない。

〝本〟は経済学を学ぶ最善の方法である

経済学が実際にどこを目指して進んでいるのかは、学術論文や著名なブログで扱うべき題材だと言えるかもしれない。ではなぜ、あえて経済学書に焦点を絞るのだろうか？

私は、本はある思想の有効性を確かめる最善の方法の1つだと考えている。著者が自分の理論を裏づける証拠や実例を提示しなければ、とうてい1冊の本のページ数を埋めることはできないからだ。著者には、本にする以外の方法では語り尽くせない重要な思想があるはずだ。

本書に掲載した本の多くは、執筆に何年もかかっている。たとえばゴードンの『The Rise and Fall of American Growth（アメリカ経済　成長の終焉）』のように著者のライフワーク的な研究の集大成もあれば、マイケル・ポーターの『国の競争優位』のようにある論点に関する代表的な本もある。

この50冊の著作を選んだのは、単にその本が重要だからというだけでなく、それ自体がすばらしい読書体験になるからである。いかに重要な思想でも、理解しがたい学術用語に埋もれてしまっては、広い世界に与える影響は限られる。しかし著者が平易な言葉で語るように努めれば、より多くの読者にその思想が届くだろう。

経済学に関する著述は、ごくわずかの人しか実際には理解できないような秘密の錬金術——金融関係者が好むような——であってはならない。

哲学が哲学者だけのものではないように、経済学は経済学者だけのものではない。

こうした理由から、本書にはアカデミズムに籍を置く経済学者だけでなく、歴史家、投資家、ジャーナリスト、社会学者、ビジネススクール教授などの著作も加えた。彼ら自身もまた、心理学や哲学、そして文学までも含めた経済学以外の知的分野から影響を受けてきている。

本書に納める本を選ぶにあたっては、明らかに重要で、この種のアンソロジーからは絶対に外せない本か、経済学に生き生きとした興味を与える本という基準を設けた。この2つ目の基準から選ばれた本は一風変わった印象を与えるかもしれない。

しかし1つの分野の重要な著作を選ぶのに「科学的正確さ」というものはあり得ないし、何が重要かもまた、時がたてば変化するものだ。

この本には〝異端〟の、言い換えると〝非正統派〟の経済学者による著書がかなりたくさん含まれているが、それについて弁明しようとは思わない。ある時期に支配的だった考え方が、後になってみると誤った前提に基づいていたというのはよくあることだ。

今は非主流派の地位に甘んじている経済学の学説も、その理論を支える証拠が、あるいは証拠の欠如が明らかになって、明日には主流派になるかもしれないし、その逆もあるかもしれない。

『世界の経済学50の名著』を手に取ってくれたみなさまが、この本をきっかけとしてここで取り上げた本を実際に読み、そこからさらに読書や知識の幅を広げていただければ、これほどうれしいことはない。

1

Chapter 1

資本主義に希望はあるのか

01

1776

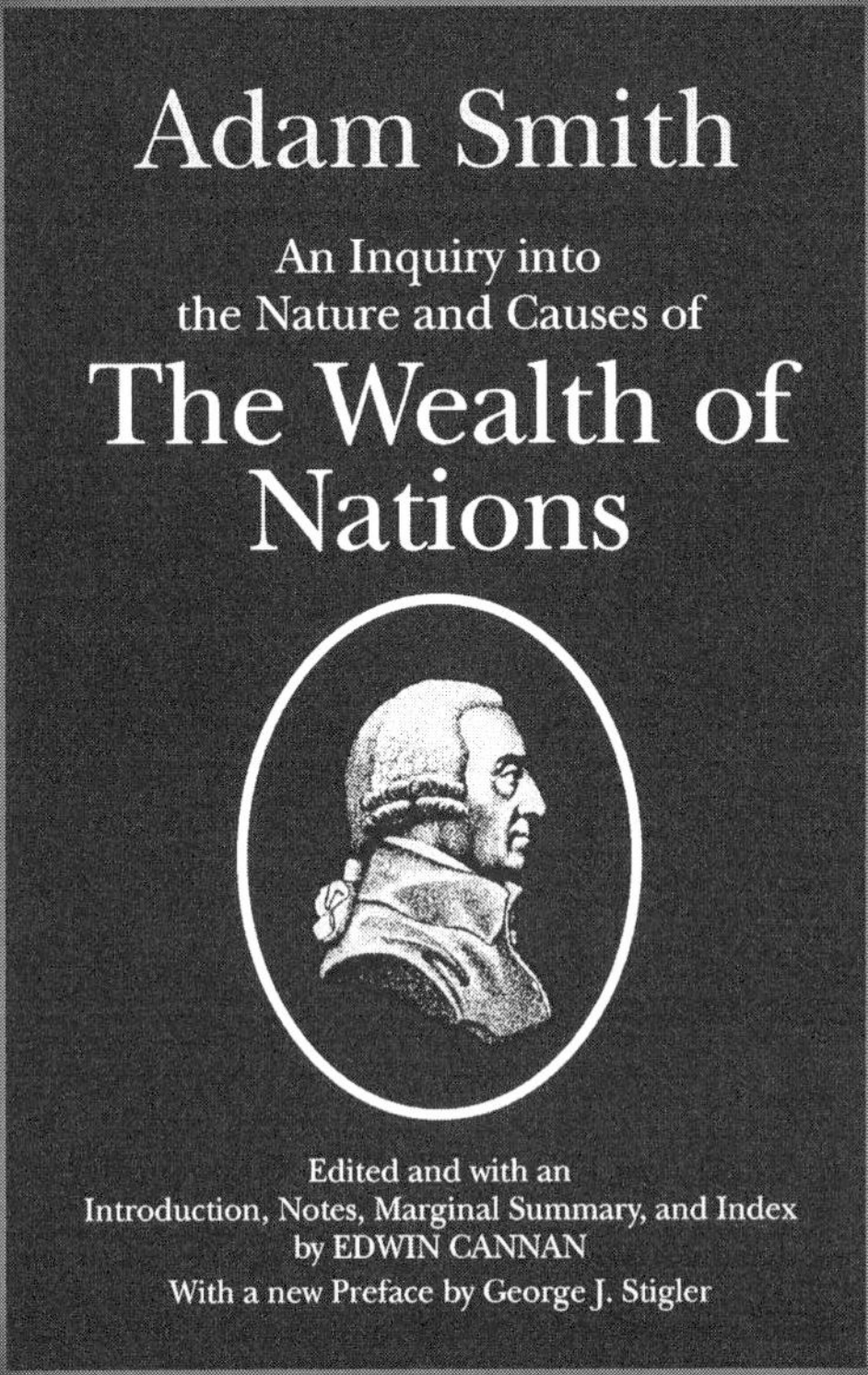

国富論

アダム・スミス

邦訳書

［ 国富論 ］

大河内一男 監訳　中央公論新社（2010年）

国家の富は、国民のものであって政府のものではない。一定のモラルを保った上で国民が利益を追求すれば全体の繁栄が達成される。

▼「われわれが自分たちの食事をとるのは、肉屋や酒屋やパン屋の博愛心によるのではなくて、かれら自身の利害に対するかれらの関心による。われわれが呼びかけるのは、かれらの博愛的な感情にたいしてではなく、かれらの自愛心《セルフ・ラブ》にたいしてであり、われわれがかれらに語るのは、われわれ自身の必要についてではなく、かれらの利益についてである。同胞市民の博愛心に主としてたよろうとするのは、乞食《こじき》をおいてほかにはいない。」

【Ⅰ巻32頁】

▼「一国にたいして、自分の国で産出されるあらゆるものを活用して、おのれの好むものを作ることを禁じたり、または、かれらがもっとも有利だと考える仕方で自分たちの資本や労働を使用することを禁止するのは、人間のもっとも神聖な権利の歴然たる侵害である。」

【Ⅲ巻151頁】

Adam Smith
アダム・スミス

イギリスの経済学者・哲学者・倫理学者

スミスの父はスコットランドのカコーディという町の税関吏だったが、1723年にスミスが生まれる6か月前に亡くなった。スミスは15歳でグラスゴー大学に入学して道徳哲学を学び、卒業後にオックスフォード大学に入学（1746年に中途退学）した。1748年にエディンバラ大学で公開講義を開始し、1751年にグラスゴー大学の論理学教授に就任した（のちに道徳哲学教授に転じる）。

1763年に大学の職を去り、若いスコットランド貴族のバクルー公の家庭教師となる。バックルー公の外遊に同行してヨーロッパをめぐり、テュルゴーや哲学者のエルヴェシウス、ケネーなどの知識人と交流した。スコットランドに帰国後、スミスはほぼ10年にわたって『国富論』の執筆に専念した。父の跡を継ぐように、1778年にエディンバラで関税監督官に就任した。

スミスは生涯独身だった。1790年に亡くなったとき、スミスは財産の大半を慈善事業に遺贈した。

恣意的な政府の介入を批判。人々の良心や利他心を前提に据え、国民による利益追求の自由を訴えた

18世紀には「資本主義」や「経済学」という言葉はまだ生まれていなかった。経済問題は政治や社会問題の一部とみなされていたので、当時は「政治経済学」という言葉が使われた。

アダム・スミスは決して最初の経済学者というわけではない（スミスはフランスの「重農主義者」、たとえばテュルゴーやコンドルセ、ケネーなど、経済問題に関する初期の思想家から強い影響を受けている）が、『国富論』は、経済学が政治学や哲学、法学、倫理学とは異なる1つの独立した研究分野であると位置づけ、経済学という新しい学問を樹立した。

『国富論』は真の意味で大衆の関心を集めた初めての経済学書であり、文学作品の金字塔でもある。わかりやすく書かれた文章や、支配者の愚行と既得権の腐敗に対する舌鋒鋭い批判によって、スミスは名声を獲得した。

スミスが50代になってようやく出版された『国富論』は、完成までに10年を要し、2巻構成の38万語からなる大著となった。スミスは現在では学問的な興味を引くにすぎない内容について、かなりの分量を割いて詳しく記述している。

たとえば13世紀のイングランドにおける小麦や大麦、エール*1の生産、地主や君主が農地に課す地代の種類、スペインの南米征服後に銀の価格がどの程度下落したか、そして政府が塩、皮革製品、石けん、ろうそくにかける租税はどうすれば公正になるかといった問題だ。

このように、過去の事例に関する細かい記述が多いのは確かだが、この本には今でも驚くほどの魅力と時代を超越した説得力がある。

個々人が自己の利益を自由に追求することが、国民全体の繁栄につながる

『国富論』はアダム・スミスの時代に発展しつつあった産業資本主義を解説した本で、これを読むかぎり、スミスは欲望と利己心の支持者だったように見える。

しかし一方で、『国富論』が出版される17年前には、スミスは本書とはかなり異なる『道徳感情論』（1759年）と題する本を出版し、人間には利己心の他に良心や他人に対する思いやりがあり、社会はその道徳的な力によってまとまっていると述べている。

人々が主に利己心に基づいて行動しているとしても、それは実際には問題ではなく、結果的には全体の調和がとれるのだとスミスは『国富論』で主張した。個人が自分にとって最大の利益を得るために行動すれば、自由市場では「見えざる手」II・317Pが働いて、結果的に全体の利益が増進する。

*1 **エール**
ビールの一種【訳】

この理論は欲張りや不正を正当化しているわけではない。自分や家族がよりよい生活をするために一人ひとりが正直に働けば、資源の最適な利用に結びつくはずだという意味だ。個人が自己の利益を自由に追求できる社会では、必然的に資源が最大限に活用され、繁栄が達成される。

「肉屋や酒屋やパン屋の博愛心」に関するスミスの有名な一節（本書42頁で引用）は、単に人間の本性が利己的だと言っているわけではない。そこにはスミスの自己信頼の哲学を支える思想が表れている。私たちは自分の欲求を満たすことができれば、もっと他者を助けられるし、他者を助ける立場に立てるとスミスは考えていた。

“分業”や“労働の専門化”によって生産性が向上し、国家が豊かになる

スミスがまず労働について語っているのは偶然ではない。

国家がどれほど豊かになれるかは、何よりも「国民の労働がふつう行なわれるさいの熟練、技能、判断力の程度」[I・3P]によるとスミスは考えていた。そして次に重要なのは、国民のうち有益な労働に従事する人々の割合だった。

豊かな国では、働かない人間が多いにもかかわらず、社会全体ではほとんどの人々の欲求が十分に満たされている。なぜなら豊かな国ではたいてい、貧しい国に比べてはるかに多くの“分業”が実施されているからだ。[I・13P] 人それぞれの能力に応じて作業を分割し、ある作業を最

もうまくできる人にその作業を任せれば、非常に能率的で、1つの作業から次の作業に移るためにかかる時間を節約できる。

また、スミスはこの〝分業〟の原理を農業や工業以外にも適用した。進歩した社会では、哲学や新しいアイデアの創造は、もっと日常的な仕事と並んで、ある種の人々の「職業」[I・22P]になるとスミスは指摘した。

こうして専門化が進めば、「各自は、自分たちの独自の分野においてますます専門家となるが、全体としてみるといっそう多くの仕事が達成され、科学的知識の量はいちじるしく増大するのである」[I・22P]と言う。よく統治された社会では、分業によって「広く富裕がゆきわたる」[I・22P]ので、最下層の労働者でさえ自分の欲求を満たすことができる。

スミスはスコットランドの高地に住むハイランド人*2は、都市から遠く離れて暮らしているので、誰もが自分の家族のために「肉屋にもなり、パン屋にもなり、また酒屋にもならなければならない」[I・39P]と述べている。

対照的に、進歩した社会では、一人ひとりが自分の労働の生産物の商人となる方が効率がいい。なぜなら専門的な労働に従事する労働者には、自分が必要とするものを何もかも自分で作る暇はないからだ。

そのかわり彼らは自分の生産物の余剰部分（たとえば、靴職人は年間100足以上の靴を生産するが、自分の家族が使う分は年に6足もあれば十分だろう）を売り、そのお金で自分たちが必要なものや欲し

*2 **ハイランド人**
スコットランド北西部の高地地方に住む人々【訳】

いものを買わなければならない。

都市が大きければ大きいほど、労働は専門化され、商品やサービスの交換は盛んになる。大都市は頭脳労働や肉体労働の分業が進むからこそ豊かになる。

資本家による搾取を公正なものとした

スミスによれば、商品の価値を決定するのは、その商品の生産のために投入された労働の量である。

誰かがその労働をすることによって、その商品の買い手は同じ労働をする手間が省ける。高い有用性のある商品を提供する人は、他の人がそれを作るためにしなければならない労働を省いて、その代わりにたくさんのお金を得る。

その商品を作るために必要な労働の厳しさと創意工夫が、その価値を決定する際に重要な要素となる。

しかしスミスは、「こうした事態のもとでは、労働の全生産物はつねに労働者に属するとはかぎらない。かれは、多くの場合、かれを雇用する資本《ストック》の所有者とそれを分けあわなければならない」[■Ⅰ・92－93P]と指摘している。

これはもちろん、のちにマルクスが批判する資本主義の問題である。資本主義では、商品の生産に関して指導的な立場にあったわけでもなく、自分の労働力を投入しない人物が、労働の生産物の大半を自分のものにする。

しかしスミスの考えではそれは公正だった。なぜなら、最初に資本が供給されなければ、労働者の賃金は支払えないからだ。

〈貯蓄→投資→雇用の増加〉のサイクルを回せば、国は豊かになる

スミスは、国が豊かになるための単純な方法は、第一に国民が節約家になることだと述べた。「勤勉ではなくて節約が、資本増加の直接の原因である」[II・121P]とスミスは書いている。浪費家は「公共社会の敵」[II・126P]であり、節約家は「その恩人」[II・126P]である。

次に大切なのは〝貯蓄〟を生産的な目的に〝投資〟することだ。そうすれば〝雇用〟される人々の数は自然に増加する。

国を豊かにするための貯蓄・投資・雇用という公式は、今でこそ当たり前に思えるが、スミスの時代には決して一般的な考えではなかった。

当時のヨーロッパ諸国では政策の中心に重商主義的な思想があり、国家の経済目的は貿易や戦争を通じて金、銀、そしてその他の貴金属の蓄積を増やすことだと考えられていた。

それに比べればスミスの経済政策は中産階級的で穏当だった。スミスの思想は節約、勤勉、

そして自分に与えられた仕事に励むというプロテスタント的な倫理観に立脚していた。

スミスは、今日でいう「国内総生産」（GDP）、つまり国が1年間に生産したものの総和は、土地から得られる地代、労働の賃金、そして資本《ストック》（生産に使われた原料）から引き出される利潤という3つの部分から構成されると述べた。

さまざまな要素が複雑に絡み合った経済では、この3つの部分は互いに影響しあっている。つまり、賃金が上昇すれば地代も上昇し、利潤が減少すれば賃金と地代も減少するだろう。

輸入を規制する重商主義では国家は繁栄しない

国が豊かになるもう1つの方法は貿易である。

過去に栄えた文明のほとんどは、たいてい海運貿易によって富を得ていたとスミスは言う。貿易をする国々は、しない国に比べればつねに豊かだった。なぜなら自国では手に入らない原材料を買って、それを工業製品に変えることができるからだ。工業製品は未加工の商品に比べてずっと価値があり、外国に売れば大きな利益が得られる。

貿易はつねに取引に関係する両者に利益をもたらすというスミスの思想は、フランスの重農主義を受け継いでいる。重商主義者の観点からすると、貿易は相手を出し抜いて自分が利益を得るための一種の戦争だった。

重要なのは、国民の富は商品や貨幣が流通し、交換されるとき、いっそう増加するということだ。

これはたとえばフィレンツェのように、近隣の農村だけでなく「世界の果て」[II・233P]の国々とも取引して巨万の富を蓄積した中世ヨーロッパの都市を見れば明らかだ。反対に、外の世界に目を向けなかった視野の狭い都市や国家は、衰退する運命にあった。

戦争、他国からの略奪、植民地化によって豊かになろうとしてはいけない

個人が資本を蓄積せずに浪費すれば、いずれは金銭的な破綻が訪れる。それと同じで、宮殿や宮廷の装飾、そして無駄な戦争に大金を投じる主権者は、必ず財政的な行き詰まりを迎えるだろうとスミスは書いている。

同じように悪質なのは、自国の土地や産業を発展させるのではなく、他国から略奪することで豊かになれると信じている国だ。スペイン人を新世界に引き寄せたのは「黄金にたいする神聖なる渇望」[II・115P]だったが、それはスペインの長期的な繁栄に結びつかなかったとスミスは指摘する。

夢のような利益を探し求めて略奪を続けるのではなく、自国の資源を地道に開発し、貿易

によって生産物の余剰部分を売り、高い価値を持つ製品を作るために必要なものを手に入れた国家は、繁栄を達成できた。

スミスは、政府から与えられた特権を利用して株主や社員が私腹を肥やす独占的な貿易会社（東インド会社など）に批判的な意見を述べ、帝国主義や植民地建設に対しても否定的だった。『国富論』が書かれた当時、アメリカの大部分はイギリス植民地だったにもかかわらず、スミスはイギリスがアメリカから撤退するべきだと主張した。イギリスの支配者たちは、つねにアメリカは金鉱だと夢見てきたが、実際に存在するのは「金鉱発見の企画」■IV・347Pに過ぎなかったとスミスは書いている。

植民地を維持するために、イギリスの納税者は植民地から得られる利益以上の負担を強いられてきた。イギリスはもっと実情に即した妥当な未来の展望を持つべきであるとスミスは主張している。

帝国主義全般について述べるとき、スミスは植民地支配を受ける人々に対して非常に同情的な考えを示している。

将来は、支配する側とされる側の不平等が是正され、植民地の人々が富裕な国々との関わりを通じて、より強く豊かになれるようにスミスは期待していた。

悪政を行う政府の介入は最小限に抑え、国民は自由に経済的利益を追求すべき

経済学の分野にスミスが残した重要な考えには、利己心の他に、「自然的自由」[I・252P]がある。支配者は国民の進歩を促すことも、妨げることもできるとスミスは指摘した。

多くの場合、支配者は国民の自由な活動を許し、国民と彼らの事業が繁栄するために基本的な安全と秩序を保つことで、進歩を助けてきた。

スミスが『国富論』を書いたのは、官僚主義的な政府に対する不満が頂点に達した時期だった。大勢の役人が租税や関税、消費税、そして恣意的な規制によって、国民の財産を搾り取れるだけ搾り取ろうとしていた。

スミスの本が評判になったのは、政府の介入を最小限に抑え、国民は自由に経済的利益を追求する権利を認められるべきだと述べていたからだ。

政府の役割は次の3つの分野に限られるべきだとスミスは主張した。

- 社会を「他の独立社会の暴力と侵略」[III・343P]から防衛する。
- 社会の成員を「他の成員の不正や抑圧」[III・343P]から保護し、そのための司法制度を確立する。

●公共事業を実施し、公共施設を建設する。

これらの費用は個人にはとうていまかなえないが、社会全体にとって大きな利益となる。

これらはすべて税金でまかなわれるべきものだ。しかし社会全体ではなく一部の人々だけが恩恵を受けるようなものは、たとえば道路の通行料のように個人的に費用を支払うか、利用者から税を徴収するべきだ。

スミスは国民全員が読み書きと簡単な計算ができるようにするために、基礎教育制度の確立が必要だと訴えた。

しかし、教育によって最も利益を得る者がその費用を支払うべきだという主張は変わらなかった。

今を知り、未来を考えるために――

『国富論』は、ヨーロッパが新たな工業化時代に突入し、大きな社会的変化が起きていた時代に書かれた。人々は旧態依然とした制度に飽き飽きし、自由に経済的成功を追求したいと望んでいた。

本書の題名だけを見れば、これは国家《ネーション》の富について述べた本だと支配者たちは誤解したに違いない。しかし実際には、スミスは「ネーション」という言葉を「国民」という意味で使っている。

賢明な政府は、政府の力だけで繁栄を達成しようとするのではなく、国民の創意工夫を信頼するべきだとスミスは信じていた。

政府の役割を最小限にすべきというスミスの構想は、その簡潔さと誰もがうなずける内容によって、時代を経た今も価値を失っていない。

現代では政府はどうしても大きく膨張し、実際には政府の仕事でない分野にまで進出している。これでは国民はかえって貧しくなるばかりだ。

政府はしばしば「勝ち馬を当てる」、すなわちこれから発展する産業を見抜く力があると信じ、雇用の創出のために特定の産業に補助金を出してきた。しかしそのような政府による投資は、資源を最適に配分する社会の自然な性質を損なってきたとスミスは警告している。

執筆から200年たった今も、スミスの『国富論』は国民の繁栄を実現する堅実な方法を示している。

02

1867

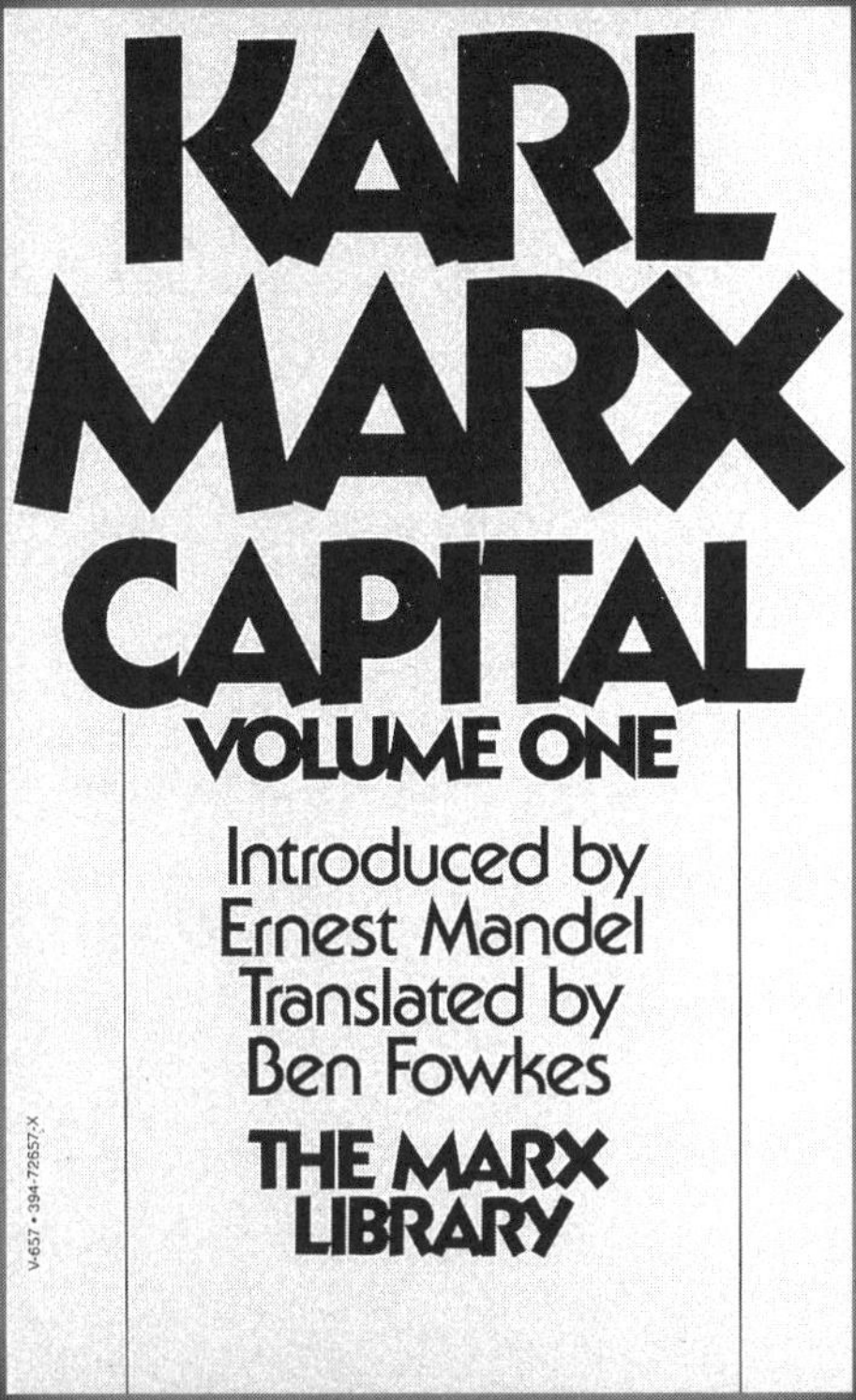

資本論

カール・マルクス

邦訳書

［ 資本論 第一巻 ］ 上下巻

今村仁司・三島憲一・鈴木直 訳　筑摩書房（2005年）

労働者を単なる道具として扱う経済制度は、革命によって滅ぼされる運命にある。

▼「この集中、もしくは少数の資本家による多数の資本家の財産収奪と並行して、（中略）すべての民族が世界市場のネットワークに組み込まれ、それとともに資本制の国際的性格が発展する。巨大資本家はこうしてその数を減らしながら、この変容過程がもたらすいっさいの利益を奪い取り、独占していくのだが、それとともに巨大な貧困が、抑圧が、そして隷従と堕落と搾取が激しくなる。だがまた、資本制的生産過程のメカニズムを通じて訓練され、統合され、組織化され、増加する一方の労働者階級の憤激も激しくなる。（中略）生産手段の集中は、そして労働の社会化は、ついにその資本制的な被膜と合わなくなるところまでくる。そしてこの被膜は吹き飛ばされる。資本制的私的所有の終わりを告げる鐘が鳴る。収奪者たちの私有財産が剥奪される。」【■ 574頁】

Karl Marx
カール・マルクス

ドイツ出身の哲学者・思想家・経済学者・革命家
マルクスは1818年にプロイセン王国ラインラント地方の都市トリーアで、9人きょうだいの第3子として生まれた。曽祖父と祖父はユダヤ教のラビだったが、弁護士をしていた自由主義者の父ハインリヒは、プロイセンの反ユダヤ法によって弁護士業を禁じられるのを懸念し、家族でプロテスタントに改宗した。マルクスの母ヘンリエッテは、のちにオランダの大手電機メーカーのフィリップス社を創業する裕福なオランダのユダヤ系家族の出身だった。

マルクスはトリーア・ギムナジウムでラテン語、ギリシャ語、フランス語、ドイツ語の基礎教育を受けた。ボン大学とベルリン大学で学んだ後、イェーナ大学から博士号を取得するが、思想が急進的すぎるとみなされて大学で教職に就くことはできなかった。マルクスはプロイセン貴族の娘であるイェニー・フォン・ヴェストファーレンと1843年に結婚した。マルクス夫妻は7人の子に恵まれている。

1842年にマルクスはケルンで急進的な『ライン新聞』に記事を書き始める。この新聞が政府によって廃刊処分になると、マルクスはパリに移った。当時のパリは社会主義思想の中心地であり、マルクスはそこで無政府主義者のピエール・ジョゼフ・プルードン（「私有財産は窃盗である」という言葉で知られる。）やミハイル・バクーニンらとつきあい、のちに同志となるフリードリヒ・エンゲルスと友人になった。

プロイセン王国からの圧力で1845年にパリから追放された後も、マルクスはブリュッセルに亡命して革命の必要性を主張し続け、1848年に『共産党宣言』を執筆した。ベルギー政府によって国外退去を命じられた後、ケルンに戻るが、ふたたび追放され、1849年にロンドンに亡命した。イギリスの市民権は認められなかったが、マルクスは1883年に死ぬまでロンドンで暮らした。

『資本論』の英語版は1887年にようやく出版された。『資本論』は全3巻で構成されているが、第2巻と第3巻はマルクスの死後、残された草稿をエンゲルスがまとめたものである。

資本主義が本質的にはらむ危険性を見抜き 行き詰まりを迎えた現代社会に 多くの示唆を与える

『資本論』よりも短く、かつ衝撃も大きかった『共産党宣言』に比べて、『資本論』は地味だが、マルクス思想の基本となる重要な著作と考えられている。

それもそのはず、マルクスにとって『資本論』は、古典派経済学を批判するために執筆した『経済学批判』上56P（1859年）の続編という位置づけだった。実際、『資本論』の最初の数章は「使用価値」上57Pや「交換価値」などの概念を詳細に説明するために費やされ、経済学の教科書として読むことができる。

しかし最初の客観的な論調はすぐになりを潜め、マルクスは工業化初期のイギリスで働く男性、女性、そして子どもの劣悪な労働環境を厳しい口調で描き出す。

サミュエル・スマイルズ*1の『自助論』に描かれるヴィクトリア時代の進歩と繁栄に対するバラ色の見方とは対照的に、マルクスは次から次へと実例を挙げて資本主義の暗黒面を暴き出す。

産業革命によってイギリスの共同体的社会は崩壊し、ヨーロッパの他の国々もイギリスと

*1 **サミュエル・スマイルズ**
イギリスの作家・医者。1812－1904年。『自助論』は1871年に邦訳され近代日本の形成にも影響を与えた【訳】

同じ道をたどるだろうと思われた。「産業がより高度に発達した国は、より低い発達段階にある国に、その国自身の未来像を示しているにすぎない」[上7P]とマルクスは書いている。

魔法のような新技術は余暇と生活の快適さを増やすどころか、資本と結びついてイギリスの労働者と農民を「白人奴隷」[上373P]に変えた。イギリスの家父長的社会は、人間を単なる生産要素に引き下げる社会に変わり、社会制度全体が利潤を求める欲望によって駆り立てられた。

マルクスは長い年月をかけて（主として大英図書館の閲覧室で）『資本論』を書き上げ、その地道な努力にふさわしい力作を完成させた。

マルクスが意図したのは、自由放任主義の経済理論を否定する決定的な論拠を提示することだ。たとえ熱狂的な資本主義者であっても、『資本論』を読めば「労働」対「資本」という永続的な問題から目を背けるわけにはいかないだろう。果たしてマルクスの時代から社会は変わっただろうかと考えずにはいられないはずだ。

労働量によって物の価値が決まる

マルクスはリカードから「労働価値説」を受け継ぎ、物の価値は単にその生産のために投下された労働量によって決まると述べた。

たとえば1着の上着は、その生産のために人間の労働が支出され、人間労働がため込まれているという意味で、「人間労働の凝結物」[上60P]である。

生産物の「使用価値」とは、使って役立つこと（上着を着る）、すなわちその生産物の有用性であり、それはその生産物が持つ価値の貯蔵*2の役割や、その生産物を交換、購入、あるいは販売する（上着を売って利益を得る）ときの価値、すなわち「交換価値」とは区別して考える必要がある。

ある商品は別の商品と交換でき、商品の生産の基礎となるのは労働であるから、あらゆる労働は等価だと言える。こうして20ヤードのリネンは2オンスの金と交換可能になる。

労働が貨幣の形で表現されるようになると、労働は一種の社会的効用になり、あらゆる生産物は一種の「社会的象形文字」■上114Pになるとマルクスは言う。つまり、人にどれだけの「価値」があるかは、その人が自分の労働の価値を何と交換するのかを、貨幣に換算したもので表される。

ここまでは何の問題もなさそうに聞こえる。しかしこの考えを突き詰めていくと、社会は自立した農民の共同体から、経済的関係の基礎に奴隷制がある社会へと変容する。社会の中のあらゆるものが商品化され、労働が商品生産の主たる要素であるならば、人間は売り買いの対象になるとマルクスは指摘する。

労働者は自分の労働力しか売れず、それによって生み出された余剰価値は資本家の利益になる

貯蓄を持った企業家が靴屋を開き、革職人を雇ったとしよう。

*2 **価値の貯蔵**
価値を蓄えることであり、貨幣の機能の1つ【訳】

革職人は自分の労働力を所有しているが、それを一度にすべて売ることはできない。なぜならそれは自分自身を売ることと同じだからだ。

しかし革職人が所有しているのは自分の労働力のみで、他の生産手段（たとえば靴を作るための機械や革）を持っていないので、この職人はその時点でそれらの手段を所有している企業家より劣った立場に立たされる。革職人が売れるのは労働力だけで、自分の労働力が生み出した商品を売ることはできない。

この労働者と企業家の「自然が作り出したものではない」[上251P]経済的関係においては、労働者の賃金は彼が毎晩体力を回復して翌日また働けるように、食料、暖房、住居などの「生活手段」[上250P]を確保できる程度に制限される。労働力の価格は、労働者が自分を維持し、彼の子どもたちを生かしておくために買う必要のある商品の値段の総和に等しくなる。

近代社会では、人間の相互の関係性が経済的関係*3を中心に形成され、ある人間が蓄えた利益は、他の人間を搾取する手段になるとマルクスは言う。

貨幣経済では、貨幣の持つ「社会的威力は私的人格の私的威力になる」[上196P]とマルクスは指摘している。だから「古代の社会は貨幣を、経済と人倫の秩序を解体するビタ銭として告発した」[上196P]のは当然だった。

蓄財は、最初は何の悪気もない行為だったとしても、蓄えられた貨幣はやがて資本として利用され、搾取の手段になる。

*3 **経済的関係**
生産手段の所有関係【訳】

マルクスは『資本論』の中で、労働時間について長い章を割いて説明している。

1日のうち数時間は、労働者にとっても工場経営者にとっても「必要な」労働時間である。その時間は、労働者は自分が生活するための費用を稼ぐために必要であり、工場経営者は工場を経営する費用をまかなうために労働者を働かせる必要がある。

しかし1日のうちには、すべての費用をまかない終わった後で、必要な労働時間を超えて働く第2の時間帯がある。この時間の労働は剰余労働と呼ばれ、剰余労働によって生み出された価値はいっさい労働者のものにはならず、資本家の純利益になる。

したがって「労働者は一日の半分を自分のために、残り半分を資本家のために働いていたのである」［上319P］とマルクスは言う。

イギリスの工場経営者が労働者の1日の労働時間を最大12時間から10時間に引き下げる法案に反対したのは、利益は1日の労働時間が終わる頃になってようやく生み出されると彼らが考えていたからだ。

労働者の剰余労働（不払労働）が資本家の利潤になる

奴隷制社会と賃金労働社会の違いは、搾取の度合いの差でしかないとマルクスは主張する。国民のいわゆる「偉大さ」は、生産される商品の量によって測られるのではなく、剰余労働によってどれほどの価値を絞り出せるかによって測られているとマルクスは指摘している。

「資本は死せる労働であり、それは吸血鬼のように生きた労働の血を吸いとることによって生きる。吸いとる量が多ければ多いほどそれだけ多く生きのびる」■上340Pとマルクスは言う。

マルクスは、工場が24時間稼働し続けるために、10歳の児童が週にわずか数シリングの賃金で1日15時間労働させられる「リレー制度」■上410Pについて述べている。

1863年に、1人の医者がスタッフォードシャーの製陶業で働く労働者について報告書を提出した。それによれば、彼らはさまざまな胸部疾患に苦しみ、児童や10代の少年たちの成長は阻害され、早く老化していた。

マッチ製造業で働く児童はリン毒に侵されて開口障害を発症していた。一見無害そうな製パン業でさえ、超過労働のためにパン職人たちが42歳まで生きることはまれだった。

要するに、資本家は労働者ができるだけ長く働ける環境を整えて同じ労働者を使い続けるより、1人の労働者の労働力を数年間利用したら、新しい労働者と取り換える方が効率的だと考えているのである。

マルクスは、1833年に制定されたイギリス工場法*4の1864年までの歴史を振り返っている。工場法に対する産業界からの反対は、「資本の精神」■上409Pの特徴をよく表しているとマルクスは指摘する。

だが、大勢の労働者を一か所に集めて、大量の原料と労働力を同じ資本家の手に集中させ

*4 **工場法**
産業革命期の劣悪な労働条件下で働く工場労働者を保護する立法。9歳未満の児童の雇用の禁止や、青少年や女性の労働時間の制限などを規定【編】

ることが富を得るための原動力になるとしたら、それは労働者にとってチャンスでもある。なぜなら、「同時に雇用されている労働者の量が増大すると、それとともに、彼らの抵抗も増大」■上487Pするからだとマルクスは述べている。労働者としての集団的な意識が高まるにつれて、「資本家」対「労働者」の激しい闘争の舞台は整ったのである。

今を知り、未来を考えるために——

マルクスは、生産力のような物質的なものの発展が歴史を動かす力になると主張したが、資本主義の守護聖人とも言えるヨーゼフ・シュンペーターから見ると、マルクスは資本主義の最も重要な特徴を見誤っていた。それは資本主義が持つ活力や、人間の野心を奮い立たせる力だ。資本はまず知性や行動力、創造力、勤勉、節約などによって蓄積されたのであり、マルクスが主張するように、権力や服従、搾取によってではなかった。

一般的な労働者は「労働者の自己意識」■下413Pを発達させるより、むしろ社会の階層を登っていくことに関心を持っている。彼らは自分たちにも資本を利用する機会が与えられている限りは、資本のルールを納得して受け入れている。

技術や生産性の向上によって一般的な労働者が買う商品の価格が安くなる可能性をマルクスは考えていなかったし、年金基金に納めた保険料が株や不動産に投資さ

*5 歴史の経済的解釈 生産関係とその矛盾が歴史を動かす要因になるという歴史観。史的唯物論を指す。【訳】

*6 『資本主義・社会主義・民主主義』ヨーゼフ・シュンペーター著、中山伊知郎・東畑精一訳、東洋経済新報社（1995年）

れることによって、普通の労働者自身が資本家になるとは予想しなかった。

資本主義は必然的に社会主義に移行するというマルクスの予想に反して、資本主義が今も機能しているのは、労働者が利益の分け前を手にしているからである。

マルクスによる「歴史の経済的解釈」*5は、いくつかの欠陥をはらみながらも、経済的構造と生産様式がその時代の宗教、芸術、哲学――すなわち人間が生きる社会そのものを形づくることを示した。

マルクスの業績の1つは、「われわれの精神を形づくるものは毎日の仕事であり、事物についての展望（中略）を決定するものは生産過程内における各人の地位である」*6ということを、あらためて確認したところにあるとシュンペーターは認めていた。

財産の所有者、投資家、あるいは労働者など、どんな立場の人間であっても、「生産過程内における各人の地位」は幸福を決定する大きな要因になるはずであり、それについて深く考えてみる必要は十分にある。私たちがどういう人間であるかは、仕事や資本との関係によってすべてが決まるわけでないが、それらが大きな部分を占めているのは間違いない。

『資本論』を読むと、自分のお金を稼ぐために1日にどれくらいの時間を使い、雇用主を儲けさせるためにどれくらいの時間を使ったのか、そしてその配分が公正な

資本の民主化
ベンチャービジネスへの投資が盛んになり、大企業以外にも多数の生産者が消費者と自由に取引できるようになる状態【訳】

*7

のかどうかをあらためて考えたくなるだろう。

あなたの判断や知識が今の仕事に欠かせないものだとしたら、「生産手段」(頭脳)を持っているあなたは、自分の労働の成果を要求してもいいのではないだろうか？

マルクスの時代には、産業はきわめて資本集約型だったが、現在は元手がほとんどなくても始められる事業がたくさんある。技術の発達に加えて、資本の民主化*7によって、誰でも商品やサービスで一山あてて、容易に「剰余価値」が獲得できるようになった。

しかし人間的な資本主義を実現させるためには、商品やサービスを創造するために働く人全員が、自分の仕事に見合う利益を得ていると感じられなければならない。労働者と資本家のバランスにひずみが生じると、職場での暴動や頭脳流出が起きる可能性がある。

社会全体を見れば、「1％の富裕層」が世界の富の約半分を所有しているような体制の改革を要求する政治的なうねりが巻き起こるだろう。

03

1890

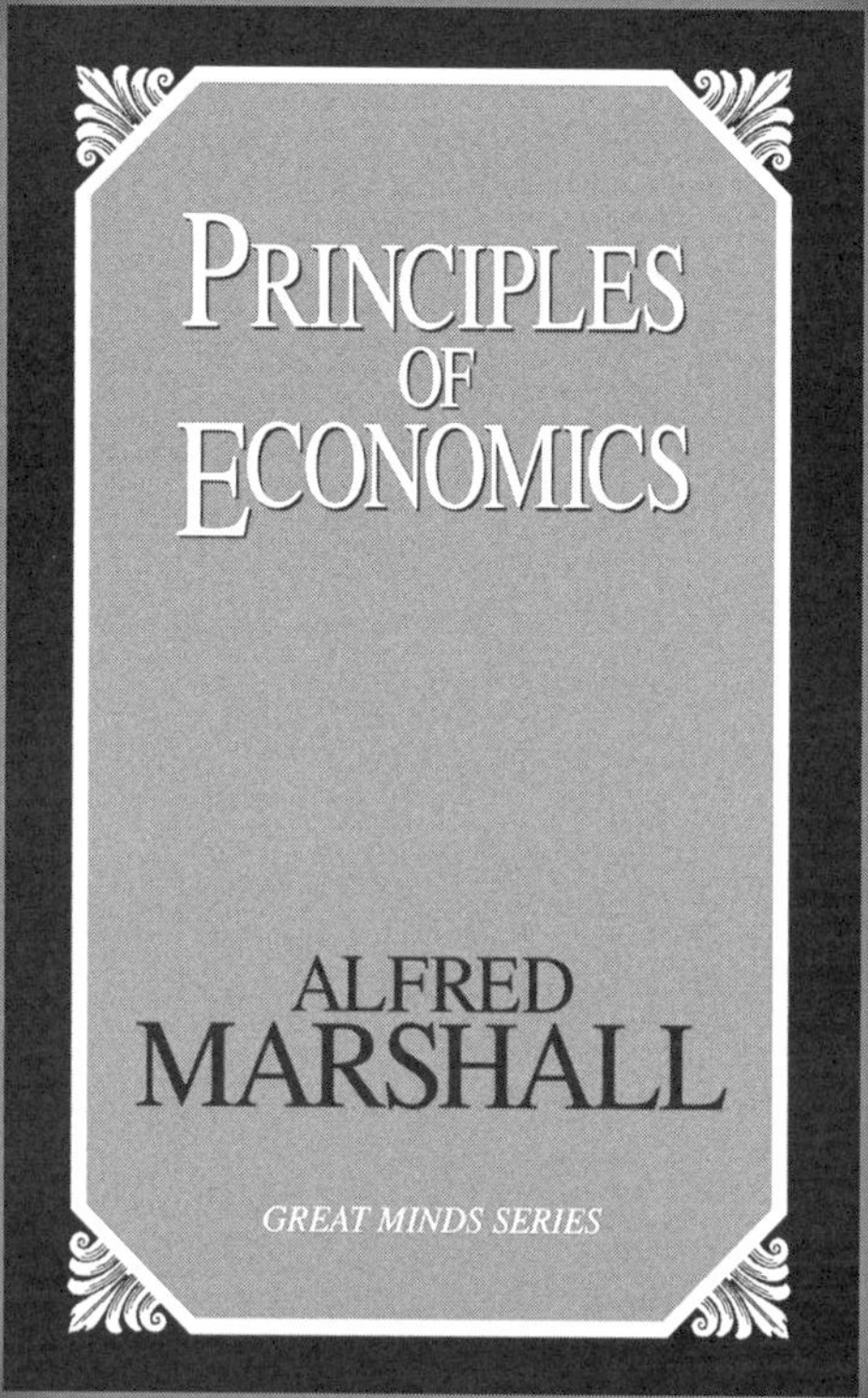

経済学原理

アルフレッド・マーシャル

邦訳書

［経済学原理］

馬場敬之助 訳　東洋経済新報社（1965年）

経済学の目的は
たんなる富の研究ではなく
人間の研究である。
収入、貯蓄、投資などは
人間を研究するための
データになる。

▼「化学者の精巧な計量によって、化学が他のほとんどの自然科学よりも精密なものになることができたように、この経済学者の測定は、概算的で不完全なものではあっても、経済学を他の社会科学の分野に比べれば、より精密な科学に高めたのである。しかし、もちろん経済学は精密な物理的諸科学に匹敵するものではない。それは人間性のたえず変動している微妙な力を取り扱っているものであるからである。」

【Ⅰ巻18－19頁】

Alfred Marshall
アルフレッド・マーシャル

イギリスの新古典派経済学者

マーシャルは1842年に生まれた。平凡な家庭の出身で、父はイングランド銀行の行員、母は肉屋の娘だった。一家は労働者階級の多いサウス・ロンドンのクラパンで暮らしていたが、父はマーシャルに学問を強く勧めた。マーシャルはケンブリッジ大学に合格し、数学を専攻して学年で第2位の成績で卒業した。

ブリストルの男子校で短期間教鞭をとったのち、マーシャルは1865年にケンブリッジに戻り、セント・ジョンズ・カレッジで教職についた。マーシャルは形而上学、倫理学および心理学の研究に打ち込み、1868年に道徳科学の講師に任命された。1877年に女性と労働者階級の教育に力を入れるユニバーシティ・カレッジ・ブリストルの学長兼経済学教授に就任した。しかし1885年にケンブリッジに戻り、その後は終生ケンブリッジで過ごした。

マーシャルは王立経済学会の前身となるイギリス経済学協会の創設に尽力し、その機関誌として権威ある『エコノミック・ジャーナル』を創刊した。また、貧困高齢者やインドの通貨、国内の税制に関する王立委員会で証言し、労働に関する王立委員会（1891－94年）に加わって、貧困問題を詳しく調査する機会を得た。彼は『経済学原理』を、貿易、貨幣、課税を含む広範囲な著作の「第1巻」と位置づけていたが、健康状態がすぐれず時間的余裕もなかったため、続編が完成することはなかった。しかしマーシャルは妻のメアリー・ペイリー・マーシャルとの共著による『産業経済学』（1879年）や、『産業貿易論』（1919年）、『貨幣，信用及び商業』（1923年）などの著書を残した。

マーシャルは1908年に教授職から退き、1924年に亡くなった。残された膨大な経済学関連の文献はケンブリッジ大学に寄贈された。

経済学の基礎的理論を確立。新古典派経済学の礎を築き、ケインズやピグーに影響を与える

1903年にアルフレッド・マーシャルは、ケンブリッジ大学で3年間の学位取得課程である「経済学優等卒業試験」制度を開始した。

経済学を専門に学ぶコースが作られたのはこれが世界で初めてだった。それまで経済学は道徳科学や哲学課程の一部に入れられ、より広範囲な「政治経済学」という名称で教えられていた。

経済学は貿易や事業に関する「単に技術的な」学科であり、正式な教育に加えるのはふさわしくないと考えられていたのである。このような偏見は、1960年代や70年代に入ってからも根強く残っていた。イギリスのコメディドラマ『イエス、ミニスター』[*1]では、オックスフォードとケンブリッジで教育を受けた事務次官サー・ハンフリー・アップルビーが、大臣に向かってラテン語やギリシャ語の文章を引用してみせる。そして相手のぽかんとした顔を見て、「大臣はロンドン・スクール・オブ・エコノミクスのご出身でしたね」としたり顔で言う。

*1 **イエス、ミニスター**
1980〜84年に放送された、政治をテーマにした人気ドラマシリーズ【訳】

経済学は現代社会に不可欠なものになるというマーシャルの先見の明によって、ケンブリッジ大学は半世紀にわたり経済学分野をリードする基礎を築いた（ロンドン・スクール・オブ・エコノミクスは経済学の人気を高める役割をしたにすぎない）。

マーシャルが経済学者の道を歩み始めた頃、経済学はまだリカードやアダム・スミスの理論に基づいて教えられていた。マーシャルは経済学を「地代と穀物価格の問題」I・16Pから、現在の経験的事実に基づく学問にしなければならないと感じていた。

実際に、スミスやリカードを古典派と呼ぶのに対し、現在の経済学は「新古典派経済学」と呼ばれる変化を遂げた。マーシャルは今も経済学部で教えられる基礎的理論のいくつかを確立したり、一般化したりした。経済学的理論を初めて曲線図表やグラフで表現したのもマーシャルである。

マーシャルが目指したのは、経済の仕組みを詳細に説明できる〝科学〟としての経済学だった。

自然的均衡*2を信頼するそれまでの経済学から、たとえば完全雇用のような特定の社会的目標を達成するために積極的な政策主導の考えを取り入れる経済学への転換を目指す次世代の経済学者たち（たとえばケンブリッジ出身のジョン・メイナード・ケインズ）に道を開いた。

マーシャルは実際に社会問題にも関心が深く、同じ時代の人々より進歩的な考えを持ち、貧困の解消と、下位中流階級や労働者階級への教育の拡大のために尽くした。

しかし社会的に保守的なヴィクトリア時代の人らしく、マーシャルは経済学に道徳を投影

*2 **自然的均衡**
市場は介入を必要とせず、自然に均衡に向かうというアダム・スミスの考え【訳】

するのをためらわなかった。そしてマルサスと同様に、貧しい人々が養いきれないほどたくさんの子どもを生まないように、自己抑制の必要を強調した。

マーシャルはどこまでも学者肌の人なので、『経済学原理』を読んだ人の一部は、大学時代にうんざりさせられた教授のまわりくどい講義を思い出すかもしれない。「経済学者はマーシャルが書いた注だけを読んで、本文は飛ばしてもいい」とケインズは言ったそうだ。

とはいえ、この本が高い評価を得たのはマーシャルの明快な文章のおかげである。７５０ページあった初版は第8版と１９２０年に出版された最後の版では８７０ページまで増補され、出版から数十年たった今も経済学を学ぶ学生の必読書であり続けている。

経済学の目的とはなにか たんなる〝利己的な利益の科学〟ではない

マーシャルにとって、経済学が持つ大きな利点は、経済学は他の社会科学に比べて多くの点で計測可能なところにあった。人々がどのくらい稼ぎ、消費し、貯蓄し、投資するかは、需要と供給を示す曲線によって視覚的に表すことができ、人間の行動を研究する糸口となった。貨幣の真の意味は、それが「低級であれ高尚であれ、物質的であれ精神的であれ、ありとあらゆる目的」■I・28P を達成する手段になるという点にある。

人間は、社会的な承認や家族を保護したいという欲求、義務や愛国心、そして他人の苦痛を和らげたいという願いなど、さまざまな動機で行動する。彼らの選択の多くは「最適」とは言いがたい。したがって、経済学をたんなる〝利己的な利益の科学〟と考えるのは間違っているのだ。

19世紀の経済学者は、「人間は快楽を求め苦痛を避けようとする機械だ」というジェレミー・ベンサムの功利主義から多くの考えを取り入れた。

経済学でよく使われる「効用」という言葉は、本来の意味がわかりにくい無味乾燥な用語だ。効用とは、人間により多くの快楽と利益をもたらすものである。社会とは、各人が最大の効用を欲し、必要な財やサービスを購入するために労働の不効用を我慢する数百万人もの個人の集まりだと想像されてきた。一方、企業はこれらの人々の欲望を満たすために完全競争の状態でしのぎを削っていると考えられた。

マーシャルはこれらの理論を取り上げ、そこに彼なりの解釈を加えた。ここでマーシャルの主要な理論をいくつか紹介しよう。

需要曲線と供給曲線

アダム・スミスとリカードは、商品の生産と供給にかかるコストが価格の決定要因になると強調し、イギリスの経済学者ウィリアム・スタンレー・ジェヴォンズは、価格は主として需要によって作られると主張した。

これらに対しマーシャルは、需要と共有はハサミの上の刃と下の刃のように協調して働き、需要と供給の両方を反映して価格が決まると述べた。マーシャルは供給を右上がりの曲線で描き、ある商品の価格が上昇すれば企業はその商品の供給を増やすことを示した。一方需要の法則は、同じ商品の価格が下がれば、その商品を買う人が増えるということを意味している。こうして需要と供給が絶えず自己調節することによって、その商品は「均衡価格」■Ⅲ・16Pに落ち着き、資源の最適な分配が達成される。

「マーシャルの需要供給曲線」は、需要曲線と供給曲線がどこで交わるかを示している。2つの曲線が交わる位置で、消費者は要求される価格でその商品を喜んで買い、生産者はその価格で喜んで商品を売る。

需要に影響を与える要因は数多くある。たとえば所得の増加や減少、人口増加などの人口統計的要因、他の商品の価格（食料品が値下がりすれば、衣類にもっとお金をかけられる）、広告や期待（たとえば将来の値上がりを予想して今買う）などだ。

ある商品の供給は、生産者の利潤に対する欲求のみで決定される。商品の価格が労働を含む生産コストを上回る限り、生産者は生産を続けるだろう。

価格弾力性

マーシャルは価格弾力性の理論でもよく知られている。

商品の中には、たとえば燃料のように価格弾力性が比較的低いものがある。人々は移動のために自動車やバスを使わざるを得ないので、たとえガソリンが大幅に値上がりしたとしても、乗り物にガソリンを入れるのをやめないだろう。

しかし他の商品、たとえば有名ブランドのバッグなどは、もっと需要の価格弾力性が高い。不景気になると、人々がまっさきにあきらめるのがぜいたく品だ。景気がよければシャネルのバッグを買ったかもしれない女性は、不景気になれば、見た目がよくて安いもので我慢するだろう。

価格の弾力性は時間とともに変化するとマーシャルは指摘している。通勤や学校の送り迎えには自動車が必要なので、ガソリンの需要は短期的には非弾力的かもしれない。しかし長期的には、たとえば電気自動車のコストの低下など、技術や資源の使い方の変化によってガソリン需要はより弾力的になる可能性がある。

限界効用

限界効用*3の理論は、ウィリアム・スタンレー・ジェヴォンズやカール・メンガー、レオン・ワルラスといった経済学者が創始者とされているが、マーシャルも『経済学原理』の中で限界効用について詳しく論じている。

マーシャルは人々の欲望を「必需品」「安楽品」「ぜいたく品」■ II・117Pという言葉で分類した。たとえば私が毎日片道2時間近く歩いて通勤しなければならない（利用できるバスもない）としたら、自動車を買うことで得られる効用、すなわち便利さは計り知れないだろう。歩く代わりに自動車で通勤すれば、1日に何時間も節約できて、空いた時間に家族と過ごしたり、好きなことをしたりできる。

次に、妻や十代の娘のために2台目の車を買ったとしよう。生活はもっと便利になるに違

*3 **限界効用**
財の消費を1単位増やすことによって得られる効用の増加分【訳】

いないが、今でも妻や娘はバスを使って職場や大学に簡単に行けるので、2台目の車を買っても効用はそれほど大きく増大しない。

しばらくしてから私は昇給し、週末に乗り回すためにスポーツカーを買う余裕ができたとする。しかし、いくら昔から欲しくてたまらなかったとはいえ、スポーツカーはとうてい必需品とは言えない。

自動車を1台増やすごとに、その効用は限界に近づくとマーシャルは言う。1台目の自動車は私の生活を劇的に変え、2台目はまあまあの変化をもたらした。しかし3台目となると、ほとんど変化は得られない（スポーツカー自体はすばらしいものだが、明日それを売らなければならないとしても、私の生活水準に実質的な変化は起きないだろう）。

この「限界効用」という考え方は、何を消費する場合でも当てはまる。ビールや寝具、ヘアカットはもちろん、教育さえ例外ではない。高校を卒業すれば、15歳で中退するのに比べて将来の仕事に大きな差が生まれる。しかし博士号を取得しても、修士号しか持っていない場合と比べてはるかに豊かになれるというわけではない。

マーシャルは、製造工業部門には「収益逓増の法則」■II・316P（限界効用と似た考え）が働くと考えた。いったん工場が建設されれば、スチームアイロンを900台作るのも1000台作るのも、かかるコストは大して変わらない。実際、工場の所有者はすでに機械や借金、土地の使用料、賃金などの支払いを済ませており、最後の100台のアイロンは売れば売るだけ利潤になるだろう。現代の例で言えば、マイクロソフト社が同社のソフトウェアであるマイクロソフトオフィスを1単位増産しても、生産にかかるコストは実質的にゼロだ。したがって、あらゆるコストが清算された時点で、それ以降は製品を1単位売るごとに純利益となり、製品のライフサイクルが長ければ長いほど利益は増加する。

消費者余剰と生産者余剰

消費者が、ある財やサービスに実際に支払う価格と、支払ってもよいと考える価格の差を「消費者余剰」II・59Pとマーシャルは呼んだ。その差が大きいほど、消費者が得る満足感は大きくなる。

この考えは特に現代の経済に通じるものがある。オンラインで提供される便利なサービス（たとえばウィキペディアやグーグル、フェイスブックなどのウェブサイトのサービス）は非常に有益だが、無料か、ほとんど無料に近い価格で手に入れられる。実際、人々がさまざまな分野でどの程度の消費者余剰を得られるかによって、満足度が計測できるとも言える。この考え方が厚生経済学*4の基本になっている。

マーシャルは「生産者余剰」III・122Pが生じる場合もあると述べた。生産者余剰とは、低価格で売ってもかまわない商品を、より高い価格で売る場合に発生する。

今日では、航空会社は飛行機の出発の時間帯やフライトまでの日数に応じて、そしてときには料金検索をしているお客のタイプさえも認識して、異なる価格で航空券を販売している。たとえば、あるお客はどうしても明日のフライトを利用する必要があると航空会社の発券システムが察知すれば、3週間前なら100ドルで買えたチケットに400ドル請求されるかもしれない。

*4 **厚生経済学**
さまざまな経済環境において最適な状態は何かを規定し、現実の経済でその最適な状態を達成するためにはどのような政策が必要かなどを分析する経済学の分野【訳】

マーシャルは、重要なのは人々が手にする絶対的な所得ではなく、所得によって何が買えるかだと主張した。商品価格は上がったり下がったりする。あるものは手が届かないほど値上がりし、あるものは安くなる。同じ量の財やサービスが5年前よりも安く手に入れれば、消費者は絶対的所得や富の変化に関わらず、豊かになったと言える。

完全競争

マーシャルは経済の仕組みを説明するために「完全な市場」■II・44P、すなわち完全競争のモデルを発展させた。

マーシャルが想定する完全な市場とは、多数の生産者とさらに多数の消費者が、全員ある特定の製品や農産物を売り買いし、全員がその品質や価格について十分な知識を持っているような市場を指す。

そのような環境では、生産者が価格を設定するのは難しい。他の生産者がもっと安い値段をつけて、同じ商品をより多く売る可能性があるからだ。したがって、完全な市場では生産者は一般に「価格受容者*5」となり、たとえ短期間でも標準以上の利潤を得ることはできない。市場は頻繁に「清算*6」され、需要と供給の均衡が生じる。

しかしマーシャルは、消費者の価格に対する知識がつねに完全とは限らないという事実を考慮に入れていなかった。

1つの企業が独占状態を作っている場合、もしもっと競争が行なわれている市場だったら同じ商品がいくらで買えるかは、大衆には知りようがない。また、産業によっては、企業が

*5 **価格受容者**
市場で決まった価格を受け入れるしかない立場【訳】

*6 **清算**
ある商品の供給量と需要量が完全に釣り合う状態【訳】

参入するために高い資本投資が必要だったり、規制の穴を潜り抜ける必要があったりして、競争に加わる企業の数が制限されるかもしれない。マーシャルが例に挙げた通貨や農産物などの分野でさえ、完全競争は実現しない。たとえば農産物の場合、政府が補助金を支給して市場に介入したり、圧力団体の影響を受けたりする場合があるからだ。

マーシャルの完全競争モデルのもう1つの問題点は、現代ではほとんどの製品が同一ではないという点にある。

生産者は商品を差別化し、改良し、新しい商品を開発して、競争がまったくないか、あってもきわめて少ない市場を作り出すために努力している。

今を知り、未来を考えるために――

経済思想史家のロバート・ハイルブローナー[*7]は、マーシャルが経済学に残した功績を評価するにあたって、マーシャルは1890年代の恐慌やロシア革命や第1次世界大戦など、自分が生きた時代の大変動についてほとんど何も語っていないと指摘した。

マーシャルは『経済学原理』(第8版)の序文の中で、「自然は飛躍せず」[Ⅰ・xvi]というラテン語の標語を掲げている。この言葉は、経済進化は漸進的であり、決して突発的なものではないというマーシャルの考えを表している。

*7 ロバート・ハイルブローナー『入門経済思想史 世俗の思想家たち』の著者

しかしケンブリッジ大学の経済学課程でマーシャルの教えを受けた学生のうち、おそらくケインズに次いで有名なジョーン・ロビンソンは、よく知られた論文の中で「歴史」はつねに「均衡」を出し抜くと主張した。世界は調和に向かって進む経済的機械ではなく、経済を含むあらゆるものを変化させる政治や社会上の事件によって、頻繁に、そして突発的に変動している。

しかし、マーシャルが想定した秩序ある世界（ハイルブローナーの言う「行儀のいい動物園」）には、そのような事件の入る余地はなかった。

経済学をより精密な真の学問にしたのはマーシャルの功績だが、皮肉なことにそのおかげでマーシャル自身の理論も検証が容易になり、欠点が明らかにされた。マーシャルが構築した理知的な世界は、彼自身の教え子であるケインズによって欠陥を指摘された。

ケインズは、経済学が発展するためには政治や市場の制御不可能な性質まで完全に考慮に入れる必要があること、そして市場では需要と供給の法則と並んで、心理や期待という主観的な要因が経済の動向に影響を与えるということを理解していた。

04

1899

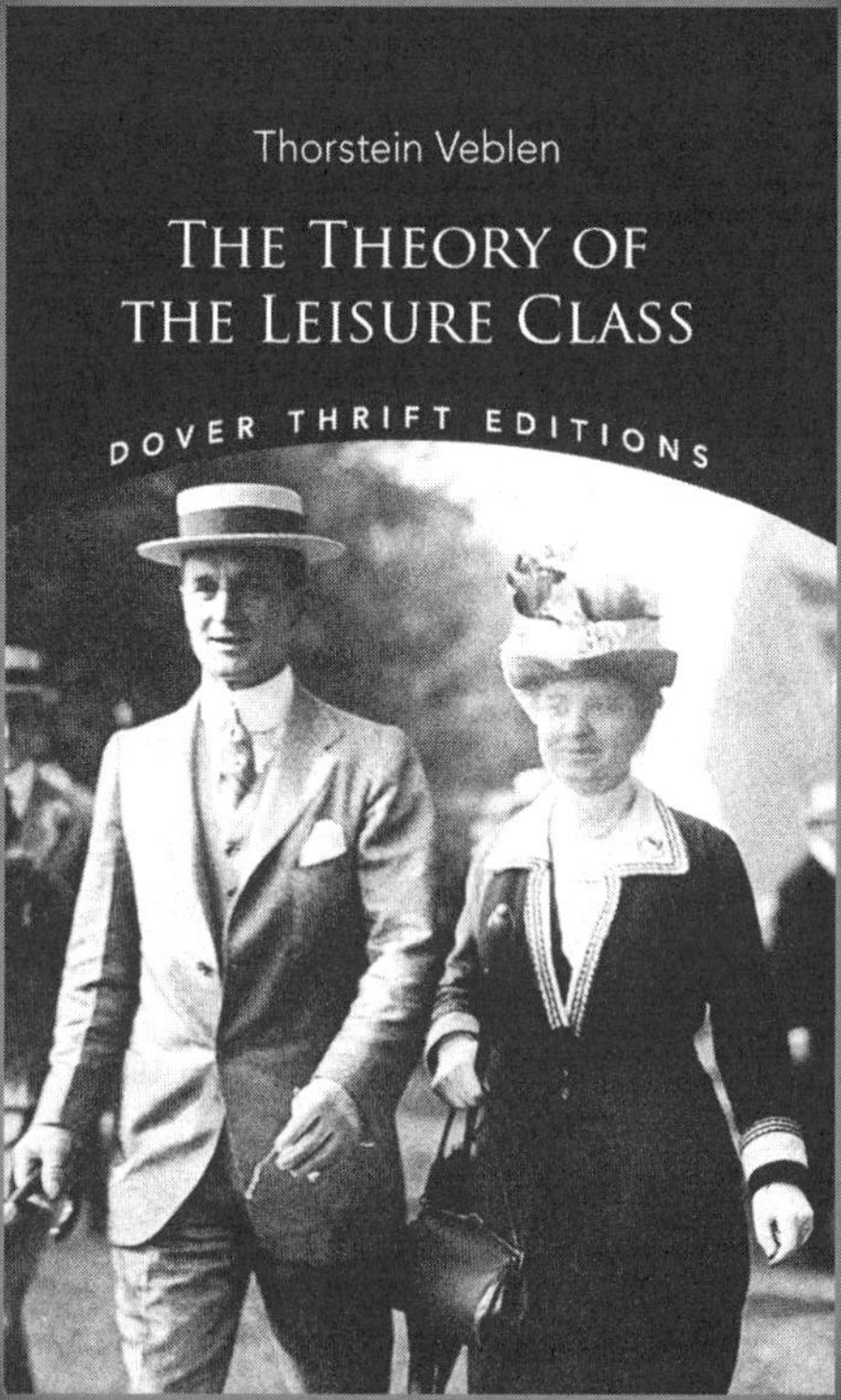

有閑階級の理論

ソースタイン・ヴェブレン

邦訳書

［ 有閑階級の理論 ］

村井章子 訳　筑摩書房（2016年）

見栄の張り合いと地位を求める欲望によって世の中は動いている。消費できる物資が多ければ多いほど、その人が得る社会的な尊敬は大きくなる。

▼「労働の免除が富の標準的な証拠になり、ひいては社会的地位の標準的な証拠になると、富の誇示は閑暇の価値を一段と強調することになる。」

【85－86頁】

▼「神殿、寺院、教会、僧服、供物、聖餐、祭服など、どんな宗教でも必要な道具立ての消費は、物質的な目的には何の役にも立たない。（中略）こうした道具立てはおおむね衒示的浪費に分類してよかろう。儀式のために消費される個人の労役、たとえば宗教教育、勤行、巡礼、断食、祝祭日、家庭礼拝などについても、同じことが言える。」

【317頁】

Thorstein Veblen
ソースタイン・ヴェブレン

アメリカの経済学者・社会学者

ヴェブレンは1857年にウィスコンシン州の農場で生まれた。両親はノルウェーからの移民で、ヴェブレンの他に11人の子どもがいた。一家は農場経営に成功し、ヴェブレンをミネソタ州のカールトン・カレッジに進学させることができた。1880年に卒業した後、ヴェブレンはジョンズ・ホプキンズ大学に入ってチャールズ・サンダース・パースのもとで哲学を学ぶが、短期間でイェール大学に移り、そこで哲学の博士号を取得した。

イェール大学を卒業後、ヴェブレンは教職に就くことができず（教会と大学が固く結びついていた時代に、ヴェブレンは神の存在を肯定も否定もしない不可知論者であると表明していたためである）、家族の経営する農場に帰って数年間過ごした。ヴェブレンは1891年にコーネル大学大学院で経済学の研究に取り組み、その後シカゴ大学の助手のポストを得た。『有閑階級の理論』が評判を得たおかげで、ヴェブレンはスタンフォード大学の准教授に就任した。しかしヴェブレンの思想や女性問題が大学当局とのあつれきを生み、退職を余儀なくされた。それから数年間ミズーリ大学で経済学を教えた後、ワシントンの官庁で第1次世界大戦後の和平計画を扱う部署で働いた。

ヴェブレンは他の研究者とともに、1919年に進歩的な新社会科学学院を創設し、1926年まで講師として深く関わった。ヴェブレンは1929年にカリフォルニアで亡くなった。他の著書に、『企業の理論』（1904年）、『ヴェブレン経済的文明論—職人技本能と産業技術の発展』（1914年）、『Imperial Germany and the Industrial Revolution（ドイツ帝国と産業革命）』（1915年）などがある。

富の誇示を目的とする近代社会特有の消費のあり方を克明に描き出した

私たちはなぜ長時間労働し、よりよい仕事を求め、事業を興すのだろうか？

アメリカの経済学者・社会学者のソースタイン・ヴェブレンは、単なる生存目的とはほとんど関係のない社会的な願望に理由があると考えた。

多くのアメリカ人がアメリカ文化は崇高な個人主義の極致を象徴していると固く信じていたのに対し、ヴェブレンは近代アメリカ社会は基本的に「野蛮時代」*1の文化だと見ていた。

野蛮時代の人々は「掠奪的な生活様式が発達し（中略）強い身分感覚が見られる」[302P]とヴェブレンは書いている。

ノルウェーからの移民の息子であったヴェブレンは、質素でつつましいノルウェー農民の気質と拝金主義的なアメリカ人との対比から、アメリカ社会の過剰なまでの消費意欲はどこから来るのだろうと疑問に思った。

ヴェブレンは、働く必要のない階級が大衆の羨望の的になるという点で、当時のアメリカは過去の文明と少しも違わないのだと考えた。

*1 **野蛮時代**
ヴェブレン独特の時代区分で、平和な原始未開時代の次の時代【訳】

人に勝ちたい、見せびらかしたい、世俗的な楽しみが欲しいという「有閑階級」49Pの本能は、初めはこの階級に独特の性質なのだが、物質主義的で高い身分を欲しがる有閑階級の風潮は、やがて社会全体を覆うようになる。

現代の消費者文化は、人々が金持ちの生活スタイルや習慣だと信じているものを、何百万人もの人々が真似したところから生じている。

ヴェブレンは、富を見せびらかすための消費を「衒示《げんじ》的消費」110P（誇示的消費）という新しい言葉で表し、この「贅沢な欲求や精神的欲求」125Pの充足は、食べ物や住む場所を手に入れるのと同じように切実な欲求だと述べた。

アメリカ人読者はヴェブレンのあけすけなものの言い方に鼻白んだものの、『有閑階級の理論』は評判になった。

ヴェブレンはこの著書を、社会学的な観察を取り入れた経済学書だと考えていたが、資本主義の原動力は見栄と羨望だと言い切る大胆さは、古典派経済学の基礎となった〝合理性〟とは真っ向から反していた。

ヴェブレンの文章はまわりくどい上に話題があちこちに飛んで、決して読みやすいとは言えない。しかもこの本は数値や事実の裏づけを完全に欠いているが、面白さは折り紙つきだ。

高貴に見せるために閑暇を見せつける
衒示的閑暇（誇示的閑暇）

古代から肉体労働と高尚な思想は相いれないと考えられてきたとはいえ、「文明化された人間の目から見れば、閑暇のある生活は（中略）美しく高貴」■82Pなものとされてきたとヴェブレンは指摘する。「閑暇」とは怠惰という意味ではなく、「時間の非生産的な消費」■88Pである。

閑暇のある人物だって、とても忙しい生活をしているかもしれないが、その人の活動は生存のためや金儲けのために営まれているのではない。閑暇のある人物の活動の成果は非物質的な種類のもの、たとえば芸術や歴史、音楽についての知識であり、他方では狩猟や戦争、スポーツの技術である。

人間社会でこれまでつねに最も敬意を払われてきたのは、動物や人間の生命を奪うために圧倒的な力や暴力を行使できる立場にいる人だった。過去には高い階級に属する者が戦争に行って戦利品を持ち帰り、この種の利得は生産的な活動や労働の成果よりはるかに尊ばれた。同じことが狩猟にも言えた。狩猟は技術と武勇の行使であり、家畜を育てるのは生きるために食べ物を生産する労働で、この2つはまったく性質が違っていた。

有閑階級にとって礼節はきわめて重要だとヴェブレンは言う。

なぜなら礼節は習得するために長い年月をかけたというしるしであり、生活に追われる身分の低い人々にはそんな時間はないからだ。

「育ちのよさ（中略）を身につけるには時間と努力とお金が必要」[92P]であり、「育ちのよさを判定する基準となるのは、やはり大量の時間を傍目からもわかるように浪費することだ」[95P]とヴェブレンは書いている。

身分の高さを誇示するための衒示的消費（誇示的消費）

「最高の」[115P]食べ物、飲み物、衣装、住居、交通機関などを消費するのは富の象徴であり、したがって尊敬に値する行為だったとヴェブレンは言う。

「最高の」ものを知っているということは、他人が働いている間に審美眼を養っていた証拠になる。豪華な贈り物や娯楽に人を招待するのも「衒示的消費」の重要な一部であり、贈り主がそういう意味のないものにお金と労力を浪費できると示す目的で行なわれる。

饗《きょう》応《おう》*2は決して任意の行為ではなく、特定の階級に所属するための義務であり、富の証拠である作法を使いこなす能力を見せつける機会だった。1人の人間にどれだけ多くの人が経済的に依存しているかも、その人の富と地位の誇示になる。

身分を示す最も重要な指標は、働く必要のない妻を所有していることだ。実際、華やかな慈善活動や芸術団体に参加したり、子どもを私立校に通わせるために奔走したりする妻がい

*2 **饗応**
酒や食事などを出して、他人をもてなすこと【編】

るという名誉を得るために、しゃにむに働く夫もいるかもしれない。

このような装飾品としての妻は、「男が生産する財を儀式的に消費する役割を果たす」[123P]ようになる。そして実際には自分の家族には広すぎるし家具も多すぎる家を妻が美しく整えれば、それはヴェブレンの言う「衒示的浪費の法則」[122P]、すなわち物資の浪費が大きければ大きいほど身分が高いという法則の証明になるのである。

社会がまだ発達段階の初期には、衒示的閑暇が富の所有の最高のしるしだったが、もっと後になると財の衒示的消費がそれにとって代わったとヴェブレンは指摘している。なぜなら近代的経済の時代には、個人はその人やその家族を知らない大勢の他人に囲まれているので、個人に対する評価は、その人が見せびらかしている財や物資の量で判断されるからだ。衣服、自動車、休日の過ごし方、娯楽、住居などを通じて、私たちはつねに自分の財力を語らずとも示している。

ヴェブレンは都会の家族と農村の家族も比較した。どちらの家族も同じ財産を所有していたとしても、都会の家族は社会的地位を誇示するために、農村の家族よりも服装にお金をかける。「自分の階級から脱落したくなかったら」[127P]、そうせざるを得ないのである。

農村の家族の評判は、安楽な暮らしぶりや貯蓄の水準などで決まる。そして農村は狭い社会なので、そうしたものはすぐに周囲に知れ渡る。

社会的な観点からすると、農村社会では貯蓄は「金を出すだけの価値がある」のだが、都会では人の財政状態など誰も知らない。しかしいい服を着ていたり、しゃれたレストランで食事をしていたりすれば、その人に支払い能力があるのは一目瞭然だ。

人がお金を使うのは、必要に迫られてというよりも、自分がその地位にいることがふさわしいとはっきりと示すためだ。

夫婦が望む子どもの数は減っているが、それは高い生活水準を維持したいからで、たくさん子どもを持って、自分が所属していると考える階級にふさわしい生活ができなくなるのが嫌なのである。

ヴェブレンは、「学者の階級」148P（教授、ジャーナリスト、聖職者など）について皮肉な指摘をしている。

学者は彼らが本来属している階級より上の階級の一員だと考えている。しかし彼らが普段接しているのは、学者よりはるかに所得水準が高い人々だ。そのせいで他のどんな階級と比べても、学者が衒示的消費（子どもを私立校に通わせる費用や海外旅行など）に費やす所得の割合は大きくなる。

こうした見せびらかしを続けていくのは大変だが、学者はそうやって自分が社会的階層の上位にいることを証明しなくてはならないのだ。

希少性や新しさのあるものを手に入れて経済的・時間的余裕を誇示する

機械生産品は手工芸品よりたいてい見た目や機能の点ですぐれていることが多いはずだ。同じ製品が何百万個も作られるのだから、当然そうでなければならない。しかし一般に手工芸品は、たとえ使い勝手や見た目が少々悪くても、高く評価される。手工芸品を所有することで他人と差をつけられると思うからだ。

ウィリアム・モリスと19世紀の美術評論家ジョン・ラスキンが、資本主義を批判し、クラフトマンシップを掲げて提唱した「手工芸への回帰」は、皮肉なことに、誰でも買える手頃なものを軽蔑し、実際には使い勝手の悪い手工芸品を買う余裕のある富裕な階級への人々のための回帰となってしまった。

「無駄」■189Pなもの、すなわち富を誇示するものは、時代とともに変化する。ぜいたく品さえ安く大量生産される時代には、真の金持ちは最高のデザイナーや美術工芸家によって作られた特別あつらえの品物を手に入れるしかない。大事なのはその品物の実用性ではなく、希少性だ。

「衣服がその目的を効果的に果たすためには、単に高価であるのみならず、着用者がいかなる生産的労働にも従事していないことが誰の目にも歴然としていなければならない」 199-200P とヴェブレンは指摘する。

高価な衣服、シルクハット、ぴかぴかに磨かれた靴などは、着用者が生活のために生産的な労働をする必要がないことを明確に示している。女性の場合、動きにくい長いドレスは、不必要なまでに長い髪と同様に、いかなる労働にも適さない女性であることを表している。

社会学的な観点から見たファッションの目的は、たとえ古い服がまだ何の問題もなく着られるとしても、去年のスタイルを捨てて最新流行の服を買う財力を誇示するためにある。

ファッションのない世界は想像もできないと思うなら、身分を示すための消費が社会を動かす力としてどれほど必要か理解できるだろう。

物質的には役に立たない〝宗教〟は衒示的消費の最たるもの

ヴェブレンは教育に関する章の中で、古典的分野の学問は実用的な分野より格式が高いと指摘している。

たとえば古典文学に関する知識は、実践的な、あるいは金銭的な利益に結びつかない知識を学べる財力を示している。今ではラテン語や古代ギリシャ語を話す人は誰もいないが、ラテン語を引用できる能力は、上流階級の人間の証になる。

大学の講座や大学への寄付は、寄贈者を人間性の最善かつ最も高尚な性質と結びつける働きをするため、成金が尊敬を得るために今でも好んで使われる方法だとヴェブレンは述べている。

実際の学びの場として他にもっといい選択肢があったとしても、親は自分が有閑階級である証拠として、子どもをアメリカ東部の伝統ある名門大学やイギリスのオックスフォードやケンブリッジ大学に行かせたがる。それらの大学に行くことで子どもたちは教育を身につけると考えられているが、それだけではなく彼らは社交界への鍵も手に入れるのである。

宗教は一種の観念的な「衒示的消費」であり、宗教儀式にどの程度熱心かは、その人の階級を示す役割をするというヴェブレンの意見は、当時の読者に衝撃を与えた。

教会の礼拝に出席し、献金するのは一種の衒示的閑暇である。さらにヴェブレンは、「神殿、寺院、教会、僧服、供物、聖餐、祭服など、どんな宗教でも必要な道具立ての消費」は、物質的な目的には何の役にも立たない以上、「衒示的浪費」の最たる例だと述べている。

教会建設のための資金を寄付する人は、共同体の役に立っているという実感が得られるばかりでなく、その気前のよさによって、社会的階層の上位にいると証明できた。

今を知り、未来を考えるために――

有閑階級は社会の他の階級が目指す基準を設定するという理由で研究に値するとヴェブレンは考えていたが、一方では、私たちは自分より数段上の階級、あるいはずっと下の階級より、わずかに上の階級の影響を強く受けやすいともヴェブレンは認めていた。

この理論は過去30年間の心理学的研究によっても裏づけられている。それによれば、幸福を感じるかどうかは、自分が所有している富の実際の量よりも、友人や隣人、同僚と比較して自分がどの程度豊かであるかが問題になるという。人は自分と同じ階級の人たちと肩を並べるだけでなく、彼らを上回ることができればいい気分になれる。

人より高い身分を求めるこの欲望は、私たちの本能にしっかり組み込まれているようだ。

農家育ちのヴェブレンは、農村と都会では身分の基準が違うと指摘している。広大な農場は効率や生産性のよさだけが利点のように言われてきたが、実際にはその所有者に高い社会的身分を与えている。土地は売ることができるし、地主は土地を売ったお金でぜいたくな暮らしができるということは、いつ誰が見ても明らかな事実だからだ。

環境問題や資源の枯渇が心配される現代では、富の過剰な見せびらかしは批判を浴びる場合もある。

しかし身分を誇示したいという人間の欲求はいつの時代も変わらず、経済を動かす原動力や影響力であり続けるだろう。

05

1904

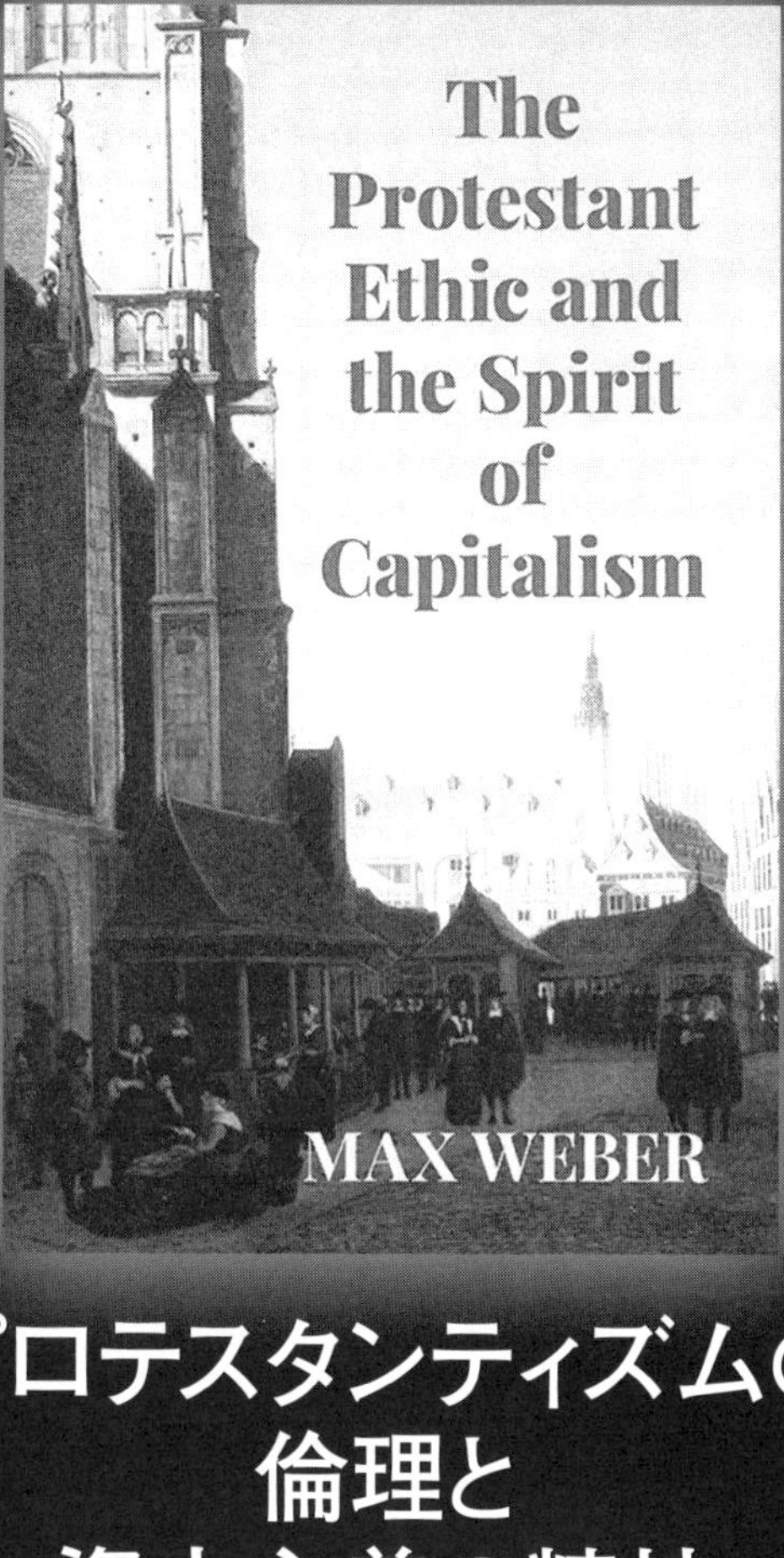

プロテスタンティズムの倫理と資本主義の精神

マックス・ウェーバー

邦訳書

［プロテスタンティズムの倫理と資本主義の精神］

中山元 訳　日経ＢＰ社（２０１０年）

資本主義の精神は欲望や消費ではなく、秩序の創造と資源の最適な利用にある。

▼「利益に対する果てしない欲望と資本主義とは決して同じものではないし、まして や資本主義の精神はそのようなものではまったくない。（中略）しかし、資本主義とはすなわち利益の追求である。たゆみない合理的な資本主義的職業活動によって、絶えず新しい利益を追い求めるのである。」

【本書訳者による訳】

▼「ほんらいの資本主義的な実業家は、みせびらかしや不必要な支出を嫌うものであり、自分のもっている権力を振るうことを嫌い、社会的な名声を誇示するような外的な印をつけることも喜ばない。（中略）こうした実業家は、「天職を遂行」すべきであるという非合理的な感情をもっているだけであって、自分のものとしては「何物ももたない」のである。」

【■ 99頁】

MaxWeber
マックス・ウェーバー

ドイツの政治学者・社会学者・経済学者

ウェーバーは1864年にエアフルト（当時はプロイセン王国領）で、7人の子どもの長子として生まれた。父は自由主義的な政治家・官僚で、リネン織物で財をなした裕福な家の出身だった。母は敬虔なカルヴァン派の信者だった。

1882年にウェーバーは法律を学ぶためにハイデルベルク大学に入学し、在学中に一時兵役についた。その後ベルリン大学に移り、ローマの農業史をテーマにした論文で法学博士号を取得した。歴史、経済学、哲学への幅広い関心に加えて、ドイツの政治に関して熱心に発言したことから、ウェーバーは著名な知識人の1人になった。しかし1896年に父が亡くなると、ウェーバーは生前の父との確執が原因でうつ状態になった。『プロテスタンティズムの倫理と資本主義の精神』は、長いうつ状態から回復して最初に執筆した論文の1つで、最初は社会学の専門誌に掲載された。英語に翻訳されて出版されたのは1930年である。

第1次世界大戦後、ウェーバーはドイツの新憲法の起草に協力し、ドイツ民主党の創設に尽力した。ウェーバーは1920年に亡くなり、1926年に妻でフェミニスト活動家であり社会学者でもあるマリアンヌ・ウェーバーによって、ウェーバーの有名な伝記が出版された。ウェーバーの他の著書に、『ヒンドゥー教と仏教―世界諸宗教の経済倫理Ⅱ』、『支配の諸類型』、『支配の社会学』、『職業としての政治』などがある。

人々の労働に意義を与え、資本主義の浸透を促した宗教的価値観の影響を分析

社会学者のマックス・ウェーバーは、思想と信仰が人々に与えた影響に関心を持ち、特に宗教が個人の富の水準を決定する重要な要因になっているように見えるのはなぜかと考えた。

ウェーバーは、当時のドイツでは多数の熟練労働者や経営者はもちろん、企業の所有者や資本家にもプロテスタントが多いという事実に注目した。また、高等教育に占めるプロテスタントの割合もカトリックより高かった。

従来はこうした現象に対して、16、17世紀にドイツのいくつかの都市や地域でカトリック教会による支配が廃止され、それまで生活のあらゆる面を規制していた抑圧的な体制から突然解放された結果、市民は経済的利益を自由に追求できるようになり、豊かになったのだと説明されてきた。

しかし実際には、市民の中間層は、道徳および社会的な面におけるカトリック教会の規制の緩さに反発したのだとウェーバーは指摘する。事実、中産階級の市民は彼らの心構えや行

動を厳しく規制するプロテスタントの圧政を喜んで受け入れた。

ウェーバーが疑問を感じたのは、ドイツやオランダ、ジュネーブ、スコットランドの富裕層、そしてアメリカのピューリタンとなった人々が、なぜ規制の厳しい宗教を自ら選んだのかという点だった。

自由と繁栄は宗教的な支配に比例するのではなく、反比例するはずではないのだろうか？

プロテスタントが見いだした資本主義の〝精神〟

この有名な本、『プロテスタンティズムの倫理と資本主義の精神』の冒頭で、ウェーバーは資本主義の〝精神〟という言葉は意味深長であると述べている。

中国やインド、バビロン、そして古代の世界にも、資本主義はいろいろな形で存在したが、それらの資本主義には、単なる金儲けを目的とした取引や交易とは区別される特別なエートス*1が欠けていたとウェーバーは言う。

〝道徳的正しさ〟と〝金儲け〟を結びつける倫理が登場したのは、近代的な資本主義の誕生と同時期だったとウェーバーは言う。

プロテスタントはカトリックよりも意欲的に富を追求しただけではなく、「経済的な合理主義を好む特別な傾向」23Pを示してきた。それは快楽を得るためというよりも、利益そのものを目

*1 **エートス**
倫理的規範【訳】

的として富を創造しようとする独特な心構えだった。

プロテスタントは、商品を買うためにお金を稼ぐ（昔はつねにそれが金儲けの動機だった）のではなく、生産性の向上と資源のより効率的な利用に基づく「富の創造」に得難い喜びを見いだした。

日常的な欲求がすべて満たされた後も、資本主義者は利益そのものを目的として、そしてもっと深遠な目的の象徴として、休む暇もなく利益を追い求めた。

ウェーバーは、カトリック以外の宗派が経済とどのような関係にあるかを研究した。たとえばヒンドゥー教のカースト制度は、人々の職業選択の自由や社会的流動性を制限しているせいで、つねに資本主義の発展の大きな妨げとなった。

ヒンドゥー教の宗教的倫理は世俗を超越すべしという教えであり、その思想はカトリックが信仰の篤い人々を罪や外界の誘惑から隔離するために、修道院や尼僧院を建設するのと似ていなくもない。

対照的にプロテスタントの倫理は、神を見つめつつ、世俗の内部で生きるように促した。プロテスタントの宗派は、宗教的な情熱を表現する手段として労働と仕事を推奨した。その思想が信徒に途方もない経済的優位性を与えたのは間違いない。聖なる生活に比べて、仕事は人生の目標とする価値がないと教えられるのではなく、人は労働を通じて聖なる生き方ができるという考えが生まれた。

こうして資本主義的な企業は単なる経済的組織から、宗教的な意義のある生活の一領域へと変容したのである。

プロテスタント資本主義者が〝労働〟に宗教的な価値を結びつけた

ウェーバーは、プロテスタントの教義の方が本質的にすぐれていると主張しているわけではない。

初期のプロテスタントの宗派——カルヴァン派、メソジスト派、敬虔派、バプテスト派、そしてクエーカー派——が、各々の信仰から導き出した生活と仕事に対する全般的な考え方によって、それらの宗派を信じる人々は近代的な資本主義に驚くほどうまく適応したのである。

それらの宗派が資本主義にもたらした影響には次のようなものがある。

- 進歩の精神
- 労働自体を目的とする勤勉な労働への愛着
- 規律正しさ、時間に対する正確さ、正直さ
- 無益なつきあいや無駄なおしゃべり、睡眠、性交渉、ぜいたくによって時間を浪費することへの嫌悪（「一時間を失うということは、神の栄光を高める仕事の時間が一時間だけ失われたことになる」という感覚）397P

●完全な自己（感情と体の）抑制、そして無邪気な喜びに対する反感
●より大きな利益の獲得という形で表される、資源の最も生産的な利用に対する熱心さ（有名なカルヴァン派の牧師リチャード・バクスターは、「肉の欲や罪の目的のためではなく、神のために、働いて豊かになるのはよいことなのだ」[419P]と語った）
●天職という観念
言い換えると「世俗的な職業生活の内部において、自分の信仰を確証する必要があるという思想」[279P]

カルヴァン派の著述家の多くは、富に対してカトリックの禁欲主義者と同じ嫌悪感を示してきた。しかし彼らの書いたものをよく読むと、嫌悪感は富による享楽や富にともなう身体的な誘惑に対して向けられているとウェーバーは指摘している。かたときも休まず働けば、こうした誘惑を遠ざけることができる。だから労働は神聖な性質を帯びるようになった。労働によって宗教的な情熱の証が立てられるなら、労働は救いとなりえる。

こうして初期のプロテスタント資本主義者に独特の性質が誕生した。よく知られているように、彼らは職業活動に熱心に打ち込み、結果的に非常に成功した。しかし、そうやって手に入れた富を享楽のために使うことを彼らは慎重に避けた。カトリックはつねに職業活動と金儲けに一定の罪悪感を持っていた。しかしピューリタンの各派は

やましさに縛られることがなかった。彼らは信頼と信用に足るという評判を獲得し、職業活動において人の役に立とうとする熱意で知られるようになった。

ウェーバーが言うように、「激しい信仰心が、高度の実業的な感覚」[33P] と結びついたことが、莫大な富を築く基礎となったのである。

〝天職〟の観念が生まれたことにより、富の創造が広まった

労働に宗教的意義を認め、世俗的職業を神からの使命とする「天職」という観念は、プロテスタントの宗教改革が初めてもたらしたものだとウェーバーは主張する。マルティン・ルターは天職について論じていたが、天職という観念が信徒の生活の中心を占めるようになったのは、ピューリタンの諸派が誕生してからである。

天職の観念はプロテスタントの神学者カルヴァンの「予定説」[193P]と深い関係がある。予定説とは、神による永遠の救済を得られる人はあらかじめ決定されており、個人の功徳によってその決定を変えることはできないという考え方だ。

そして生きている間は自分が神に「選ばれた者」[211P]の1人であるかどうかを知ることはできない。つまり死後に永遠の命を得られるか、あるいは永遠に呪われたままでいるかどうかを知ることはできないのである。

その結果、信徒たちにとって自分が選ばれた者であるという確証が必要になった。そしてそれは、徹底した自己抑制に基づく非の打ちどころのない規律正しい生活を送ることを意味した。職業労働を立派に果たすことができる人は、選ばれた者であるしるしだと考えられたのである。

皮肉なことに、天職に対するこの非合理的な宗教的観念は、きわめて合理的な経済活動の誕生を促した。天職の観念がもたらした特に顕著な影響は、消費の抑圧と「禁欲という手段で節約を強制」■465P したことだ。

ウェーバーが言うように、「人間は神の恩寵によって与えられた財を管理する者にすぎないのであって、聖書の譬え話で語られた「主人から貨幣を預けられた」僕《しもべ》と同じように、預けられた金は一デナリにいたるまできちんと報告しなければならない。そして神の栄誉を高めることを目的とするのではなく、自分自身の享楽のために預けられた金の一部を支出することは、少なくとも懸念すべきことなのである」■458P。

こうして節約され、蓄積した資本は計画的な投資に回すことができ、豊かな者はいっそう豊かになった。

現代は貯蓄と創造をないがしろにして、購入と消費にばかり夢中な消費主義社会になり、私たちはそれに対して批判的な目を向けている。

しかし実際には、資本主義とは熱に浮かされたような浪費と消費ではなく、資源の適切な利用による富の創造を目指すものだ。ウェーバーはそれをあらためて思い出させてくれる。

しかし、ウェーバーもまた、現代の資本主義体制は本来の宗教的な動機を失いつつあると考えていた。

天職を見出した人にとって、資本主義は自分の持てる力のすべてを発揮できる有意義な制度だ。しかし、天職を見つけられない人の場合、資本主義は非情で冷酷にさえ感じられるかもしれない。

一定の収入と社会的地位が得られるならどんな仕事でもかまわないという人と、仕事は本質的に有意義でなければならないと思う人の間には、いつの時代にも大きな溝がある。ウェーバーは、天職を見出した人にとって、宗教的な生き方と職業を矛盾なく両立させることは決して難しい問題ではないと述べている。

『プロテスタンティズムの倫理と資本主義の精神』は、宗教によって堅固に形成された人格が、富の創造にとてつもなく大きな役割を果たしうることを明らかにした。

しかし、ウェーバーが指摘したような人格は、必ずしも特定の宗教に頼らなくても育てられるものであり、経済が発展した場所では世界中どこでもそうした人格が認められる。

過去30年間に目覚ましい経済成長を遂げたアジア諸国には、プロテスタントはごくわずかしかいないが、それらの国々の勤勉で誠実な国民性は、17世紀ドイツのまじめで克己心の強い中産階級市民に通じるものがある。

06

1936

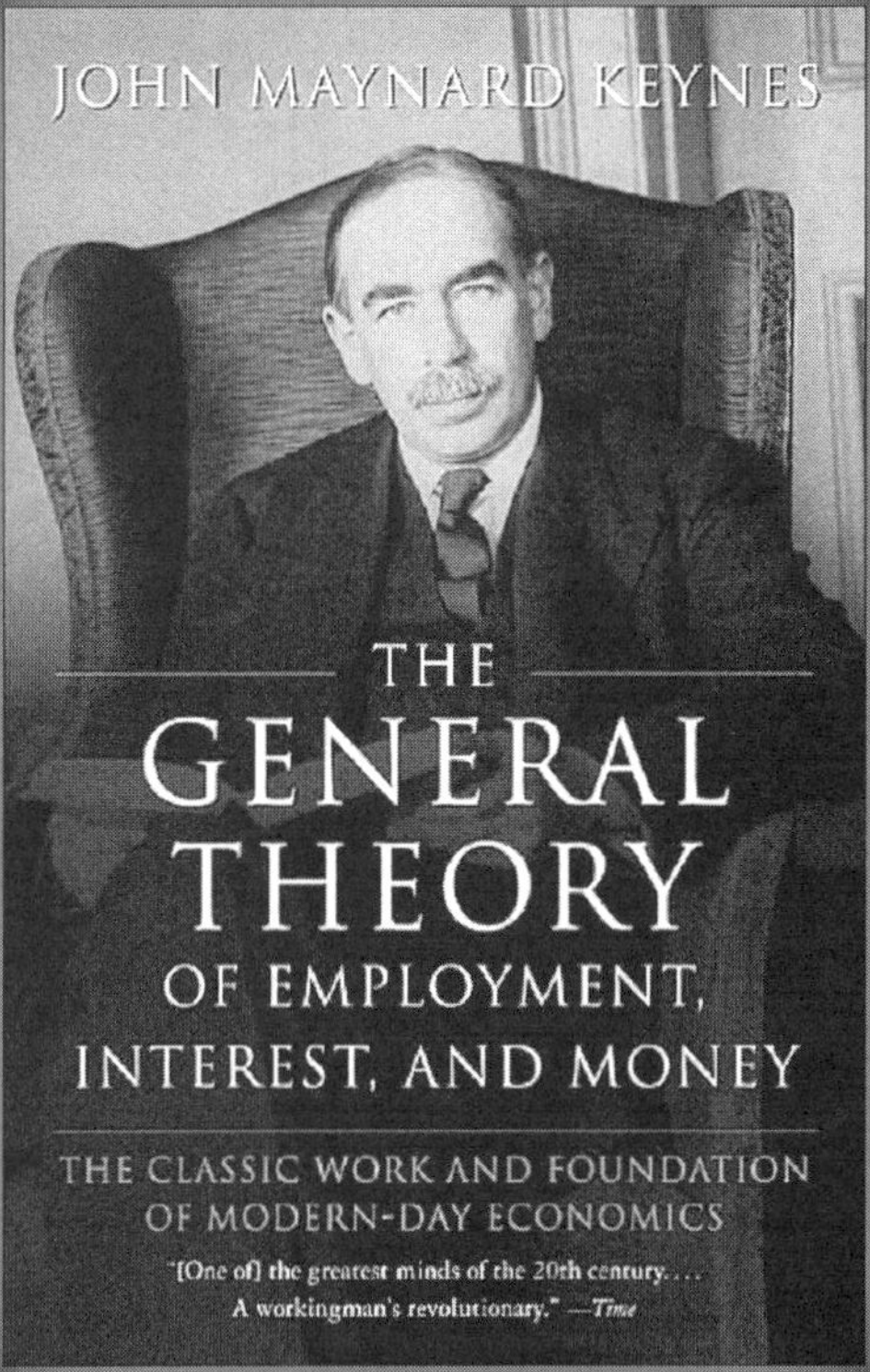

雇用、利子、お金の一般理論

ジョン・メイナード・ケインズ

邦訳書
［ 雇用、利子、お金の一般理論 ］
山形浩生 訳　講談社（2012年）

多くの経済学者が主張する
市場の自動調節機能は
現実には働かない。
投資や雇用を高く保つには
政府の介入が必須である。

▼「本書の構築は著者にとって、脱出のための長い闘いでした。そして読者に対する著者の攻撃が成功するなら、読者にとっても本書は脱出に向けた長い闘いとならざるを得ません――それは因習的な思考と表現の形からの脱出なのです。ここでくどくど表現されている発想は、実に単純で自明だと思います。むずかしいのは、その新しい発想自体ではなく、古い発想から逃れることです。」

【📖45頁】

▼「受け入れられている経済学の古典派理論に対する私たちの批判は、その分析に論理的な誤りを見つけようとするものではありませんでした。むしろその暗黙の想定がほとんどまったく満たされておらず、結果として現実世界の問題を解決できないというのが批判の中身です。」

【📖502頁】

John Maynard Keynes
ジョン・メイナード・ケインズ

イギリスの経済学者

1883年にイギリスのケンブリッジで生まれた。父はケンブリッジ大学の論理学者・経済学者であり、母は社会改革運動に携わってケンブリッジ市の市長になった人物である。ケンブリッジ大学に入学し、そこで哲学のジョージ・エドワード・ムーア、経済学のアルフレッド・マーシャルやセシル・ピグー、数学のアルフレッド・ノース・ホワイトヘッドなど、当時を代表する偉大な学者に学んだ。

インド省に入省するが、単調な仕事に退屈してケンブリッジに戻り、経済学を教え始める。まだ20代の若さで格式の高い『エコノミック・ジャーナル』誌の編集長に就任し、1915年に大蔵省に入って、イギリス政府のために第1次世界大戦の戦費調達を遂行した。終戦後、ケインズはイギリス代表団に加わってパリ講和会議に参加し、ドイツに対する巨額の賠償金要求に強硬に反対した。彼の意見はイギリスのロイド・ジョージ首相やアメリカ代表には受け入れられなかったが、ケインズはその主張をもとに『平和の経済的帰結』（1919年）を執筆した。この本は驚異的なベストセラーになり、ケインズは一躍有名になった。『貨幣改革論』（1923年）では、インフレやデフレによって経済が深刻な打撃を受けるのを防ぐために、中央銀行は金本位制を離脱し、通貨供給量をコントロールするべきだと主張した。第2次世界大戦後、ケインズはブレトン・ウッズ体制の確立に重要な役割を果たし、国際通貨基金と世界銀行の設立にも尽力した。

ケインズは作家のヴァージニア・ウルフらが中心となって結成したブルームズベリー・グループ（20世紀初頭に活躍したイギリスの知識人や芸術家のサークル）の一員だった。ロシア人バレリーナのリディア・ロポコフとの結婚も、芸術に関心があったケインズの一面をのぞかせている。ケンブリッジ大学キングス・カレッジの資金運用を担当して大きな成功を収め、彼自身も株式投資によって財産を築いた。ケインズは第2次世界大戦後にイギリス代表として交渉する重責を担い、その激務から体調を崩し、心臓発作を起こして1946年に世を去った。

市場の自動調節機能の限界を喝破。政府による介入の必要性を説き人道的な資本主義の確立に寄与した

1936年1月1日、ジョン・メイナード・ケインズは友人のジョージ・バーナード・ショーに手紙を書いて、自分が今取り組んでいる本は、「世界が経済問題を考える方法を――すぐには無理だとしても、これから10年の間に――大きく変えるだろう」と述べている。自信家で有名なケインズだが、その自信は決して根拠のないものではなかった。『雇用、利子、お金の一般理論』は経済学に変革をもたらし、現代のマクロ経済学を生み、戦後世界の経済を形づくった。

見る人の立場によって、ケインズは資本主義の救世主になったり、第2次世界大戦後に政府の役割を大幅に拡大させた元凶とみなされたりした。多数の経済学者が、1990年代から21世紀初めの10年間にかけてケインズの影響は衰えたと考えた。

しかしケインズの評伝で知られるイギリスの経済学者ロバート・スキデルスキーは、2009年に『なにがケインズを復活させたのか？』という本を出版した。ケインズ経済学の興亡についてまとめたこの本のタイトルが示すとおり、2007年から2008年にかけて起

こった世界金融危機をきっかけに、ケインズはふたたび表舞台に返り咲いた。政府の徹底した介入がなければ大恐慌の再来は避けられなかったと、今や大半の人々が認めている。ケインズの経済理論は華々しく復活したのである。

イギリスの哲学者アイザイア・バーリンは、「私が生涯に出会った中で最もすぐれた頭脳の持ち主」とケインズを評した。バーナード・ショーも同じような感想を述べている。しかしケインズの思想とは実際にはどのようなものだったのだろうか。そしてケインズは、それまでのどんな伝統的枠組みを覆そうとしたのだろうか？

〝価格調整により完全雇用が達成される〟という古典派の理論に疑義を呈す

ケインズは経済学を学び始めたばかりの頃、当時の経済学を支配していた古典派経済学理論を完全に受け入れていたと『雇用、利子、お金の一般理論』の初めに述べている。古典派経済学という名称は、資本主義の基礎を支える理論を指す言葉としてマルクスがつけたもので、現代の経済社会の仕組みを説明できると考えられてきた。

しかしケインズは次第に古典派経済学の理論では説明できない状況があると感じるようになった。たとえば特殊な例外を除いて、古典派経済学は失業の問題を取り上げようとしなかった。

古典派経済学者は、雇用可能な人口や自然、資本設備などのリソースは（長期的に見れば）社会の中で効率的に利用されるから、雇用はつねに自動的に調整され、失業は起こらないと考えた。不況になると労働の価格、すなわち賃金が下がる。すると賃金の低下によって雇用を増やせば利潤も増えると期待できるので、製造業者はふたたび雇用を増やす。この自動調節機能によって、完全雇用が実現するとアーサー・ピグー[*1]は主張した。

しかし現実には、ある仕事から別の仕事に転職するまでの合間にいる人、求職中の人、働けない人、現在の賃金では低すぎて働きたくない人がいるとケインズは言う。さらに労働力と賃金との関係から見ると、需要と供給の完全な一致がつねに成立するとは限らない。

賃金以外の面で経済が変化しているにもかかわらず、賃金の変化が遅れて、賃金が高すぎたり低すぎたりする状態が長期的に続く、すなわち賃金が「非伸縮的」になる場合があるからだ。たとえば失業者が増えているのに、労働組合は一定水準の賃金を獲得するために長い間闘ってきたという理由から賃金引き下げに同意しないという状況が考えられる。

さらに、労働者と雇用者が交渉するのは名目賃金（週給200ドルというように貨幣額で表される賃金）であって、実質賃金、すなわち物価やインフレを考慮して換算した相対的な購買力をめぐって交渉するわけではない。その結果、社会全体で労働の価格が下落すれば物価も下がると予想されるので、実際には実質賃金はあまり変わらなくなる。

アーサー・ピグー
*1　古典派最後の経済学者と称され、ケインズとは対立した【訳】

つまり、古典派経済学が言うような市場の自動調節機能による完全雇用は実現しないことになる。古典派経済学では名目賃金の低下は経済全体を活性化すると期待されるが、実際には名目賃金が低下すれば、労働者の暮らしは労働者以外の人々の暮らしに比べて相対的に悪化する。なぜなら賃金労働者は収入のほとんどを住宅費、食費、交通費などの出費に回す傾向があるのに対し、それ以外の人々（資本家や土地所有者）は収入を消費するより貯蓄に回すほうが多いからだ。

したがって「賃金の柔軟性」は景気を回復させる決め手にはならず、金持ちをより豊かに、貧しい人をより貧しくするだけだろう。そうなると、経済は賃金ではなく資産によって動かされるようになり、資産がつねに同じ人間の手に握られていれば、社会の活力や流動性は失われてしまう。

賃金の引き下げは不景気に対する刺激策にならないとケインズが考えたもう1つの理由は、負債を抱えた人の支払い能力が（借金の総額が変わらないと仮定して）、賃金引き下げによって低下するからだった。小さな店の主人に例えれば、店の商品を値上げできないのに、支払わなければならない借金の総額は変わらないようなものだ。その結果、支払い不能に陥って、つぶれる店が増えるだろう。

賃金の引き下げは、生産と消費の均衡を回復させて経済を立て直すどころか、デフレ、消費の落ち込み、そして金融機関が貸し出しを渋る「信用収縮」の悪循環を招く可能性がある。

長期的に見れば、この状況は自動的に調整されるかもしれないが、それまでに何百万人という人々の生活が深刻な打撃を受けるだろう。そんな状況では、政府が介入する責任があるとケインズは主張する。

市場の自動調整機能を否定 政府の介入による需要の創出を主張

しかしケインズ理論の核心は雇用そのものではなく、需要の問題にある。

古典派経済学の根底には、J・B・セイの「供給はそれ自身の需要を創造する」という考え（セイの法則）がある。すなわち、需要よりも多く供給されれば、価格が安くなり、それによって需要が上がり、供給量に一致するようになる。逆に、需要よりも少なく供給されれば、価格が高くなり、需要が減って、供給量に一致するようになる。この考えにしたがえば、需要の不足や供給過剰は起こりえない。

なぜなら、1人の生産者（たとえばボルトやナットの製造業者）が稼いだお金はすべて、原料（たとえば鉄）やその他の必要なもの（食料や衣服）を購入するために使われるはずだからだ。もちろん、この生産者が市場の要求するボルトやナットの個数を過大に見積もったために、生産費用がかさみすぎて倒産する可能性はある。この生産者にとっては災難だが、こうして社会の中のリソースはより効率的に分配され、将来の商品不足や過剰供給を防ぐ結果になる。

つまり、需要と供給は異なる力学にしたがって働くのではなく、1枚のコインの表と裏のようなものだ。貯蓄についても同じことが言える。支出に回されないお金は貯蓄であり、貯蓄は生産物の価値を増加させるために投資される。

しかし、社会に蓄積された貯蓄がすべて生産への投資に注がれないとしたらどうなるだろうか、とケインズは問いかける。

経済の不確実性に対する不安があるために、人々は現金を蓄え、銀行は貸し渋り、借り手は融資を受けるのをためらう。経済は停滞し、雇用を待つ失業者の列はどんどん長くなる。

ここでケインズと古典派経済学は決裂する。

不確実性と、おそらく根拠のない不安に影響されて、生産と消費はつねに息の合ったダンスを踊るとは限らない。個人消費と貯蓄は、主観的な理由や心理的要因によって左右される。たとえば将来についての見方や、独立性を保ちたいという願い、子孫に財産を残したいという希望などだ。それに加えて現在の収入や金利といった客観的な要因もある。新しい工場や生産設備への投資を考えている企業の決断は、投資をしたときに得られると期待される収益率と、金利との比較によって左右される。金利が高ければ、投資はおこなわれないかもしれない。

経済的決断をするときに、期待が果たす役割は大きい。事業主が経済の先行きに安心感を持っていれば、将来の収益率を高く見積もるだろう。先行きに悲観的な見方をしていれば、収益率を低く予想して、投資はしないだろう。

ケインズは、古典派経済学の言う自然金利の考えは誤りであり[331P]、自然金利ではなく完全雇用を達成するために最適な金利を考える必要があると述べている。ケインズの考える最適金利とは[332P]、資本家や貯蓄家が金利から得る利益が、完全雇用を妨げないような金利のことだ。完全雇用を目的にした金利政策が、経済を健全な状態に保つ確実な方法だとケインズは信じていた。金利をその水準に保てば、需要を高いままで安定させられるからだ。

ケインズの出した答えは明快だった。適切な投資と完全雇用を実現するためには、金利の変動を自然に任せるのではなく、政府（あるいは中央銀行）が国益を考えて金利を規制するべきなのだ。

ケインズにとって、古典派経済学の理論はヴォルテールの小説『カンディード』に登場する楽天主義者の信念と同じようなものだった。『カンディード』の楽天主義者は、「余計な手出しさえしなければ、可能な限り最高の世界においてあらゆることは一番よい形でそのまま提供されている」[84-85P]と信じていた。古典派経済学の理論は、経済はこのような仕組みで機能してほしいという願望を表しているのかもしれない。「でも実際にそう機能していると想定してしまうのは、仮定によって困難を見ぬふりをするに等しい」[85P]とケインズは書いている。

しかし需要に対する古典派の考えが間違っているとしたら、それが経済モデルの主流であり続けたのはなぜなのだろうか？　古典派経済学の「一貫性を持った論理的上部構造」[84P]は、もう1つの目的も果たしたとケインズは言う。

古典派経済学は、今の経済制度が自然で調和の取れたものであると偽って、現状を維持する役割をした。その結果、社会的な不公正や悲惨な現状すら放置され、資本家や支配階級の既得権はさらに拡大した。

政府の介入による徹底した雇用の創出が不況に陥った経済を立て直す

ケインズは、不況期には政府が紙幣を瓶に詰めて地下に埋め、何千人という失業者を集めて掘り出させればいいと冗談まじりに述べている。

こうした労働に支払う賃金は、普通に考えれば「無駄遣い」[425P]かもしれないが、無駄遣いでもかまわない。こうした事業によって完全雇用を達成すれば、総需要が正常な水準に戻るから、その総合的な効果はコストを上回るのである。政府は経済を活性化するためなら何をしてもいいし、何でもするべきだ。

政府が雇用拡大のために投資すると、国民に財やサービスを消費する余裕が生まれるため、経済全体を活性化する効果がある。公共投資と、それが経済に与える効果との間には明確な比率、すなわち「乗数」[177P]があるとケインズは言う。

問題は、「堅実性」[162P]と「無駄遣い」に対する19世紀的な考え方のせいで、政治家はそのような公共支出が経済によい影響を与えるとは考えられなかったということだ。

ケインズがこの本を執筆していたちょうどその頃、彼の大胆なアイデアが正しかったことが証明されつつあった。

フランクリン・D・ローズヴェルト大統領*2が就任して最初の100日間に、瀕死のアメリカ経済を立て直す政策を矢継ぎ早に打ち出した。銀行制度を救済する法案を通し、お役所仕事を効率化し、輸出を促進するためにドルの平価*3を切り下げ、大規模な公共事業計画（ダム・橋・道路の建設）に投資した。これらの政策の中には経済的な価値が疑わしいものもあったが、国民の落ち込んだ気分を一新し、国全体にお金を行きわたらせる効果があった。

ローズヴェルトは（側近を当惑させながらも）アメリカを金本位制から離脱させ、ドルの平価を切り下げ、通貨供給量を増加させた。流通するお金の量が増えたことによって、アメリカ国民は安心して支出できるようになり、経済は回復し始めた。

対照的に、ローズヴェルトより堅実な性格だった前任者のフーヴァー大統領は、効果的な政策を実施することができなかった。金本位制から離脱した数年後、第2次世界大戦に参戦したことによる大規模な軍事支出によって、アメリカ経済は活性化した。大きな刺激は大きな効果を持つというケインズの主張の正しさがここでも立証された。

金融政策（中央銀行の信用創造による通貨供給量の増加や、金利の規制）や財政政策（課税や財政支出）を用いて総需要を健全な水準に保ち、景気変動の波を小さくするのが政府の責務であるとケインズは考えた。

それは不況時に財政赤字になっても財政支出を増やし、政府が「最後のお金の使い手」と

*2　任期1933〜1945年【訳】

*3　金を基準にした通貨の価値【訳】

なることを意味した。景気が回復すれば政府は支出を削減し、財政を安定させることができる。

アダム・スミスは、国が投資に回せるお金は国民一人ひとりの貯蓄以外にないと考え、あらゆる倹約家は公共に利益をもたらすと述べた。この考えはほぼ正しいが、どこまでも正しいわけではないとケインズは言う。

極端な話、誰もがケチな暮らしで満足したら、新しい服や住宅、娯楽に対する需要はなくなって、経済は活気を失ってしまう。個人や家族にとっては倹約が望ましくても、社会全体にとっては、倹約はいいことばかりではない。経済成長には貯蓄ばかりでなく、たくさんの支出が必要なのだ。

資本よりも人間を大事にする人道的な資本主義へ

『雇用、利子、お金の一般理論』の結びの部分で、ケインズは自らが提案する「中央によるコントロール」501Pによって完全雇用が達成される経済的な総産出量が確保できれば、その後は市場の力に任せる古典派経済学のモデルに戻ることに反対する理由はまったくないと述べている。

実際、第2次世界大戦後の世界は、まさにそのとおりの政策を実行した。中央銀行がインフレターゲット*4を設定し、政府が需要を高い水準で維持するために財政政策を実施する一

*4 **インフレターゲット**
物価上昇率を一定の範囲内に抑えるための目標

方で、物価と投資は個人や企業の自由に任された。

中央のコントロールが「消費性向と投資誘因」[502P]の良好なバランスを達成しさえすれば、それ以外の点で「以前より経済生活を社会化する理由は」[502P]まったくないとケインズは書いている。ケインズは、大恐慌は単に「エンジンの故障という問題」*5であり、不具合のある部分を修理すればいいだけだと語った。

ケインズは共産主義的な意味で生産を大々的に再編成するのではなく、ただ働きたい人すべてが確実に生産活動に加われるような環境を作る必要があると訴えたのである。全体主義革命の到来を阻止し、資本主義的な民主主義社会が繁栄するためには、ケインズが主張するように政府の役割を拡大するしか方法がない。権威主義国家は失業問題を解決しているが、そのために「効率性と自由を犠牲にしている」[505P]とケインズは言う。

ケインズは、破綻しかけた経済を救うための体制を『雇用、利子、お金の一般理論』で提案した。ケインズが差し出したのは、「病気を治癒させつつ、効率性と自由を維持」[505P]するためのチャンスであり、命綱だった。

世界は喜び勇んでケインズの命綱につかまった。1970年代初めに、ニクソン大統領は「われわれは今や全員がケインジアンである」と言ったと伝えられるほどだ。

第2次世界大戦後にケインズ理論を経済政策に取り入れた国は、資本よりも人間を大事にする人道的な資本主義の確立に成功したように見える。その結果、それらの国では（トマ・ピ

*5 『ケインズ説得論集』山岡洋一訳、日本経済新聞社（2010年）

ケティが指摘したとおり）歴史上かつてないほどに不平等が減少し、賃金労働者が資本家の利益に対抗して権利を主張できるようになった。

今を知り、未来を考えるために――

ケインズほど優秀な人物であれば、どんな仕事を選んでもすぐれた業績を残したに違いないが、その彼を経済学者の道に進ませたのは、経済学上の誤った理論は致命的な結果を招きかねないという事実だった。

自然利子率のような理論や金本位制にしがみついていれば国家が衰退する危険があり、既得権を維持しようとすれば一国の経済とその国民は最大限に成長できないかもしれない。

ケインズの理論はそれ以前の経済学を支配していた伝統的理論の誤りを暴き、数多くの批判を乗り越えて、現代の世界経済に影響を与え続けている。

07

1942

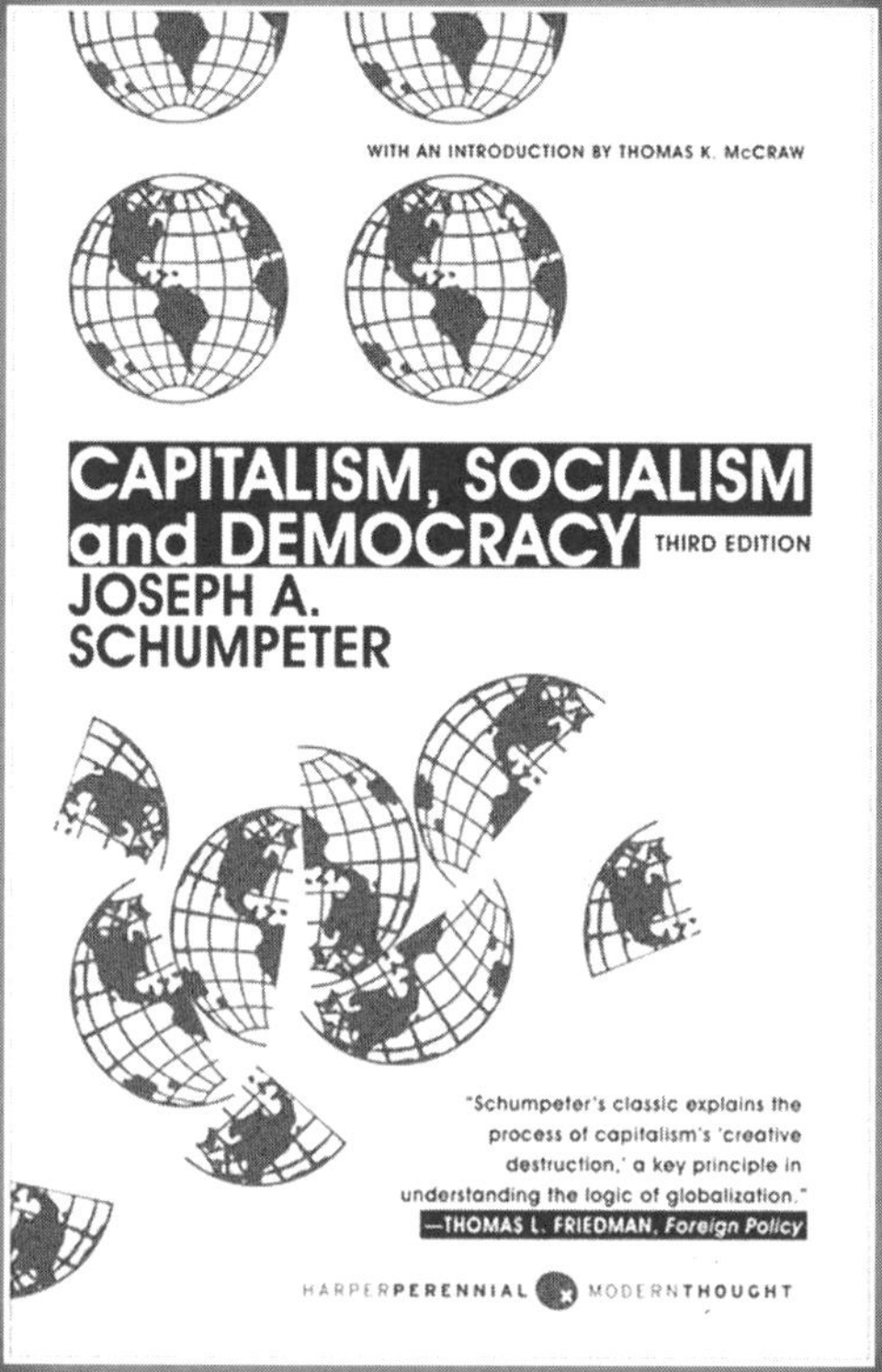

資本主義・社会主義・民主主義

ヨーゼフ・シュンペーター

邦訳書

［資本主義・社会主義・民主主義］

中山伊知郎・東畑精一 訳　東洋経済新報社（1995年）

資本主義が
成功を収めるがゆえに
物事や考え方が
社会主義に
なじみやすい形に
変貌を遂げていく。
そうして資本主義は
衰退していく。

▼「内外の新市場の開拓および手工場の店舗や工場からU・S・スチールのごとき企業にいたる組織上の発展は、不断に古きものを破壊し新しきものを創造して、たえず内部から経済構造を革命化する産業上の突然変異――生物学的用語を用いることが許されるとすれば――の同じ過程を例証する。この「創造的破壊」(Creative Destruction)の過程こそ資本主義についての本質的事実である。」【130頁】

▼「資本主義的企業は、ほかならぬ自らの業績によって進歩を自動化せしめる傾きをもつから、それは自分自身を余計なものたらしめる――自らの成功の圧迫に耐えかねて粉砕される――傾向をもつとわれわれは結論する。」【210頁】

Joseph Schumpeter
ヨーゼフ・シュンペーター

オーストリア・ハンガリー帝国（後のチェコ）出身の経済学者

シュンペーターは1883年に、当時はオーストリア＝ハンガリー帝国領だったトリーシュ（現在はチェコ共和国のトジェシュチ）で生まれた。父は繊維工場を所有していたが、シュンペーターがわずか4歳のときに亡くなった。シュンペーターは名門校で教育を受けた後、ウィーン大学で法律と経済学を学んだ。そこでオイゲン・フォン・ベーム＝バヴェルクの学説に出会って大きな影響を受けた。1906年に博士号を取得し、数年後には『経済発展の理論』をはじめとする数冊の著書を出版し、グラーツ大学の教授に就任した。

シュンペーターはオーストリア＝ハンガリー帝国の支持者だったが、第1次世界大戦後に帝国が崩壊してオーストリア共和国が誕生すると、意外なことに新しい社会民主党政権のもとで大蔵大臣に任命された。シュンペーターはこの職務をわずか半年で辞任せざるを得ず、続いて就任した銀行頭取の地位も、個人的な投機で得た財産をすべて失うと同時に解任された。1925年にボン大学の教授に就任し、アカデミズムの世界に復帰した。

1920年代の終りにシュンペーターはハーバード大学に客員教授として招聘される。アメリカの市民権を取得し、その後は生涯アメリカで暮らした。シュンペーターはローズヴェルト大統領のニューディール政策を激しく批判し、ヒトラーよりもスターリンの方がはるかに危険だという警告を発したために、親ナチス感情の持ち主としてFBIの捜査を受けた（告発はされなかった）。1950年に亡くなったとき、シュンペーターは3人目の妻で経済史家のエリザベス・ブーディ・シュンペーターの協力を得て『経済分析の歴史』の原稿を完成させようしているところだった。この本はシュンペーターの死後、遺稿を元に出版された。

創造と破壊を繰り返す不安定な資本主義の「終わり」と社会主義の必然的な到来を予言

今では同時代の経済学者の多くが忘れられている中で、ヨーゼフ・シュンペーターの名声は1950年に亡くなった後も高まり続けている。

シュンペーターは、今ではきわめて明白に思えること、すなわち資本主義は本質的に動的な性質を持つという事実を指摘して注目を集めた。資本主義は価格メカニズムに基づく投入と産出の単純な機構《マシン》ではなく、絶えず変動し変化する過程であり、その過程を作るのはそれに関わる人々の（とりわけ企業家の）心である。

資本主義は計画経済と違って非直線的な性質を持ち、したがって予測不能であるとシュンペーターは指摘した。次にどんな産業が大きくなるのか、これからどんな商品が流行るのか、経済危機はいつ来るのか、実際には誰にもわからない。なぜなら資本主義は無数の人々の個別の思考と行動を合計したものだからだ。

計画経済においては、予期せぬ成功はシステムから取り除くべき変態的現象《アノマリー》として扱われる。資本主義では、企業家はどんな小さな成功の機会も逃さず利用して、それを核として新しい事業や産業を育てようとする。絶えず新しいものを求める精神、そして多額の投資をしたにもかかわらず、技術や工程が古くなればそれらを進んで捨て去る意志が、資本主義に繁栄と活気を与えている。

しかし、シュンペーターの理論に皮肉な面があるのは確かだ。シュンペーターの有名な「創造的破壊」130P という言葉は、もともと資本主義の宿敵カール・マルクスの言葉であり、シュンペーター自身は本の中で創造的破壊についてわずか数ページを割いたに過ぎない。資本主義の偉大な守護聖人の1人と考えられているにもかかわらず、シュンペーターはこの本の大部分を費やして資本主義の崩壊と官僚主義的社会主義の出現を予言するために費やしている。シュンペーターは企業家が官僚的管理者に取って代わられると予想し、官僚的管理制度のもとでは安定性は高まるが、経済的な活力は損なわれると考えた。

企業の独占は規制されるべきではない自由競争よりも経済にプラスに働く

資本主義は「有機的過程」131P であるから、その運動は一直線上にはないとシュンペーターは言う。

資本主義は不規則に進歩するが、まさにその気まぐれさと資源の利用の不完全さが企業家を刺激して、市場に見られる問題と欠陥の解決に向かう意欲を持たせる。

この現実は、資本主義は均衡のとれた完全な経済システムだという古典派経済学者の考えとはかけ離れている。

たとえば50年前に平均的な労働者が稼ぐ賃金で買えた品物を見てみると、驚くことに、ほぼすべてについて相対的な価格は下がっている。しかし（古典派経済学の学説が唱えるように）競争そのものがこの快挙を達成したというより、大衆の生活水準を向上させたのは大企業であり、独占を勝ち取りたい大企業の欲求であるとシュンペーターは主張している。

なぜかと言えば、これまで満たされず、多くの場合気づかれてもいなかった需要を突然満たすような商品やサービスを背景に、新しい企業が急に大きく成長するからだけでなく、企業は資本主義社会の中で吹き荒れる「創造的破壊の多年にわたる烈風」[131P]を乗り切るために、絶えず変化し続けなければならないからである。

資本主義の最も重要な点は、資本主義がいかにして現存する構造や企業を運営するかではなく、「いかにして現存構造を創造しかつ破壊するか」[131P]であるとシュンペーターは言う。

古典派経済学者と、その後に続くアルフレッド・マーシャル[*1]とクヌート・ヴィクセル[*2]は、私たちが生きているのは完全競争の世界であり、独占は例外的な出来事であるという仮説を立てた。しかし実際にはすべての企業や企業家は、価格か製品の差別化のどちらかの方法で少しでも独占を勝ち取ろうと努力するし、その努力は報われるとシュンペーターは言う。

資本主義においては、独占は変則的なもの（アノマリー）ではなく、むしろ企業にとっての目標である。古典派の考え方によれば、生産量を制限して利潤を最大化するような制限的行

*1 **アルフレッド・マーシャル**
新古典派を代表するイギリスの経済学者。1842－1924【訳】

*2 **クヌート・ヴィクセル**
スウェーデンの経済学者。1851－1926【訳】

動、つまり独占は、つねに悪であり、国家の総生産量を減少させるはずである。しかしこれは希望的思考であるとシュンペーターは言う。

現実には、特許や知的財産権の保護をはじめとする制限的行動は、企業や産業を最大限に成長させる力になる。産業全体を手中に収めかねないような新しい技術を持った企業がいつか必ず現れると知っている企業は、当然ながら投資を回収するために、しばしば競争相手を阻止したり買収したりするだろう。

シュンペーターは、制限的行動、すなわち独占はどんな形式であっても容認されるべきだと言っているわけではない。実際、1つの産業、あるいは1つの経済を長期的に支配するカルテルは、産業や経済に実質的な打撃を与える可能性がある。シュンペーターが言わんとしているのは、よりよい製品を多数の消費者に提供できる結果として自然発生的に生じた独占は、完全競争よりも経済にとって大きなプラスになるだろうということだ。

独占理論では、完全競争に比べて独占状態では価格はつねに高く、生産量は少なくなると考えられている。

しかしこれはしばしば事実と異なっている。なぜなら独占企業はその規模と利益のおかげですぐれた生産方法を開発し、競争相手がいる場合に比べれば供給業者と有利な交渉ができるからだ。こうした利点を生かして独占企業は競争市場の場合に比べて低価格でより多くの商品を売ることができる。独占的な地位を得る一番の利点は、将来的な市場の大変動を持ちこたえる力がつき、長期的な計画が可能になるところにあると言う。

いずれにしても、資本主義において真の独占（ある製品や一次産品に対して単一の売り手しか存在しない状態）は実際にはきわめてまれで、総生産量を減少させるほど長い間独占状態が続くことはめったにないとシュンペーターは主張している。

したがって「無差別の『トラスト破壊』や、取引の制限とみなされるいっさいのものへの非難を支持するような一般的根拠といったもの」[142P]はまったくないとシュンペーターは言う。

さらに、「とくに製造工業においては、独占的地位は、一般にけっしてそこに安眠すべきベッドのごときものではないからである。その地位を得るのも、これを保持するのも、鋭敏と精力があってはじめて可能なわざである」[157P]と述べている。

資本主義は不安定さを生み社会不安の原因となる

資本主義の力の分析をした後で、シュンペーターは驚くべき方向に転じ、本書の残りのすべてを費やして彼が致命的であると判断した資本主義の欠点を指摘している。

『資本主義・社会主義・民主主義』の前半で、シュンペーターは資本主義が平均的労働者の生活水準の向上に大きく貢献したことを明らかにしながら、一方で資本主義の持つ深刻な問題は、それが好かれにくい点だと述べている。

資本主義は、何世紀も続いた封建的で部族的な社会形態を破壊した合理主義的で功利主義的な制度だ。昔の社会形態は、どれほど経済的な欠陥があったとしても、個人の生きる意味と居場所を強く感じさせていたのに対し、資本主義は、その無情な論理のゆえに人間性に反しているように見える。

資本主義の絶え間ない変化は不安定さを生み、社会不安の原因となる。そして資本主義体制のもとでは社会のアトム化[*3]と個人主義化が進み、婚姻制度と伝統的なブルジョア家庭の価値が崩壊する。

資本主義の生命力は失われ続けている

驚くべきことに、資本主義に対する敵対心を表明するのは、マルクスの予想に反して労働者ではなく中産階級の知識人である。中産階級の知識人が、資本主義に対して道徳的な反感を抱く理由の1つは、国民が等しく教育を受けられるようになったことだ。

教育程度の高い人々は増えるが、彼らにふさわしい知的な仕事が十分に生み出されるわけではない。すると自分たちの能力が十分生かされないという不満から、高等教育を受けた人は資本主義体制を批判する側に回るのである。

「くずれ落ちる城壁」と題した第12章の中で、シュンペーターは大半の人々が最低限の物質的な欲望を満たしたときに何が起きるかを考えている。

*3 **アトム化**
個人が主体性を失い孤立すること
【訳】

恒久平和が達成された時代の将軍のように、企業家にはもう何もすることが残されていない。賢い人々は事業から他の分野に目標を切り替えるだろうとシュンペーターは予想する。

かつて進歩は個人の天才のひらめきにかかっていたが、今や未来を創造するのは共同で研究開発を進めるチームだ。改革は日常的な業務になり、経済的進歩は「非人格化され自動化される」■208Pとシュンペーターは言う。個人の行動に代わって委員会や研究開発室が重要な役割を果たすようになり、大企業が個人主義的な企業家と小さな企業を吸収する。

進歩の自動化を予測するとともに、シュンペーターは資本主義に最も活気があった時代と同じ成長率で経済が成長し続けることはできないと考えた。大恐慌とそれに続く政府主導の回復期が、資本主義の終焉を告げる弔いの鐘だったとは言わないまでも、その時期に資本主義の「生命力が永遠に喪失する」■173P兆候が表れたと述べている。人間には不確実性と危険を減らしたがる自然な願望があり、それが政府の干渉と結びつけば、資本主義国家が官僚主義化し、利益がより均等に分配されるのは必然的だと言う。

シュンペーターは、会社を個人や一家族が所有してその資産を管理する方法に代わって、何百万人もが企業をほんの一部ずつ所有する株式組織が一般化するのを危惧している。

所有権が分散し、実態を失えば、自分の工場を守り、それを大きくするために必死に戦う人は1人もいなくなるだろう。工場は非個人的な会社とその役員によって、広範な社会的利益の達成を目的とする政府と手を組んで運営されるようになる。

資本主義諸国では、革命の代わりに官僚化と国有化がいっそう進行するだろう。経済的不平等を解消し、景気循環による好況と不況の波がもたらす不安定さを減らすために、福祉国家や社会保障による保護はさらに拡大するだろう。

こうして新しく出現する穏やかな社会では、資本主義の活力源である企業家は目立たない位置に追いやられ、企業家の仕事は大会社が果たすようになる。

今を知り、未来を考えるために──

資本主義とその原動力である企業家は衰退すると予言したシュンペーターは正しかったのだろうか？

マルクスやシュンペーターが予想したように、第2次世界大戦後の世界は大企業に支配されたと言えるかもしれない。しかし同時に、資本主義は一定のペースで新しい産業の創造と破壊を続けている。アマゾンやフェイスブック、グーグルなど、この時代に登場したオンラインビジネスがいい例だ。それらの企業は既存の会社の研究開発室から誕生したものではなく、個人の頭脳から生まれた。

資本主義は今も企業家にとって破産の脅威を残しているが、将来に大きな報酬が得られるという期待があれば、人は新しい市場そのものを創造する商品やサービスを作り出す意欲を失くさないだろう。官僚主義的社会主義が求めるように、「国家への奉仕」だけが動機だとしたら、そのような意欲は湧かないはずだ。

シュンペーターは、会社が資本家個人ではなく、大きな機関や何百万人もの株主に所有されるとしたら、資本主義はその生命力を失うだろうと考えた。しかしその予想は外れた。会社に業績の改善か、さもなければ解散を迫るような物言う《アクティビスト》投資家が今ではたくさん存在する。また、年金基金のような制度から多額の投資を得ることで、大企業は長期的な視野を持ち、将来のための投資が可能になる。今では会社の業績に関心を持つ人が増え、企業の官僚主義化によって、個人所有の企業が犯す不合理な決断や失敗が防止される。

シュンペーターが選択肢として提示しているのは、大きな富と社会的不平等を同時にもたらすような、規制なき血気盛んな資本主義か、社会的なユートピアを約束しつつ成長のエンジンである企業家の息の根を止めるように作り変えられた資本主義のどちらかであるように見える。

しかしこれまでの経験から言って、資本主義とは金の卵を産むガチョウ（個人の企業家精神や改革）を生かしながら、いかにして創造的破壊がもたらす衝撃を和らげるかという2つの課題の微妙なバランスを保つ行為である。

しかし、豊かな国の国民が受け入れなければならない事実が1つある。どんな産業にも寿命があり、雇用は保証されていないということだ。不安定さは繁栄の代償である。

08

1944

大転換

カール・ポラニー

邦訳書

［大転換］

野口建彦・栖原学 訳　東洋経済新報社（2009年）

自由市場は、自然に
生まれたものではなく、
人為的なシステムである。
市場システムは
社会と人間のために
奉仕すべきであり、
その逆であってはならない。

▼「当然のことながら、いかなる社会も、何らかの種類の経済をもっていなければ、一瞬たりとも持続していくことはできないだろう。しかしわれわれの時代になるまで、経済が、その大枠においてさえ市場によって支配されつつ存在したことは一度たりともなかった。一九世紀において、学問の世界であのように繰り返し聞かれた呪文の合唱にもかかわらず、交換に際して得られる利得と利潤が人間の経済において重要な役割を果たしたことは、かつてなかった。市場という制度は、新石器時代以降かなり普遍的な制度となってはいたが、その役割は経済にとって付随的なものにすぎなかった。」

【77頁】

Karl Polanyi
カール・ポラニー

ウィーン出身の経済学者

ポラニーは1886年にウィーンで生まれた。父はハンガリー系ユダヤ人で裕福な鉄道建設請負業者であり、母は文学サロンを開いていた。ポラニーはブタペストのハンガリー王立大学で法律を学び、進歩派の学生のための組織「ガリレオ・サークル」を創設した。1914年にはハンガリーの新しい政党である急進党の設立に協力している。第1次世界大戦中はオーストリア＝ハンガリー軍に従軍してロシア戦線で戦った。オーストリア＝ハンガリー帝国が崩壊した後、ポラニーはハンガリー民主共和国で暮らしていたが、1919年にハンガリー共産党が政権を掌握すると、ポラニーは社会民主党政権下のウィーンに亡命した。そこでポラニーは自分と同じくハンガリーからの移民で、熱心な政治活動家のドゥチンスカ・イロナと出会い、結婚した。ポラニーはおよそ10年間、金融誌『オーストリア・エコノミスト』の編集者を務め、その立場を生かして自由市場主義のオーストリア学派に対する批判を開始し、社会主義社会が機能する仕組みについてルートヴィヒ・フォン・ミーゼスとの論争に挑んだ。大恐慌とファシズムの台頭によってポラニーは退職を余儀なくされ、イギリスに移住した。ロンドンでは社会主義者のフェビアン協会のメンバーと交流し、労働者教育協会の講師となって経済史の講座を担当して生計を立てた。アメリカのヴァーモント州ベニントン大学の研究員をしていた時期に、1941年から翌年にかけて『大転換』を執筆した。最初は世間の反応は鈍かったが、出版をきっかけに1947年にコロンビア大学から客員教授として招かれた。妻のイロナは共産主義運動に関わっていたためにアメリカで生活する許可が下りず、夫妻はカナダのオンタリオ州で暮らし、ポラニーはそこからニューヨークまで通勤しなければならなかった。ポラニーはフォード財団からの助成金を得て前近代の経済システムを研究し、その成果を他の研究者との共著『Trade and Market in the Early Empires（初期帝国における交易と市場）』（1957年）にまとめた。ポラニーは1964年にオンタリオ州ピカリングで亡くなった。

市場の自己調節機能に疑義を呈し、自由放任主義になった社会に人間性を取り戻そうとした

現代では市場や価格設定、効率性、産出量などが重視されすぎて、「社会」というものは抑制のきかないグローバルな資本主義経済を構成する1要素にすぎないとみなされても仕方がないように思える。

しかしカール・ポラニーから見れば、そのような考えは本末転倒でしかなかった。市場や経済システムはあくまでも人間の創造物であり、「社会」に埋め込まれたものである。それらは人間の選択を容易にする目的で存在し、社会的な関係から独立して存在するわけではない。市場が誕生したのは「自然」でも必然でもない。

実際、古代の文化には市場に代わるものとして、互酬[*1]や再分配[*2]に基づく生産と分配の秩序が長い間存在したのである。

ポラニーの言う「大転換」とは、〝社会的、文化的な価値観の上に作られた社会〟から、〝市場の理念によって動かされる社会〟への移行を意味していた。

*1 **互酬**
個人または集団が特定のパートナーとの間に財やサービスを贈与しあう相互依存関係【訳】

*2 **再配分**
共同体の成員の生産物がいったん首長のもとに集められ、首長からふたたび成員に分配される仕組み【訳】

生活のあらゆる面に市場の力が広がったことによって、社会的混乱が生じた。市場の力と、その力に対抗しようとする人々の間に押したり引いたりの攻防（二重の運動《ダブル・ムーブメント》■130P）が繰り広げられ、それが19世紀の歴史を作ったとポラニーは述べている。ポラニーは、自由放任主義経済のイデオロギーから人間性を取り戻す目的で本書を書いた。

ハイエクの『隷属への道』*3と同じ年に出版されたこの本は、ハイエクやミーゼスが唱える自由市場主義経済学への反論であると同時に、ケインズ経済学とも一線を画す理論を展開した。

ケインズと違って、ポラニーは自らを社会主義者だと考えていたのである。現在では、ポラニーは「新自由主義」経済原理の批判者から守護聖人のように扱われている（新自由主義経済原理の批判者として代表的なジョセフ・スティグリッツは、２００１年に刊行された新版の『大転換』に長い序文を寄せている）。

また、経済学的文化人類学の先駆者ともみなされ、デヴィッド・グレーバー*4のような研究者に影響を与えている。

ポラニーの歴史解釈を批判する経済学者や経済史家は、ポラニーの学説を軽視する傾向がある。しかし金融危機を経て、市場に対する規制をもっと厳しくするべきだという意見が生まれた今、ポラニーの思想をもう一度振り返る価値は十分にある。

*3 『世界の政治思想50の名著』参照

*4 **デヴィッド・グレーバー**
『負債論―貨幣と暴力の5000年』の著者

自由な市場経済のものとでは多くの国民が貧困に陥る

アダム・スミスが、人間には「あるものを別のものと取引し、交易し、交換しようとする性向」[78P]があると述べたのはよく知られている。アダム・スミス以降の経済学者はたいていこの見解に同意しているが、ポラニーは、人間がこのような性向を持っている証拠はほとんど見当たらないと主張する。

昔からほとんどの社会では、資源は共同で利用されていた。市場が社会を支配するようになり、市場が人々の社会参加や人間関係の主要な形式になるのは近代に入ってからだ。それ以前は、少なくともヨーロッパでは、「文明の進歩は、主として政治的、知的、精神的なもの」[80P]だった。昔も今も、人間は物的財貨そのものを目的として行動するのではなく、社会的地位、社会的要求、社会的資産を保護するために物的財貨を手に入れたいと願うのである。経済的活動は、「社会組織の単なる一機能にすぎない」[86P]とポラニーは言う。

ヨーロッパの封建制もまた、再分配と互酬のシステムだった。封建制のもとでは、アンバランスではあったが、すべての人に何らかの保護が与えられ、誰1人飢えることはなかった。対照的に、自由市場の原理のもとでは、国が豊かになればなるほど、より多くの国民が貧困生活に陥ると――まるでヘンリー・ジョージ*5の主張を繰り返すかのように――ポラニーは指摘している。

*5 本書225頁～参照

社会における市場の役割は、現代のイデオロギーに合わせて過大評価され続けてきたとポラニーは言う。

たとえば中世ヨーロッパでは、市場のあるところにいくつもの都市が誕生したが、都市内で行なわれる取引が農村地域に広がらないように規制されていた。ヴェニスやハンブルク、リヨンやロンドンは、決してイタリアやドイツ、フランス、イギリスそのものではなかった。それらは貿易の拠点であり、同じ国内にあるそれぞれの後背地と比べても、離れたところにある都市同士の方がよほど共通点があった。

都市は、その国家や王国の性質を維持したまま、社会や制度を変えずに、「地域限定の」市場化を可能にした。

このようにして「経済システムは、全体的な社会関係の中に沈み込んでいたのである。そして市場は、社会的権威によってこれまで以上に統制され規制された制度的枠組みの中にあって、その単なる付随的な特徴にすぎなかった」■114Pとポラニーは書いている。

こうした市場と社会の関係を一変させたのが産業革命だった。

市場経済によって、人や土地、貨幣さえも〝商品〟として扱われるようなった

産業革命（ポラニーによれば、最盛期は1795−1834年である）が起きると、工場や機械、建築

物への長期的な資本の投資が求められ、高価な機械は生産の継続によって原価償却する必要が生じた。こうして、価格と機械生産の上に成り立つ経済の中で、労働力は投資利益を生み出すプロセスの1要素になり下がった。この「悪魔のひき臼」68P*6が家族を引き裂き、貧困層と土地との伝統的な結びつきを引き裂いた。人々は農村を追われ、都市のおぞましい環境に押し込まれた。

産業資本家と、産業資本家のために製品を作る人々をつなぐものは賃金しかなく、賃金はできるだけ低い水準に抑えられた。

商品とは、市場で販売する目的で生産されたものであるとポラニーは指摘する。

それであれば、人間も土地も、本来なら〝商品〟には当てはまらない。人間を思いのままに動かしたり利用したりできる商品として扱えば、激しい苦痛と混乱が生じる。土地についても同じことが言える。「土地は自然の別名」125Pにほかならず、土地と人間は緊密に結びついている。土地の非経済的な位置づけと価値を無視して、金銭的利益だけを目的として土地を利用すれば、やはり苦痛と混乱が生じるのは避けられない。土地の商品化によって自然景観は冒涜され、河川は汚染され、持続可能な食料生産能力は破壊されると、ポラニーはまるで環境保護運動家の先駆けのように主張する。

最後に、社会の市場化によって、貨幣自体もまた商品になる。貨幣を商品として扱えば、貨幣の不足、あるいは貨幣の過剰な流通は、「未開社会における洪水や旱魃のように」126P事業に恐ろしい打撃を与えるのは明白だとポラニーは言う。

***6** **悪魔のひき臼**
産業革命の持つ破壊的な影響力を指している【訳】

19世紀は新たな繁栄の時代となったが、産業資本家で社会主義者でもあったロバート・オーウェンや哲学者のウィリアム・ゴドウィンのような人々は、深刻さを増す不平等と社会的疎外に警鐘を鳴らした。しかし彼らにしても、政治経済学の新しい法則は道徳律や神学的法則と同じように不変なものであり、自己調整的市場もその不変の法則の1つなのだという当時の人々の思い込みを覆すことはできなかった。

こうして「市場システム」が社会を支配し始めた。市場システムを擁護する人は、市場システムが自然で無駄のない仕組みであると主張し、それを否定することは誰にもできなかった。

19世紀に誕生した自由主義は、初めは政治的信条であるように見えた。ところがそれは、純粋な経済的利害という獣の体を覆う皮だった。

労働者は市場社会に疲弊し、抵抗運動が湧き上がる

18世紀の終わりから、容赦ない市場の拡大を制限しようとする自然発生的な対抗運動が開始されたとポラニーは言う。

この対抗運動の1つの表れが、イギリスのスピーナムランド法である。1795年に農奴制の規則を定めた法律が緩和され、新しい産業資本家の利益に沿った全国的な労働市場の確

立への道が開かれた。しかし、同じ年に制定されたスピーナムランド法の目的は、それとは反対にテューダー朝やステュアート朝から受け継がれてきた労働組織のシステムを強化することにあった。

スピーナムランド法のもとでは、労働者はパンの価格に応じて定められた最低所得（「生存権」■137P）を保障され、たとえ労働者が雇用されていたとしても、賃金が法で定められた最低所得に達していなければ、所得を規定額まで引き上げるために補助金が（地方税納税者が納める救貧税から）給付された。

1834年に廃止されるまで、スピーナムランド法は民衆にきわめて人気があった。この体制のもとでは誰も飢える心配がなかったからだ。スピーナムランド法は、人々の依存心を高めたとしても、おそらく劇的な革命的変化を遅らせる役割を果たしたとポラニーは認めている。

1832年の改正選挙法と1834年の修正救貧法によって、スピーナムランド法が認めた「生存権」が廃止されると、何千人もの貧困者が生活できない状態に突き落とされた。特にプライドが高いために救貧院に入ることを拒否した人々は極貧にあえいだ。リカードやマルサスは、この変化がもたらした悲惨な光景を「氷のような沈黙で」■170P見て見ぬふりをしたとポラニーは言う。

ほとんどの工場労働者はぎりぎりの生活を強いられたので、労働者が組織され、社会改革者が社会立法の必要を訴えて運動を始めるのに時間はかからなかった。しかし、自由放任主義の市場システムに対する熱狂的な信仰は何ものにも妨げられなかった。

この信仰にようやくとどめを刺したのは、自己調整的市場の重要な特徴である金本位制の失敗だった。第1次世界大戦後の戦債の負担、ドイツのインフレーション、イギリスの不況、自国通貨に対する金の裏づけを維持するためのデフレーションなどによって、金本位制は崩壊した。

それにもかかわらず、各国は自由主義の教義を守るために金本位制への復帰を目指し、「いかなる個人的な苦痛あるいは主権の制限も、通貨の完全性の回復のためには大した犠牲ではないとされた」256P。

大恐慌の影響が続く1930年代に入ると、とうとう経済的自由主義は失敗だったという認識が広がった。経済的自由主義は、新しい形態の産業組織の中に取り込まれた人々の健康、安全、暮らしに対して何の保護も与えなかった。

鉱山労働者の安全を守り、煙突掃除をする児童の死を未然に防ぎ、都市に消防隊を設立し、社会保障制度を作るために新しい法律が導入されたのは、公共の利益を保護するための正当な行為だった。それはハーバート・スペンサー*7が非難したような集産主義*8の進行や、反自由主義的な偏見を示すものではなかった。

むしろそれらは、純粋な正義と人道に基づく「自然発生的な反応」267Pだった。それらの立法はイデオロギー的な意味合いを持つものではなく、現実には存在しえないユートピア的な市場自由主義の原理に対する、良識的な対抗運動だった。

*7 **ハーバート・スペンサー**
古典的自由主義の提唱者。1820−1903年【訳】

*8 **集産主義**
公共の福祉のために中央集権的な統制の必要を強調する思想【訳】

市場経済の失敗の反動として帝国主義やファシズムが台頭

市場システムの失敗がもたらしたもっとも暗い結末は、〝帝国主義〟と〝ファシズム〟だったとポラニーは考えている。

ファシズムは、経済的安定を実現できなかった市場システムに対する1つの解決策として現れた。そして帝国主義は、失業や国際収支の不均衡や通貨危機といった国内の難局から国民の目をそらす都合のいい口実を提供した。

西欧社会は労働者階級の要求と事業の利害がぶつかり合う戦場になった。市場システムの失敗に対する反動は、アメリカではローズヴェルト大統領のニューディール政策、イギリスでは労働党政権の成立という形で現れ、社会主義的資本主義という折衷的な制度を確立した。

今を知り、未来を考えるために——

自由放任主義的な経済（laissez-faire economics）は、それに対するきわめて極端な反動であるファシズムを出現させ、第2次世界大戦を引き起こす原因になったと述べている点で、『大転換』は書かれた時代をきわめて色濃く反映していると言える。

しかしポラニーの見解は現代にも容易に当てはめることができる。個人の住宅ローンを「金融商品」に仕立て上げるようなやり方が、2007～08年の金融危機を引き起こす原因となった。これはまさに「経済を社会から切り離そうとする試み」[xxxiiP]のいい例だ。

ポラニーの理論に対する反論（ハイエクはその急先鋒に立っている）は、社会的自由は経済的自由を通じてのみ実現するというものだ。その点はポラニーも認めていて、より計画化が進んだ経済の中でさえ、権利章典のように市民の作り出す諸制度があれば、個人の自由を保護できると本書の最後に述べているが、このような見解があまりにも無邪気すぎるということは、すでに歴史が証明している。

そのために多くの人にとって『大転換』の説く解決策は空疎に響くのである。しかし、本書が規制なき市場に対する重要な警告を発していることに変わりはない。「国家は経済にとって妨げにすぎない」という声高な主張を聞くときはいつでも、生活のあらゆる面を市場化すれば国家と社会が破滅的な影響を受けかねないというポラニーの主張を思い起こす必要がある。

ポラニーは本書で、究極の、そしてきわめて重要な問いかけをしている。私たちは市民なのか、それともただの消費者にすぎないのだろうか？

09

1945

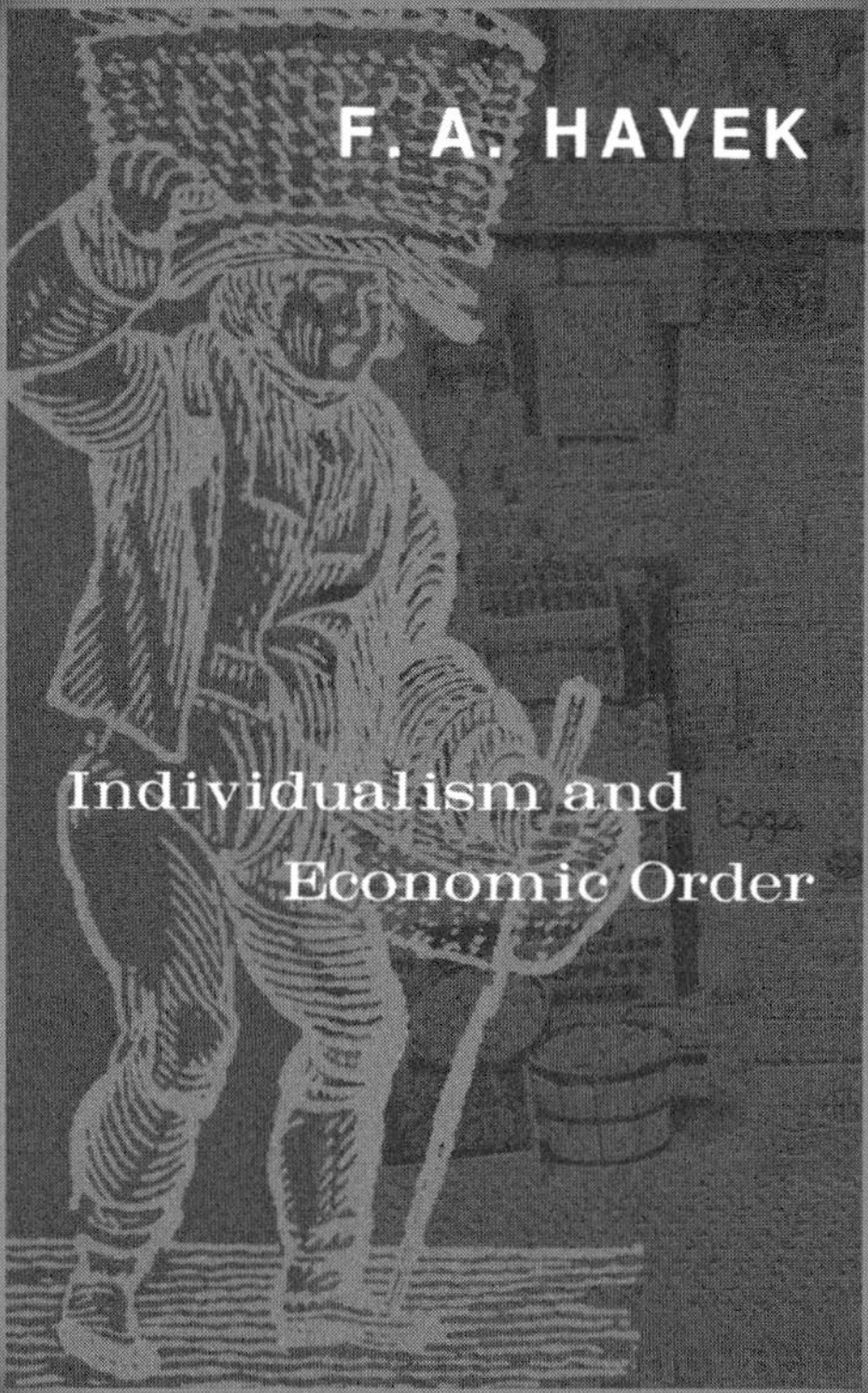

社会における知識の利用

フリードリヒ・ハイエク

邦訳書

［ 社会における知識の利用 ］

（『ハイエク全集3 個人主義と経済秩序』所収）

嘉治元郎・嘉治佐代 訳　春秋社（1990年）

政府による計画経済下では
中央当局の持つ情報量に
限界があり、
正しい判断ができない。
無数の人々が市場を通じて
手に入れる情報をもとに
独自に行動する方が
経済は効率的になる。

▼「我々が合理的経済秩序を構築しようと努力する時に、解決したいと望む問題は何であるのか。ある種のよく知られている前提に立つならば、解答はきわめて簡単である。もし我々が関連のあるすべての情報を持っているならば、もし我々が所与の選好の体系から出発することができるのならば、そしてもし我々が利用しうる手段についての完全な知識を意のままに駆使しうるのであるならば、残る問題は純粋に論理の問題である。（中略）しかしながら、これは社会が直面している経済問題ではまったくないのである。（中略）その理由は経済計算がその出発点とする「与件」は、社会全体について、その含む意味を解明するべき一人の人間の知性に対して「与えられる」ということは決してないのであり、またそのように与えられることは不可能であるからである。」

【107-108頁】

Friedrich Hayek
フリードリヒ・ハイエク

オーストリア・ウィーン出身の経済学者
ハイエクは1899年にウィーンで生まれた。兵役につける年齢になるとすぐにオーストリア＝ハンガリー帝国の軍隊に入隊し、第1次世界大戦でイタリア戦線に従軍した。ハイエクはウィーン大学で幅広い学問を学び、「オーストリア学派」の経済学者カール・メンガーやフリードリヒ・フォン・ヴィーザーの指導を受けた。卒業後はルートヴィヒ・フォン・ミーゼスのもとでオーストリアの政府機関に職を得た。
1927年に、ハイエクはミーゼスとともに現在のオーストリア経済研究所の前身となる研究所を設立し、景気循環と価格理論を中心に研究を進めた。1931年にはケインズ理論への反論を目指したライオネル・ロビンズによって、ロンドン・スクール・オブ・エコノミクスに招聘される。1947年にはカール・ポパーやミルトン・フリードマン、フォン・ミーゼスらとともに、開放的な自由市場に基づく社会を推進する目的で、モンペルラン・ソサイエティーを創設した。1950年にハイエクはシカゴ大学教授に就任し、経済学や政治思想の他に、科学思想や思想史の講義を担当した。1962年から69年までは西ドイツのフライブルク大学教授を務める。1974年にスウェーデンの経済学者グンナー・ミュルダールとノーベル経済学賞を共同受賞した。1984年に友人であるイギリス首相マーガレット・サッチャーの推薦を受けて、エリザベス女王からコンパニオンズ・オブ・オナー勲章を受章している。1991年にはジョージ・H・W・ブッシュ大統領から大統領自由勲章を受章した。ハイエクは1992年に亡くなった。
他の著書に、『自由の条件』（1960年）、3巻からなる大著の『法と立法と自由』（1973－79年）、『致命的な思いあがり』（1988年）などがある。

ファシズムの台頭を目の当たりにし 徹底して自由主義経済を主張。 中央集権的な経済の非効率性を示した

経済学者の中には短い学術論文によって記憶される者もいれば、数年がかりで書き上げた大著によって名を残す者もいる。

フリードリヒ・ハイエクは『貨幣理論と景気循環』や『資本の純粋理論』などの重要な著作によって有名になった。その後に書かれた『隷属への道』*1で、その名声は決定的なものになる。

ハイエクは『隷属への道』で、政府の計画と指令によって動かされる経済では、資源は効率的に配分されないだけでなく、国家の定める目標によって個人の人生の選択肢が次第に狭められると主張した。真の民主主義は自由市場経済に基づかなければならないとハイエクは考えていた。

『隷属への道』を出版した翌年、ハイエクは経済学の学術雑誌『アメリカン・エコノミック・レビュー』に5000語の論文を掲載した。この論文もまた強い影響力を持ち、ハイエクは単に自由市場論者であるだけでなく、社会科学者でもあることをこの論文で示した。

*1 『世界の政治思想50の名著』参照

『社会における知識の利用』は、一国の経済秩序はどのように作られるのかという、一見単純な問いに端を発している。

どのような経済制度も情報の入手なしには成り立たないとハイエクは指摘する。ここで言う情報とは、どのように資源配分するのが最も効果的かを判断するのに必要なものだ。

ここで問題なのは、最善の解決策や決断を導くのに必要な情報をすべて手にいれられる者は誰もいないということである。そのような情報は、何万、何千もの情報源の中や、無数の人々の頭の中にあって、社会全体に無秩序に分散している。そしてあらゆる状況にふさわしい最善の解決策はただ1つだけでなく、何百万通りも考えられる。

ハイエクの考えは、当時の人々をかなり驚かせたようだ。行き当たりばったりな資本主義国と違って、社会主義国は効率的な中央計画当局や5か年計画のおかげで、短期間で目覚ましい成長を遂げたという見方が一般的だったからだ。

ハイエクが属したオーストリア学派の指導者ルートヴィヒ・フォン・ミーゼスは、1920年に『Economic Calculation in the Socialist State（社会主義国の経済計算）』と題する有名な論文を発表し、価格は無駄のない資源配分を実現するために欠かせない指標であるから、市場による価格決定と利潤追求の完全な自由が認められる制度を持つ社会だけが繁栄できると主張した。

この論文がきっかけで起きた「社会主義の計算論争」において、経済学者のオスカル・ランゲとアバ・ラーナーは「市場社会主義」を唱えた。これは多数の国有企業に利潤の追求を認める一方で、社会主義的な成果を上げるために政府が価格を決定する制度である。

市場社会主義の構想は期待できそうに見えたが、歴史はフォン・ミーゼスとハイエクの自由主義思想が正しかったことを証明している。

国が企業を所有して価格を設定するソ連の体制は、商品の不足か過剰生産につながった。国は正しい生産計画を決定するために必要な、完全な情報を手に入れることは決してできないからだ。ソ連では冒険心のある企業家が革新的なアイデアや商品によって財を成すチャンスがなかったので、技術革新も後れを取った。

中央集権的な意思決定よりも各現場で判断するほうが効率的

どんな社会も、そしてその中で暮らすどんな人々も、将来の計画と無縁ではないはずだが、問題は、誰がその計画を立てるかである。

単一の中央計画当局が計画する方が効率的だろうか。あるいは最善のアイデアや製品、サービスが競争によって選ばれる制度を作るべきだろうか?

どの制度が最も効果的かは、既存の情報や知識が最大限に活用できるかどうかによって決まるとハイエクは言う。私たちは論理的に正しそうに見える専門家集団を信頼するべきか、それとも一般大衆の決断を信頼するべきだろうか？

さまざまな知識の中で、これは中央当局に任せておいていいと思えるほど科学的で客観的な知識は、実際にはごくわずかしかない。知識の多くは個人的なもの、あるいは特定の場所や状況に関するものだ。しかし、だからといってそれらの知識の社会的有用性が低いわけではない。ハイエクは次のように述べている。

「空荷や半積みで航海しようとしている不定期貨物船を利用して、生活の資を稼いでいる船荷主、その全知識が一時的な機会についてのものにほとんど限られている不動産ブローカー、もしくは商品価格の地域差から利益をあげるさや稼ぎ商人――これらの人々は皆、他の人々には知られていない瞬時の状況についての特殊な知識に基づいて、きわめて有用な機能を果たしているのである。」■111-112P

この種の系統立たない知識は、理論的な知識や、技術的、科学的な知識に比べて価値がないとみなされがちだが、社会が資源の最適な利用を実現するためには、このような知識も科学的知識と同じように重要である。

長期的な計画経済の問題点は、時間とともに起きる変化を想定していないことだ。

しかし変化は必ず起きるものであり、中央当局任せにしない個人による意思決定のすぐれた点は、刻一刻と変化する状況に対応できるところにある。変化は人々の目前で起こっているからだ。

たとえば商業でも製造業でも、何かを生産するときに最も変化が大きい要素はコストであり、つねにコスト削減に目を光らせ、利潤を上げることができるのは、生産の現場にいる責任者である。現場にいる責任者が受け取る情報は、多くの場合、量よりも質に関するもので、統計にはまとめられない。したがってそれらの情報を統計的な形で中央当局に伝達することはできない。なぜなら、「社会の経済問題が主として、ある時間と場所における特定の状況の変化に対する敏速な適応の問題である」[115P]からだ。

したがって、その状況を最もよくわかっている人々が、手に入れられる資源を利用して状況の変化に対応するのが一番理にかなっているとハイエクは言う。もし関連するすべての情報がまず中央計画当局に集められるとしたら、たとえ当局が正しい決断をしたとしても、当局からの指令を待っているうちに商機を逃してしまうだろう。

「現場の人間」[116P]には、産業全体に起きている変化を幅広い視野で見ることはできないと思われるかもしれない。しかし実際には、現場の責任者や熟練労働者は、なぜある原材料が不足しているのか、なぜある材料の価格が上がったのかを知る必要はないとハイエクは主張する。

現場の人間が知っていなければならないのは、生産に必要なものをどうやって入手するか、そして市場の変化によって、彼らが生産するものに対する需要が増えるのか減るのかということだ。現場の人間は市場価格だけに注意していれば、「難問全体を始めから解く必要なしに、もしくはさまざまな段階において難問をその細部にわたって検討する必要なしに、彼の配分を適切に配置し直すことができる」[118P]。

こうして、中央当局や1人の人間が市場で起きていることをすべて知らなくても、社会の中で資源がどのように配分されるかは価格機構（価格の自動調整機能）によって調整される。

間違いのない判断ができる者は存在しない だからこそ、市場メカニズムに任せるべき

価格機構の働きは「驚くべきこと」[120P]であるとハイエクは語る。

価格機構について最も重要な事実は、「この機構が機能するのに要する知識が節約されていること、すなわち個々の市場の参加者たちが正しい行為をすることができるために知っている必要のあることがいかに少なくてすむかということ」[119P]である。

ハイエクは、市場価格は経済の中で起きている現実の変化を示すシンボルのようなものだと述べている。

どんなシンボルもそうであるように、価格は実に巧みに、かつ強力に情報を提供する。もし価格が中央当局によって「設定」されるとしたら、あるいは価格が何らかの理由で硬直的になったとしたら、資源配分に関するこの重要な情報はまったく伝わらないか、誤った情報が伝達されるのは確かだ。その結果、効率的な資源の配分は不可能になり、経済はとうてい最適とはいえない状態になるだろう。

価格機構を設計したのが誰か1人の人間だとしたら、それは人間の知性の最大の勝利の1

つに数えられただろうとハイエクは言う。

しかし価格機構は人間によって設計されたものではなく、自然発生的に、しかも誰からの指令も受けずに機能するシステムとして発達した。大勢の人が価格機構を信頼できないでいるのはそのためだ。そして彼らは中央当局からの「意識的な指令」[121P]を受けた方がうまくいくのではないかと考えている。

しかし、「個人に対して何をすべきかを命令することなしに、個人に望ましいことをさせる」[121P]という能力においては、どんな政府や中央当局も価格にはとうてい及ばない。

個人に命令することなく、いかにして望ましいことをさせるかということの課題は、経済学だけでなく社会全体の問題でもあるとハイエクは言う。それについて彼はイギリスの数学者であり哲学者でもあるアルフレッド・ノース・ホワイトヘッドの言葉を引用している。

「文明は、我々がそのことについて考えることなしに実行することができる作業の数をふやすことによって進歩するのである」[121P]。

真の進歩とは、変化の根本の原因を知らなくても、シンボルや指標、経験則に従うだけで正しい方向に導かれるような社会を作ることだ。

価格機構なしには、分業に基礎を置く文明社会を維持することはできないという主張（フォン・ミーゼスによって最初に提起された）は、政治的左派からの「嘲笑の嵐」[122P]によって迎えられたが、現在では価格機構は、仕事や人生設計を選ぶ自由を維持しながら複雑な社会を成り立たせる基礎になっていると認められている。

価格機構の役割に対するこのような見解は、もはや右派と左派の間の政治的論争の種ではなくなった。その点から見ても、この見解が普遍的な真実に近いという事実は明らかだ。ソ連共産党の指導者だったトロツキーでさえ、「経済計算は市場関係なしには考えられない」（123P）と語ったとハイエクは指摘している。

最善の決断をするために必要な情報をすべて持っている中央当局や個人というものを仮定しても、何の解決にもならない。むしろ各個人の知識は決して完全ではないという前提に立ち、だからこそ「知識が絶えず伝達され、獲得される過程が必要である」（124P）と認めなければならない。その過程が市場と価格なのである。

今を知り、未来を考えるために――

資源の最適な配分が価格機構によって実現されるということは、経済学だけのテーマのように思われるかもしれない。

しかしハイエクはこの論文によって、知識の社会的な性質をも考察したいと考えた。無数の人々がそれぞれ自分にとって最善の決断だと信じるものを選択するだけで、社会全体の知識がどう進歩するか、そしてその知識の総体が一人ひとりの知識の単なる合計よりもどのように大きくなるかを明らかにしようとした。

*2 **オープンソースソフトウェア**
誰でも自由に使用、複製、改変などができるように一般に公開されたソフトウェア【訳】

1980年代に、ジミー・ウェールズという若いアメリカ人大学生がハイエクの論文を読んで、個人の限られた知識と、知識の共有がもたらす可能性の対比に魅せられた。当時はすでにオープンソースソフトウェア*2運動によって、多人数による共同作業の効果が明らかになっていた。

そして1990年代にウェブページの文書を誰でも編集できる「wiki（ウィキ）」というシステムが開発され、ウェールズは誰もが記事を書き、編集もできるインターネット上の百科事典となるウィキペディアの開発を思い立った。

このように、ハイエクは現代の分散型知識共有プラットフォーム（ウィキペディアなど）や一般大衆から資金を調達するクラウドファンディング事業（キックスターターなど）に知的な根拠を提供している。それらはハイエクが重視した多数の人々の知識の集合、すなわち「集合知」の力を示すものだ。

ハイエクのこの論文が発表された当時、面倒なボトムアップ式の手順の方が問題解決の方法としてすぐれているという考えは、容易には受け入れられなかった。第2次世界大戦を戦った連合国の戦争遂行努力は中央の計画に基づいていたし、超中央集権国家であるソ連が超大国として力を強めていたからだ。

しかし今振り返ってみれば、「政府に任せておけば間違いない」という考えがいかに愚かだったかは明らかである。

10

1948

サムエルソン経済学

ポール・サミュエルソン & ウィリアム・ノードハウス

邦訳書

［ サムエルソン経済学 ］

都留重人 訳　岩波書店（1992年）

市場はつねに繁栄を
もたらすわけではないし、
政府の介入は
しばしば誤っている。
経済学が役に立つには、
イデオロギーではなく
常識に
基礎を置く必要がある。

▼「効率的な市場メカニズムと政府による規制や再分配がバランスよく存在する社会を実現するためには、経済学の道具が欠かせない。（中略）しかし政府をせいぜい巡査や灯台程度にしか見ない人々は、夢の世界に生きているのである。効率的で、なおかつ人間味のある社会を作るには、市場メカニズムと政府の役割を半分ずつあわせ持つ混合システムが必要になる。どちらか片方だけで現代の経済を動かそうとするのは、片手で拍手しようとするようなものだ。」

▼「国際貿易は国家の富と影響力を増大させる確かな方法として、帝国の建国や軍事的占領に取って代わった。」

【本書訳者による訳】

Paul Samuelson
ポール・サミュエルソン

アメリカの経済学者

サミュエルソンは1915年にインディアナ州ゲーリーで、ポーランドから移民してきたユダヤ人の家庭に生まれた。一家はシカゴに移り、サミュエルソンは16歳でシカゴ大学に入学する。同時期のシカゴ大学にはミルトン・フリードマンやジョージ・スティグラーが在学していた。サミュエルソンは1936年に修士号を取得し、1941年にハーバード大学で博士号を取得した。ハーバード大学ではヨーゼフ・シュンペーターと、ケインズ経済学の支持者であるアルヴィン・ハンセンに師事した。『経済分析の基礎』と題するサミュエルソンの博士論文はさまざまな賞を獲得し、1947年に出版された。サミュエルソンはマサチューセッツ工科大学（MIT）で講師の職を得て、短期間で教授に就任し、亡くなるまでMITに籍を置いた。サミュエルソンはアメリカ財務省、連邦準備制度理事会、そして数名の大統領に顧問として助言し、1960年の大統領選挙後にジョン・F・ケネディ大統領にハイアニス・ポートの海岸で経済学の講義をしたのはよく知られている。友人であり論敵でもあったミルトン・フリードマンと同様に、サミュエルソンは一般の人々に経済学を広めたいと強く希望し、1966年から81年まで『ニューズウィーク』でコラムを執筆した。『経済学』を書いたのはお金が欲しかったためでもあるとサミュエルソンは告白している。当時、すでに3人の子に恵まれており、さらに妻のマリオンが3つ子を出産したばかりだった。

サミュエルソンの論文集である『サミュエルソン経済学体系』は、50年の歳月をかけて5巻が出版された（日本では1979年から97年にかけて10巻が刊行されている）。サミュエルソンの数々の業績の1つに、ストルパー＝サミュエルソンの定理がある。これは自由貿易によって仕事が先進国から途上国に「輸出」されるため、先進国では賃金の低下を引き起こすという説である。

厳しい市場主義と政府による公正な管理をあわせ持つ〝中道主義〟を宣言。経済学の模範的なテキストとして読まれ続ける。

「私が経済学の本を書けるなら、国の法律を誰が書こうと、複雑な条約を誰が起草しようと、そんなことはどうでもいい」とポール・サミュエルソンは言った。

30代初めに『経済学』の初版を出版したとき、サミュエルソンは経済学に数学的な厳密さを持ち込んだ鬼才として、すでに10年のキャリアを誇っていた。学者はつねに自分の書いた本がその分野の定番になるのを願っているものだが、まさか初版から60年もたって、自分が90代になってまで『経済学』の第19版に序文を書くことになろうとは、サミュエルソンも出版当初は予想もできなかったに違いない。この本がこれほど長く読み継がれている理由はどこにあるのだろうか？

最初に『経済学』が大成功した大きな理由は、この本がケインズ思想をアメリカ社会に広める役割を果たしたからだ。この本は古典派経済学思想にしがみつく旧態依然とした学者たちと、ケインズ（サミュエルソンはケインズに関する短い評伝の中で、このイギリス人経済学者を「多面的な天才」と評した）に刺激を受けた血気盛んな若者たちの間に横たわる学問的な溝を象徴していた。『経済学』はケインズ理論の初めての解説書というわけではなかったが、アメリカに初めてケインズ理論を広める影響力を持ったのがこの本だった。

『経済学』は、経済はただ市場に任せず管理する必要があると強調したために、その考えを左翼的、あるいは社会主義的とみなす保守派から批判された。

しかしマクロ経済学の重要性を説いた点では、サミュエルソンは戦後の時代精神を反映していたにすぎない。大恐慌後、ローズヴェルト大統領が実施したニューディール政策で政府の役割は高まり、続く第2次世界大戦中にも政府は経済統制によって大きな力を発揮した。したがって政府の役割を最小限に抑えた「市場国家」は幻想でしかないというのは、サミュエルソンにとって明白な事実のように見えた。

サミュエルソンは1932年1月2日にシカゴ大学で初めて経済学の講義（トマス・マルサスについて）を受けたときに「経済学者として生まれた」のだと書いている。しかしシカゴ大学在学中、大恐慌のせいで夏休み中の仕事を見つけられずにミシガン湖の湖畔でむなしく夏を過ごし、サミュエルソンの関心はケインズ理論に向かっていった。

『経済学』が学生に大人気だった（売上は400万部に達した）のには、それ相当の理由がある。大半の教科書とは対照的に、この本はくだけた親しみやすい文章で書かれ、数学の使用はほどほどに抑えられた（だからといって決してレベルは下げなかった）。この書き方はその後の経済学の教科書の手本になっている。この本には皮肉たっぷりの引用がちりばめられ（第1部第1章の冒頭には、エドマンド・バークの『フランス革命の省察』から、「騎士道の時代は去った。そして、知識の商人、経済学者や計算屋の時代が、それに続いたのである」■3Pという一節が引用されている)、『経済学』の電子書籍には経済学に関するジョークを集めたウェブサイトへのリンクが張られている。

途中の版[*1]からイェール大学教授のウィリアム・ノードハウスが共著者として加わり、公害や気候変動、そして排出量取引に関する項目が追加され、いっそう時代に即した内容になった。

中道主義者として、〝規制〟と〝市場の自由〟のバランスを主張

サミュエルソンは『経済学』第19版に「中道派宣言」と題する前書きを載せている。サミュエルソンの言う中道主義とは、「厳しい市場原理と政府による公正な管理をあわせ持つ経済」を推進する考え方だ。

2008年に金融市場と住宅市場が暴落した後、サミュエルソンとノードハウスは、これらの市場に対する「ものぐさな、しかも誤ったリバタリアニズム」に先導された規制の緩さが、世界を恐慌寸前に陥れる原因となったのは明らかだと考えた。

中道主義の経済思想はイデオロギーではなく、事実を観察する。そして〝規制なき資本主義〟と〝政府による計画経済〟のどちらも経済的繁栄を実現する現実的な方法ではないとい

*1 1985年の第12版以降【訳】

うことは、過去20年間の出来事がはっきり証明していた。

もしも、ハイエク――フリードマンの系統につらなる自由主義経済思想にしたがって経済が運営されていたら、福祉制度や最低賃金、国立公園は存在しなかっただろうし、公害や地球温暖化に対する規制も行なわれなかっただろう。

しかし大衆の大多数は、世界中でそうしたものに賛成票を投じてきた。人々が望んでいるのは、〝社会的目的を達成するための法による規制〟と、〝市場で競争するための十分な自由〟の最適なバランスであると著者たちは述べている。

市場制度は生産者に利益または損失という形でフィードバックを返す。当然ながら企業は利益を得るために、人々が欲するものや必要とするものをより多く生産するので、社会の資源は効率的に配分される。

しかし〝効率性〟という見えざる手は、市場自体が開放的で、きちんと機能していなければうまく働かない。そして市場の失敗が起きれば、公害や独占のような負の外部効果が生じる可能性がある。完全競争は、たとえ存在するとしてもごくまれにしか実現しない。

不完全雇用時にはケインズ主義的介入を行うべきであるが、完全雇用に達すれば新古典派理論がその真価を発揮する

サミュエルソンは『経済学』第4版（1958年）で初めて自分の思想を「新古典派総合」

という名前で呼び、経済学はもはやケインズ派と反ケインズ派に分けられる時代ではなく、ケインズ思想はすでに主流派経済学の一部になっていると述べた。

古典派経済学の考えに反して、自由放任主義経済には投資や雇用が自然に均衡に達するようなメカニズムは存在せず、均衡が実現するとしたら、それは単なる偶然に過ぎない。民間が支出を抑えているときは政府が支出を増やす必要があり、中央銀行は金利の操作や設定、そして最後の貸し手として機能することによって、インフレーションを抑制する必要があるとサミュエルソンは主張した。

『経済学』は版を重ねるにつれて、経済における国家の役割について慎重な態度を取るようになった。

財政赤字は不況期であれば容認されるが、通常は投資と経済成長に深刻な影響をもたらすとサミュエルソンとノードハウスは指摘した。政府がつねに赤字を出していると、軍事、教育、福祉、社会保険の費用をまかなうための借金が積もり積もって膨大な額になり、将来の世代は当然その返済義務を負わされる。

独立後の200年間は、アメリカ政府はたいてい均衡予算を提出してきたが、冷戦期に入ると社会的支出や軍事費をかつてない水準に引き上げた。そしてロナルド・レーガンやジョージ・W・ブッシュ政権で実施された減税によって、財政赤字はさらに拡大した。2009年にアメリカ政府は1・4兆ドル近い財政赤字を出し、「対GDP比では第2次世界大戦後最大の割合」となったとサミュエルソンとノードハウスは指摘した。

財政政策として政府支出の増加あるいは減税が実施されると、短期的には確かに支出と投資が刺激され、社会の遊休資源の活用が進む。

しかしこの効果はしばしば、支出増加によって引き起こされるインフレーションを抑制するために中央銀行が金利を上げ、金利の上昇にともなってその国の外国為替相場も上昇するために相殺されてしまう。したがって政府の介入は失敗に終わることが多い。

マクロ経済学に対してどのような態度を取るかは、政府を信頼して経済の運営を任せられるかどうかという問題に行き着く。

「新古典派総合」は、資本主義経済をときおり悩ませる市場の失敗が（少なくとも短期的には）生じるということを認める一方で、資源の最適な利用と生産性の向上、そして富の増大という点で市場がきわめて効率的に働くという点は十分信頼していた。

金融政策は景気循環を微調整して経済の安定を図るという意味で「守備の前線」であるとサミュエルソンは考えていた。

しかし2008年の世界金融危機の後では、ただ金利を下げるだけではアメリカ経済の活性化につながらないのは目に見えていた。アメリカ連邦議会はそれをよく認識していたので、公的資金を注入して金融機関を救済し、流動性の危機を防ぐ景気刺激策を採択した。

現代の資本主義の宮殿においては、ケインズはたいてい奥まった部屋に押し込められ、忘れられているように見える。しかしときおり執事のお仕着せを着せられて、城内の秩序回復に努めなければならない。

経済成長のためには、政府による企業への研究助成や知的財産権の確立は必須

マクロ経済学の目標は単に経済の安定ではなく、労働者1人当たりの産出を増加させて生活水準の上昇を実現することだとサミュエルソンとノードハウスは強調する。

しかし経済成長はどのようにして起きるのだろうか？　サミュエルソンとノードハウスは、人的資本、天然資源、資本、そして技術力とイノベーションが成長の「4輪」だと述べている。

新古典派の成長モデルでは、最初に作られた工場とまったく同じ工場をいくつ建設しても、あるいは同じ方法で耕作する農地の数をいくら増やしても、新しい技術が導入されなければ「長期的均衡状態」に陥る。

この状態になると、経済は拡大しても生活水準は向上しない。生産性と賃金が上昇するためには、資本の深化*2と技術変化の両方が必要なのである。

では、ある国は新しい技術の創造と採用の最先端にいるのに、別の国は後れを取る理由は

*2 **資本の深化**
労働者1人当たりの資本量の増加【訳】

何だろうか？

サミュエルソンによれば、鍵となるのは競争である。競争が激しければ、企業は生き残りと繁栄のために先頭を走り続ける必要があり、生産性を上げるために最新技術の開発や採用にいそしむだろう。

保守派やリバタリアンの考えに反して、成長のためには単に「仕事のやり方を変える」だけなく、市場の失敗の現実を鑑みて、国家がどんな役割を果たせるかを考える必要がある。「新成長理論」（スタンフォード大学教授のポール・ローマーが中心となって提唱した）によれば、技術は自然に生まれるのではない。

技術の変化が広い範囲で経済に恩恵を与えるためには、民間市場の力と制度、そして公共政策の組み合わせが必要だ。企業は技術革新から大きな利益を得られるが、研究自体は企業にとって経済的な行為ではない。だから研究のために政府が助成金を支出したり、特許や著作権などの知的財産権の確立を通じてイノベーションを促進したりすることがなければ、イノベーションと研究の多くは実現しなかっただろう。

ケインズの言う「企業家精神」は、おそらく普遍的に存在するのだろう。しかし持続的な成長と生産性を実現するには、よい政府が育つ土壌がなくてはならない。

今を知り、未来を考えるために——

経済学者のマーク・スコーセンは『The Perseverance of Paul Samuelson's Economics（ポール・サミュエルソンによる「経済学」の耐久性）』（『ジャーナル・オブ・エコノミック・パースペクティブ』1997年春号）と題する論文の中で、『経済学』は版を重ねるにつれてケインズ色が弱まり、シカゴ学派やオーストリア学派など、ケインズに反対する経済学派の説を取り入れるようになったと指摘した。

しかし『経済学』では、これらの学派はいずれも「主流派経済学」から外れたものとして紹介されている。サミュエルソンにとって「主流派経済学」とは、新古典派市場経済学とケインズの福祉国家を総合したものであり、過去60年間経済学の中心を占めてきた考え方だった。そのため、『経済学』には市場の失敗の例はたくさん出ているが、それに匹敵する政府の失敗についてはあまり触れられていないとスコーセンは言う。

また、保守派の人々は、共産主義が市場自由主義と並び立つ永続性のある政治経済的組織の一形態であるというリベラル派の思想にサミュエルソンが毒されていると言って非難した。

「経済学は何よりも生きて発展する有機的な学問である」とサミュエルソンは述べ

*3 **行動経済学**
心理学理論を応用して経済行動を分析する経済学【訳】

ている。そして『経済学』が何十年間も変化と修正を繰り返しながら成功したのは、サミュエルソンのこの認識によるところが大きい。

しかし頻繁な改版にもかかわらず、本書は過去20年間に起こった経済学の革命的な業績の１つである行動経済学[*3]については、不思議なほどあっさりした記述ですませている。実際、経済学者のディアドラ・マクロスキーは、人間を実際よりはるかに合理的な存在だと想定して経済学に取り組む姿勢を指して、「サミュエルソニアン」という言葉を作った。

こうした欠点はあるものの、イデオロギー的対立の多い経済学という学問の中で、『経済学』はその中庸性によって群を抜いている。

サミュエルソンは２００９年に亡くなったが、市場と政府の役割に関するサミュエルソンの現実に即した考え方は、ジョージ・アカロフ、ジョセフ・スティグリッツ、ポール・クルーグマンなど、彼の教えを受けた多くの経済学者たちに受け継がれている。

11

1949

ヒューマン・アクション

ルートヴィヒ・フォン・ミーゼス

邦訳書

［ヒューマン・アクション］

村田稔雄 訳　春秋社（1991年）

市場経済が古い政治経済体制に取って代わり、個人が自由に力を発揮できるようにしたのは、歴史上最も重要な出来事である。

▼「経済学は、権力者のうぬぼれに対する挑戦であることに注目しなければ、経済思想史を理解することはできない。経済学者は、決して独裁者や扇動政治家の寵児ではあり得ない。経済学者は、常に彼らへ水を差す者であり、彼が反対する根拠が確固たるものだと、彼らが内心信じていればいるほど、経済学者を憎むようになる。」

【■72頁】

▼「国家は、(中略) 各個人の生命・健康・財産を守る。このように国家は、市場経済が安全に機能できる環境を創出し、それを維持する。(中略) 誰もが自由であり、暴君の支配下には、誰もいない。個人は、自発的に自己を協業システムへ組み込む。市場は、どうすれば自己の福祉のみならず、他人の福祉をも最も促進できるかを示し、指導する。」

【■292頁】

Ludwig von Mises
ルートヴィヒ・フォン・ミーゼス

オーストリア＝ハンガリー帝国出身の経済学者
ミーゼスは1881年にオーストリア＝ハンガリー帝国領だったレンベルク（現在はウクライナ共和国の都市リヴィウ）で生まれた。ミーゼス一家はウィーンに転居し、ミーゼスはウィーン大学で経済学と法学を学んで、1906年に法学博士号を取得した。卒業後はオーストリア商工会議所に勤務し、1912年からチーフエコノミストを務める。第1次世界大戦中はオーストリア＝ハンガリー軍に砲兵大尉として従軍し、経済顧問の任務も担った。ミーゼスはオーストリア首相エンゲルベルト・ドルフース（任期1932－34年）や、1918年の帝政廃止によって皇位継承権を失ったオットー・フォン・ハプスブルクの顧問も務めた。

『ヒューマン・アクション』のドイツ語版の原典は、ミーゼスがジュネーブの国際研究大学院で国際経済関係論の教授をしていた時期に書かれた。ミーゼスは1940年にロックフェラー財団の助成金を得てアメリカに移住し、1945年から1969年までニューヨーク大学経営学大学院（NYU）の無給の客員教授を務めた（給与はNYUではなく民間の支援者から支給された）。NYU時代の教え子に、『人間、経済及び国家―オーストリア学派自由市場経済原理』（1962年）を書いたマレー・ロスバードがいる。ミーゼスは第1次世界大戦後のオーストリアの賠償を担当する政府機関でフリードリヒ・ハイエクとともに働き、ニューヨークではアイン・ランドらを交えた知識人のサークルに加わった。1947年には自由主義経済の促進を目的としたモンペルラン協会を数人の経済学者とともに創立した。

他の著書に、『貨幣及び流通手段の理論』（1912年）、『Liberalism（リベラリズム）』（1927年）、『Omnipotent Government（全能の政府）』、『Bureaucracy（官僚主義）』（ともに1944年）、『Anti-Capitalist Mentality（反資本主義の心理）』（1957年）などがある。

ミーゼスは1973年に亡くなった。

経済学に心理学を取り入れ、社会主義国家による市場干渉の誤りを解明。ハイエクに大きな影響を与えた

もし自由市場経済学の博物館があったとしたら、最も目立つ場所に展示されるのはフリードリヒ・ハイエクやミルトン・フリードマンではなく、またアイン・ランドでもない。彼らのすべてに先立って登場したオーストリア人政治経済学者、ルートヴィヒ・フォン・ミーゼスだろう。

ミーゼスの代表作『ヒューマン・アクション』は、資本主義がマルクス主義やファシズムから非難され攻撃されていた時期に執筆された。

ミーゼスは、自分が唯一有効な政治経済制度だと信じる資本主義を擁護するために、冷静で客観的な説得力のある論理的根拠を提示するためにこの本を書いた。ミーゼスを執筆に駆り立てたのは、1930年代に繰り広げられた「社会主義計算論争」の中で主張された、「市場社会主義」(計画経済と制限つきの市場)こそが正しい未来だという考えだった。

ミーゼスは、社会主義経済には自由市場の基礎になる価格システムが存在しないため、経済計算が不可能であり、したがって社会主義経済は実現しないと主張した。

『ヒューマン・アクション』は、ミーゼスがジュネーブ滞在中に5年がかりで書き上げた『国民経済学、行為と経済の理論』（1940年）というドイツ語の著書を英語で書き直したものだ。

ミーゼスの目的は、「オーストリア学派」と呼ばれる経済学派の完全で統一的な経済学理論をまとめることだった。平時であれば、このような大著（ドイツ語の原書は4巻で800ページを超える）を発表したことでミーゼスは脚光を浴びたはずだが、1938年のドイツによるオーストリア併合後、ミーゼスは自由主義思想と反ファシズム的な言動によって危険な立場に追いやられた。

ミーゼスがスイスにいる間に、ナチスはウィーンにあった彼のアパートに押し入って蔵書をすべて没収し、スイスの出版社はミーゼスの本をドイツで販売できなかった。

ミーゼス夫妻はアメリカ移住を決意したが、この苦渋の選択が結果的には幸運をもたらした。ミーゼスが英語で改訂増補し、1949年に出版した『ヒューマン・アクション』は、ヨーロッパに留まっていてはとうてい期待できない幅広い読者を獲得した。オーストリアではぐくまれた経済学は、アメリカに新天地を求め、そこに安住の地を見つけたのである。

オーストリア学派の影響力は、1974年にミーゼスの弟子であるフリードリヒ・ハイエクがノーベル経済学賞を受賞したことで転機を迎えた。

1970年代にアメリカがケインズ派の経済政策の影響でスタグフレーション（景気停滞とインフレーションが共存している状態）に陥ると、ミーゼス、ハイエク、ミルトン・フリードマンら、長らく経済学の末端の地位に甘んじていた経済学者の思想がにわかに主流となったのである。

経済学は、倫理や義務とは無関係で ありのままの人間の行為を扱う科学である

昔から、社会問題は倫理的な問題だと考えられてきたとミーゼスは言う。賢明な君主と善良な市民さえいれば、理想的な社会が実現できるはずだと思われていたのである。

しかし、市場で起きる現象には独自の規則性があって、「善」と「悪」や「公正」と「不正」といった視点は、経済的な相互作用には何の関わりもないことが次第に明らかになった。市場での成功は、道徳的な観点から見た「義務」とは無関係に生じている。

したがって、社会を理解するためには人間が経済的領域でどのように行動してきたのかを研究する必要があった。経済学は人間が何をすべきか、あるいは何ができるかではなく、ありのままの人間の行為を扱う学問である。

初期の経済学には、富と利潤の追求に関する学問というイメージがあった。それ以外の人間の行為は経済学の範疇ではないと考えられていた。

しかしミーゼスの幅広い関心は選択と選好、つまり人間の行為全般にあった。このような

*1 プラクシオロジー
「人間行為学」と訳される【訳】

見地に立つと、経済学は普遍的な科学の1部門である「プラクシオロジー」[1097P] [*1]、すなわち人間の選択行為に関する一般理論になる。

ミーゼスが本書を執筆した当時、社会主義者は経済学者を「資本の『侍僕』」[26P] [*2]（sycophants of capital）と呼び、経済学、すなわち人間行為に関する純粋な科学が、中立的な学問であることを理解していなかった。

しかし経済的領域における行為は、物理学の理論と同様に、ブルジョア的とか西欧的、ユダヤ的などの言葉で片づけることはできない。実際、このような政治的偏見を持って経済学を批判しようとした社会主義者、人種差別主義者、国家主義者はことごとく失敗したとミーゼスは指摘している。

なぜなら経済学は特定の文化や時代を超越した法則からなり、したがって人種や国家、社会的発展の大理論よりもはるかに信頼のおける有益なものだからだ。

経済学を批判する人は、経済学が飢えや失業、戦争、圧政といった問題を何ひとつ解決できなかったと言う。

しかしそのような人々は、古くさい習慣や法律、そして政府の保護の非合理性と欠陥を明らかにする上で、古典派経済学者が果たした重要な役割を忘れているとミーゼスは指摘する。古典派経済学者が自由主義的な価値観と形態を持った政府の誕生を促し、技術や革新を個人の自由に委ねる政策が取られた結果、社会はいっそう豊かで暮らしやすくなった。ビジネ

*2 sycophantは「へつらい者」「腰巾着」の意【編】

ス活動が社会にもたらす恩恵を明らかにしたのは経済学者だった。

競争には利点があること、古い生産方法を守ろうとするのは間違っていること、機械は富を奪うのではなく新たな富を創造すること、政府は革新を妨げてはならないことなどを訴えたのは経済学者だった。

経済学者が自由放任《レッセ・フェール》主義政策を唱えた時期と産業革命が重なったのは偶然ではなかった。産業革命の基礎を支えたのは自由主義的な政治である。

科学が果たすべき任務は、人間が目指すべき目標や目的を定めることではなく、ただ物事の現実の姿と仕組みを明らかにすることだとミーゼスは信じていた。

経済学の考え方では、人間が何を目指して行為すべきかを指図するのは政府の仕事ではない。政府はただ有能な助産師のように、人間の創意工夫が成果を生みだすのを手伝うだけでいいのである。

経済学はイデオロギーよりも理性を重んじる

人間行為の目的は不安を解消することにある。

不安は食欲や性欲が原因で生じるものから、仲間の苦境に対する心配までさまざまだが、不安な状態を満足な状態に変えるために行為する必要があるから文明が築かれるのである。

人間はある環境の中に産み落とされる。重要なのは、それぞれの目的を達成するために、与えられた環境の中でどう行為するかだ。人間はただ環境に翻弄される存在ではなく、行為を通じて環境を変えることができる。

マルクスは、あたかも個人が自分の責任で選択したのではないと言わんばかりに、「歴史の力」だけを強調した。しかしミーゼスにとって、夢を持ち、それを実現するのは個人であって、「社会」ではなかった。

政府は市民の基本的な身体の保護や国防のためだけに存在すればよく、市民を支配することで市民の生活を「向上」させようという政府の願望は制限されなければならない。自由市場国家のすぐれた点は、国民一人ひとりが自分の人生を自分で選ぶところにある。他のどんな政治経済体制も間違っている。なぜならば、「どうすれば他人を一層幸福にできるか判定できる人は、誰一人いない」■18P からだ。

経済学は「財とサービスに関するものではなく、生きている人間の行為に関するものである」■391P とミーゼスは言う。経済学はイデオロギーよりも理性を重んじる。

だからミーゼスは、実現可能な未来について合理的な計算をしなければならない企業家を、彼の哲学と政治経済学の中心に置くのである。

ミーゼスは『経済学と理性への反逆』と題した章の中で、マルクス主義も人種差別主義もナショナリズムも、すべては合理性を無視し、あるいは合理性に取って代わろうと試みるイデオロギーであると主張している。

「理論は、理性の審判にのみ服する」[103P]のであり、ある理論が正しいと証明されるなら、その理論は資本主義者にもマルクス主義者にも、またアメリカ人にも中国人にも当てはまるはずであるとミーゼスは言う。

古代ローマやインカ帝国で有効だった経済法則は、現代でも有効である。経済法則の支配を受けない文化や宗教や政治の「特殊事情」[809P]などはない。

どんな君主も政府も自分の権力を過大評価しているように見えるが、実際には「経済学の法則を無鉄砲にも無視したために失敗した政府の政策を、多年にわたって記録したものが経済史なのである」[72P]。

権力者に奉仕する助言者や学者は、経済的影響にはお構いなしに政策を提案するが、彼らは必ず化けの皮をはがされる。だから本物の経済学者は、「決して独裁者や扇動政治家の寵児ではあり得ない。経済学者は、常に彼らへ水を差す者であり、彼が反対する根拠が確固たるものだと、彼らが内心信じていればいるほど、経済学者を憎むようになる」[72P]とミーゼスは書いている。

*3 **リバタリアン**
個人的自由と経済的自由の双方を重視する立場【訳】

今を知り、未来を考えるために——

あらゆるイデオロギーには人を引きつけずにおかない思想の純粋さがある。社会主義者は、不安定な市場の力を排除し、強欲な個人の所有する富を再分配しさえすれば、すばらしい社会が実現すると確信している。リバタリアン*3は政府が干渉せず、個人の自由に任せさえすれば、楽園が出現すると主張する。

しかしミーゼスはアメリカに移住してから、現実はもっと微妙な差異を含んだものだと悟ったという。

ミーゼスはアメリカで学者として成功を収めたが、それは重い税によって支えられた強力な政府が、数々の自由と保護を保証しているおかげだった。

ミーゼスは、文明は国家が存在したからではなく、国家が存在したにもかかわらず発達したのだとつねづね公言していた。しかし、そのミーゼスが母国を脱出してたどり着いたアメリカで学者として再起できたのは、資本主義そのもののおかげではなく、国家が保証する政治的自由の恩恵によるものだった。

そこに運命の面白味を感じずにはいられないし、ミーゼス自身、改版後の『ヒューマン・アクション』の中でそれを認めていた。この皮肉な境遇は（立場は逆だが）マルクスを思い出させる。

マルクスの場合、資本主義を徹底的に攻撃しながら、学者としての人生をまっとうできたのは、協力者だった資本家エンゲルスの気前のいい援助と、妻イェニーの裕福な実家のおかげだった。

しかしいきさつはどうあれ、この本はオーストリア学派の偉大な記念碑として燦然と輝き、資本主義のイデオロギー的支柱として、マルクスの『資本論』が社会主義に果たしたのと同じ役割を果たしている。

政府が個人の生活にさまざまな面で干渉しすぎると感じ、大いなる「社会」を求める声、すなわち共同体主義の要求の高まりの中で個人の働きが忘れられているると思うなら、『ヒューマン・アクション』は自由主義の原点に立ち返るために読むべき本である。

12

1962

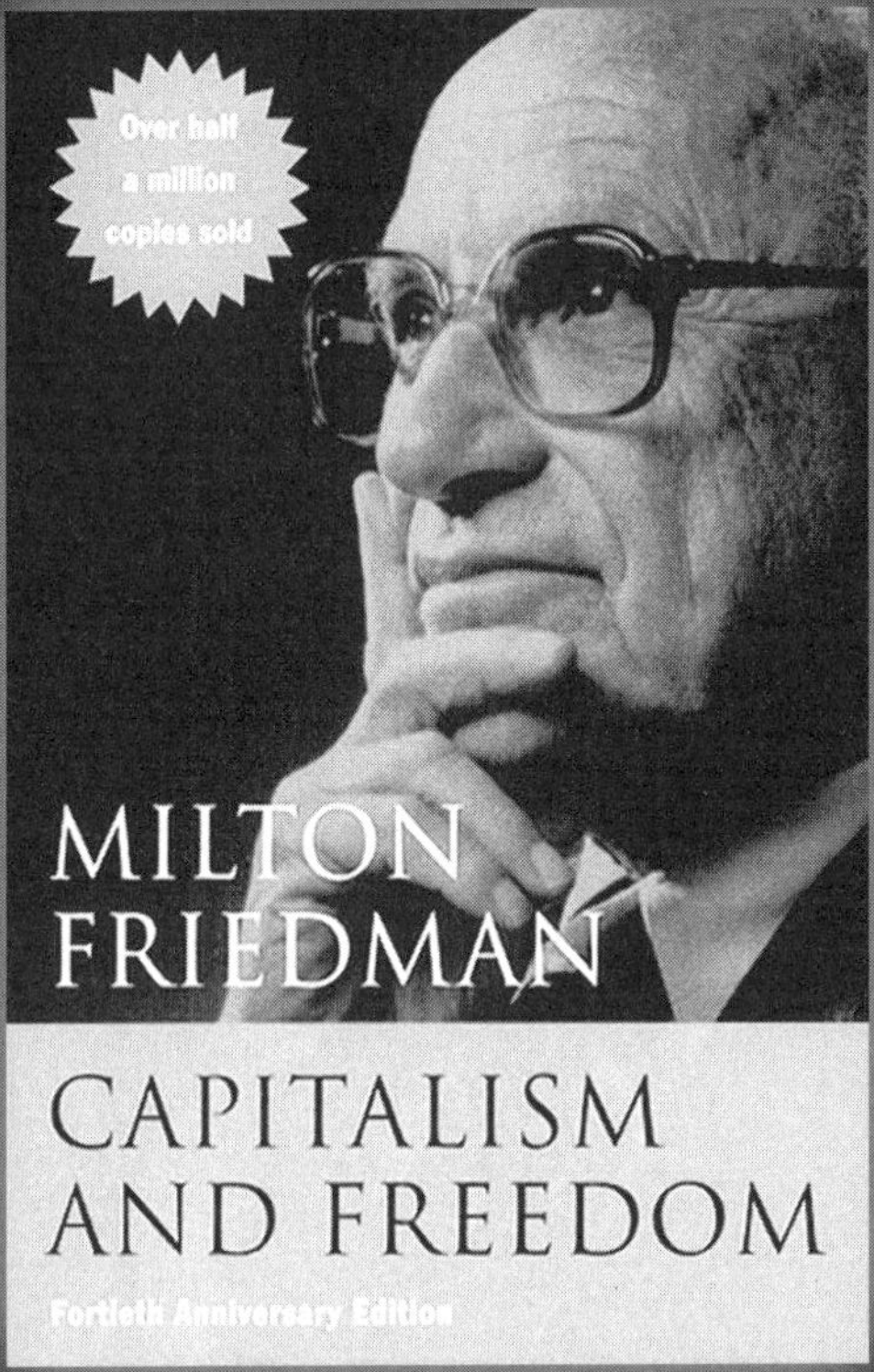

資本主義と自由

ミルトン・フリードマン

邦訳書

［資本主義と自由］

村井章子 訳　日経BP社（2008年）

個人の権利を保護し
教育、インフラ、
医療などの水準を守り
国民に繁栄をもたらすのは、
政府ではなく
〝自由市場〟である。

▼「文明の偉大な進歩が権力を一手に握る政府の下で生まれたことは、未だかつてない。（中略）ニュートン、ライプニッツしかり、アインシュタインしかり、そしてボーア、シェークスピア、ミルトン、パステルナーク、ホイットニー、マコーミック、エジソン、フォード、ジェーン・アダムス、ナイチンゲール、シュバイツァー……。知の新しい地平を切り拓き、文学の新しい境地、技術の新たな可能性を開拓し、あるいは苦しむ人々を救ったこの偉人たちの中で、政府に命令されたという人は一人もいない。偉大な業績を生み出したのは個人の才能であり、大勢に逆らって貫き通された不屈の意志であり、そして個性や多様性に寛容な社会であった。」

【📖27頁】

Milton Friedman
ミルトン・フリードマン

アメリカの経済学者

フリードマンはウクライナからの移民であるユダヤ系家族の末子として、1912年にニューヨークのブルックリンで生まれた。一家はフリードマンがまだ幼いうちにニュージャージーに引っ越し、縫製工場（フリードマンは「搾取工場」だったと言っている）を経営し始めた。フリードマンは15歳で高校を卒業後、奨学金を得てラトガーズ大学で学士号を取得し、その後シカゴ大学で経済学修士号を取得した。シカゴ大学ではジェイコブ・ヴァイナーやフランク・ナイトなど、傑出した経済学者の指導を受けた。またシカゴ大学在学中に、のちに妻となるローズ・ディレクターと知り合う。ローズは仕事上でも重要なパートナーとなってフリードマンを支えた。

大恐慌の時期にシカゴ大学を卒業したフリードマンは大学で職を得られず、ローズヴェルト政権のもとで政府の仕事に就いた。第2次世界大戦中にコロンビア大学で戦争学を研究し、1946年に博士号を取得。この年にシカゴ大学で教職につき、それから30年にわたって自由市場主義の経済学派である「シカゴ学派」の中心となった。フリードマンが思想上の師と仰いだのは、1950年代にシカゴ大学で教鞭をとったフリードリヒ・ハイエクである。

フリードマンは1964年に大統領候補だったバリー・ゴールドウォーターのアドバイザーとなり、のちにニクソン政権でもアドバイザーを務めた。フリードマンの提言は変動相場制への移行に大きな影響を与えた。

フリードマンは1966年から1984年まで『ニューズウィーク』誌にコラムを連載し、1980年に放送されたテレビシリーズ『選択の自由』で資本主義の重要性を訴え、一躍有名になった。フリードマンは1976年にノーベル経済学賞を受賞し、1988年にはレーガン大統領から大統領自由勲章を受賞している。

フリードマンの著書は本書のほかに、傑作と称される『A Monetary History of the United States, 1867-1960（アメリカ貨幣史）』（アンナ・シュワルツとの共著、1963年）、『選択の自由—自立社会への挑戦』（ローズ・フリードマンとの共著、1980年）などがある。

リバタリアンのバイブルとなりベストセラーに。あまりに過激な内容のため、当時は一部の学者やメディアからは黙殺された

『資本主義と自由』は、20世紀に書かれた経済学や政治学書の中でも大きな影響力のあった1冊だ。著者フリードマンは、冒頭からいきなり挑発的な一節で語り始める。

本書の序文で、「国が諸君のために何をなし得るかを問い給うな。諸君が国のために何をなし得るかを問い給え」■23Pというケネディ大統領の就任演説で有名なこの言葉を引いて、フリードマンは、この演説が国民に要求している生き方は、自由社会に生きる個人の役割とはほど遠いと批判した。

政府は国民の保護者ではなく、国民が政府の僕《しもべ》になるべきでもない、とフリードマンは言う。

真の民主主義社会では、国家は国民の意思を実現するために存在する。政府は目標を達成するための手段であり、それ以上のものではないのである。

『資本主義と自由』は、スコットランド生まれの経済学者アダム・スミスが2世紀も前に著

書『国富論』の中で主張した内容――国民を自由に競争させ、政府の過剰な統制から解放してやれば、国は豊かになり、秩序ある社会ができあがるはずである――を現代によみがえらせたものだ。

20世紀にさまざまな社会主義的実験がおこなわれ、政府の干渉がいっそう拡大した今、フリードマンの提言は緊迫感を持っている。

経済的自由は政治的自由と密接に結びついているとフリードマンは断言し、自由市場はなくてもすませられるぜいたく品ではなく、個人の自由と政治的自由を実現するための土台であるということを明らかにしている。

民間の健全な経済活動が、国家による権力の乱用に歯止めをかける

歴史を振り返ると、政治的自由は自由市場と資本主義制度の発達に続いて生まれている。それは民間の健全な経済活動が、国家による権力の乱用に自然と歯止めをかけるからだとフリードマンは言う。

独占や商業に対する規制が当たり前になっている国では、社会的地位や人種、宗教に基づく差別もまた日常的に行われている。そのような社会では、「身の程をわきまえさせる」圧力がいまだに残っている。

真の自由市場では、肌の色や信仰のように無関係な特徴が経済効率に影響を与えることは

ない。「パンを買う人は、小麦を栽培したのが白人か黒人か、キリスト教徒かユダヤ教徒かなど気にしない」■210Pとフリードマンは書いている。

また、ある社会集団を別の集団よりも優先する経営者は、そうでない経営者に比べると市場で不利になる。取引相手を人種や信仰とは無関係に選ぶ経営者は、広い選択肢の中から供給業者を選べるので、コストを抑えることができるからだ。

第2次世界大戦後のアメリカでマッカーシー上院議員が共産主義者を排除するために行なった赤狩りによって、共産主義者やその支持者とみなされたハリウッドの俳優や作家たちは「ブラックリスト」■57Pに載せられ、映画界から締め出された。しかしブラックリストに載った多数の作家のうち、多くは偽名を使って仕事を続けた。

思想や信条に対する個人的な好みに左右されない市場が存在し、彼らの仕事に対する需要があったからこそ、赤狩りに巻き込まれた人たちは仕事を失わずにすんだ。共産主義社会ではすべての仕事が国家の統制下にあるため、政府の思想に反する人が仕事を得ることは不可能だとフリードマンは指摘する。

政府はしばしば国民をさまざまなものから保護しようとするが、商品、労働、そして情報を交換する自由で開放的な市場には「見えざる手」が働いて、〝個人の自由〟を政府よりはるかに強力に保護している。そのことに政府は気づいていないとフリードマンは伝えようとした。

自由市場は個人の自由を保護するというフリードマンの見解は、20世紀のほぼ全般を通じて知識人が主張し続けてきた意見とは真っ向から対立している。

個人は企業の力に翻弄される弱い存在だから、政府の保護が必要だとこれまでは考えられてきた。この考えの根底には大恐慌の恐怖がある。大恐慌が起きたのは市場の無残な失敗が原因だと人々は考えていた。

市場に介入した政府の判断ミスが大恐慌を招いた

「完全雇用」や「経済成長」を実現するためには、政府が経済に介入することが必要だと言われてきた。自由に委ねられた市場は本質的に不安定であり、その証拠が大恐慌だと人々は決まって主張した。しかし実際には、大恐慌は政府の経済運営の失敗が原因だとフリードマンは主張する。

フリードマンは全米経済研究所の経済学者アンナ・シュワルツとの共著『A Monetary History of the United States, 1867-1960（アメリカ貨幣史）』の中で、連邦準備制度の誤った金融政策、特に銀行が連鎖的に倒産した時期に通貨の供給量を増やさなかったせいで、本来なら1年か2年程度の景気縮小で済んでいた状況を災厄に変えたと論じた。

「一握りの人間の判断ミス」■111Pが数百万の人間に筆舌に尽くしがたい悲劇をもたらしたとフリードマンは考えた。安定した通貨制度を確立するのは政府の役割だとフリードマンは認めているが、その責任は重大であり、金融当局の裁量権は厳しく制限するべきだと説いている。

『資本主義と自由』の第5章でフリードマンは財政政策を取り上げ、市場の停滞や不況に際して政府が支出を増やすことで景気を刺激するケインズ的な政策は、実証的研究の裏づけのない「経済神話」167Pにすぎないと批判した。

政府が支出を100ドル増やせば民間の所得は100ドル増えるかもしれないが、残念なことに政府支出はたいてい非効率的に配分されるため、実質的にはただ政府の支出が拡大する結果になる。

生活水準の向上は個人の努力によるもので政府の力ではない

政府が市場や社会の問題を解決するために介入すべきであるという「もっともな理由」はいくらでも挙げることができる。ときには政府の意図がすばらしい結果に結びつく場合もある。

たとえばフリードマンは、国中に張り巡らされた高速道路網、大型ダムの建設、公立学校制度の充実や公衆衛生政策などを政府の力の成果として称賛している。

しかし、アメリカ国民の生活水準の向上は、ほとんどが個人の創意工夫によって達成されたもので、政府は何も貢献していないとフリードマンは主張する。国民生活の進歩は、政府の政策や事業のおかげではなく、むしろ政府の介入によって邪魔されながらも、それを乗り越えて達成された。

政府による余計な施策はたいてい、「公共の利益と称するものを追求するために、市民の直接的な利益に反するような行動を各人に強いる」363Pとフリードマンは書いている。理論的には、多くの政策は必要で役に立つように思えるが、実際にはしばしば意図とは逆の結果をもたらしてきた。

たとえば最低賃金法はアフリカ系アメリカ人の貧困の緩和が目的の1つだったが、現実には10代の黒人の失業率を急上昇させた。公営住宅もまた貧困の緩和を目的に計画された。しかし、公営住宅は貧困を一か所に集中させただけだ。

「社会保障」プログラムは働けない人にセーフティーネットを提供する目的で作られたが、社会保障制度がなければ働いて経済に貢献したはずの人々を、社会保障に依存させる結果になった。フリードマンは、「善意では、権力の集中を無毒にすることはできない」365Pと痛烈に批判している。

大勢が関与する経済活動をうまく調整する方法は、実質的に2つしかないとフリードマンは言う。1つは権力を集中させ、強権を発動する方法。もう1つは製品やサービスを交換するために市場を創造する方法である。

第2次世界大戦後、アメリカはソ連の脅威から国を守るために軍事費を増やさざるを得なかった。そのために政府支出が国内の総支出のかなりの割合を占めるようになり、政府が経済への支配力を強める結果になったとフリードマンは考えている。

「国家」の力を増大させるのと引き換えに、自由そのもの、そして自由主義に則った制度が侵されることは、ロシアの脅威よりもっと大きな脅威だった。

自由主義思想は、権利や機会の平等があるだけで富の平等が保証されているわけではない

経済的不平等は資本主義国ほど少ないとフリードマンは主張する。

多くの人はこの考えに納得できず、たとえば1日1万ドルの収入を手にする企業役員と年収2万ドルの小売店員の格差を持ち出して反論するだろう。

しかし、資本主義社会の低賃金の労働者でさえ、1世紀前の特権階級よりいい生活をしているとフリードマンは指摘する。ある人が資本主義から利益を得ていないように見えたとしても、その人もやはり多くの点で恩恵を受けている。対照的に、階層社会や社会主義社会では、ちょっとしたぜいたく品でさえ支配階級以外には手が届かないように見える。

自由主義思想の根本には、権利の平等と機会の平等があるとフリードマンは言う。しかし、

それは富の平等が実現しなければならないという意味ではない。

資本主義社会ですべての人がより豊かになれるとしたら、それは自由の副産物として歓迎すべきだが、物質的平等は自由主義の目的ではない。自由主義的な資本主義社会の目的は、個人の自由である。

今を知り、未来を考えるために――

本書を読んだ後では、経済的な倫理観は揺らぐかもしれない。

国民を最大限に〝助ける〟ために介入する政府が、倫理的にすぐれた政府だと思っていたかもしれない。しかしフリードマンは、自由主義的な政治経済制度が、たとえ表面的にはそう見えなくても、いかに多くの方法で個人の尊厳を守っているかを明らかにしている。

アダム・スミスやフリードマンの考えと一致するように作られた国家は、理論的には利己的な消費主義の権化になってもおかしくない。しかし人は自分が豊かになるためだけに自由を望むのではなく、心の奥で大切にしている価値観にしたがって生きるために自由でいたいと望むのだ。

『エコノミスト』誌はフリードマンを、「20世紀後半（中略）というよりも20世紀全体を通じて、最も影響力のある経済学者」と称した。

フリードマンの影響力は彼の発言の内容だけでなく、フリードマンがその主張を経済学とは無縁の人々にも伝えることができたという事実によるところが大きい。フリードマンが２００６年に亡くなったとき、主流のメディア（『資本主義と自由』が出版されたときは無視を決め込んだ）は競ってその業績を称える追悼記事を載せた。

しかし左派はフリードマンを極悪人扱いした。左派にとってフリードマンは、市場はつねに善であり、政府はつねに悪だと信じている危険なイデオロギーの持ち主だった。

不平等という負の遺産が蓄積し、国家の強力な関与を必要とする分野で政府の規制が弱まり、戦後の数十年間と比較して経済成長が鈍化したのは、フリードマンの悪影響だと彼らは非難した。

ノーベル経済学賞を受賞したポール・クルーグマンは、大恐慌によってアメリカ経済が破綻し、多くの人がこの国の未来を救うのは社会主義だと考えていた時期に、フリードマンは勇気をもって市場と資本主義の大切さを説いたと称えた。

しかし、繁栄している国家は市場と政府のよいところを兼ね備えた制度を持っているということをフリードマンは認められず、自由市場という単一の価値観にとらわれる絶対主義に陥ったとクルーグマンは見ている。

13

1966

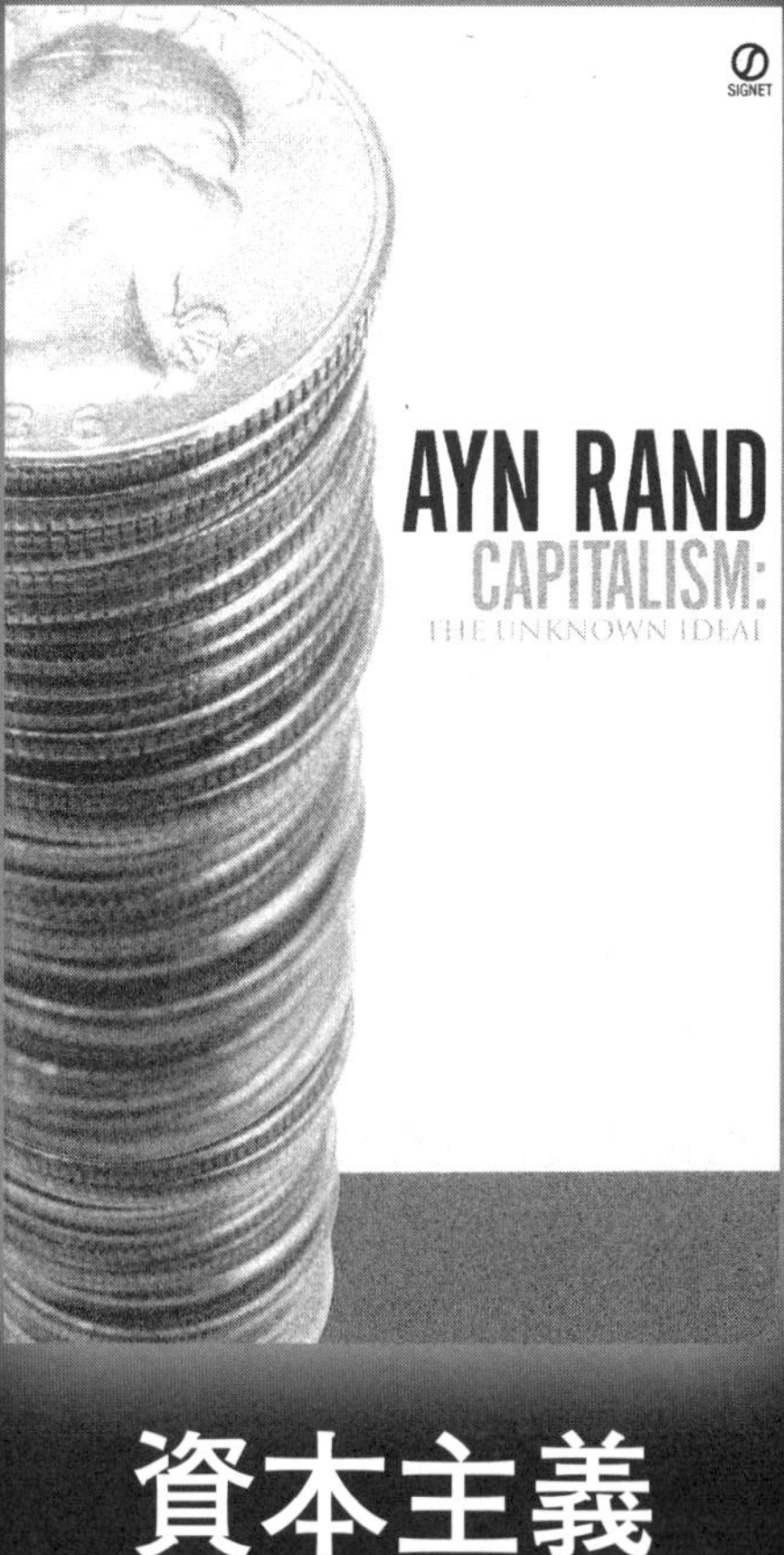

資本主義
―知られざる理想

アイン・ランド

未邦訳

資本主義社会では、
誰にも強制されることなく
自由な一人ひとりの
理性によって
富が創造される。
だから資本主義は
なによりも道徳的な
政治経済制度なのである。

▼「歴史上のどんな政治経済制度と比べても、資本主義ほど雄弁にその価値を証明し、多大な利益を人間に与えたものはなかった。また、資本主義ほど容赦なく口汚い攻撃をやたらに浴びせられた制度もなかった。資本主義に関する誤った情報、偽りの説明、事実の歪曲、そしてまっ赤な嘘が大量に伝わった結果、現代の若者たちは資本主義の本当の性質をまったく知らない（そして知る方法がほとんどない）のである。」

▼「若い世代に知らせたいのは、資本主義を敵視する勢力があらゆる手を尽くして隠そうとしている事実だ。すなわち、資本主義は単に「実用的な」制度ではなく、歴史上唯一の道徳的な制度だということである。」

【本書訳者による訳】

Ayn Rand
アイン・ランド

ロシア系アメリカ人の小説家、劇作家、映画脚本家、思想家

アイン・ランドは本名をアリーサ・ローゼンバウムといい、1905年にサンクトペテルブルクで生まれた。父が所有していた事業はボリシェヴィキ革命後に国家に接収された。ランドは1924年にペトログラード（当時はレニングラード）国立大学を卒業し、その後、映画専門学校で脚本を学んだ。翌年の1925年、ランドはシカゴに旅行し、6カ月後に脚本家を目指してハリウッドに移り、アイン・ランドと名乗るようになった。「アイン」はフィンランドの作家の名前で、「ランド」はレミントン社製のタイプライターの名前から取ったとされている（＊訳注　タイプライター製造のレミントン社がランド社に買収されてレミントン・ランド社となったのは1927年だが、ランドという筆名はそれ以前から決まっていたので、この説は誤りだという意見もある）。ランドはロサンゼルスに来て2日目に有名な映画監督のセシル・B・デミルと知り合い、製作中の映画にエキストラとして採用された。そして撮影現場で俳優のフランク・オコナーと出会い、後に結婚することになった。

ランドは脚本家として華々しい成功を収めたとは言えないが、『裁かれる女』という戯曲が『1月16日の夜に』というタイトルで1935年にブロードウェイで上演された。初めて書いた小説『We the Living（われら生きるもの）』（1936年）や『Anthem（聖歌）』（1938年）は批評家に好意的に受け止められたが、ベストセラーにはならなかった。ランドの人生を変えたのは、ベストセラーとなった小説『水源』（1943年）である。この700ページの長編小説は、1人のモダニズム建築家が自分の理想を実現するために戦う物語だ。1958年にランドとナサニエル・ブランデン（数年間ランドと愛人関係にあった）は、オブジェクティビズムの思想を広めるためにニューヨークに研究所を設立した。政府の禁煙キャンペーンに猛反対し、ヘビースモーカーだったランドは、肺がんを発症して1982年に亡くなった。棺の上にはランドが自分のシンボルマークとして好んだドルマークをかたどったフラワーアレンジメントが添えられた。

学者とは異なる立場から集産主義を批判。オブジェクティビズムを唱えて一部のリバタリアンへ影響を与える

アイン・ランドは有名な哲学的長編小説『肩をすくめるアトラス』（1957年）[*1]の著者である。この小説は個人の自由と、政府の統制に邪魔されずに富を創造する個人の能力を称える目的で書かれた。

『Capitalism: The Unknown Ideal（資本主義─知られざる理想）』は、この小説のノンフィクション版と言える。アイン・ランドは本書の中で、集産主義や集団への忠誠より個人的な意欲を重視する〝オブジェクティビズム〟を展開している。

資本主義に対するランドの大胆な主張によって、この本は強い影響力を獲得した。

ランドは（マルクスの陰鬱な見解とはまったく逆に）、資本主義は個人の自由の上に成り立ち、計り知れない富を生み出し、他のどんな制度よりも道徳的にすぐれているにもかかわらず、最も誤解されている政治経済制度だと主張した。

ランドがこの本を書いたのは、若い世代が社会悪をすべて資本主義のせいにする風潮に困惑したからだ。若者は他の制度の下で暮らした経験がないので、資本主義を非難するのは決

*1 『世界の自己啓発50の名著』参照

して意外ではない。執筆当時、社会主義や共産主義には多数の支持者や擁護者がいたが、資本主義の理想はいたるところで踏みにじられ、汚名を着せられているようだった。

ロシア出身の移民であるランドは、共産主義国となったロシアに蔓延する経済的困窮や個人の尊厳に対する攻撃を目の当たりにし、若くして資本主義の擁護者になろうと決心した。

この本に納められた24編の論文は、もともとランドが発行していた『オブジェクティビスト・ニューズレター』に掲載されたものである。

大半はランドによって書かれているが、当時のランドの支持者で、のちに連邦準備制度理事会議長となるアラン・グリーンスパンによる3編の論文と、自己啓発書に興味のある読者なら読む機会があるかもしれない『自信を育てる心理学—「自己評価」入門』の著者、ナサニエル・ブランデンによる2編の論文も含まれている。この本に書かれている思想の大筋は、最初の論文『資本主義とは何か？』にまとめられている。

アメリカが豊かになったのは、個々人が自分の富を追求する自由があったから

ランドはこの論文の中で、普通は非の打ちどころなく客観的な情報源と考えられている『ブリタニカ百科事典』に不満を爆発させている。

ランドが気に入らなかったのは、この百科事典で資本主義は「社会的余剰」を生産するた

めに社会を組織する1つの方法だと簡単に説明され、個人の理性によって富が生産されるという点にまったく触れられていなかったからだ。それどころか、富は効率的な資源の配分によって生産されるもので、個人とは無関係な便益の合計だと考えられていた。ランドの観点から見れば、「社会的余剰」などというものは存在しない。だからランドは『ブリタニカ百科事典』の記述に黙っていられなかった。

あらゆる富は誰かが創造したものであり、その誰かの所有物である。現代社会では、誰が何に寄与したかは、きわめて明確にわかる。富を集団によって生産された社会的利益とみなすのは、「道徳的に間違っている」とランドは言う。

ランドの言葉を借りれば、「社会の『公益』というものが、社会の構成員である個人の利益とは別にあって、しかも個人の利益より重要であるとみなされるならば、それはある人々の利益が他の人々の利益より優先され、他の人々がいけにえの動物と同じ立場に落ちることを意味する」。

大多数の利益が個人の権利にまさるとしたら、個人の権利はないも同然だとランドは言う。その理論を突き詰めていけば、「全体の大いなる利益」がほぼすべての個人の不幸を意味したかつてのソ連のような体制に行き着くからだ。

ソ連では、繁栄した工業国になるという目標を実現するために、国民は数々の困難に耐えるように命令された。厳しい状況は一時的なものだ。すぐに西欧の資本主義国に追いつくのだと政府は言った。しかし国民がトラクターや発電機を待ち望んでいるときに、政府は原子力開発や人類を宇宙に送る計画に巨額の予算をつぎ込んだ。社会主義や共産主義社会では、利益はすべて他の何かの犠牲によって獲得されるとランドは指摘する。

資本主義制度では事情が違う。アメリカが豊かになったのは、「公益」のために大衆が犠牲になったからではなく、人々が頭脳を駆使して自分自身の富を追求する自由があったからだ。アメリカが工業国になるために、誰かが飢える必要はなかった。

それどころか、革新者が自由に活動したおかげで、「彼らが新しい機械を発明し、科学や技術が進歩するたびに、条件のいい仕事、高い賃金、安価な商品」が手に入るようになった。

社会は、一体となって進歩する1つの実体だという思想は間違っているとランドは考えていた。むしろ人類社会を進歩させてきたのは個人である。「人間を研究すれば社会について多くを学べるが（中略）社会を研究しても人間については何も学べない」と述べている。

社会の繁栄には絶対的自由が必要

文明は、「妥協のない革新者」とランドが呼ぶ人々の思考を基盤にして築かれた。新しいものを創造するのは、「生存のかかった問題に理性で取り組む行為」だと言う。

社会が繁栄するには、人々が思考するための絶対的自由が必要であり、頭を使わない人々が思考する人々の足を引っ張るようなまねをさせるべきではない。経済的な観点から見て最も成功した文化は、つねに政治的に最も自由な文化だった。

資本主義制度にとって所有権が重要なのは、思考する人々が努力して生みだした商品を、彼らが自由に売って生活できるようにしなければならないからだ。彼らは集団や国家、社会、あるいは共同体に対する責任を負わされるべきではない。人々が自由市場でお金を稼いだのなら、「そのお金は富を創造しなかった人から奪ったわけではない」と指摘する。

法は彼らの独立性を保護しなければならない。自由社会の進歩は、誰も中央政府の計画によって行動を強制されなかったからこそ実現したのである。偉大な成果は、金銭的な富の追求だけでなく、個人の価値観を動機とした自発的な思考や行動を通じて生まれた。資本主義は、単にあらゆる人々のために最大の経済的成果を生む実用的な制度であるばかりでなく、最も道徳的な政治経済制度なのである。

価値観は多数決や国家の命令によって決められるものではなく、つねに個人的なものだ。自由な社会は、他者を傷つけない限りにおいて、無数の個人的な価値観が存在するのを認める。国家の干渉が必要な領域は限られているが、暴力からの保護は、「生命、自由、幸福」を追求する個人の権利を保障するために不可欠である。

*2 搾取工場　低賃金・長時間労働の悪条件で労働者を働かせる工場を指している。【訳】

今を知り、未来を考えるために――

現代の「反資本主義者」の大半は資本主義制度の中に生まれているが、実際には資本主義についてほとんど知らない。

現代の反資本主義者は、資本主義制度に参加する一部の人々（たとえば大企業など）や、そのあからさまな強欲しか目に入らず、自分たちが受け継いだ自由と繁栄のすばらしさが見えていないのである。資本主義に反対する人々は、自由市場が労働者をますます搾取し、「底辺への競争」を招くと信じている。

そのような主張からは、発展途上国の搾取工場*2で働く労働者が、農村の苛酷な貧困生活から脱出して、自分の意思で働きに来ているという認識が欠けている。

搾取工場の労働者が雀の涙ほどの賃金で働いているとしても、彼らは苦境を脱する出発点に立ったばかりなのだ。彼らの労働条件は劣悪に見えるが、私たちの祖父母や曽祖父母もまた、国が工業化の途上にあった時代にはほとんど同じ条件を耐え忍んできた。

ランドは、オブジェクティビズムの思想を共有する同志だった経済学者ロバート・ヘッセンによる論文をこの本に収録している。ヘッセンは『女性と児童に対する産業革命の影響』と題する論文の中で、19世紀イギリスの工場制度は、もしも工場の仕事がなければ飢え死にしたであろう数千人の児童に収入を与え、彼らが大人になるまで生き伸びるのを可能にしたと指摘している。

また、女性が所得を得られるようになったおかげで、工業化以前の時代にはどうしようもなかった非衛生的でむさくるしい暮らしから家族が脱出できるようになり、乳幼児死亡率が劇的に低下した。

製造業者や資本家がますます豊かになると、彼らは児童ではなく成人した労働者に投資したいと考え、そのおかげで親の所得が増加し、児童労働はなくなった。マルクス主義の学者たちはこうした事実から目を背け、工業化以前の生活のロマンチックで誤った幻想をことさら強調するのである。

ランドとその支持者に浴びせられる非難は、極論にすぎない。もっと理性的な見方をすれば、ランドは個人の自由を最大限に尊重する卓越した合理主義者である。ランドにとって資本主義は、人々が豊かになるための単なる制度ではなかった。人々が押しつけられた「公益」にしたがうのではなく、自分自身の最大の利益にしたがって、自由に行動できる唯一の制度が資本主義だった。今日では、大半の人々が享受している快適な生活は当然のものとみなされ、結果的に、資本主義も当たり前のように受け止められている。

Chapter 2

2 格差拡大に処方箋はあるのか

14

1798

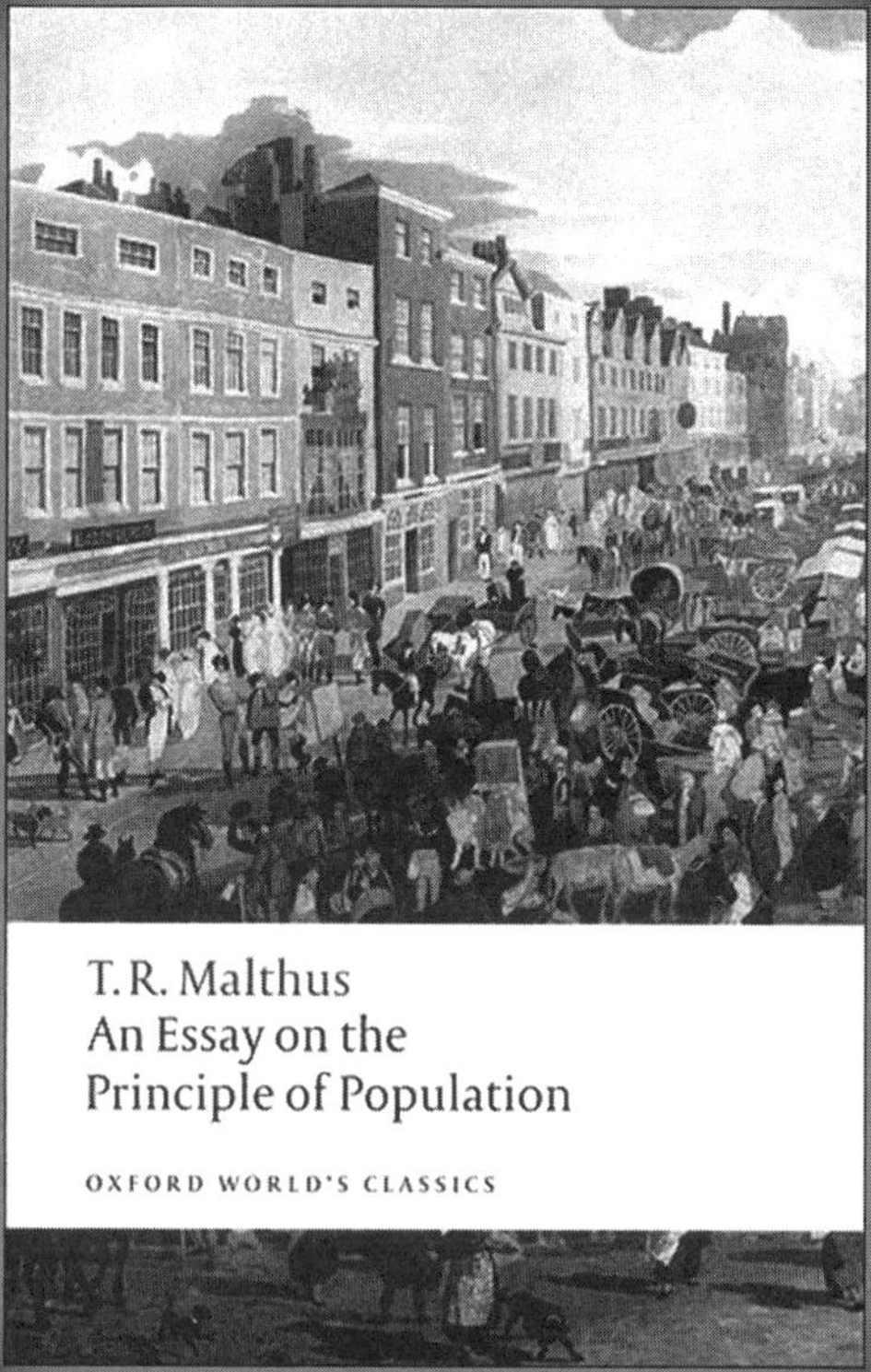

人口論

トマス・マルサス

邦訳書

［人口論］

斉藤悦則 訳　光文社（2011年）

豊かな社会を作るには、
人口の増加を
抑制しなければならない。
人口増加を放置すれば、
貧困はいっそう悪化する。

▼「人口は、何の抑制もなければ、等比級数的に増加する。生活物資は等差級数的にしか増加しない。」

【30頁】

▼「人類の歴史をじっくりと探求するなら、以上のことから、人類がかつて存在し、あるいはいま存在しているあらゆる国、あらゆる時代において、つぎの命題が成り立つことを認めないわけにはいくまい。すなわち、人口の増加は食糧によって必然的に制限される。」

【113頁】

Thomas Malthus
トマス・マルサス

マルサスは1766年にイギリスのサリー州で生まれた。父のダニエルは教養ある地主層で、家庭は裕福だった。家庭教師や私立学校の教育を受けた後、ケンブリッジ大学ジーザス・カレッジに入学し、ラテン語、ギリシャ語、および数学で優秀な成績を収めた。20代なかばでジーザス・カレッジの研究員となる。マルサスには言語障害があったが、英国国教会の聖職者になることを熱望し、1789年に執事（司祭に次ぐ地位）に任命された。

1804年に従妹のハリエット・エッカーソールと結婚した。翌年東インド・カレッジ（東インド会社の行政職に就く青年を教育する目的で設立された。）で歴史学と経済学の教授に就任し、牧師の務めも果たす。マルサスは死ぬまでこの職務をまっとうした。学生から好かれていたマルサスは、『人口論』の著者として、「ポピュレーション」をもじって「ポップ」や「オールド・ポップ」などのあだ名で親しまれた。デヴィッド・リカードとは地代論や価値と需要の問題など、経済学上のあらゆる点で論敵の間柄だったが、生涯を通じて親しい友人でもあった。マルサスは、不況は需要の不足が原因で起こるという説（ケインズはこの説を高く評価した）を唱えた。

他の著書に、『An Investigation of the Cause of the High Price of Provisions（物価上昇の原因に関する研究）』（1800年）、『An Inquiry into the Nature and Progress of Rent（地代の性質と増加の研究）』（1815年）、『経済学原理』（1820年）、経済学上のさまざまな概念を厳密に定義した『経済学における諸定義』（1827年）などがある。マルサスは1834年に亡くなった。

人口と食糧のアンバランスによって貧困や悪徳が発生することを示し人口対策として道徳的抑制を推奨した

時代の精神にぴったり合ったために名声を獲得する本もあれば、時代の精神に逆らったために注目を浴びた本もある。

匿名で出版されたトマス・マルサスの『人口論』は後者の例だ。人口増加を抑制しなければ人類の進歩は望めないというマルサスの悲観論は、トマス・カーライル[*1]が経済学を「陰鬱な科学」と呼ぶ原因になったと言われている。

チャールズ・ダーウィンもマルサスの思想から影響を受けた1人だ。

自然界には生き延びるための闘争があるというマルサスの指摘から、ダーウィンは種が環境に適応して繁栄するのを可能にする仕組み（自然淘汰）があると考えるようになった。マルサスが登場するまで、人口増加は自然の恵みとみなされてきた。しかしマルサスは悲観的なリアリストであり、性欲が人間のあり方に大きな影響を与えていると考えた。

ウィリアム・ゴドウィン[*2]やロバート・オーウェン[*3]など、マルサスと同時代に生きた社会改革家は、貧困層の生活を改善するさまざまな手段を模索した。しかしそれらはあくまで

*1 **トマス・カーライル**
イギリスの歴史家・評論家。1795-1881【訳】

*2 **ウィリアム・ゴドウィン**
富の平等な分配を求めたイギリスの政治評論家。1756-1836年【訳】

対症療法だった。

マルサスは貧困の根本原因を追究し、簡潔な答えにたどり着いた。生産可能な食糧に対して人口が多すぎるということだ。マルサスは人口問題を経済学の中心に据えるべきだと考えた。マルサスのこの思想はイギリス政府や世論を動かし、1800年の国勢調査法の成立につながった。

初期の経済学書に共通して言えることだが、『人口論』は華麗な文体を用い、学術論文らしくない形式で書かれている。

実際、親しい友人だったデヴィッド・リカード[*4]と同じく、マルサスの本職は経済学者ではなかった。マルサスは英国国教会の牧師であり、富裕層に属するアマチュア経済学者として社会を正しい方向へ導こうとした。

マルサスの思想の前提には多少の誤りがあったとしても、彼はおそらくアダム・スミスやマルクスに匹敵する影響を経済学に与え続けてきた。中国が一人っ子政策を実施したのも、国民に十分な食糧を供給できないというマルサス的な恐怖が根本にあったからだ（中国が経済的に発展すると、一人っ子政策は廃止された）。

また、国際的な環境会議では、資源の枯渇の原因として人口過剰を指摘するマルサス的な思想が必ず登場する。

*3 **ロバート・オーウェン**
労働者保護を訴えた初期の社会主義者。1771-1858年【訳】

*4 **デヴィッド・リカード**
自由貿易論を唱えてマルサスと論争した【訳】

農業用地の広さには限界があるため人口が増えた分の食糧をまかないきれない

マルサスはまず、自明の前提として2つの命題を掲げる。「食糧は人間の生存にとって不可欠である」こと、そして「男女間の性欲は必然であり、ほぼ現状のまま将来も存続する」[29P] という2つの法則だ。

人間の性欲は何千年も変わらず、この先減少する見込みもない。それが社会問題を引き起こす原因になっている。なぜなら「生活物資」[30P]——あるいは人が生きるために必要なものを賃金でまかなう能力——は等差級数的にしか増加しないのに対して、人口は「等比級数的に」[30P] 増加するからである。

アメリカには増加する人口を養うのに必要な耕作可能な土地がほぼ無尽蔵にあったため、25年ごとに人口が2倍に増えたとマルサスは指摘する。一方イギリスの状況はアメリカとはまったく異なる。たとえ25年間でイギリスの農業生産を2倍にできたとしても、50年間で農業生産が4倍になると想像するのは、「土地の性質にかんするすべての常識に反する」[35P] とマルサスは言う。

さらにマルサスは、今後75年間に人口と食糧のバランスがどう変化するかを試算する。当時700万だったイギリスの人口は25年ごとに倍になり、1400万、2800万、560

0万と増加していくとマルサスは予想するが、農業生産量は人口と同じように増えていくわけではなく、等差級数的にしか増えない。したがって75年後には5600万人の人口に対して2800万人分の食糧しかないことになる。

イギリスの人口増加が制限されなければ、大量の餓死者が出るとマルサスは考えた。

人口増加は食糧価格の上昇と賃金の低下を招き、労働者は貧困や飢餓に陥る

歴史上、結婚を抑制することによって人口増加をある程度制限しなかった国家は存在しないとマルサスは言う。

家族を持てば今の暮らしを維持できないかもしれないという不安から、下層階級の人は若いうちは結婚しようとせず、富裕層も早婚を避ける傾向があった。男性が結婚して家族を持とうとすると、これまで自分がしてきたような生活を家族にさせられるかどうか心配になるとマルサスは説明する。もしそれは無理だと思い、この男性が結婚を先延ばしにすれば、人口増加の自然な制限になる。

しかしそこに1つ問題が生じる。この男性は、自分の自然な欲求を満足させるために売春婦を利用するだろう。つまり、性欲は貧困か「悪徳」40Pのどちらかを生み出す以外にないとマルサスは言う。

貧困が発生するのは、食糧の値段が上がったのに賃金がそれに合わせて上昇しないからだとマルサスは指摘する。

賃金が上がらないのは労働力が余っているからであり、その原因は人口過剰である。地主は何とかして賃金を低く抑えようとする。そうすれば収益が大きいほど多くの利益が自分のものになるからだ。

労働者はただ仕事があるだけで幸運だと思い、家族はなんとか糊口をしのぐ程度の生活をする。いくら土地や農器具を改良しても土地の生産力は飛躍的には増えないが、農業生産量が人口ほど急速に増加しない理由は他にもある。

マルサスはデヴィッド・リカードの地代と土地の利用に関する理論を借りて、限界地*5の改良は理論的には食糧不足を解消する手段になるが、土地を改良するためにかかるコストは地主にとって割に合わないため、たとえ物価が上がって貧困層が増えたとしても、限界地は未耕作のまま放置されると述べている。

社会福祉は貧困層や社会に良い影響を与えるとは限らない

イングランドの救貧法は教区を通じて貧民を救済する社会福祉制度だが、この制度は2つの弊害を生んだとマルサスは主張する。

第1に、人々の依存心と無責任を助長した。いつでも最低限の食糧が分配されるなら、も

*6 **コンドルセ侯爵**
フランス革命に加わり、共和主義者の論客となった。1743-94年【訳】

*5 **限界地**
最も生産性が低いために地代を生じない土地【訳】

っと子どもを生んでも大丈夫だと貧乏人は考える。しかし国内で生産される食糧は人口増加に追いつかないので、物価は上がり、ますます多くの人が救貧法の援助に頼るようになった。現代の生活保護に関する論争を先取りするかのように、「家族を扶養することもできないのに結婚する労働者は、ある意味、彼の労働者仲間全体の敵であると考えてよい」[77P]とマルサスは非難している。

救貧法のもう1つの弊害は、それが深刻な貧困にあえぐ人々を救ったとしても、下層階級全体の幸福を減らしたことだ。その原因は主として倫理観の欠如（自分が将来の心配をしなくても、他の誰かがつけを払ってくれる）にある。救貧法が廃止されれば、人々は各自で「家族を養える見通し」[79P]を立てなくてはならなくなり、国家はより豊かになるはずだとマルサスは言う。

マルサスは『人口論』のかなりの部分を割いて、フランスの啓蒙思想家コンドルセ侯爵*6や社会哲学者のウィリアム・ゴドウィンが唱えた人間性の進歩や「人間の身体的な完成可能性」[123P]*7という当時もてはやされた思想に反論している。

マルサスから見れば、こうした楽観的な進歩主義は自然の中にある事実（人間には性欲があり、生存のためには食糧が必要である）をほとんど考慮せず、個人の責任を認めない考え方である。人間の基本的な性質は変わっていくという考えをマルサスは一笑に付す。貧乏人への援助は、よくても幼稚な考えであり、悪くすれば危険でさえある。福祉や法律によって貧乏人を援助すれば、貧困層の人口が増え、現実には彼らの生活はますます苦しくなるだろう。

マルサスのこの考えは、労働者階級の劣悪な暮らしを「何とかしたい」と意気込む19世紀

*7 **人間の身体的な完成可能性**
人間の完成可能性には限界がなく、個人は身体的・知的・道徳的に無限に進歩し、未来には階級間の不平等もなくなるというコンドルセの思想【訳】

*8 **おしゃべり階級**
政治や社会を論じるのが好きな中・上流階級に対する皮肉【訳】

イギリスの「おしゃべり階級」*8の人々の神経を逆なでした。しかしおそらく大多数の人は、声に出さないまでも、マルサスの考えはもっともだと思っただろう。ディケンズの『クリスマス・キャロル』*9の主人公エベネーザ・スクルージは、そうした人々の意見を代弁する人物として描かれた。スクルージは貧しい人々のための献金を断り、そんなものは貧乏人を生かしておく役に立つだけで、「余分な人間」が増えるだけだと言い放った。

食糧を獲得せねばならないという危機意識こそが人を努力や能力開花に導く

マルサスは客観的な社会学者の立場を貫きながら、『人口論』の最後になって自分は牧師だと思い出したらしく、この世になぜ悪と不平等が存在するのかを神学的な立場から正当化する理論を長々と述べている。

神が人間のために豊かさにあふれた世界を創造したと考えるのは単純すぎるとマルサスは言う。神は「人口が食物よりも速く増加する」259Pという自然法則を定めたのであり、それはまったく理にかなったことである。もっと多くの食物を手に入れなければならないという差し迫った要求がなければ、土地を耕し、売るための製品を作り、産業を興そうという意欲は生まれないだろう。

「われわれは自活するため、あるいは家族を養うためにがんばらねばならないが、まさにその努力が自分の能力を開花させるのである。努力することがなければ、能力はずっと眠った

*9 クリスマス・キャロル
1843年に出版された小説【訳】

ままであったろう」266Pとマルサスは言う。反対に、食べられる果実が樹上にたわわに実る地域では、土地を耕し、穀物を育て、牧畜し、文明を発達させる意欲は一般的に生じないだろう。

こうして長い歴史の中で人々が生きるための努力を重ねていく過程で、勝者（必要なものを手に入れるために頭を使い、身を粉にして働いた人々）が生まれ、その一方で生来の怠惰に身を任せた人もいた。

人間も含めて、自然界に見出される多様性は、より高次な神の摂理を実現するためにある。大きな川の流れの中に貧困や悪徳という渦やよどみが生じたとしても、全体の流れがせき止められることはない。実り多い正しい人生を送り、創造主の意思を実現するかどうかは、一人ひとりの生き方にかかっている。

今を知り、未来を考えるために——

マルサスは１８０３年に『人口論』に大幅に手を加え（今度は著者名も明らかにして）、あらためて出版した。

新しい版では、さまざまな国の人口制限の努力（マルサスは人口のデータを集めるためにヨーロッパ各国を旅行した）について述べ、飢えや貧困による自然な人口抑制よりも、生まれてくる子どもの数を減らすための「禁欲」（避妊ではなく）と晩婚に重きを置いた。

また、この新しい版では、初版の結末部分にあった神学理論の章を削除している。おそらく生存競争は神の定めだという考えは厳しすぎると思ったのだろう。

マルサスに対する主な批判は、人口と労働と食糧生産量の関係を打開する農業の進歩を予測できなかった点に向けられている。

1台のトラクターや刈取機が200人分の労働をこなし、かつては限界地だった土地でも肥料や農薬を使ってたくさんの農産物を生産できるようになれば、食糧の安定はもう大きな問題ではなくなる。さらに、マルサスの時代以降、家族を養うために必要なお金が賃金に占める割合は徐々に減少している。

環境保護論者にとって、人口が80億や100億に達する時代を想像するのは悪夢かもしれないが、そこにはマルサスと同じ基本的な間違いがある。

問題は人口の多さではなく、生産したものをどう使うかにある。そして生産にかかる労力や費用もまた、どんどん軽減される傾向にある。マルサスがそうだったように、人口増加をいたずらに心配する人々もまた、技術の進歩を考慮していないのである。

15

1879

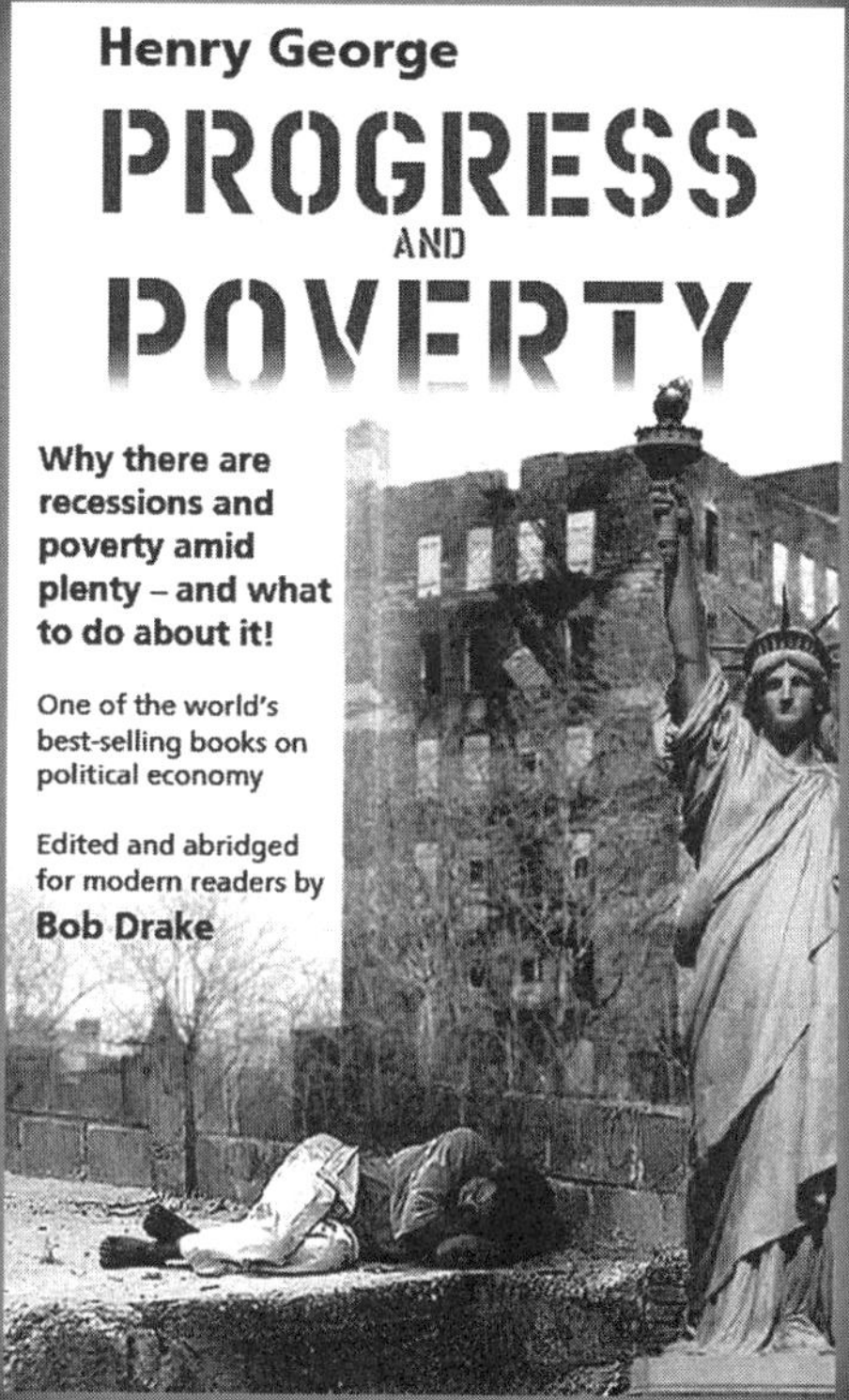
Henry George
PROGRESS
AND
POVERTY
Why there are recessions and poverty amid plenty – and what to do about it!
One of the world's best-selling books on political economy
Edited and abridged for modern readers by
Bob Drake

進歩と貧困

ヘンリー・ジョージ

邦訳書

［進歩と貧困］

山嵜義三郎 訳　日本経済評論社（1991年）

労働者や生産物ではなく土地に課税すれば、富は増加し、格差は減少する。

▼「物質的進歩が至るところで向かってゆく状態が最も完全に実現されているところに――言い換えれば、人口が最も稠密で、富が最大であり、また生産と交換の機構が最も高度に発達したところに――われわれは、最も深刻な貧困、最も鋭い生存競争、しいられた無為にある最も多くの者たちを見いだすのである。」

【5頁】

▼「土地の使用に必要なものはその私有ではなくて、改良の保証である。ある人に土地を耕作または改良させるためには、かれに、「この土地はあなたのものである」という必要はない。ただかれに、「あなたの労働または資本がこの土地上で生産するものは何でもあなたのものである」という必要があるだけである。」

【296頁】

Henry George
ヘンリー・ジョージ

アメリカの作家・政治家・政治経済学者

1839年にフィラデルフィアで生まれ、キリスト教の一派である米国聖公会の厳格な信徒の家庭に育った。14歳で公教育を終え、船員となってオーストラリアやインドに渡航した。船員として数年間働いたのちにアメリカに戻り、サンフランシスコで植字工の職を得る。結婚後、ジョージは記者になり、20代後半で『サンフランシスコ・タイムズ』紙の編集長に就任する。1871年から75年にかけてジョージは新聞社の社主として『サンフランシスコ・デイリーイブニングポスト』紙を発行し、民主党の政治活動に積極的に関わった。

『進歩と貧困』がベストセラーになった後、ジョージは家族とともにニューヨークに転居し、有名な論客として数多くの講演に招かれた。ニューヨーク市長選挙に立候補し、落選するが、ジョージの政治的な主義主張には強い影響力があった。その中には、全市民へのベーシック・インカム（最低限の生活を送るために必要な金額を政府が支給する制度）の保証、交通網を整備するための公共投資の増加、女性参政権、汚職の摘発などが含まれた。また、ジョージは知的財産権を一種の地代とみなし、知的財産権は制限するべきだとも主張した。ジョージは自由貿易を強く支持し、自由貿易論を説いた著書『保護貿易か自由貿易か』は広く読まれた。

ジョージは1897年に亡くなった。ジョージの支持者だったエリザベス・フィリップス（旧姓マギー）は、地主と借地人の関係の不公平さを示すために「地主ゲーム」というボードゲームを考案した。しかし皮肉なことに、このゲームはのちに「モノポリー」（独占）と名前を変えて、土地の所有権を競い合うゲームとして大人気になった。

土地所有の不平等を指摘。ジョージが主張した「地価税」の導入は、今も格差解消の鍵として脚光を浴びる

ヘンリー・ジョージは数え切れない人々の心に強い影響を与え、アメリカの政策形成の一翼を担い、レフ・トルストイやジョージ・バーナード・ショーのような著名人から称賛を浴びた。

大学教育は受けていないが、ジョージは当時の最も有名な経済思想家であり、アメリカ、イギリス、ヨーロッパ、オーストラリアなど、世界各地でジョージの思想の実現を目指す運動が生まれた。

ジョージはアダム・スミスやマルサス、ジョン・スチュワート・ミルの著書を読んで経済学の基礎知識を学んだが、彼が本当の意味で影響を受けたのは、土地は人類の共有財産であり、個人の財産として占有を認めるべきではないというリカードの思想だった。

1871年にジョージは『Our Land and Land Policy（わが土地と土地政策）』と題する冊子を出版する。しかし思うような反応は得られなかったので、自分の思想をさらに発展させて『進歩と貧困』を執筆した。

政治経済学がテーマの著作はなかなか売れない時代に、この本はたちまちベストセラーになり、新聞に連載され、当時人気のあった小説を上回る売れ行きを示し、数か国語に翻訳された。

ニューヨークで目の当たりにした経済発展によって貧困が悪化する現実

20代のとき、ジョージはいくつかの新聞社で記者や編集者として働きながら、第2の故郷となったサンフランシスコが大都市へと発展していくのを見ていた。

しかし仕事で訪れたニューヨークで、あまりにも激しい貧富の差を目撃して衝撃を受ける。そしてサンフランシスコに比べて、ニューヨークの貧困層の暮らしがはるかに悲惨なのはなぜだろうと考えた。

『進歩と貧困』の冒頭に置かれた「緒論」の中で、ジョージはその当時の技術の進歩を称え、労働力を節約するそれらの発明は、富を増やし、貧困を軽減して、新たな黄金時代の幕開けを期待させずにはおかなかったと述べている。

しかし、現実にあるのは不景気や工場の操業停止、失業、そして貧富の差の拡大だった。慈善に頼って生きる最下層の人々が数多く存在し、立派な新しい建物や教会や博物館に囲まれて「こじきが通行人を待ちうけ」(6P)ている。

経済的発展は貧困を解消するどころか、悪化させているように見えるという事実は、資本主義社会の発達過程に何か問題があるということ、あるいは「進歩」そのものに原因があるということを示していた。経済の上げ潮がすべての船を持ち上げるわけではないとしたら、何かが間違っているに違いない。

ジョージは「物質的進歩が貧困を救済できないだけではなく――それが現実に貧困を生み出す」[7P]という衝撃的な結論にたどり着いた。

村が町となり、町が大都市に変わるにつれて、富とともに貧困も増加する。進歩と貧困のこの結びつきは、「われわれの時代の大きな謎である」[7P]とジョージは書いている。その謎を解かない限り、「進歩は真実なものではなく、また永久的なものでもあることはできない」[8P]。

進歩と貧困の結びつきを放置すれば、革命の危機をはらんだ社会ができあがる。人々が理論的には平等であるような政治制度と、実際に平等になれる機会がほとんどない政治制度の間には、雲泥の差があるからだ。

貧富の差に不満を感じている大多数の人々は、声高に改革を訴える「山師と民衆扇動家の指揮下」[8P]にたやすく導かれるだろう。しかしジョージは、政治経済学によってその問題に解決を与えられると信じていた。

生産性が向上しても、収益の大半が地代として働かない地主の富になる

人口は食糧よりも速やかに増加する傾向があるというマルサスの説に、ジョージは同意しなかった。一方で、ジョージは人口が増加するにつれて、土地の価格は上がると述べている。それは土地の生産性が上がるからではなく、人口の多い土地では、人々は自分が生産したものと引き換えに、必要な財やサービスをたやすく手に入れることができるからだ。

人口の密集地に住む人々は、製造業や市場を利用しやすく、仕事を見つけるのもたやすい。高い人口密度のおかげでその土地に付加された生産力は、「その本来の肥沃度の百倍、千倍の増加に等しい」178P とジョージは言う。地代は、こうしてその特定の土地に付加された生産性と、人が使用している他の土地の中で最も劣悪な土地の生産性の差を測るものなので、地代は人口が増えるにつれて上がっていく。

地代を上げるもう1つの要因として、労働力を節約するあらゆる技術改革や発明がある。蒸気式トラクターや電信、そしてミシンにいたるまで、労働節約機械はそれらが使用された土地の価値を高める。労働節約機械を使用することで、古い生産手段によって生み出せる富を上回る富が創出されるからだ。

問題は、こうして付加された生産性によって作り出される収益の大半が、「不労所得」であ

る地代の形で土地所有者のもの（たまたま彼らの土地がちょうどいい時期にちょうどいい場所にあったという理由だけで）になり、実際にその富を生み出すのにかかった労働や資本に分配される割合は少ないということだ。

このことは、「労働節約機械がどこでも労働者たちのためになることができないという、他の説では説明のつかない事実を説明する」■182Pとジョージは述べている。生産力が高まっている国でも、賃金はその国の富の増加に足並みをそろえて上がるとは限らないが、地代は確実に上昇する。

土地を政治経済学の中心に置いてみると、サンフランシスコのような新しい都市ではニューヨークのような古い都市に比べて貧富の差が少なく、アメリカのような新興国ではヨーロッパの歴史ある国々に比べて収入の格差が小さい理由が説明できるとジョージは言う。新しい国や都市ではたいてい地価が安い。

つまり土地所有者に分配される富の割合が少ないので、それだけ多くの富が労働者や資本家に分配されるからだ。

アダム・スミスは『国富論』の中で、分業は国全体の富を増大させる力になると述べた。しかしジョージは、分業に対してもっと懐疑的な見方をしている。

分業は確かに富を増やすが、分業体制のもとでは、個々の労働者は生産者たちと消費者たちとの巨大な鎖の単なる一環にすぎず、自分を分離する力がなく、また生産者たちと消費者たちが動く時以外に独自に動く力もないとジョージは言う。

自然は人類の共有財産であるとして土地への課税を提唱

人間の歴史は、あるグループが他のグループを搾取するために土地を占有し、労働者を犠牲にして土地の独占を維持する制度が誕生する歴史だったとジョージは言う。

その明白な例が奴隷制度だが、イギリス人貴族が共有地を農民から強制的に取り上げたハイランド・クリアランス*1やエンクロージャー*2など、地主の横暴なふるまいは枚挙にいとまがない。どんな社会にも、できたばかりのときは土地に対する共有権があった。土地が私有財産となるのは、ただ強奪と欲望の結果である。

不正で不平等な富の分配に対する救済策は、土地を共有財産にすることだとジョージは主張する。

しかし、土地は私有財産だからこそ最大限に活用されるのであり、あらゆる土地が共有財産になれば、社会や経済は無秩序な状態に逆戻りしてしまうのではないかと心配する意見が多い。これについてはどう考えればいいだろうか？

重要なのは土地が私有財産か共有財産かではなく、土地の改良が保証されるかどうかだとジョージは言う。土地の改良が保証されるとはつまり、ある人が自分の労働や資本によってその土地で何かを生産したり、その土地の上に何かを建てたりしたとき、その生産物や建物

*1 **ハイランド・クリアランス**
18〜19世紀にかけてスコットランドのハイランド地方で牧羊のために耕地が囲い込まれた【訳】

*2 **エンクロージャー**
16世紀には牧羊目的で、17世紀なかば—18世紀には大農地化による資本主義的農業経営の目的で実施された【訳】

がその人のものだと認められることだ。

個人が土地を耕す、あるいは改良する意欲を高めるには、その土地に対する所有権がなくてもいい。その人の労働の成果が、1日の終わりに自分のものになるかどうかが重要なのである。

改良によって得られる利益が自分のものになるという保証があれば、土地を私有財産にする必要はなくなる。土地を私有財産のままにしておくと、所有者以外の誰もその土地を使用できないので、多くの土地が未開発のまま、あるいは改良されずに放置されることになる。

土地を共有財産化するというこの理論を現実のものとするために、ジョージは土地が生み出すものに課税するのではなく、土地そのものへの課税という鮮やかな解決策を提唱している。土地に対する課税以外のすべての課税を廃止し、「地価税*3」や「土地税」と呼ばれる税を課すことによって、土地は実質的に共有財産となり、すべての国民は土地への課税によって恩恵を受ける。

そして労働や資本には課税されなくなるから、労働や資本の生産性は高まるだろう。この方法のよい点は、土地を所有者から没収したり、土地を再分配したりする必要がないことだとジョージは主張する。土地に課税することは、結局は土地が社会に共有されるのと同じことだからだ。

事業や資本や労働への課税は、当然のことながら生産量を減らすので、これらの税を廃止する（単一の土地税に置換える）ことによって、経済は大きく成長するだろう。そして同時に、労

*3 **地価税**
日本でも1992年に施工されたが景気対策として1998年に停止【編】

働者は（所得税や消費税を支払う必要がなくなるため）、飛躍的に豊かになるはずだ。

土地に課税する大きな利点は他にもある。徴収のたやすさだ。「土地は隠されたり、持ち去られず、その価値は容易に確かめられることができ、そして評価がいったんなされると、徴収のためには収納係のほか何も必要とされない」307Pとジョージは言う。対照的に、土地以外のものに対する課税は徴収が難しく、公平とは言えず、不正も行われやすい。

公共投資による利益は共同体に帰し、土地所有による不平等を是正するべきである

ジョージの重要な指摘の1つに、人々は土地税による利益を自治体の公共投資によって受け取るという主張がある（ここから都市の最適規模に関するヘンリー・ジョージ定理と呼ばれるものに派生した）。

政府の権限は共同体に所属する人々によって委託されたものであるから、政府の公共投資によって土地私有財産の価値が上がるのであれば、共同体全体がその利益を得なければならない。

たとえば政府が鉄道を建設するか、鉄道建設に資金を提供し、その鉄道に隣接した土地の価値が上がったとしよう。その場合、その土地の所有者だけでなく、誰もがその地価の上昇から利益を得るべきではないだろうか？　土地に課税すれば、国のインフラ開発によって開発業者や土地投機家だけでなく、国民全体が利益を得られるようになる。さらに、土地への

課税によって土地投機ができなくなれば、土地の価格は下がり、土地の占有はもはや何の利益ももたらさなくなるだろう。

おそらく、ジョージが主張する土地への課税によって得られる最大の利益は、不平等の減少だろう。土地を実質的に共有財産とすることによって、「土地所有によって与えられる自然の独占」■380Pが不可能になるからだ。

時がたつにつれて、たいていの社会では少数者による資源の独占が進み、不平等になる傾向がある。土地税はこの傾向に歯止めをかけ、新しい世代が誕生するたびに、何の経済的利益も不利益も持たないまっさらな状態から人生をスタートする機会を与えるだろう。社会全体の収益のうち、地代や土地所有権に分配される割合は減り、実際の生産と労働に分配される収益は増えるだろう。

これまで社会の発展と進歩とともに貧困が増加してきたのは、土地所有権の独占によって生じる不平等がしばしば発展のもたらす利益を抑制し、帳消しにしてきたからだとジョージは主張しているのである。

*4 **新古典派経済学**
アダム・スミスによる古典派経済学を継承する経済学派で、自由主義的経済体制を重視する【訳】

今を知り、未来を考えるために――

ジョージが生きていた時代に比べて、彼の名が今はあまり知られていないのはなぜなのだろうか。

その答えは、ジョージ自身が『進歩と貧困』の中で指摘しているように、政府の中にいる土地所有者階級の反対によって土地税がほとんど実現しなかったからだ。経済学思想もまた、こうした政治的動きと無関係ではなく、経済学の主流となった新古典派経済学*4は大衆の利益ではなく、富裕層の利益を反映するものとなった。

建国の父の理想と違って、アメリカは急速に金権主義的国家になりつつあると考える人は多い。そんな今こそ、ジョージの思想がふたたび注目を浴びる可能性がある。

ジョージの提案した単一税（土地のみへの課税）が実現した例はこれまでにないが、「地価税」は多くの国で実施された。現在では経済協力開発機構（OECD）が地価税を支持しており、土地への課税が不平等の解消の決め手になると考える経済学者もいる。

しかし地価への課税がそれほどすぐれた考えだとしたら、これまでに世界中で取り入れられなかったのはなぜなのだろうか？

最大の難点は、土地単一税の税率は（他の租税をすべて廃止するとしたら）高くならざるを得ないので、これまで働いて稼ぎ、その収入に課される税金も納めた上で土地を購入した土地所有者の大反対は目に見えているということだ。また、住宅所有者の中には、所有している土地は価値があるとしても、重い土地税を毎年払う余裕がない者もいるだろう。

反対は予想されるものの、都市が今まで以上に成長の原動力になるにつれて、地価はますます重要な問題になってくる。

収入の格差が政治課題の最優先事項になった今、いずれは価値の高い土地に課せられる税は重くなり、賃金や事業収入にかかる税金は引き下げられて、ジョージの希望が実現に近づくときが来るかもしれない。

16

1981

貧困と飢饉

アマルティア・セン

邦訳書

［ 貧困と飢餓 ］

黒崎卓・山崎幸治 訳　岩波書店（2017）

重要なのは世界の人口を
満足させるに足る食料を
生産することではない。
状況がどう変わろうと
食料を手に入れる権利を
人々に保証することである。

▼「飢餓（starvation）とは、十分な食べ物を持っていない人々を特徴づける言葉である。十分な食べ物がそこにないという状況を特徴づける言葉ではない。」【1頁】

▼「人口に対する食料の比率に焦点をあてるという魅惑的なまでに単純な議論が、（中略）過去において飢饉対策を狂わせてきたのと同様に、今日も政策論争を蝕み続けているのである。」【12頁】

▼「食料権原を保証する公的制度（中略）も必要である。（中略）単に食料を配給することだけではなく、社会保障と雇用保護によって権原をより永続的に保証するような取り決めも含まれる。必要なのは、食料総供給量を保証することではなく、食料権原を保証することなのである。」【210頁】

Amartya Sen
アマルティア・セン

インドの経済学者

センは1933年にイギリス領インド帝国ベンガル州のシャンティニケタン（現在はインドの西ベンガル州の町）で生まれた。

コルカタのプレジデンシー大学で哲学と経済学を学び、ケンブリッジ大学に留学してピエロ・スラッファとジョーン・ロビンソンという著名なケインズ学派の経済学者の指導を受けた。センは1956年にインドに帰国し、コルカタのジャダブプール大学に経済学部を開設した。1960年代初めにアメリカの複数の大学で教鞭をとった後、デリー経済大学で経済学教授となる（1963～71年）。その後はロンドン・スクール・オブ・エコノミクス、オックスフォード大学、ハーバード大学で教授を歴任した。

センは1998年にノーベル経済学賞を、1999年にインドで最高の名誉であるバーラト・ラトナ賞を受賞し、2013年にフランスのレジオン・ドヌール勲章コマンドゥールを受勲している。センの現在の妻はハーバード大学教授のエマ・ジョージナ・ロスチャイルドである。他の著書に、『正義のアイデア』（2010年）や『集合的選択と社会的厚生』（1970年）などがある。

飢饉の原因は、食料供給量の不足ではなく食料を入手する能力と資格の剥奪にあることを実証し、開発経済学に新たな地平を切り拓いた。

経済学者の研究対象は、たいてい人命や生活に影響を与える問題だ。中でもアマルティア・センは生死に直接関わる経済学、すなわち「飢え」「飢餓」、そして「食料供給」を扱っている。

センは父が化学の教授を務めていたダッカ[*1]で育ち、1943年のベンガル大飢饉を経験して強い衝撃を受けた。

センは『自由と経済開発』（1999年）など、厚生経済学の分野でベストセラーを何冊も出版しているが、それよりも早い時期に発表された飢饉についての研究は、飢饉に対するそれまでの常識を変えた。

1970年代になっても、「飢饉は生産できる食料に対して人口が多すぎる状態に過ぎない」というマルサス的理論が信じられていた。世界の食料生産はいずれ人口増加に追いつかなくなるという警鐘を鳴らす人はいた。

しかしセンは、そういった予想には懐疑的だった。そうした理論を構築する手法にあまり

*1 **ダッカ**
現在のバングラデシュの首都。当時はイギリス領インド帝国ベンガル州の都市【訳】

にも一貫性がなかったからだ。食料を手に入れられるかどうかは所得と政策、食料供給の関係によって決まり、飢饉は単に食料が十分にないというより、それらの関係がうまくいっていない結果として起きるとセンは考えるようになった。

飢餓は、食料供給量不足によってではなく食料を手に入れる能力と資格を奪われることで生じる

センの指摘によると、1970年代から1980年代初めにかけて、人口増加に対して世界の食料供給はそのうち足りなくなると深刻に懸念されていた。その心配は現実にはならなかったが、飢餓問題が解決されたというわけではない。実際には食料供給が減少していなくても、悲惨な飢饉が何度も起きている。

人口に対する食料の比率に焦点をあてる考え方は、長年にわたって問題の本質を見誤らせてきた。なぜなら食料がどれだけ存在しているかは、食料を誰がどれだけ手に入れられるかに比べれば、大して重要ではないからだとセンは言う。

食料供給について話すのは、ある財について話すことだ。しかし飢餓について話すのは、その財と個人や集団との関係、とりわけ〝食料の所有〟について話すことである。

センの理論の中心となる「権原関係」[2P]とは、人がその国の社会的、あるいは法的ルールに基づいて、資源を所有、交換、あるいは使用するための正当な権利を意味している。

社会の中に食料は十分あるにもかかわらず、個人が食料を手に入れられない理由はいくらでもある。

たとえばある人の賃金が大幅に下がり、基本的な食料の価格が高騰すれば、市場に十分な食料があってもその人は飢餓に陥る危険があるだろう。危機的状況（干ばつや洪水）においては、雇われているだけの農業労働者[*2]は仕事を失う可能性があるが、小農[*3]や分益小作農[*4]は少なくとも飢えずにすむだろう。

対照的に理容師は、お客が来なくなれば収入が激減してしまう。そうなると市場で売られている食料が減ったわけではないのに、理容師は豊作の年でも飢えるだろう。サンダルを売る手工業者も、サンダルの需要が減るか、材料となる革の供給が途絶えれば、飢餓に陥る可能性が高い。

こうして見ると、十分な食料がないせいで飢餓が生じることはまれで、飢餓の原因は権原関係にひどい間違いがあったためだと考えられる。

ベンガル大飢饉の悲劇は、食料不足ではなく、食料穀物価格の高騰によって起きた

1940年代のベンガル（およそ現在のバングラデシュとコルカタ）はイギリス領インド帝国の一部だった。1943年にベンガル各地を襲った飢饉による死者は、政府の調査によればおよそ150万人にのぼった。

*2 **農業労働者**
土地を持たず、農家に雇われて賃金を得る労働者【訳】

*3 **小農**
小規模農業経営者【訳】

しかし実際の犠牲者はこの2倍に達したと多くの研究者が考えている。政府の報告書によれば、飢饉の原因はサイクロンや洪水、かび病害によってその年の米の収穫が例年を下回ったせいだとされた。さらに日本のビルマ占領によって、通常なら不作を補うために輸入される米の供給が断たれたことも災いした。

コルカタ（当時はカルカッタと呼ばれた）はベンガルの中心都市*5で、第2次世界大戦中のイギリスにとって戦略的に重要な場所だったため、その他の地域とは異なる扱いを受けた。ベンガル商工会議所はベンガル政府と協力し、工業生産が円滑に継続されるようにコルカタ市内の工場労働者に十分な食料を供給した。政府、鉄道、港で働く人々も同じように食料供給を受けて保護された。また、食料を配給する慈善活動も組織され、何千人という人々が救済を求めて地方から歩いてコルカタにたどり着いた。

こうした食料供給があったにもかかわらず、コルカタの通りには日常的に大量の「生活困窮者」95Pがあふれていた。米が豊作になってようやく飢饉は終わったが、その時点でコルカタではすでに数十万人の死者が出ていた。死因は飢餓だけでなく、飢饉が引き起こした伝染病、すなわちマラリア、天然痘、コレラなどによる死者も出た。

飢饉の原因は、1943年にベンガルの総人口に対して食料の供給が大幅に不足したことだと政府は公式見解を出した。

しかしセンはそれを否定する。実際、センの調査によれば、1943年の供給量は（農民と

*4 **分益小作農**
土地を所有していないが、地主から借りた土地を耕し、生産物の一部を手に入れられる小作人【訳】

*5 1911年まではイギリス領インド帝国の首都【訳】

商人によって貯蔵された量と小麦や米の輸入量を考慮に入れると)、飢饉が起きなかった1941年より13%高かった。

では、飢饉はなぜ起こったのだろうか? センは1939年から43年までの賃金指数と食料価格を示した表を提示する。1939年から43年にかけて、平均賃金指数は100から130に緩やかに上昇した。同時期に食料穀物価格指数は100から385となり、実質的に4倍も上昇している。つまり、1943年にはベンガルで歴史上最大量の穀物が生産されていたにもかかわらず、賃金の上昇をはるかに超えて食料価格が値上がりしたために、数千人の農業労働者が食料不足によって次々と命を落とした。

特定のグループ(政府関係者と工場労働者)への食料補助によって食料価格が引き上げられ、それ以外の人々には買えないほど高くなった。農村部では生活困窮者が連鎖反応的に増えた。牛乳の生産者、漁師、理容師などは、彼らの商品やサービスを購入する余裕のある者がいなくなったので、一気に仕事を失った。

そのために彼らもまた、基本的な食料が買えない大量の農業労働者と同じ立場に陥った。普段なら豊かな暮らしのできる小事業主も、今や飢えに苦しんでいた。

センは、1943年のベンガル大飢饉は「政府支出拡大が引き起こした強力なインフレ圧力と関連した、『好況時の飢饉』(boom famine)」120Pとさえ表現できるという衝撃的な意見を述べた。

政策の失敗が招いたこの悲劇は、インドの民族主義者がイギリスの帝国主義的政策を批判する際の焦点となったとセンは書いている。

イギリス政府はインド総督の賢明な意見を無視し、緊急手段として輸送船を再配備してインドへの食料輸入を増やすという対策を取らなかった。「支配当局は総供給量の推計において実はかなり正しかったが、飢饉を理解する理論の点で致命的に誤っていた」125Pとセンは結論づけている。

バングラデシュ飢饉でも食料総供給量の減少（FAD）原因説を一蹴

1943年のベンガル大飢饉からおよそ30年後、ブラマプトラ川*6に洪水が起こった。通常の年であれば氾濫時に幅30～60メートルほどの土地が浸水するだけだったが、この年の洪水では川岸から幅300メートルの土地が浸水した。米の価格は急騰し、民間や政府による「炊き出し所」218Pが数千か所に設置されて、バングラデシュ人口の6％に当たる400万人が救済された。水が引いて米の価格が下がると、炊き出し所は閉鎖された。

飢餓による死者の数は公式には2万6000人と発表されたが、実際にはそれよりはるかに多かっただろう。バングラデシュ政府は飢餓状態の人々のために救済活動を行なったが、政府がもっと多くの穀物を手に入れられていたら、多くの人命が救われていたに違いない。

*6 **ブラフマプトラ川**
チベットを源流としバングラデシュでガンジス川と合流してベンガル湾に注ぐ川【訳】

実際にはバングラデシュ政府は食料安全保障[*7]の点で危うい状況にあった。バングラデシュがアメリカの要請に反してキューバとの貿易を続けていたために、アメリカからバングラデシュへの食料援助は停止していたからだ。さらに、外貨の不足によって、バングラデシュはアメリカの穀物会社から購入する予定の穀物の注文をキャンセルしなければならなかった。バングラデシュ政府がとうとう折れてキューバとの貿易を停止すると、アメリカからの食料援助が復活した。しかしそのときはすでに飢饉による大量の死者が出た後だった。

ベンガル大飢饉と同様に、飢饉が起きた1974年のバングラデシュには、その前の数年より多くの食料が実際にはあったとセンは指摘する。したがって、開発経済学の用語を用いるなら、このバングラデシュ飢饉は〝食料総供給量の減少（FAD：Food Availability Decline）〟による飢饉ではなかった。

問題は、賃金と賃金で買えるものの関係だった。洪水が発生する以前から、需要と通貨供給量などのマクロ経済学的な要因の影響で、米の価格は急上昇していた。「権原の交換比率[*8]はロングプルとシレットで五八％、モイメンシン[*9]で七〇％低下した。米に対する権原のこうした低下によって、労働者はまさに飢餓と死の危機に直面していたであろう」[■235、237P]とセンは指摘する。

どんな飢饉の場合もそうであるように、重要なのは労働に対する需要、あるいは労働の価

*7 **食料安全保障**
すべての人が活動的で健康的な生活を営むために必要な食料をいつでも入手できる能力【訳】

*8 **権原の交換比率**
賃金と米の交換比率を指す【訳】

格が急に下落した場合、特定の職業グループが飢餓に陥りやすいことだ。

また、貧困に関する統計にも注意が必要だとセンは指摘する。「貧困層」[242P]を1つの均質な集団とみなすことはできない。たとえば1960年代から70年代なかばにかけて、バングラデシュでは貧困ライン以下で生活する人の総数は減少したにもかかわらず、「極貧」者[243P]（望ましいカロリー摂取量の80％を得るために必要な収入がない者）の数は急激に増加している。

つまり貧困層の減少を示す公式な統計は一見喜ばしい状況に見えても、その裏にはひとたび飢饉が起きれば昔よりさらに深刻な被害が出る可能性が隠されていたのである。

民主主義は飢饉から人々を守る重要な役割を果たす

1973年のエチオピア飢饉（センはこれについても論じている）や1974年のバングラデシュ飢饉など、飢饉に見舞われた地域から生命維持に不可欠な食料が輸出されていた例は、歴史上何度もあった。それは驚くには当たらないとセンは言う。

なぜなら「市場需要は生き物としてのニーズや心理上の欲求を何ら反映するものではなくて、交換権原関係に基づく選択を反映したもの」[260P]だからだ。飢えてはいないがお金はたっぷりある地域と、食料がなく困窮している地域がある場合、お金のある方に市場が食料を売りたがるのは当然だ。市場の論理によれば、それは完全に理にかなっている。

ロングプル、シレット、モイメンシン
*9 いずれもバングラデシュの都市【編】

今となってはお笑い草だが、19世紀全般を通じて、特に大英帝国では飢饉は市場に任せれば解決すると固く信じられていた。被災地を救援するために直接行動をとった役人ですら非難された。

1865〜66年のオリッサ飢饉においては、市場原理にしたがえば民間交易によって手ごろな値段で食料が被災地に流入し、飢饉を終わらせるはずだと行政官は期待したが、現実にはそうならなかったので彼らは驚いた。だが、お金にならない（そこには商品を買うお金のある人がいないから）と知っていて、市場に商品を供給する商人は1人もいないだろう。

所得や購買力よりも明らかに重要なのは、権原について深く問うことだとセンは言う。ある種の労働者、あるいはある地域が、さまざまな理由で突然購買力を失う可能性があるという事実は、一般に考えられているよりも飢饉の危険性が高いことを示している。

センが『貧困と飢饉』で説いたように、民主主義は飢饉から人々を守る重要な役割を果たす。飢饉が起きればその時の政府が選挙に負けるという明らかなリスクは別にしても、人々は基本的な生活ができる最低限の所得を保障する社会保障制度を要求するからだ。

対照的に、独裁主義国家ではつねにイデオロギーや政治が優先され、国民が十分な食料を得られないという現実は後回しにされる。

ベンガル大飢饉の際のイギリス支配当局についてもそれが当てはまる。

彼らはベンガルで飢えに苦しむ人々よりも軍事上の判断を重視し、米の輸入を増やすために輸送船舶を再配備するのを拒否した。しかし1947年にインドが独立を達成し、民主主義国家となって以来、インドでは飢饉は起きていない。

民主主義には飢饉に対抗する手段がもう1つあるとセンは言う。それは報道の自由だ。報道の自由が侵害されると、世の中に起きていることに対して警鐘を鳴らすのが難しくなり、政府は飢饉のような都合の悪い事実は隠そうとするだろう。実際、現在の北朝鮮では、「飢饉」という単語を口にするだけで監獄行きは免れない。

食料安全保障を、市場はおろか国家にさえ任せきりにしてはならない。

政府が軍事的、戦略的な目的より国民の福祉を優先するように社会的圧力をかけられるのは、民主主義をおいてほかにない。

民主主義国家に飢饉は絶対に起きないというわけではない（エチオピアは民主化後も飢饉に見舞われた）が、民主主義が飢饉の可能性を抑えるという点では、センの言葉は的を射ている。

*10 スティーブン・デブロー『飢饉の理論』の著者【訳】

今を知り、未来を考えるために——

開発経済学者のスティーブン・デブロー[*10]をはじめとするセンの批判者は、センは飢饉の原因として食料の不足をあまりに軽視し過ぎていると指摘する。

ときには干ばつや洪水が飢饉をもたらすのは確かだ。また、あるときは政治的危機や戦争が飢饉の引き金になる。実際、センがこの本を執筆して以来、紛争は飢饉の一般的な原因になった。気候の変動もまた、人々を父祖伝来の地から引き離し、難民を増やす原因になっている。

飢饉を終わらせるという観点から、土地の所有制度の改革が飢饉と貧困を解消するもっとも根本的な手段だと主張する学者（本書265頁〜のエルナンド・デ・ソトを参照）もいれば、自由市場、自由貿易、そして資本の調達が鍵であると主張する意見もある。

批判はあるとしても、センの著書は飢饉を重要な研究分野の1つにした。そして開発経済学の大部分は本書に端を発すると言っても間違いではない。

食料供給の絶対量より食料安全保障を重視するセンの理論は、栄養不良に対する世界的な取り組みに応用されている。非営利団体の世界飢餓教育サービスによれば、1990年から2014年の間に栄養不良に苦しむ人の数は42％減少し、アフリカとアジアでは機械化と作物の生産量を増やす栽培技術のおかげで農家の生産性は向上している。

食料の量が増えるのは歓迎すべきことだが、それだけでは問題の半分を解決したに過ぎない。問題のもう半分は、うまく機能しない政府や所得の減少のせいで、人々が食料を手に入れられない状況が生じているかどうかにある。食料安全保障が最優先される政治的に安定した国々では、たとえ干ばつが起きようと、それが生死を分ける問題にはならない。

17

1964

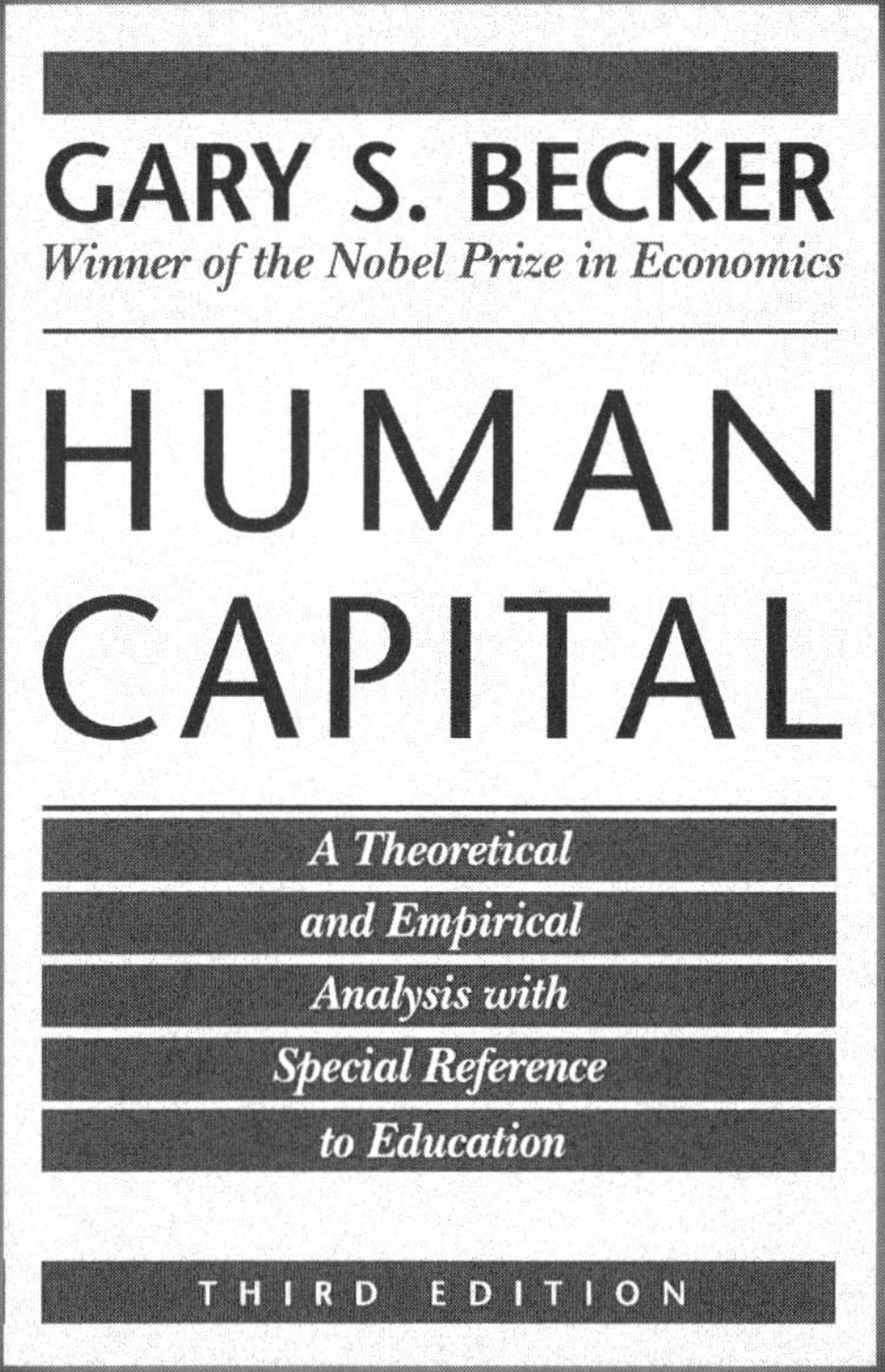

人的資本

―教育を中心とした理論的・経験的分析

ゲーリー・ベッカー

邦訳書

［人的資本―教育を中心とした理論的・経験的分析］

佐野陽子 訳　東洋経済新報社（1976年）

ある程度の
不確定要素はあるが、
自分自身への投資は
最も大きな収益が
期待できる。

▼「所得の持続的な成長を実現した国々では、労働者の教育と訓練もまた大きく増加したのは明白である。まず小学校教育が普及し、続いて高校教育が急速に広まり、最後に所得の中間層や貧困家庭の子どもたちが大学に行くようになる。懐疑主義者は、国が豊かになるにつれて教育が普及しているからと言って、教育が成長の原因だという証明にはならないと主張するかもしれない。豊かな国に多数の皿洗い機が普及しているからと言って、皿洗い機が成長の原動力ではないのと同じだ。しかし、経済学者でも相関関係と因果関係の違いはわかる。そこで経済学者は、所得の成長がどの程度まで人的資本の成長によるものかを測る単純明快な方法を編み出した。」

【本書訳者による訳】

Gary Becker
ゲーリー・ベッカー

ベッカーは1930年にペンシルベニア州で生まれ、ニューヨークのブルックリンで育った。経済学の最初の学位はプリンストン大学で取得している。人種差別の経済学というテーマで論文を書き、シカゴ大学から博士号を取得した。シカゴ大学ではミルトン・フリードマンやジョージ・スティグラーの教えを受けた。それから10年間コロンビア大学で教鞭をとった後、ベッカーはシカゴに戻り、1967年に40歳以下の優秀な経済学者に与えられるジョン・ベイツ・クラーク賞を受賞した。ベッカーは1985年から2004年にかけて『ビジネスウィーク』誌にコラムを連載し、2014年に死去するまでリチャード・ポズナー判事とともに人気ブログ（『ベッカー教授、ポズナー判事のブログで学ぶ経済学』という書籍にまとめられている。）を執筆した。ベッカーはダニエル・カーネマンやスティーヴン・レヴィットとともに、経済コンサルタント会社ＴＧＧグループの創業パートナーとなった。1992年にノーベル経済学賞を受賞し、2007年に大統領自由勲章を授与されている。

ベッカーの重要な論文に、『A theory of the allocation of time（時間配分の理論）』（1965年）『Crime and punishment: an economic approach（罪と罰—経済学的アプローチ）』（1968年）、『A theory of marriage（結婚の理論）』（第1部が1973年、第2部が1974年）、『Human capital, effort, and the sexual division of labor（人的資本、努力、および男女の分業）』（1985年）などがある。著書に、『The Economics of Discrimination（差別の経済学）』（1957年）、『A Treatise on the Family（家族論）』（1981年）、そして妻で歴史学者のギティ・ナシャトとの共著による『ベッカー教授の経済学ではこう考える』（1996年）などがある。

自分への投資によって高められた〝人的資本〟は他の資産よりも高い収益をもたらす

ゲーリー・ベッカーは、生活のあらゆる面に経済的分析を導入した研究で知られている。

結婚から何が期待できるのか？
白人だけを雇った会社は業績が低迷するだろうか？
違法駐車して罰金を取られる危険を冒す価値はあるか？
子育てに時間とお金をたっぷりかけたとしても、子どもたちは年取った親の面倒を見てくれるだろうか？

そうした一筋縄ではいかない疑問が、ゲーリーに差別や結婚、犯罪、そして家族についての経済学的研究に向かわせた。

ゲーリーは経済学に新しい知見をもたらした業績でノーベル賞を受賞し、社会学の分野に多大な影響を与えた。『ヤバい経済学』の著者スティーヴン・レヴィットとスティーヴン・ダブナー、そして社会学者でベストセラーとなった『天才！　成功する人々の法則』の著者マルコム・グラッドウェルらも、ベッカーの影響を受けている。

ベッカーが最も強く興味を引かれたのは教育問題だった。大学教育の費用便益分析をした場合、大学に行くことで得られる便益と、大学に行かなければ節約できるお金と時間を比較して、どちらが得だろうか？

1950年代から60年代にかけて、教育経済学*1が盛んになり、一時的な流行にすらなった。1993年の大統領選挙では、候補者のビル・クリントンとジョージ・W・ブッシュがどちらも「人的資本への投資」を訴え、大学教育や職場訓練の重要性について語った。人的資本という言葉は当初は物議をかもしたが、やがて大衆の間に浸透し、経済成長の謎を解く鍵とみなされた。

日本や韓国など、第2次世界大戦後に経済成長を遂げたアジア諸国がそのいい例だとベッカーは指摘している。これらの国は天然資源に恵まれず、原材料とエネルギーを輸入しなければならないが、職業訓練や教育、そして技術に力を入れた結果、驚異的な成長を達成した。「知識労働者」と呼ばれる職業では、企業の投資の大半は物的資本より従業員に向けられるため、人的資本は大いに力を発揮する。

ベッカーは経済学者としてのキャリアを歩み始めたばかりの頃にこの本を発表した。「人的資本」という言葉を生み出したのはセオドア・シュルツだが、それを世に広めたのはベッカーの功績だ。

*1 **教育経済学**
シカゴ大学の経済学者セオドア・シュルツ、ジェイコブ・ミンサー、ミルトン・フリードマンらが先駆者となった

教育や訓練によって高められる個人の能力を「人的資本」と捉えた

『人的資本』の第1部の扉には、「すべての資本の中で最も価値のあるのは、人間に投資されたものである」15Pというアルフレッド・マーシャルの言葉が引用されている。

しかしベッカーが言うように、「人的資本（ヒューマン・キャピタル）」という考えは一部の人には受け入れがたかった。なぜならその考え方は、人間をそれぞれの教育や技術の持つ経済的価値だけに換算し、あたかも人間を奴隷や機械のようにみなしていると思われたからだ。

ベッカーはノーベル経済学賞の受賞スピーチにおいて、１９５０年代から60年代にかけて、「学校教育を修養の場ではなく投資とみなす考えは、非人間的で視野が狭いと考えられた」と述べている。さらに、人的資本（教育、訓練、社会技能など）をより多く持っている人は、企業経営者が労働者を搾取するように、人的資本の少ない人を搾取することになるのではないかと疑われた。人的資本が多い人と少ない人との間に、新たな階級闘争が生じるのではないかと懸念されたのである。

しかしベッカーの心配をよそに、世間は「人的資本」という言葉を単に〝人間に対する投資〟と受け止めた。

人的資本には、学校教育やパソコン技術の習得、医療への支出、自己啓発セミナーへの出席などさまざまなものがある。所得を増やし、健康状態を改善し、人生の生きがいを高める効果のあるものなら、基本的にすべてが該当すると言ってよい。

人的資本は銀行預金やIBMの株や製鉄所とは違って、永遠にその人だけのものであり、誰からも奪うことはできず、運がよければ生きている間ずっと自然に成長し続ける。

教育を受けることによって自己の経済的価値が高まる

ベッカーが『人的資本』の第1版を執筆していた頃、経済学者の間には物的資本の成長だけでは実際に国の所得の成長を説明できないという認識があった。機械や土地に対する投資の増加を引き離す勢いで所得は増加した。

この差を説明する最も明白な要因が、教育だった。教育は、問題を違う観点から見る能力を与え、資源の最適な利用、それどころか新しい資源の創造すら可能にする力がある。

ベッカーは国勢調査報告書をもとに個人所得と学歴の関係を調べた。すると、大学教育の(学費差し引き後の)収益率は、白人男性の場合11~13%であることがわかった。

しかし白人男性は黒人男性より求人市場で仕事を得るチャンスに恵まれているため、教育の便益も高くなる。それでも黒人男性が大学教育から得られる便益は明白であり、1950年代以降、黒人男性の大学入学者数は大幅に増加した。

そして就業機会がさらに広がるにしたがって、大学入学者の数はいっそう増加した。高い教育を受けた黒人の職業はもはや牧師や法律関係に限らなくなり、彼らは求人市場の主流に加わった。1940年以降、大学卒業者の数は増えたが、高い教育を受けた人に対する求人はそれを上回る速度で増加した。それは研究開発や軍事技術、そしてサービス分野で支出が増加したためだ。社会的道徳観の変化にともなって、女性にとっても教育投資はいっそうわりに合うものになった。医療や法律、ビジネス分野での仕事が昔ほど男性中心ではなくなったからだ。

大学教育の便益が明確であれば大学に行く人の数は増え、不明瞭であればその数は減るとベッカーは指摘する。大学に行く人が増えたのは、就職を先延ばしにして大学に行った方が出世に有利だと、高卒者が本能的に知っているという事実を示している。

では、大学卒業者が雇用主にとって価値があるのはなぜなのだろうか。ベッカーは、人は教育によって知識や技術だけでなく、「問題を分析する方法」を身につけられると述べている。この〝問題を分析する〟能力は求人市場で高く評価される立派な売り物になる。

一般に考えられているのとは違って、教育の価値は単に学歴が得られるとか、雇用主が最良の人材を選ぶ手間が省けるという便利さだけにあるのではない。

一般には、大学卒業者の所得が高卒者よりも多いのは、大学教育によって生産性が高まるからではなく、もともと生産性の高い学生が大学に行くからだと思われている。

しかし、もともと生産性の高い学生が大学に行くというのが事実だとしても、大学は彼らの生産性、知識、技術、そして判断力をいっそう向上させる。これらはすべて、技術の発達した経済では特に、雇用主が求める資質である。

人的資本への投資は高い収益率をもたらし、時間とともに増加していく

他の種類の資本と違って、人的資本への投資から得られる収益率は、時間とともに増加する傾向にあるとベッカーは主張する。たとえば大学教育から得られる給与支払期間はたいてい非常に長く、初期投資が割安になる。平均寿命が伸びて、教育の正の効果が見られる期間はいっそう長くなる。

さらにベッカーは、教育への投資がその他の分野への投資に比べて有利かどうかを検証した。大学教育への投資にはかなりのリスクがある（経済や自分の体に何も起きない保証はなく、身につけた技術や知識が時代遅れになるかもしれない）し、教育はきわめて流動性が低い資産（自分から分離して売り払うことができない）なので、同じようにリスクがあって流動性の低い投資と大学教育を比較したのである。

ベッカーは、製造業における投資の収益率が長期的にはおよそ7％であるというジョージ・スティグラーの研究を引用して、ベッカーが算出した大学教育の収益率11～13％と比較するとかなり低いと指摘している。

相続財産はたいてい住居や工場、あるいは他の資本を買えるほど大きくないので、相続財

産は人的資本（教育や訓練）に使われるとベッカーは言う。人はたいてい何よりもまず人的資本に投資する傾向があるが、それは人的資本が他の資産に比べて高い収益率をもたらすと直感的に知っているからだ。

大学教育によって得られる条件のいい仕事は、何十年間も収入と便益をもたらす。そこには精神的便益も含まれ、仕事から得られる所得によって、住居や株を買い、年金を積み立てるといったことも可能になる。

しかし、教育や訓練に投資された実際の貨幣資本は投資全体のほんの一部でしかない。投資の大半を占めるのは、大学に行くために費やされた時間の機会費用である。ある人の時間の価値は、その人の教育程度が上昇するにつれて高くなるから、長期間教育を受けるためにかかる費用は、市場の観点からすると合理的ではないかもしれない。

人的資本への投資に関する意思決定の重要な要因となるのは、その投資が放棄時間*2に見合う価値があるかどうかである。高校卒業後に大学で学士号を取得するのは、条件のいい仕事を得るために不可欠な条件かもしれない。しかし、博士号を取得するためにさらに5年間費やすのには、その期間に仕事をすれば得られたはずの所得を放棄する価値があるだろうか？

教育を1単位多く獲得するごとに、獲得した教育が生み出す限界価値と限界利益は減少するとベッカーは指摘する。それは教育を終えた後に残る労働年数が少なくなるからという理由が大きい。人々はつねにそういう計算をして、たいていは正しい判断をすると言う。

*2 **放棄時間**
人的資本を生産するために使われる時間【訳】

大学教育は受ける価値があるという主張には確かな根拠があるが、その理由は大学教育が個人所得とGDPデータに正の効果を与えているからに過ぎない。大学の学費がばかばかしいほど値上がりしたり、大学の学位と比較して職場訓練の重要性が高まったりすれば、大学教育によって得られる明白な利益がなくなるため、人々は人的資本への投資を合理的に再分せざるを得なくなる。

ベッカーのこの主張は、アメリカをはじめ世界各国で高騰する大学の教育費に関する論争を見越しているようである。

人的資本の考え方は、格差が機会の不平等によって生じることを裏付けている

アダム・スミスは『国富論』の中で、「たとえば哲学者と普通の町のポーターのように、似ても似つかないと思われる特徴の違いは自然からというよりむしろ、習慣・慣行・教育から多く生ずるように思える」■106-107P と述べている。

ベッカーはこれに同意し、人的資本への投資から便益を得る能力は誰にでもあると主張している。同じ教育を受けても、それをよりよく活用した結果、より多くの所得を得る人がいるという事実をベッカーは否定しない。

しかし、そもそも教育を受けやすい環境にいるかどうかが重要だということや、そうした環境は変えられるということもまたベッカーは認めていた。格差を批判する人々が、所得の

格差ではなく機会の格差に論点を置くのは間違っていない。

学校教育の質が均等でない場所では（ベッカーはかつて学校が人種によって分離されていたアメリカ南部の例を挙げている）、就学年数が長いほど教育から得られる利益が増加するため、収入分布はきわめて不均衡になる。対照的に、ほぼ全員が同じ水準の公立学校に行く国（スイスはその好例だ）では、収入はより平等になる。

プレミアム
上乗せされる収益率

*3【訳】

今を知り、未来を考えるために――

1970年代に大学卒業者の所得が落ち込んだとき、「教育過剰なアメリカ」について多くの議論が交わされたが、1980年代になると大学教育を受けたアメリカ人の所得はかつてない高水準に達した。

現在では大学教育によって得られるプレミアム*3がさらに高まり、ベッカーの主張の正しさを証明している。2014年にアメリカ労働省のデータをもとにワシントンのシンクタンクである経済政策研究所が実施した分析によれば、4年間の大学教育を受けて学位を取得したアメリカ人は、学位非取得者よりも時給に換算して98％多く稼いでいる。

1980年代初めに大学卒業者が得ていた賃金プレミアムはせいぜい68％だった。自分への投資にまさる投資はないようだ。

18

2000

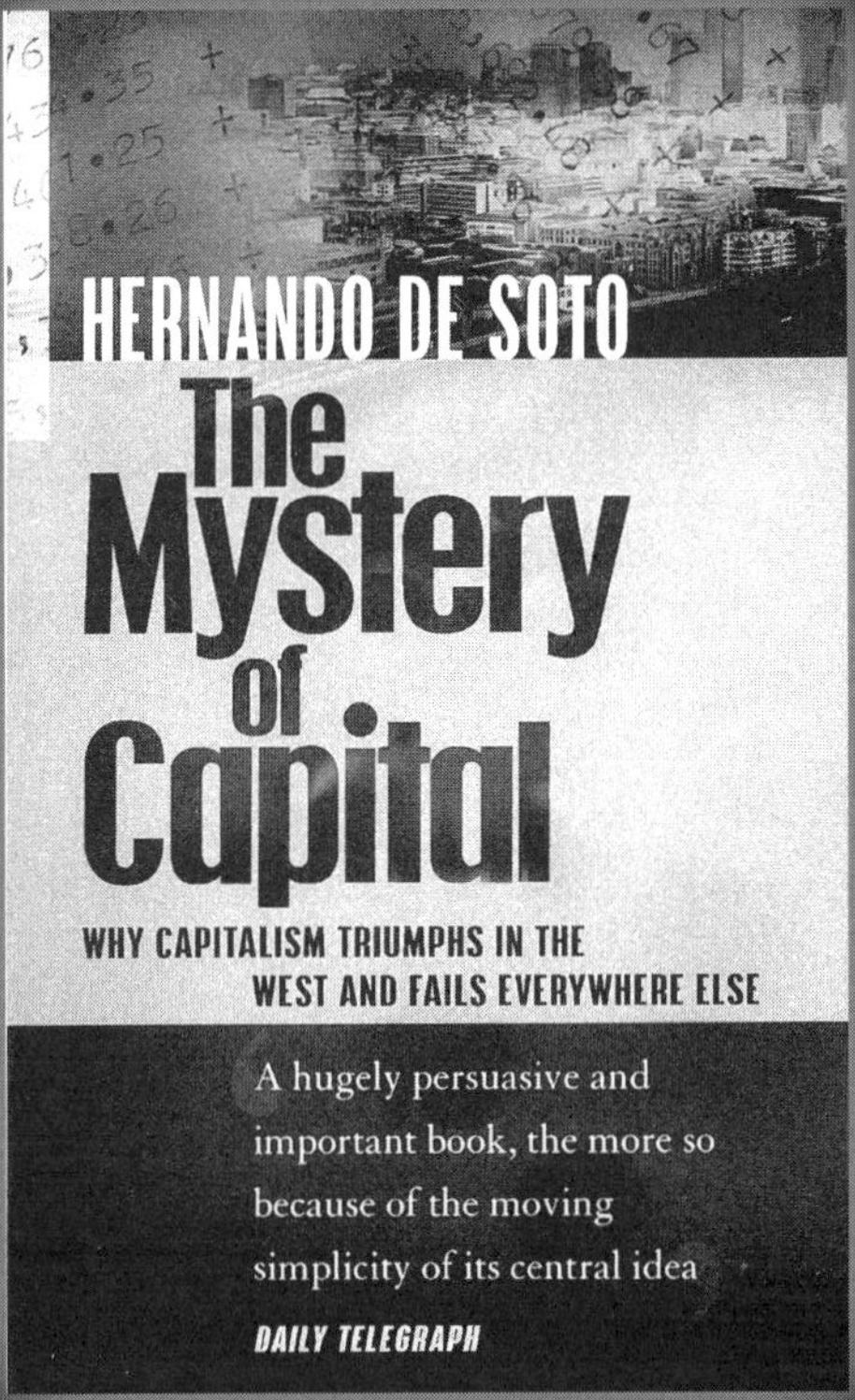

資本の謎

エルナンド・デ・ソト

未邦訳

資産はその価値が固定され、
広い市場に対して
目に見える形で
明確に示されなければ、
資本にはなりえない。
国が発展し、潜在的な力を
開花させるためには、
統一のとれた所有権制度が
必要である。

▼「資本は労働の生産性を高め、国の富を創造する力である。資本は資本主義制度を活かす血液であり、進歩の基盤であり、世界の貧困国が資本主義経済を特徴づけるすべての活動にどれほど熱心に取り組んだとしても、自力では作り出せないものが資本であるように見える。」

▼「貧困国に資本主義を導入するのは、がれきの山をブルドーザーでかき分けるような単純な仕事ではない。巨大なワシの巣を作る無数の小枝を1本1本差し替えて、巣を作り直すような作業だ。しかもワシを怒らせないようにしなければいけない。」

▼「資本主義に心があるとしたら、それは法的な所有権制度の中にあるだろう。」

【本書訳者による訳】

Hernando de Soto
エルナンド・デ・ソト

ペルーの経済学者

デ・ソトは1941年にペルーのアレキパで生まれた。外交官だった父は1948年に起きた軍事クーデターの後、家族を連れてヨーロッパに移住した。デ・ソトはジュネーブのインターナショナル・スクールで教育を受け、ジュネーブの国際・開発研究大学院で学んだ。

デ・ソトは企業役員として成功していたが、1979年にペルーに帰国した。そしてペルーでいくつかの鉱山会社のグループを管理しながら、自由と民主主義研究所というシンクタンクを設立した。デ・ソトがペルーのアルベルト・フジモリ大統領に提言した農地改革は、ココア生産者に土地所有権を与え、ペルーのテロ組織センデロ・ルミノソ（輝ける道）から資金源と支援を奪って衰退に追い込むという成果を上げた。デ・ソトはエジプトのホスニー・ムバラク大統領にも助言を与え、ハイチ、メキシコ、エルサルバドル、南アフリカでも経済計画の作成に協力した。最近になってデ・ソトは所有権を強化すればテロリズムは資本主義によって打倒できると主張し、アラブの春（【訳】2010～2012年にアラブ世界で起きた大規模な反政府活動）は資本が十分に保護されない現状に不満を募らせた企業家によって支持されたと語った。デ・ソトはフランスの経済学者トマ・ピケティを強く批判し、ピケティの研究は多くの発展途上国の力の源泉となっているインフォーマル経済を無視していると述べた。また、現ローマ教皇フランシスコが掲げる社会正義への取り組みの中心に所有権を含めるべきだと主張した。

他の著書に、『The Other Path：The Invisible Revolution in the Third World（もう1つの道―第三世界の見えない革命）』（1986年）がある。この本は現在『The Other Path：The Economic Answer to Terrorism（もう1つの道―テロリズムに対する経済学的返答）』と改題されて出版されている。

資本主義は所有権あってのもの。貧困国が資本を生み出すために必要なのは「所有権」の制度化であることを看破

ベルリンの壁の崩壊から10年後、多数の旧共産主義国が資本主義に転換した後で、開発経済学者のエルナンド・デ・ソトは、当時の世界が抱えていた困惑を明確に言葉にした。

資本主義が「勝利」し、アメリカの株式市場は空前の高値を記録して、富を創造する資本主義経済モデルの力を見せつけた。しかし貧困国の多くは資本主義に苦い思いを味わっていた。自由貿易、グローバリゼーション、そして民営化は、約束されたはずの安定と繁栄を実現しなかったのだ。

富裕国は、貧困国には企業家精神が欠けているという文化的要因や、植民地だった歴史がもたらす心理的な影響が原因だという説を唱えた。しかし活気あふれるペルーの市場を見て育ったデ・ソトは、富裕国よりも貧困国の方が企業家精神は旺盛だと知っていた。

企業家精神や市場は、貧困国にも十分にあった。だから問題は企業家精神の不足ではなく、資本主義にとってもっと根本的なもの、すなわち資本そのものの不足だった。貧困国は資本主義制度のあらゆる特徴を真似し、「クリップから原子炉まで」すべての技術を模倣できる。

しかし資本を生み出せなければ、労働力を生産的に利用し、富を創造することはできない。資本とは単に貯蓄やカネではなく、法と制度の産物である。それこそがデ・ソトの考える資本の「謎」なのだ。

所有する資本が公式に認められていないため資本主義下で貧困に陥っている

世界の貧困国の多くは、「資本主義を成功させるのに必要な資産をすでに所有している」とデ・ソトは言う。

最貧国においてさえ、国民は貯えを持っている。実際に発展途上国と呼ばれる国々の民間貯蓄は、それらの国が受け取る対外援助や外国投資の合計を上回っている。たとえばハイチ国民は、2世紀前にフランスから独立して以来この国に投下された外国投資の総額の150倍にあたる資産を所有している。

しかしこれらの資産には問題がある。豊かな国では当然とみなされるフォーマルな[*1]所有権が、発展途上国のほとんどの土地や家屋に存在しないのである。

農民は収穫した穀物は自分のものにできるが、土地の権利証は持っていない。企業は法人化されておらず、産業は金融を利用できない。資産は信頼関係のある小さな集団の中だけで取引され、たいてい融資の担保として利用できない。

*1 行政によって公式に記録されているという意味【訳】

所有権が文書化されると、資産は「その物質的な存在の他に、目に見えないもう1つの生命を帯びるようになる」とデ・ソトは言う。

たとえばアメリカでは、企業家の最大の資金源は、所有する住宅を担保にした貸し付けだ。住宅のように所有権が文書で適切に裏づけされた資産は、所有者の良好なクレジット・ヒストリー*2の証明となり、個人が利用できる経済の範囲を広げる役割を果たす。

住宅を担保に融資を受ける人、あるいは企業の公式な株を所有している人は、1つの制度の一員となり、その制度内であらゆる権利を与えられる。対照的に、所有権が明確に文書化されていなければ、資産は証券化や担保化ができず、「死んだ資本」になる。

資本主義はその歴史を通じて、ジョイント・ストック・カンパニーからジャンクボンドや不動産担保証券まで、資産の価値を表現し、資産が持つ潜在的な力を引き出す新たな方法を開発してきた。

富裕国と貧困国の差は、「目に見えないものを見えるようにする」この能力にあるとデ・ソトは言う。アダム・スミスやデヴィッド・リカードは貯蓄が国の富の基礎になると指摘したが、そのためには貯蓄がフォーマルな資産として容易に取引され、その価値が誰の目にも明らかになる必要がある。

*2 クレジット・ヒストリー
融資の利用歴【訳】

途上国に必要なのは経済的支援よりも法整備支援

デ・ソトの研究チームが南米の公式な財産所有権制度について調査を開始したとき、所有権の登記や企業の設立は比較的容易にできると告げられた。

ところが現実に直面して、愕然とした。ペルーで住宅の所有権を公的なものにするために、デ・ソトのチームは6年7カ月の期間と何十という政府部門からの許可を含む728の手続きを必要とした。農地だった土地に家を建てる許可を得るためにも、彼らは同様の経験をした。これでは人々が法的な許可を得ずに家を建てるのも不思議ではないとデ・ソトは考えた。

発展途上国では、何百万人もの人々が非正規の屋台や商店、事務所、工場で働き、無許可でバスやタクシーを走らせている。実のところ、法律外の営業は当たり前で、認可を得ている方が珍しい。

ハイチでは、都市で暮らす人の68％と地方生活者の97％が明確な所有権のない住宅で暮らしている。エジプトではこの割合は都市で92％、地方では83％になる。

「結果的に、多くの人々の財産は商業的にも財政的にも目に見えない状態に置かれている」とデ・ソトは述べている。しかし、所有権のはっきりしない掘立小屋や未登記の住宅の価値の合計は、合法的な住宅の価値を上回る。法律外の経済は経済の末端部分ではなく、経済の主流を占めているのである。

発展途上国と旧共産主義国では、都市の土地の85%、そして地方の土地のおよそ半分が「死んだ資本」だとデ・ソトの研究チームは推定している。

これらを合わせると、なんとその価値は最も富裕な国々の主要な証券取引所に上場された全企業の価値の合計に等しく、第三世界の国々に投じられた外国からの直接投資の20倍に達する。

メディアで喧伝される発展途上国の貧困や悲惨さのイメージによって、実はそれらの国がどれほど潤沢な資産にあふれているのかが見えなくなっている。発展途上国に資金供与や支援や融資を与える代わりに、富裕国は発展途上国にすでに存在する資産のフォーマル化[*3]を推進するために影響力を行使すべきだとデ・ソトは主張する。

所有権が明確になれば、大衆が自分の所有物から富を生み出せるようになる

アダム・スミスは、資本とは労働の量であり、現金化できる資産に資本が固定されていると考えた。資本は単なるカネではなく、生産性を凝縮したものだ。

マルクスもまた、資本の非物質的な性質を理解していた。マルクスは、テーブルはテーブルに過ぎないが、いったん生産されると、テーブルは価値を持った商品にもなると述べた。

したがって物質的なものには2通りの役割がある。使うために作られた物としての役割と、価値の表現としての役割だ。しかしスミスもマルクスも、当たり前のようでも重要な事実に

*3 **フォーマル化**
合法化し、行政の規範の下に置くことを指している【訳】

はほとんど触れなかった。価値が認識されるためには、誰の目にも見えるように法的な手段で適切に記録される必要があるという事実だ。

富裕国の富の最も明白な基礎になっているのはフォーマルな所有権制度だということを、これまで富裕国が貧困国に指摘しなかったのはなぜなのだろうか。

富裕国ではフォーマルな所有権が無数の法や規制の中に組み込まれ、それを享受している人々にとってあまりにも明白なものなので、所有権はあるのが当たり前とみなされているのだろうとデ・ソトは考えている。

しかしアメリカでは、フォーマルで統一のとれた全国的な所有権制度が作られ、全州で承認されるのに１００年かかっている。ドイツでは13世紀から所有権登記が行なわれてきたが、本当の意味で国家的なシステムが成立したのは１８９６年になってからだ。スイスでは各州でばらばらだった所有権登記を統合するために大変な労力を費やし、20世紀の初め頃にようやく達成された。

フォーマルで全国的な所有権制度が成し遂げたのは、古くて閉鎖的な、そして血縁や共同体だけに通用する慣習的な所有権を廃止し、もっと広範囲で標準的な財産市場を作ることだった。そのような市場ではきわめて明確な利益が期待できるので、より大きな投資が可能になった。人々の所有権は慣習や地域的な取り決めに頼る代わりに、法によって保護されるようになった。

1800年代初期のアメリカでは所有権に関する法律が町ごとに違っていたため、農民は公有地の所有権をめぐって争い、鉱山業者は採掘する権利をめぐってもめ事を起こした。どんな国も「無法者」や「悪党」や「不法占拠者」が悪人から小規模企業家に変身し、裕福な人間と同じように所有権を主張する権利を持ち始める時代の通過点があったとデ・ソトは言う。この通過点を過ぎれば、一握りのエリートだけでなく、大衆が自分の所有物から資本を生み出せるため、富がいっそう公平に分配されるようになる。

あなたが今いる土地はあなたが所有しているものだと近隣住民しか証言できない制度と、その土地はあなたのものだと全国的な記録で証明できる制度との間には、天と地ほどの開きがある。

後者の制度は、あなたの労働の成果が大規模な国家的ネットワークと市場で承認され、取引され、売られ、担保として使用される可能性を意味している。それこそが技術をはじめとする生産要素以上に、近代的な市場と資本主義制度の成長を可能にしたのだとデ・ソトは書いている。

人々にとって、規制を免れることよりも法的に保護されるメリットのほうが大きい

所有権の概念は本質的に、誰が、何を、なぜ所有しているかについての、人々の合意に基

づいて作られた社会的構成概念であるとデ・ソトは言う。

このインフォーマルな社会契約は、たいてい政府とは無関係に発生し、政府から押しつけられる規制と違って、その正当性は地域的なものである。しかし所有権がフォーマルな資産になるためには、人々が既存のサブ・リーガルな*4取り決めからフォーマルな取り決めに移行できるように、その間に橋を架ける必要がある。

すでに自分のものだと社会的に承認されているものが、橋の向こう側に行けば保護されて価値が高まるのなら、人々はその橋を渡るだろう。

所有権がフォーマル化されると、建築業者や建設会社、銀行、保険会社にとって大きな市場が誕生する。

電力会社やガス会社は、公式に登記され、法的な支払い義務のある住宅に電気やガスを供給できるので、長期的な投資がしやすくなる。政府は医療や教育に関する政策決定のためにデータベースを作り、それに基づいて特定の世帯に的を絞った行政サービスを提供でき、その財源として徴税が可能になる。

法律外の経済は課税と政府による規制を免れるためにあるという思い込みに反して、実際には大衆はフォーマルな経済制度への参加を希望しているとデ・ソトは明らかにした。

それによってコストを上回る利益が得られるからだ。より多くの人がフォーマルな所有権を手にすれば、国民の間に国の「共同主権者」という意識が生まれる。

そしてフォーマルな所有権を持つ人は他人の権利も尊重するようになるだろうから、法と

*4 **サブ・リーガルな**
法の抜け穴にあたるが非合法ではないことを指している【訳】

秩序が増進する。社会不安は収まり、充足した保守主義がそれに取って代わるだろう。豊かな国々はすべてこの道を通ってきたのである。

今を知り、未来を考えるために――

デ・ソトは、資本主義がなぜ多くの発展途上国や旧共産主義国ではうまく機能しないのかという疑問から調査を開始した。

その結果、これらの国々では資本主義は「会員制クラブのように閉鎖的で、欧米諸国、そしてガラス容器の中で守られた貧困国の特権階級だけに恩恵を与える差別的な制度」とみなされていることが明らかになった。外国資本や多国籍企業に国の経済を開放しても、貧しい人々が身近な共同体の外では資産を売れず、彼らが資本主義の蚊帳の外に置かれる二層化社会が生まれるのでは意味がない。

最近のブロックチェーン技術の発達のおかげで、デ・ソトの主張に新たな実現の可能性が見えてきた。政府とは無関係に運営されるブロックチェーンを利用すれば、確実な所有権の記録が可能になる。しかも政府が発行する所有権証書を手に入れるより費用がかからない。

財産とは、法や規制の対象になるよりも先に、社会的合意に基づいて民衆が作り上げた構成概念であるというデ・ソトの主張の正しさが、ブロックチェーンによって証明されたように見える。

デ・ソトの研究はミルトン・フリードマンをはじめとする自由市場主義経済学者の影響を受けており、イデオロギー的色彩が強いという批判がある。デ・ソトが提唱する経済のフォーマル化は、本当に貧しい人々を犠牲にして法律外の財産を所有する金持ちに利益を与える一方で、成功しているケースも多い慣習的な土地の共同使用を破壊するという懸念が指摘されている。

これに対してデ・ソトは数十年におよぶフィールドワークに基づき、どこの国の人々も願っていることは同じだと反論した。人々はフォーマル化した資本を所有したいと望み、それがもっと豊かな未来の扉を開く鍵になると信じていると主張した。

デ・ソトは2016年の『フォーチュン』誌の記事の中で、世界には自分が所有しているものに対して法律上の正当な権利を持たない人々が50億人いると述べ、それらの人々は、まさにその地域的な慣習に基づく取り決めを超える制度作りのために努力していると述べた。

19

2007

格差はつくられた

ポール・クルーグマン

邦訳書

［ 格差はつくられた ］

三上義一 訳　早川書房（2008年）

所得格差の拡大はたんに技術革新やグローバリゼーションの結果ではない。格差を助長してきたのは共和党の政治的価値観と政策である。

▼「ニューディール政策は単に中流社会を誕生させただけではなかった。それはアメリカの労働者に真の政治的力を与え、裕福な少数エリートの支配的な立場に終止符を打って、アメリカを民主主義的な理想に近づけた。（中略）言い換えると、リベラリズムの目的は福祉国家だけではない。リベラリズムが目指すのは民主主義と法による支配である。」

【本書訳者による訳】

Paul Krugman
ポール・クルーグマン

アメリカの経済学者
クルーグマンは1953年にニューヨークのロングアイランドで生まれ、そこで育った。父方の祖父母は1920年代にロシアから来た移民で、父は保険業界で働いていた。クルーグマンはイェール大学に入学し、マサチューセッツ工科大学（MIT）で経済学の博士号を取得した。1984年にMITの教授に就任し、2000年から2015年まではプリンストン大学教授、現在はニューヨーク市立大学大学院センターで経済学教授を務めている。
クルーグマンは2008年にノーベル経済学賞を受賞している。リカードの比較優位論を発展させた「新貿易理論」と、生産が世界中でどのように配置されるかを説明する「新経済地理学」に関する研究が受賞の理由として評価された。また、クルーグマンは所得格差、マクロ経済学、通貨危機に関する研究でも知られている。2007年から2008年にかけて、クルーグマンは著名な経済学者らとともに、アメリカ経済を復活させるためには緊縮財政ではなく、ケインズ的な財政刺激策を採用するように呼びかけた。クルーグマンは『ニューヨーク・タイムズ』のサイト上で、本書と同じタイトルで政治や経済問題に関するブログを掲載している。
他の著書に、『さっさと不況を終わらせろ』（2012年）、『世界大不況からの脱出　なぜ恐慌型経済は広がったのか』（2008年）、『嘘つき大統領のデタラメ経済』（2003年）、『クルーグマン教授の経済入門』（1990年）などがある。また、多数の学術論文を執筆している。

共和党の「保守派ムーブメント」によって米国の平等な中流社会は破壊され、人為的に格差がつくられたことを明らかにした

ポール・クルーグマンは経済学におけるスーパースターであり、『ニューヨーク・タイムズ』のコラムニストとして絶大な影響力を持っている。

クルーグマンは普段コラムで取り上げている話題——イデオロギーによる政治の乗っ取り、福祉国家の擁護、労働組合の役割、アメリカにおける人種の役割、経済成長を促す最良の方法など——を、本書でより深く詳細に分析している。

この本の原書タイトル『The Conscience of a Liberal（リベラル派の良心）』は、アメリカの保守主義の象徴とみなされるバリー・ゴールドウォーターの1960年の著書、『The Conscience of a Conservative（保守主義者の良心）』をもじったものだ。

ゴールドウォーターの本はアメリカの新右翼《ニュー・ライト》と呼ばれる政治思想の宣言書とみなされている。ゴールドウォーターは1964年の大統領選挙で共和党候補としてリンドン・B・ジョンソンと争い、選挙には落選したが、彼の思想の多くはロナルド・レーガン大統領に受け継がれた。

ゴールドウォーターが右派のために本を書いたように、クルーグマンは中道左派のために本書を執筆した。しかし後で述べるとおり、クルーグマンは自分の見解が左派だとは考えておらず、むしろアメリカにおける主流派だと信じていた。

クルーグマンは、アメリカが抱える問題の大半は、もともと格差を拡大する性質を持った政治経済的イデオロギーに原因があると主張した。

すべての人が豊かさを享受できるようになるべきだという政治的合意があった戦後の数十年間に比べれば、大きな違いがあるとクルーグマンは言う。

中産階級は政府によってつくられなければならない

クルーグマンはまず、ローズヴェルト大統領がニューディール政策を実施する前の、1870年代から1930年代までのアメリカ社会の実態を描き出す。

ニューディール政策以前のアメリカは、「富と権力の分配において非常に大きな格差社会であった。形式だけの民主主義的な政治システムは、人口の過半数の経済的要求に答えることはできなかった」22P とクルーグマンは言う。

また、この時代には激しい反政府的イデオロギーが存在した。課税は悪であり、市場はつねに正しく、中央集権的な政府はヨーロッパから来た疫病だとみなされた。この時代に、生活水準は確かに上昇した。この時期に多くの面で「生活水準の大幅な向上」が見られたとクルーグマンは認めている*1。

しかしアメリカ人の大半は経済的に不安定な暮らしをしていた。病気、障害、失業、あるいは面倒を見てくれる子どもがいないまま年老いるようなことがあれば、たちまち貧困に陥った。税率は非常に低かったので、社会的セーフティーネットは存在しなかった。富裕層に課せられた税率は現在の20％に対し、当時はわずか1％にすぎなかった。

では、なぜこの時期に経済的に恵まれない層を支援すべきだという政治的要求が高まらなかったのだろうかとクルーグマンは問いかける。

理由の1つは公民権の剥奪である。1910年には成人男性の14％がアメリカの市民権を持っていない移民であり、投票権がなかった。そしてもちろん黒人はジム・クロウ法*2によって公民権を奪われていた。結果的に、人口の4分の1に当たる最も貧しい層は、政治に参加することができなかった。

「中産階級は経済が成長するにつれて自然発生的に誕生するのではなく、政治によって『つくられなくてはならない』」■25Pとクルーグマンは言う。

アメリカの格差を縮小したのは、大恐慌の暗黒期に大統領に選出されたフランクリン・デラノ・ローズヴェルト（FDR）と「ニューディール」政策である。連邦政府が失業保険と老齢保険を提供する社会保障制度がこのときに作られた。

*1 ロバート・J・ゴードン『アメリカ経済　成長の終焉』（本書521頁〜）を参照

*2 **ジム・クロウ法**
1876−1964年にかけて南部諸州に存在した人種差別的州法【訳】

ニューディール政策は「アメリカの労働者に真の政治的力を与え、裕福な少数エリートの支配的な立場に終止符を打って、アメリカを民主主義的理想に近づけた」とクルーグマンは主張する。

格差の〝大圧縮〟は政府の介入によって成功した

第2次世界大戦後、まれにみる繁栄の時代が始まった。1920年代の深刻な経済格差と政治の二極分化は過去のものになったように見えた。国民の大多数は快適な生活を送る余裕があり、住宅と自動車を所有し、定職に就くことができ、それが「一般のアメリカ人に新しい自尊心を植え付けた」35P。

1920年代には労働者はボスを恐れながら暮らしていた。しかし戦後になると、労働者は高い給与を支払われ、雇用は安定し、医療保険や雇用保険の恩恵も受けられるようになった。一般的なアメリカ人の賃金と労働条件がよくなったのは、ローズヴェルトが制定した全国労働関係法の成果だ。この法律によって、労働者の団結権・団体交渉権が認められ、組合の力が強化された。

この頃にはとびぬけて裕福な者が減ったために、1920年代にはびこっていた階級意識は姿を消した。乗る車がシボレーかキャディラックかの違いはあっても、「人々の行動様式にそれほどの差があったわけではなかった」■36Pとクルーグマンは書いている。

富裕層が急激に減少した理由は何だろうか？　一言で言えば、税金だ。1920年代には、最高所得税率はせいぜい24%にすぎなかった。ローズヴェルト大統領は税率を上げ、1950年代から60年代に入っても、福祉支給や冷戦への対処のために税率はずっと高いままだった。

一般的な経済理論では、需要と供給の法則に介入することはできないとされ、賃金格差を是正しようとすれば、必ず逆効果をもたらすと考えられているとクルーグマンは指摘する。高い所得税は労働意欲を損ない、高い法人税は企業の投資を激減させ、大幅な賃金の上昇は大量の失業につながるというのだ。しかし実際には、この時期に増税と賃金上昇が実現しても、懸念されたようなことはいっさい起こらなかった。過去に例のない政府の介入が行なわれる一方で、経済は活況に沸き、好景気は1970年代のオイルショックまで続いた。

1970年代に登場したサプライサイド経済学（減税による供給拡大を図る考え方）を支持する人々から見ると、この事実は目障りでしかなく、彼らは歴史を書き換えようとしたとクルーグマンは言う。彼らの言い分では、繁栄はロナルド・レーガンから始まったのである。

しかし、レーガン、ブッシュ、クリントン政権下での収入の上昇は、第2次世界大戦後から1970年代なかばまでの期間に比べれば微々たるものでしかない。

大恐慌はいまだに多くのアメリカ人の記憶に鮮明に残っているが、「大圧縮（Great

Compression)」（1920年代から50年代にかけて、政府の介入のおかげでアメリカに巨大な中産階級が誕生し、所得格差が急激に減少したこと）はすでに忘れられてしまったとクルーグマンは指摘する。

新たにつくられた経済格差が現代にふたたび到来

1970年代初めに比べて、現在のアメリカは確かに生産性を向上させ、より豊かになったが、経済的繁栄が国民全体に共有されているという感覚はなくなったとクルーグマンは言う。

平均所得（国民の所得の合計を人口で割ったもの）はどんどん上昇しているが、それは豊かな者がいっそう豊かになって平均所得を上げているに過ぎない。国民の経済状態を正しく伝えるのは、平均所得ではなく〝所得の中央値〟である。

所得の中央値とは、特に豊かな層と特に貧しい層の中間に位置する人の所得のことだ。現在の30〜40代の成人男性のインフレ調整後の所得の中央値は、1973年に比べて12％下降している。

この所得の低下が、多くの家庭で共稼ぎをしなければならない理由、そして親の世代よりも一般的に長時間働かなければならない理由になっている。

所得の上位1％に属する人々の年収が、上位10％に位置する人々の稼ぎをはるかに引き離しているのはなぜなのだろうか。

この問いに対する当たり障りのない答えは、技術革新によって高度な技術を持つ人が多くの収入を得るようになったというものだ。この説明はエコノミストには好まれるが、証拠はほとんどなく、本当の原因と思われるものから目をそらす効果がある。

クルーグマンは「制度や規範、そして政治権力の変化」94Pこそが、所得格差が広がった真の原因だと述べている。

格差が拡大した理由の一部は、右派の豊富な資金に支えられた反労働組合活動によって、労働組合が衰退したことにある。

労働組合に対する共和党の反感と、大企業による容赦ない組合潰しの戦略により、労働組合に所属する労働者の割合は1960年には30％だったが、現在は11％まで落ちている。

比較のために言うと、カナダの労働組合組織率は現在も30％を超え、所得格差はアメリカよりはるかに小さい。したがってアメリカで所得格差が拡大している原因は、技術革新とはほぼ関係なく、政治権力の変化によるところが大きい。

共和党の政策——保守派ムーブメントによって中流社会が破壊され、格差は拡大された

1970年代なかばに右派が共和党を乗っ取り、1980年代初めに明らかな所得格差の拡大が始まったのは偶然ではないとクルーグマンは見ている。「政治変化の分極化がまず起こり、その後に経済的な不平等と格差が広がっていったことを強く示している」12Pとクルーグマンは言う。

しかしそれが真実なら、アメリカ人はなぜ新しい保守主義の権化のようなジョージ・W・ブッシュを2度も大統領に選んだのだろうか。

新しい共和党の特徴の1つは、経済の問題から国民の目をそらす手段として安全保障問題を利用するやり方だとクルーグマンは言う。

もし2001年に同時多発テロ事件が起きなければ、ブッシュは2004年に再選されなかったかもしれない。そして2003年にブッシュはイラク戦争に踏み切ったことで支持率を上げたが、イラク戦争の前提となった大量破壊兵器の情報が偽物だったことが明らかになると、支持率は急落した。

また、ブッシュは社会保障制度を民営化しようと試みた（そして失敗した）が、それは選挙で票を得るために人種問題を利用する新しい共和党の首尾一貫した戦略だった。1960年代から70年代にかけて活発だった公民権運動は「白人の反発」62Pを生み、受益者の多くがアフリカ系アメリカ人である国民皆保険や福祉国家の構想に右派からの攻撃が集中したとクルーグマンは指摘する。

保守派のシンクタンクから気前のいい資金援助を受けているおかげで、右派は経済理論の面で影響力を高めているが、クルーグマンが示すデータは、数々の問題についてアメリカ人が左派にシフトしていることを明らかにしている。アメリカは実際には保守主義の国ではなく、中道右派でさえない、中道左派の国なのだとクルーグマンは主張する。

この新しい政治的潮流は移民の力によって動かされている部分がある。新しい移民の大半はヒスパニックかアジア系で、彼らはニューコンサーバティズムの反政府的なイデオロギーには何の共感も持っていない。そして非白人という立場から、彼らは共和党の白人寄りの政策や、選挙に勝つための道具として「白人の反発」を利用しようとするあからさまな態度に本能的な嫌悪感を抱いている。

2016年に共和党予備選挙で勝利するために、ドナルド・トランプはまさに「白人の反発」を利用した。

トランプは共和党を支持する白人有権者の不満をあおり、ますます多文化主義を強めるアメリカで不当な扱いを受けていると感じている一般の白人も味方につけた。

トランプがついに大統領選挙を勝ち抜いたところを見ると、アメリカが本質的に「中道左派」の国であるというクルーグマンの説は疑わざるを得ない。この選挙結果は、クルーグマンの言う中道左派に当てはまるのはアメリカ人の半数でしかないことを示している。

*3 進歩派　リベラル派とほぼ同じ意味で使われている【訳】

今を知り、未来を考えるために――

アメリカは、右派がイデオロギー的な主張を実現するために政府の介入を次々に排除している、いわば右派の楽園のように見える。そんなイメージがある中で、アメリカ人は本質的に進歩派*3であるというクルーグマンの考えは、なかなか受け入れにくいかもしれない。

しかし2008年と2012年にオバマが大統領に選出され、「オバマケア」と呼ばれる国民皆保険制度が実現したことは、クルーグマンの説の正しさを支持している。経済的不平等と、それがもたらすさまざまな悪影響を減らすには、まず政治が動かなければならないというクルーグマンの主張には説得力がある。

富は自然発生的に誕生するとしても、繁栄が国民に平等に共有されるためには、これまでもつねに政治の力が必要だった。

20

2007

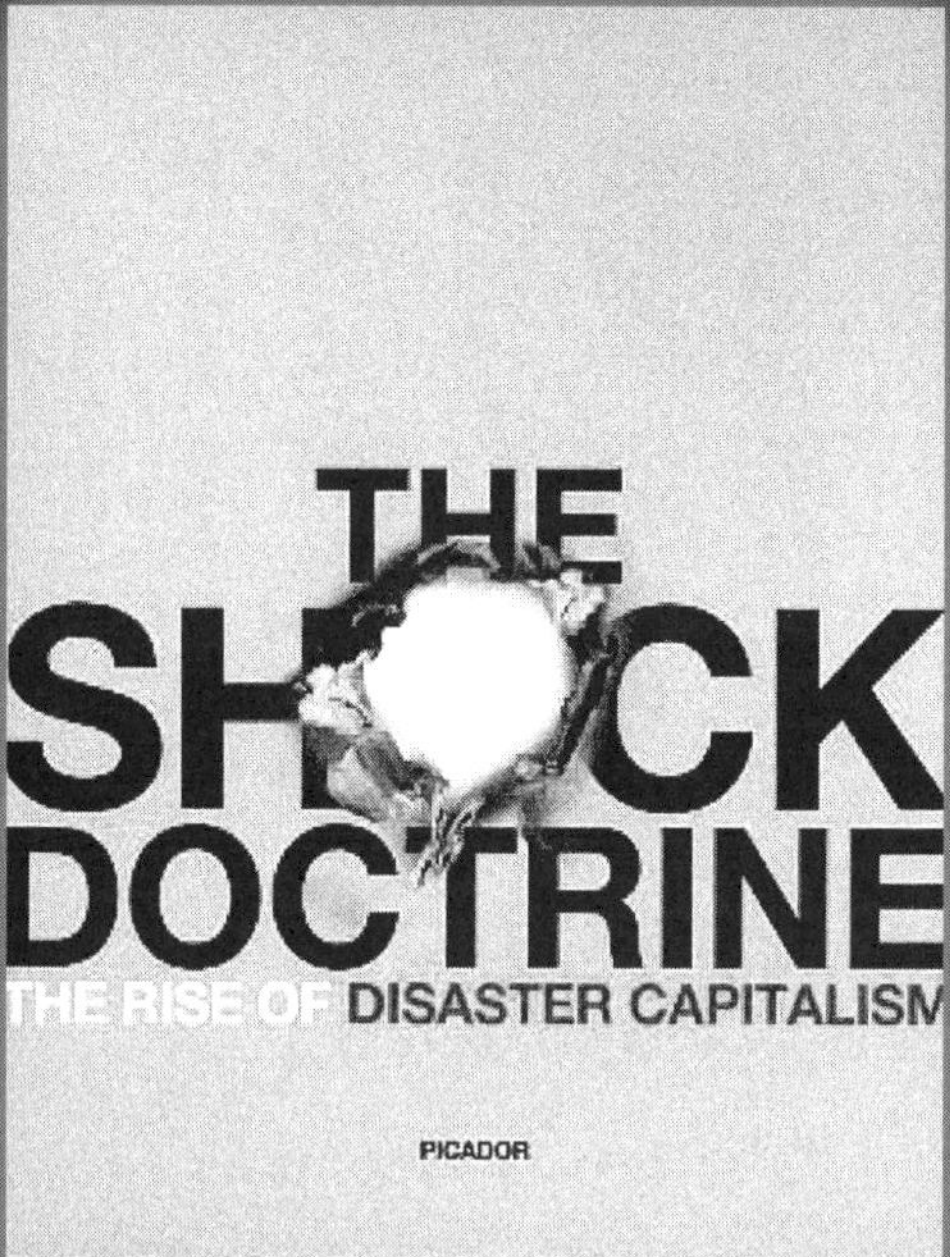

ショック・ドクトリン

ナオミ・クライン

邦訳書

［ショック・ドクトリン］

幾島幸子・村上由見子 訳　岩波書店（2011年）

民主主義による
抑制を受けなければ、
資本主義は
強制的なイデオロギーに
なる可能性がある。

▼「共産主義崩壊以降、自由市場と自由な人間は、単一のイデオロギーのもとにパッケージにされてきた。そのイデオロギーは、集団墓地や戦場、拷問室などで埋め尽くされた歴史を人類が二度とくり返さないための最良かつ唯一の防衛手段であると標榜する。しかし、歯止めのない自由市場という概念がシカゴ大学の地下作業室から抜け出し、現実世界に適用された最初の場所である南米南部地域において、それは民主主義をもたらさなかった。それどころかいずれの国においても、民主主義の転覆がまず前提となったのだ。そしてそれは平和をもたらすこともなく、数万人の組織的な殺害と一〇万～一五万人に対する拷問を必要としたのである。」

【143頁】

Naomi Klein
ナオミ・クライン

カナダの作家・ジャーナリスト
1970年にモントリオールで生まれた。両親はベトナム戦争の徴兵を逃れるために1967年にカナダに移住した。クラインはトロント大学在学中に学生新聞の編集長になり、大学を中退してトロントに本社のある『グローブ・アンド・メール』紙に入社した。
歯に衣着せぬ態度でアメリカの外交政策への批判を続け、2011年に「ウォール街を占拠せよ」を合言葉に発生した抗議運動や、2010年にトロントで開催されたG20サミットでの抗議運動に加わっている。『ブランドなんか、いらない』(2000年)が作家としてのデビュー作になった。近著に、『これがすべてを変える—資本主義VS気候変動』(2014年)がある。

自然災害や戦争などの惨事につけこみ過激な経済改革を断行する米国政府の「惨事便乗型資本主義」を暴いた

ナオミ・クラインは、1990年代に反資本主義運動の旗手となり、新自由主義者にとっては目の上のこぶとなった。

クラインは、公共領域の縮小、企業活動の完全自由化、社会支出の大幅削減という三位一体の政策が新自由主義《ネオリベラリズム》や新保守主義《ネオコンサーバティブ》の特徴だと述べている。それらの政策が適用された国では、必ず政治家と強力な企業が結託して新しいエリート層が台頭し、公共の富を私物化し、不平等を拡大しているとクラインは言う。しかも皮肉なことに、政府の役割は縮小するどころか、「安全保障への際限ない出費を正当化する好戦的ナショナリズム」[20P]によってさらに拡大し、市民への監視活動や市民的自由の制限を強化している。

惨事により国民がショックを受けているときは普段はできない過激な改革を断行するチャンス

クラインは「壊滅的な出来事が発生した直後、災害処理をまたとない市場チャンスと捉え、公共領域にいっせいに群がる」[5-6P] 襲撃的行為を、「惨事便乗型資本主義《ディザスター・キャピタリズム》」[6P] と呼んでいる。

たとえばブッシュ政権はアメリカの国防部門を民営化する手段としてイラク戦争を利用し、その過程で一部の限られた人間が巨額の利益を得た。また、２００５年にアメリカ南部を襲ったハリケーン・カトリーナは、右派シンクタンクによってニューオーリンズ市の公教育システムを奪い取り、民間団体に売り渡すチャンスとして使われた。

新自由主義を代表する経済学者のミルトン・フリードマンは、著書『資本主義と自由』の１９８２年版において、衝撃的な出来事（政治的な事件や自然災害など）が起きて国民がショックを受けているときこそ、普段ならとうてい試みることのできない過激な資本主義的改革を断行するチャンスであると述べている。

『ショック・ドクトリン』という本書のタイトルは、フリードマンのその言葉に由来するものだ。今ある世界を「白紙状態」[10P] に戻し、そこに自分の信じるシステムを打ち立てたいという欲望は、１人の経済学者の純粋な希望などではなく、恐ろしい政治的意図を含んでいるとクラインは考えている。

ラテンアメリカ諸国からロシアにいたる国々では、資本主義イデオロギーは民主主義を通じてではなく、政治的ショックを背景に導入された。共産主義が成果を上げるために権威主義を必要としたように、〝原理主義的資本主義〟[6P] が目的を達するには、民主主義が衰退し、政府や民間のエリートが取って代わる必要があった。これらの政治経済体制は、打倒するためだろうと、そのイデオロギーを守るためだろうと、どちらにしても暴力を必要とした。

『ショック・ドクトリン』では、ポーランド、中国、南アフリカ、そしてロシアなどついて考察されているが、本書では特にラテンアメリカ諸国に自由市場資本主義が導入された経緯を中心にクラインの分析を紹介する。

災害や政変後のショックに便乗する自由市場資本主義を舌鋒鋭く批判し、議論を呼ぶためにことさら衝撃的な事実を証拠として突きつけながらも、綿密な調査に基づいて書かれた本書には説得力があり、読者がこれまで信じてきた世界を揺るがす可能性がある。

東西冷戦下、南米の共産主義下を恐れたアメリカはシカゴ学派とともに工作をはじめる

アメリカのアイゼンハワー政権*1の国務長官ジョン・フォスター・ダレスと、その弟で新設間もないＣＩＡの長官だったアレン・ダレスにとって、資本主義を基本としながら、政府の積極的な介入によって経済発展を目指す経済システムである〝開発主義〟国家の出現は、マルクス主義の代理にしか見えなかった。

東西が冷戦下にあった当時、地政学的に重要な位置にある開発主義国家が共産主義化するのを恐れた彼らは、開発主義の打倒を図った。１９５３年にＣＩＡはイランのモサデク政権*2の転覆に成功し、ムハンマド・レザー・シャー国王を政権の座につけた。翌年、ＣＩＡはグアテマラでクーデターを支援し、民主的に選出されたハコボ・アルベンス大統領*3を追放した。

*1　任期1953—61年

*2　モサデク首相は、石油の利権をイギリスから奪還し、石油産業を国有化した。【訳】

シカゴ大学経済学部長だったセオドア・シュルツをはじめとする右派の経済学者は、「左翼がかった《ピンク》」82P 開発主義経済政策を一掃するには大学での教育が欠かせないと考えた。シュルツはアメリカ国務省の支持を得て、経済学を学ぶチリの学生をシカゴ大学に留学させるプログラムを発足させた。

1956年から1970年にかけて、何十人ものチリ人学生がアメリカの納税者の資金を使ってシカゴ大学に留学し、自由市場を守るために「イデオロギー闘争に勝つことのできる戦士」83P になるよう教育されたとクラインは言う。

チリ人学生は、社会的セーフティーネットを創造して全国民に医療保障と教育を提供し、国内産業を保護する自国の政策を批判するように教育され、その代わりにマネタリズム*4や規制緩和、民営化、そして自由貿易を推進するように教え込まれた。1965年にはフォード財団からの助成金によって、このプログラムはブラジル、アルゼンチン、メキシコなど、ラテンアメリカ全域に広がった。

チリでは1970年の選挙で社会主義的な基盤を持つサルバドール・アジェンデの率いる党が勝利した。

アジェンデは経済の国有化を図り、その代わりに外国企業に対して適正な補償を約束したが、アメリカ企業（大手の鉱山会社やチリの電話回線の大半を所有する国際電話電信会社など）はアジェンデをラテンアメリカ諸国の社会主義化の始まりとみなし、アジェンデ政権を弱体化させるた

*3 農地改革を実施し、同国内でアメリカ企業が農園として所有していた土地を接収した。【訳】

*4 シカゴ学派のフリードマン教授が中心となった学説【訳】

めに、アメリカの権力者と結託して経済的「不正工作」■91Pに着手した。

１９７３年、ピノチェト将軍が指揮する軍事クーデターはアジェンデ大統領だけでなく、３０００人を超える「破壊分子」■92Pを殺害した。８万人が投獄され、20万人が国外に逃れた。実業家や軍人、そしてＣＩＡが協力してアジェンデ政権の転覆を謀っている間に、シカゴ大学で教育を受けた若い経済学者たちはチリ経済を根本から作り直すために計画を練った。彼らが作成した経済プログラムは５００ページに及ぶ文書にまとめられ、その厚さから「レンガ」と呼ばれた。

プログラムには国有企業の民営化、金融自由化、そしてパンや食用油の値上がりを抑えていた価格統制の撤廃が盛り込まれた。これらの政策に従えばインフレは終わると説明され、ピノチェトはプログラムの大半を受け入れた。

ところが１９７４年のチリのインフレ率は、アジェンデ政権下の2倍に当たる３７５％に達した。輸入関税の廃止によってチリに安価な輸入品が流れこみ、国内企業は倒産し、失業率は上昇して、飢えが社会問題になった。

しかし１９７５年５月にチリを訪問したミルトン・フリードマンは、この状況はチリ政府の経済介入がまだ十分取り除かれていないせいだと述べた。経済を正しい軌道に乗せるには、もっと「ショック療法」■111Pが必要だというのだ。

フリードマンは銀行に向けて談話を発表し、大学で講義し、ピノチェト大統領本人とも45

分間の会談を持った。その後にピノチェト宛に書き送った手紙で、フリードマンはさらに財政支出の25%削減と完全な自由貿易の達成を促した。「漸進的なやり方ではだめなのです」■112Pとフリードマンは手紙に書いた。

シカゴ大学で教育を受けた「シカゴ・ボーイズ」の1人、セルヒオ・デ・カストロが新たに経済大臣に任命され、国有企業500社を民営化し、最後の貿易障壁を撤廃した。その後の深刻な不況の中でパンの価格は急騰したが、軍事政権を選挙で退陣させられる民主主義はもはや存在しなかった。ピノチェト政権は恐怖によって支配した。公立学校はバウチャー制度*5に取って代わられ、社会保障制度は民営化され、幼稚園や墓地さえ民営化された。

1976年までに、アルゼンチン、ウルグアイ、ブラジルという、かつては戦後の発展のモデルケースとみなされた国々のすべてがチリの改革を踏襲し、アメリカが支援する軍事政権によってシカゴ学派の経済理論が実行に移された。

新自由主義政策による“チリの奇跡”は起こっていない

経済学者がしばしば礼賛する「チリの奇跡」■117Pが軌道に乗ったのは、クーデターから10年もたった1980年代のなかばだったとクラインは指摘する。経済状態があまりに悪化したため、ピノチェトは企業をふたたび国有化し、政府の要職についていたデ・カストロをはじめとす

*5 保護者に利用券《バウチャー》を支給し、学校選択の幅を広げることで学校間の競争を促し、教育の質を上げようという試み【訳】

る「シカゴ・ボーイズ」を解雇した。

チリが完全な経済崩壊に陥らずにすんだ理由はただ１つ、ピノチェトが国営の銅鉱山会社コルデコを断固として民営化しなかったことにある。コルデコはチリに巨額の輸出収入をもたらしていた。

仮にチリ経済が安定し、成長したとしても、それはフリードマンやハイエクが唱える理想的自由市場のおかげではなく、チリが「コーポラティズム国家」■119Pになった結果だとクラインは主張する。コーポラティズムとは、政府、企業、土地所有者が共謀して権力を維持する仕組みのことだ。

チリでは国営企業の民営化によって一握りの人々が極端に豊かになり、労働者は貧困に突き落とされた。

シカゴ学派に支配されたチリは、それから数十年間に世界各地で起きた同様の経済的混乱の前触れだったとクラインは考えている。

熱狂的な投機、国営企業の無制限な民営化、中間層の消滅、自由貿易のあおりを受けた国内企業の激減、そして不平等の拡大がさまざまな国で繰り返された。多種多様な「ショック療法」が世界各地で実施され、少数の人間が短期間に巨額の富を築くのを可能にした。

たとえば１９９３年にロシアで企てられたクーデターをきっかけに、ロシア大統領ボリス・エリツィンは、反対派勢力を封じ込め、「民営化大売り出しの道へと突き進み、悪名高いロシア新興財閥《オリガルヒ》を生む」[12P]ことになった。

中国共産党は、天安門事件のショックを利用して市場経済を拡大したが、それと引き換えに労働者の権利や政治的自由を認めようとはしなかった。

フリードマンを筆頭としたシカゴ学派は残虐な独裁政権と手を組み、擁護しつづけた

1つの国で根本的な経済改革を実施しようとすれば、必ず大きな政治的影響を及ぼさずにいられないところに問題があるとクラインは言う。

フリードマンがピノチェトに会ったのは1度だけだったかもしれないが、フリードマンの弟子たちはラテンアメリカの人々を何年もかけて教育し、チリやその他の国々を彼らの理論の〝実験室〟として利用することに熱中した。

彼らの理論はさまざまな国の政府に採用され、その中には残虐な政府もあった。フリードマンは「それが政治というものだ」と言うだけではすまされない立場にある。フリードマンは自分をチリにおける「インフレという疫病」[159P]を治療する医師に見立てた。病を治すためだと言えば、医者は何をしても正当化されるとクラインは指摘する。

クラインは本書の第5章の冒頭に、「人々が刑務所に入れられたのは価格を自由化するためだった」[163P]というウルグアイの作家エドゥアルド・ガレアーノの言葉を引用している。チリで左

派の一員だとみなされた人は、経済学教授からジャーナリスト、学生にいたるまで、誰であろうと解雇され、投獄され、処刑された。

世界はまもなくピノチェトが実行した処刑と強制収容所の存在を知り、激しい非難が巻き起こったが、批評家は反対勢力への弾圧と経済改革は別物だとみなした。チリの軍事政権は国際金融機関から次々と融資を受ける一方で、アジェンデ政権の元国防相オルランド・レテリエル*6の暗殺を指示し、1976年にニューヨークでレテリエルを殺害した。自動車爆弾によって死亡するわずか1か月前にレテリエルは論文を発表し、フリードマンはピノチェト政権に「専門的」■138P助言を与えたにすぎないという弁解は通用しないと批判した。

フリードマンの師で自由市場経済学者のフリードリヒ・ハイエクは、チリの独裁政権は過渡的なものにすぎないと述べ、ピノチェト政権を擁護して議論を呼んだ。また、ハイエクはチリの自由市場改革プログラムの顧問でもあったことも指摘しておかなければならない。

今を知り、未来を考えるために——

クラインの主張の中には、いくつか事実と矛盾する点がある。

その1つが、アジェンデ政権下のチリはクラインが描いたような民主的社会主義の理想郷ではなく、政治的、経済的な混乱が続き、猛烈なインフレに苦しんでいたということだ。

*6 ピノチェト政権によって投獄されていたが、国際世論の要求によって釈放され、国外に逃れていた【訳】

しかし、チリが最終的に達成した経済的成功はシカゴ学派の政策の成果だと単純に言うこともできない。「チリの奇跡」が現実のものとなったのは、ピノチェトが何度も経済政策を転換し、企業をふたたび国営化し、金のかかる「社会主義的」な社会政策を導入してからである。カリフォルニア大学バークレー校の経済学教授ブラッドフォード・デロングは、チリで「正しかったのは誰か」という問いについて述べたブログで、「この時期以降のチリの歴史は『自由市場』の奇跡であったばかりでなく、『国家建設』の奇跡でもあった」と述べている。

チリで行なわれた実験は新自由主義の支配がはじめて導入された例であり、「惨事便乗型資本主義」は社会をいっそう不平等で危険な状態、一般的に言って劣悪な状態にしたとクラインは断言している。

しかしスウェーデンの歴史学者ヨハン・ノルベルグは、著書『The Klein Doctrine: The Rise of Disaster Polemics（クライン・ドクトリン――失敗に終わった論争）』（２００９年）の中で、経済的自由主義が導入された国ではどこでも全般的に富が増加する傾向があると主張している。破綻した社会主義国キューバと、南米随一の経済的発展を遂げたチリでは、どちらに住みたいと思うだろうかとノルベルグは問いを投げかける。

クラインは、市場が繁栄をもたらすことは否定しない。

クラインの怒りは、新自由主義に基づく資本主義が、ひたすら市民に銃口を突きつけることで発展しているように見えるという点にある。そしてイデオロギーに関するクラインの指摘には重みがある。世界が左派（たとえばスターリンや毛沢東が指導した共産主義）のイデオロギーによってまき散らされた恐怖を鮮明に覚えているのなら、極端な自由放任主義に基づく資本主義をうかつに支持することも避けなければならない。自由市場イデオロギーを導入するために、たとえ「一時的」にであっても政治的自由を停止する必要があるなら、忌まわしい人権侵害への扉は開かれたも同然なのだ。

クラインは、アルゼンチンで映画撮影中のスタッフが強制収容所の跡を偶然発見したと語る。3万人の市民が「行方不明」になった軍事政権（そして自由市場）時代のアルゼンチンで使われていたものだ。この忌まわしい地下の収容所は壁でふさがれ、今ではその上に華やかな高級ショッピングセンターが建設されている。

21

2010

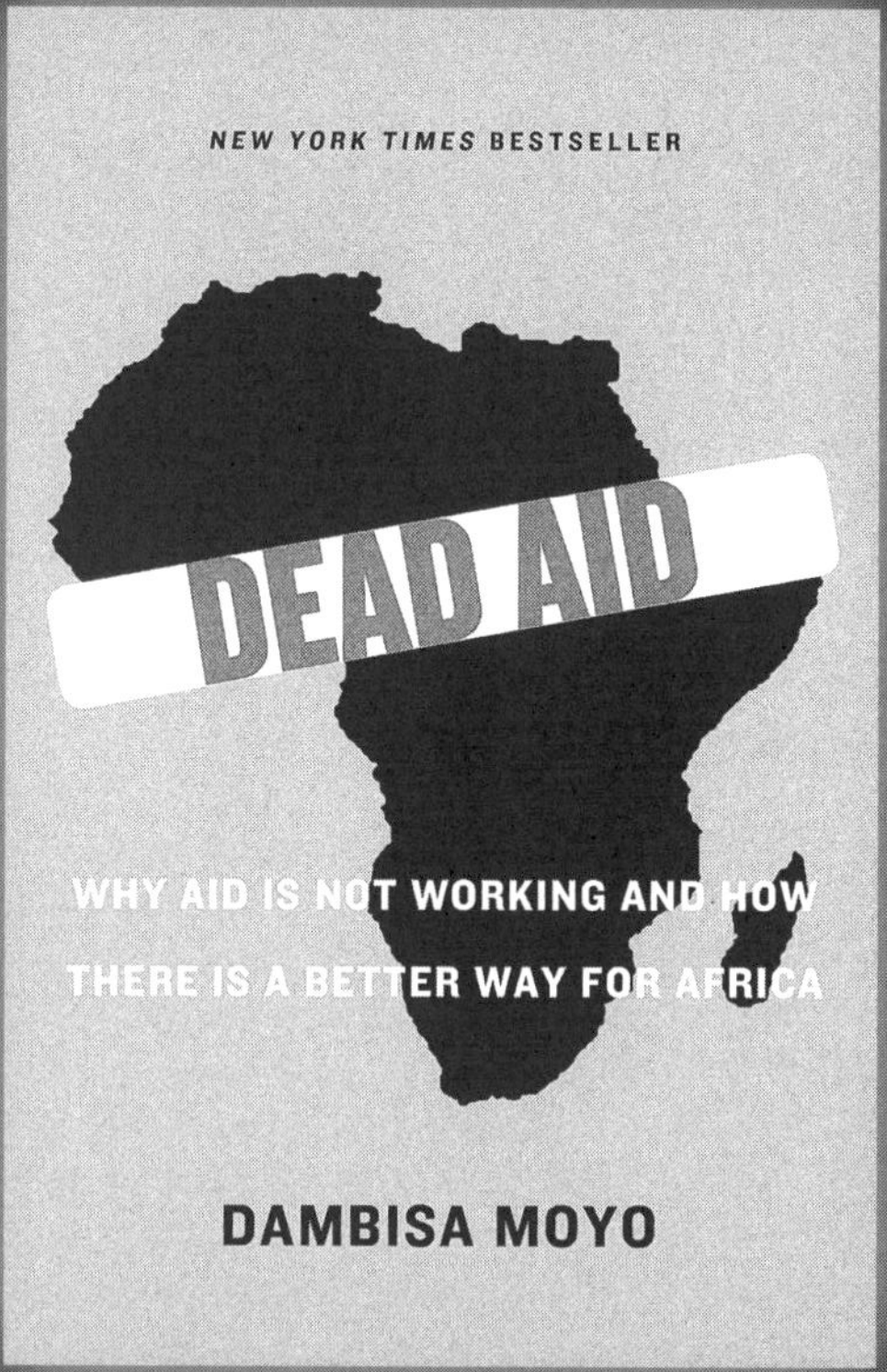

援助じゃ
アフリカは発展しない

ダンビサ・モヨ

邦訳書

［援助じゃアフリカは発展しない］

小浜裕久 監訳　東洋経済新報社（2010年）

援助は
麻薬のようなもので、
麻薬同様、
売人も中毒患者も
悪習から抜けるのは
難しい。

▼「ここで明白なことは、民主主義は、援助の擁護者が主張するように経済成長のための前提条件ではないということである。逆に、経済成長が民主主義の前提条件なのであり、そして、経済成長を達成する上で必須とは見なされないものの一つに援助がある。」

【■60頁】

▼「援助漬けの国ではお金は黙っていても入ってくるが、経済活動が活発な国では金を稼ぐことは大変だ。しかし、大変な思いをしてこそ企業は生き残ることができるのだ。」

【■175頁】

Dambisa Moyo
ダンビサ・モヨ

ザンビア共和国出身のエコノミスト
モヨは1969年にザンビアの首都ルサカで生まれた。ザンビア大学に入学して化学を専攻するが、政情不安により大学が閉鎖されたため、アメリカに留学してワシントンDCの大学を1991年に卒業した。モヨは2年間世界銀行で働き、『世界開発報告書』の作成に携わった。その後はゴールドマン・サックスで調査エコノミストとして、債券市場、ヘッジファンド、国際マクロ経済学の分野でおよそ10年間働いた。
モヨはハーバード大学ジョン・F・ケネディ・スクールで行政学修士号を、オックスフォード大学セント・アントニーズ・カレッジで経済学博士号を取得した。現在はバークレーズ銀行、カナダの大手産金会社のバリック・ゴールド、石油会社のシェブロン、HDD製造会社のシーゲート・テクノロジーの取締役を務めている。モヨはダボスで開催される世界経済フォーラムの年次総会や、教育・政策研究機関のアスペン研究所にたびたび招かれて講演を行なっている。
他の著書に、『How the West Was Lost：Fifty Years of Economic Folly—And the Stark Choices that Lie Ahead（西欧はどのように敗北したか—50年間の経済的愚行と迫られる苛酷な選択）』（2011年）、『すべての富を中国が独り占めする』（2012年）などがある。

「アフリカへの援助は、腐敗を助長させ人々を貧困に陥れている」と断言し世に衝撃を与え、議論を巻き起こした

私たちは「援助という大衆文化」[xxviP]の中に生きていると、ザンビア人エコノミストのダンビサ・モヨは言う。

「貧困を過去のものにしよう」と銘打ったキャンペーン、チャリティーコンサートの「ライブ・エイト」、国際社会の共通目標を定めたミレニアム開発目標、アフリカの支援活動に熱心なミュージシャンのボノやボブ・ゲドルフなどは、援助がアフリカ開発の「ためになっている」という安心感を与えてきた。

私たちは、もっと寄付をしなければいけないと絶えず言われ続けている。私たちの気前のよさ以外に、死にかけている人々を救い、もっとましな生活ができるようにする方法はないというわけだ。恵まれた者はそうやって貧しい人を助ける責任があると、私たちはほとんど何の疑いもなく心の底から信じ込まされている。

援助は「現代の最も大きな主題の一つ」[xxviP]であるとモヨは言う。だから援助を擁護する大きな団体や政府、国際的な慈善活動や有名人に向かって批判がましいことを言うのは勇気がいる。

しかし、援助は本当に役に立っているのだろうか？

過去50年間に多くの発展途上国が経済的発展を遂げたが、アフリカ諸国の多くは大体において挫折するか、発展から取り残されている。これはいったいなぜなのだろうか。

モヨは、緊急援助や人道援助（貧困撲滅を目指す国際協力団体のオックスファムや、国境なき医師団などがおこなう援助）に反対する気持ちはまったくないと強調しつつ、途上国政府に直接供与される政策的な援助や、世界銀行などの国際機関を通じた援助に比べれば、人道援助の金額は、実際には「取るに足らないもの」[10P]だと述べている。

政策的な援助の大部分は、市場より金利が低く、返済期間の長いローンの形を取っている。このローンは貸し出し条件が緩やかで、しかも返済が免除される場合も多いため、アフリカ諸国のリーダーにとってローンと贈与（グラント）の区別はあいまいだ。そこでモヨは、ソフトローン[*1]とグラントをひとまとめにして、本書では「援助」として扱っている。

本書は学術書というよりも〝論争のために書かれた本〟なので、著者の主張に都合のいい事実ばかりを集めたきらいはあるが、モヨが提示する証拠には驚きを禁じ得ないものがある。多額の援助資金が流入すると、貯蓄意欲が低下し、インフレ率が高まり、汚職が増加し、社会的な制度や産業を形成したり、直接投資（ＦＤＩ）を呼び込んだりする努力が妨げられる。

しかしこの本は「絶望を論ずるだけのものではない」[xxviiP]とモヨは言う。

まず援助に関する思い込みに気づくことが重要だ。そして思い込みから解放されれば、ア

*1 ソフトローン　緩やかな貸し付け条件のローン【訳】

フリカの繁栄に向けた第一歩を踏み出せるとモヨは主張している。

アフリカに対する援助が続けられてきたが一向に状況は改善されなかった

1950年代から60年代にかけて、アフリカの31か国が植民地支配から独立を勝ち取り、アフリカの前途は洋々たるものに見えた。

しかし旧宗主国は、これまで多大な資本をつぎ込んできた国々に対する財政的影響力を何とか維持したいと考えていた。そして援助は、旧植民地に対する財政的な影響力の維持を可能にする最適な方法に見えたのである。

また、地政学的な要素も絡んでいた。冷戦下の東西対立は、新たに独立した国々にどちらの陣営につくかという選択を迫った。それはつまり、それぞれの国が資本主義と社会主義のどちらの経済体制を選ぶかということを意味した。ウガンダのイディ・アミン、リベリアのサミュエル・ド、ザイール[*2]のモブツ・セセ・セコなどの独裁者を、アメリカもソ連も臆面もなく支持した。援助はその国を味方につけておくための重要な手段になった。実際にその国が発展しているかどうかは、ほとんど問題にされなかった。

1960年代にも援助は増加し続け、援助の中心は大規模産業プロジェクトやインフラ事業に移った。

*2 ザイール
現コンゴ民主共和国【訳】

1970年代なかばには、援助のほぼ3分の2が道路、港湾、下水設備、発電所、水道などの建設に向けられた。続いて援助の焦点は農業・地方開発、住居、教育、保健、予防接種、成人識字率の向上、栄養失調の防止に移った。

1980年代初期にはふたたび目標が変わり、今度は貧困対策が重視されるようになった。その10年前には援助の10％を占めるに過ぎなかった貧困対策に、援助の半分が注がれるようになった。

なぜこのような方針転換が起きたのだろうか？ 成長・工業化戦略がほぼ失敗に終わり、石油危機への対応策として金利が引き上げられたせいで、アフリカの不況はいっそう悪化していたからだ。アフリカ諸国の多くは変動金利ローンで援助を受けていたので、これらの債務の返済は今や大きな負担となった。

さらに富裕国は高金利による不況に陥り、途上国からの輸出品に対する需要が減少した。発展途上国のデフォルト（返済不能）をきっかけに国際金融制度が崩壊するのを防ぐため、大半の債務にリストラクチャリング*3が行なわれた。しかし、結果はアフリカの援助依存が高まっただけだった。

記録的な水準の援助が行なわれたにもかかわらず、アフリカの開発がまったくの失敗に終わったせいで、新自由主義的思想への転換がいっそう強く求められるようになった。

工業化による経済発展を達成した「アジアの虎」と呼ばれる国々は、市場中心的な対外開

*3 **リストラクチャリング**
債務の減免や支払期限の延期などの措置【訳】

放指向型の政策を取っていた。それらの国に学べというわけで、繁栄に向かう最も合理的な道はもはや自由放任主義経済しかないように見えた。

一方イギリスとアメリカでは、社会主義的な思想が長年にわたって広がりを見せていたが、それに代わって新たにミルトン・フリードマンやシカゴ学派の自由主義経済学が採用され、効果を上げているように見えた。開発経済学の世界にこのような思想の風が吹き抜けて、新しい厳格な財政・金融政策を採用し、輸出入のバランスを改善する「経済安定化・構造改革型」援助が行なわれるようになった。

構造改革とは貿易自由化の促進と、関税や補助金の撤廃を意味した。世界銀行と国際通貨基金（IMF）は、援助の見返りとして発展途上国に国家の役割の最小化、国有企業の民営化、公務員の削減などを含む自由市場型アプローチによる積極的な援助プログラムを推進した。

発展途上国に勧告されたこれらの政策パッケージは「ワシントン・コンセンサス」28Pと呼ばれ、貧しい国の経済政策に大改革を要求した。ナオミ・クライン*4の言葉を借りれば、これは「ショック療法」だった。

果たしてその効果はあっただろうか？　アフリカ諸国は今や、自分の思い通りのやり方で成功する自由とともに、失敗する自由も得たとモヨは指摘する。巨額の利払いが負担になって、アフリカ諸国が成功する見込みは薄かった。貧しい国に流入する対外援助資金をはるかに上回る利子が、貧しい国から豊かな国に支払われるという呆れるような事態が起きた。

一方で、政府の腐敗はとどまるところを知らなかった。モヨが取り上げたのはザイールの

ナオミ・クライン
『ショック・ドクトリン』の著者
***4** 本書293頁～【訳】

モブツ大統領のエピソードだ。モブツ大統領はレーガン大統領との会合で50億ドルの対外債務の利払い条件緩和を要請し、その直後にコンコルド機をチャーターして娘を象牙海岸で開かれる結婚式に送り届けた。

2000年が近づくにつれて、債務さえ免除されればアフリカはとうとう繁栄を達成できるだろうという考えが広まった。ジュビリー債務キャンペーン*5の2005年の会議で、タンザニアのムカパ大統領は、「過去の債務を弁済するのか、国民の健康や教育に支出するのかの選択を迫られる状態」34Pを「スキャンダル」と呼んで批判した。

こうした同情心は西欧諸国の間にアフリカの貧困に対する倫理的な罪悪感を生み、もっと援助を、もっともっと援助を、というメッセージがいっそう強く唱えられるようになった。

実際に多くの債務が帳消しにされたが、援助依存文化は是正されなかった。ルワンダのポール・カガメ大統領が指摘したとおり、過去50年間に2兆ドルを超える援助がアフリカに注がれたにもかかわらず、「経済成長や人材育成の面でその効果を示すものはほとんどない」37Pが、それでも援助モデルそのものを批判することは政治的に正しくないとみなされた。

必要なのは資金援助ではなく公正な政治や経済政策などの整備

アフリカが経済成長を達成できない理由を、モヨは1つ1つ検討していく。

*5 ジュビリー債務キャンペーン
最貧国の返済不能な累積債務の帳消しを求める社会運動【訳】

まず考えられるのは、アフリカが天然資源と広大な土地に恵まれていることが有利に働かず、むしろ呪縛になっているという見方だ。歴史を振り返ると、天然資源に依存している国は商品相場の変動によって好況と不況の波にさらされる一方で、持続可能な分野への投資はほとんど行なわれないことが明らかになっている。

植民地時代の悪しき遺産がアフリカ諸国の発展の妨げになっていると考える人もいる。アフリカの人々が単に発展のための努力に適していないだけだという陰湿な見解もある。

もう1つの意見は、およそ1000の異なる部族集団の存在がアフリカの発展の足かせになっているというものだ。ナイジェリアだけでも人口1億5000万人の中に400もの部族が存在し、1990年代のルワンダのように部族間の敵対心はしばしば内戦や集団殺戮に結びついた。

「制度的問題」を指摘する説もある。ダグラス・ノースやダニ・ロドリック（最近では、『国家はなぜ衰退するのか』*6の著者であるアセモグルとロビンソンもそうだ。）が明らかにしたように、確固たる所有権の欠如、政府の権力を抑制する手段の不足、そして一般的に劣悪な政治が、アフリカの停滞の基本的な原因であるという考えだ。

最後に、民主主義の重要性を説く意見もある。民主主義は政府の非効率と汚職を暴き、国家のリーダーが国の財産を着服するのを防ぐはずだ。ノーベル経済学賞を受賞したアマルティア・センは著書『自由と経済開発』の中で、民主的に選出されたリーダーは、再選されるために経済的失敗を何としても避けようとすると述べている。

*6 『世界の政治思想50の名著』参照

モヨはこれらの意見を深く追及するわけではない。それらはアフリカが抱える問題に対する言い訳であって、原因ではないからだ。

民主主義を経済的成功の条件と考えるのは、そもそも話が逆だとモヨは言う。たとえばチリは、間違いなく非民主的なピノチェト政権下で、確固とした所有権、うまく機能する制度、成長を促進する経済政策が発達した後で、民主国家に生まれ変わった。

西欧的な見方では、そうした国は民主的でないにもかかわらず成功した例外的なケースだと考えられている。しかしモヨは、複数政党制民主主義は、少なくとも国家の成長の初期段階においては、実際には発達の妨げになる場合があると指摘し、それは居心地の悪い真実だと述べている。

「誰も民主主義に非常に重要な価値があることを否定していない。問題はタイミングである」60Pとモヨは言う。食べ物が十分手に入らないアフリカ人家族にとって、投票できるかどうかは二の次だ。重要なのは食べ物を食卓に載せられるかどうかであって、そのためには経済成長と安定が求められる。

「ここで明白なことは、民主主義は、援助の擁護者が主張するように経済成長のための前提条件ではないということである。（中略）経済成長を達成する上で必須とは見なされないものの一つに援助がある」60Pとモヨは書いている。

過去に国際開発協会（ＩＤＡ）から長期無利息で資金援助を受け、現在では経済成長を達成している国々に、中国、トルコ、チリ、コロンビア、韓国、タイなどがある。アフリカではボツワナとスワジランドがここに含まれる。

しかしこれらの国々は、決して援助漬けではなかったとモヨは指摘する。どの国でも援助は国民所得の10％以下に抑えられていた。1960年代にボツワナは国民所得の20％近い援助を受け入れていたが、ボツワナの成長と安定（ボツワナの国民1人当たりの所得は他のサブサハラアフリカ諸国の4倍）は、経済開放や安定的な金融政策、財政規律の維持、そして公正な政治の結果である。

2000年までにボツワナの国民所得に占める援助の割合は1・6％まで低下した。「ボツワナは援助への依存をやめることで成功をつかんだのである」52P とモヨは指摘している。

援助された資金は腐敗した政府に横領される

援助が抱える大きな問題は、どれほど資金を援助したとしても、その資金が予想外の分野に流用される恐れがあること（「無償の援助が多くなれば多くなるほど、腐敗のリスクが高まる」64P）、そして援助が地元の市場をゆがめ、成長途上で競争力のない地元の事業をつぶす可能性があるということだ。

援助資金が流入すると、貯蓄意欲は低下し、制度や産業を作り上げる努力が阻害され、結果的に輸出を減少させる。

モヨは元世界銀行エコノミストのウィリアム・イースタリーの研究結果を取り上げているが、それによれば、もしザンビアが過去に受け入れた援助をすべて堅実に投資していれば、現在のザンビアの1人当たり国民所得は2万ドルに達していただろうと推計されている。

現実には、現在のザンビアの1人当たり国民所得は500ドルにすぎない。アフリカのリーダーたちは華々しいプロジェクトを好むが、プロジェクトが大規模になればなるほど、最適な業者を選ぶ代わりにリーダーがえこひいきしている業者に契約が与えられる可能性が高まる。政治家が汚職で得た利益が国内で再投資される（たとえば中国やインドネシアのように）ならまだしも、アフリカでリーダーたちが横領した資金や収益は、たいてい外国の銀行口座に隠される。

外国からの援助は、被援助国の政府に現金を与え、政府が政権を維持して権力を強化するのを助けて、腐敗した政府を結果的に支援している。

これらの政府が法による支配や真剣な開発政策、そして財政規律を軽んじる結果、国内の投資意欲は衰え、外国からの投資対象として魅力を失い、貧困の悪循環が継続する。1997年に発表された世界銀行の調査によれば、世界銀行が貸し付けた資金の72％は、法規や貸し付け条件に対する遵守の度合いが低い国に向けられた。

アフリカの最貧国への援助の不適切な利用や悪用が続いているのに、ドナー国（援助提供国）が援助を与え続けるのはなぜなのだろうか？

一番の理由は、貸さなければならないという単純な圧力があるからだとモヨは言う。世界銀行は1万人、IMFは2500人、その他の国連機関は5000人を雇用している。その他に援助慈善団体、NGO、政府の援助機関などで2万人が働き、事業の継続に熱心な援助産業も存在する。

アフリカ政府は自国の中産階級よりも大口の援助ドナーに向けて説明責任を負っているが、国を真の経済的独立に導けるのは、成長し、税金を納める中産階級だけだとモヨは主張する。政府が援助資金をあてにして税金を集める努力を怠れば、国家と国民の絆は断たれてしまう。そしてもちろん、援助は国民所得を低下させ、経済成長を遅らせて、結果的に革命や紛争の潜在的な危険を高めている。反乱集団が政治的な旗印を掲げていたとしても、彼らが権力を握ろうとするのは、たいてい援助資金を狙っているからだ。

資金援助に代わる解決策は債券の発行や豊富な資源の活用

援助がうまく機能しないなら、他にどんな方法があるのだろうか？

解決策の1つは債券発行だとモヨは考えている。債券を発行して国際市場から資金を調達し、インフラ整備や公共事業の支払いや、一定期間投資された資金の返済にあてるのである。

実際、年金ファンドや投資信託、個人投資家は、途上国債券に対する需要を高めている。

彼らにとって途上国債券は自国内での投資より高水準の利益が期待でき、ポートフォリオを多様化する目的もある。債券発行をした国は、より責任ある行動を取るようになるだろう。なぜなら債権の利率は援助ローンの利率より高く（したがって資金をうまく活用する必要がある）、支払い不能に陥った場合は厳しい制裁があるからだ。

債券発行がうまくいけば、アフリカ諸国が喉から手が出るほど欲しがっている国際市場での信用が与えられる。そうすれば、それらの国は「援助の世話になる半端者」■114Pの立場を脱して、信用格付けを持ち、より多くの資金をねだるのではなく資金を調達する能力のある国になれる。

アフリカの債券市場はまだ始まったばかりだ（２０１５年の発行規模は70－80億ドルにすぎなかった）が、債券発行は援助に代わる資金を提供し、債券発行国を国際金融システムに引き込んで、責任感を高める効果がある。

アフリカの運命を大きく変えられる分野がもう１つある。

アフリカには世界が必要とする商品や資源が豊富にあるにもかかわらず、アフリカが国際貿易に占める割合はなんと１％（１９５０年代は３％だった）しかない。アフリカ諸国は富裕国が自国の農家に与える年間数千億ドルもの補助金のせいで大きな損失をこうむっている。

ＥＵの補助金はヨーロッパの農家の収入の３分の１を占め、ＥＵが農産品にかける輸入関税は３００％にも達する。アメリカの農業補助金は年間２００億ドルに上る。援助ではなく貿易改革こそが、アフリカに大きな変化をもたらすはずだ。

今を知り、未来を考えるために——

アフリカにおける中国の役割に関しては批判が多い。世界銀行やIMF、国連機関は、援助や贈与（グラント）、借款に労働や環境、人権についての条件を必ずつけるが、中国はそうした条件をつけないというのが主な理由だ。

しかしアフリカのリーダーの多くは、やるべきことをあれこれ指図される債務者になるよりも、中国政府や中国企業のパートナーになる方を好む。もちろん、中国は利他的な援助計画に比べれば利己的な目的を持っている。しかし、もし平均的なアフリカ人が中国からの投資によって恩恵を得るとしたら、何の問題があるだろうか。援助体制のもとで景気の停滞や後退が何年も続くよりはよほどいい。

実際、アフリカ諸国は数々の大国、特に日本やインドと取引をして、自国の運命を自分でコントロールする道を選ぶことができる。

2000年にセネガルのワッド大統領は、「私は、一国が援助や借款によって発展した例を見たことがない。発展を遂げたヨーロッパ、アメリカ、日本や台湾、韓国、シンガポールなどのアジア諸国といった国は、すべて自由な市場を信奉してきた。そこには何の謎もない。アフリカは独立後、間違った道をとったのだ」■214-215Pと述べている。

22

2011

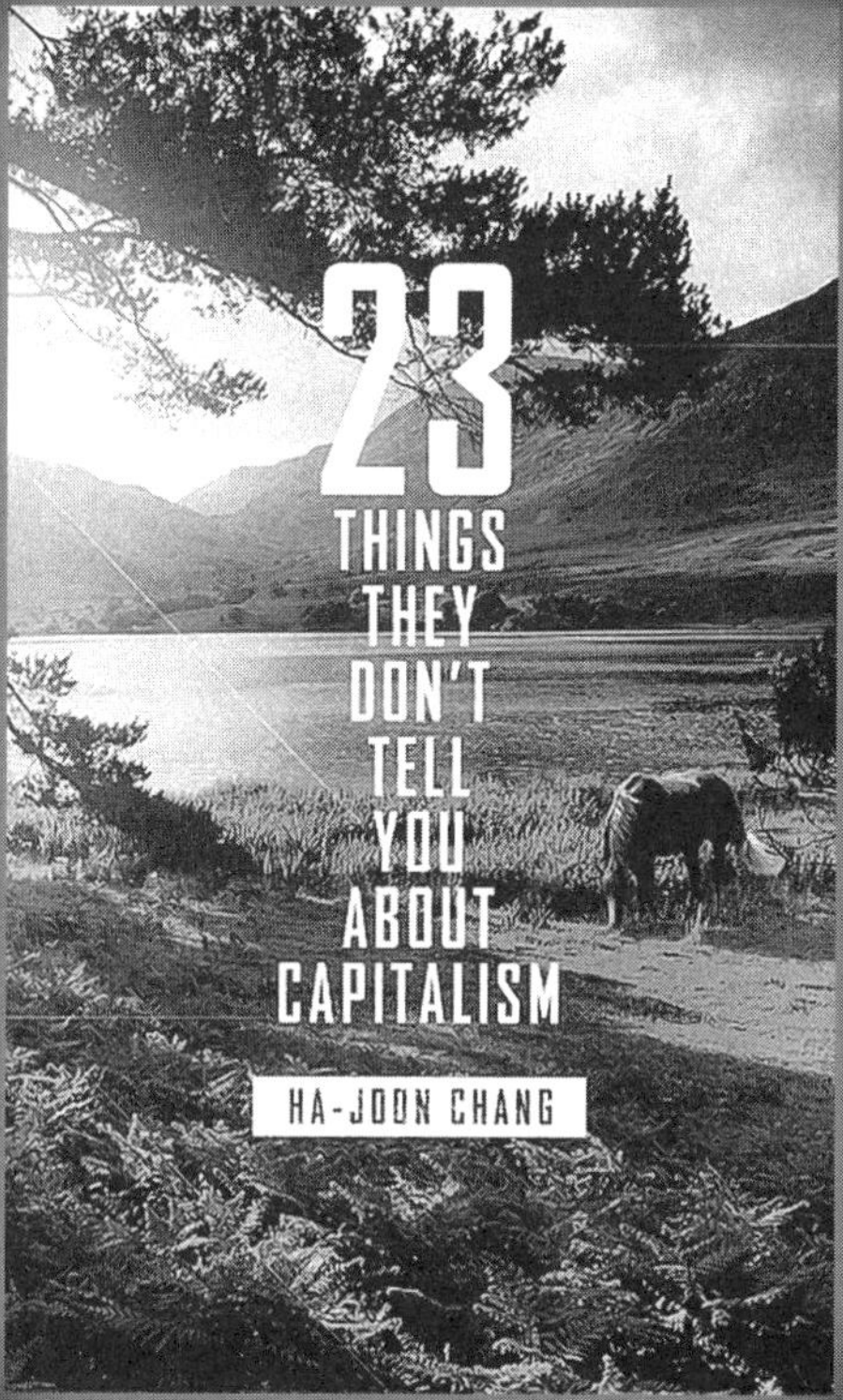

世界経済を破綻させる 23の嘘

ハジュン・チャン

邦訳書

［世界経済を破綻させる23の嘘］

田村源二 訳　徳間書店（2010年）

現在、多数の国々で
実践されている資本主義は、
政治的にゆがめられた
自由市場主義にすぎない。
かつてのケインズ主義的な
資本主義と比較すれば、
現代の資本主義は失敗だ。

▼「自由市場なんて存在しない。どんな市場にも、選択の自由を制限する何らかのルールや制限がある。自由に見える市場があるとしても、そう見えるのは、わたしたちがその市場の基盤にある規制をあたりまえのこととして受け入れているために、それを規制と認識できなくなっているからにすぎない。」

【20頁】

▼「わずかな例外をのぞけば、イギリスやアメリカをも含めた富裕国のすべてが、保護貿易、補助金などを組み合わせた政策によって富を手に入れたのだ。それなのに富裕国はいま、途上国にそうした政策をとってはいけないと勧告している。自由市場政策で富み栄えた国など、これまでのところほとんどないし、これからもないだろう。」

【99頁】

Ha-Joon Chang
ハジュン・チャン

韓国出身の経済学者

1963年にソウルで生まれ、ソウル国立大学で経済学を学ぶ。1991年にケンブリッジ大学で産業政策の博士号を取得したのち、同大学で経済学、政治経済学、開発学を教えている。

これまでに世界銀行やアジア開発銀行など複数の国連機関と、イギリス、カナダ、南アフリカ、エクアドル、ベネズエラ、メキシコ、インドネシア、シンガポール政府系機関のコンサルタントを歴任した。チャンの意見はエクアドル大統領のラファエル・コレア（任期2007－2017年）に影響を与え、エクアドル政府は経済成長と社会保障制度の拡大を実現した。チャンはワシントンD．C．のシンクタンクである経済政策研究センターの上級研究員も務めている。

チャンの著書は本書の他に、『経済学の95％はただの常識にすぎない―ケンブリッジ式経済学ユーザーズガイド』（2014年）、『Bad Samaritans：The Myth of Free Trade and the Secret History of Capitalism（悪しき隣人－自由貿易の幻想と資本主義の隠された歴史）』（2007年）、『はしごを外せ―蹴落とされる発展途上国』（2002年）などがある。

「自由市場なんてものは存在しない」経済にまつわる通説の裏に隠されている真実をあぶり出した

事実とイデオロギーの区別ほど学問の発達のために重要なものはない。しかし、厳密な数字の上に成り立っていると一般に考えられている経済学にも、他のどんな分野の学問にも負けず劣らず偏ったイデオロギーの持ち主が多い。

ケンブリッジ大学の経済学者ハジュン・チャンは、2008年に起きた世界金融危機の衝撃がまだ生々しい時期に本書の執筆に取りかかり、過去30年間にわたって資本主義を支え続けてきた2つの理論に真っ向から反論した。

1つは、自由市場は「効率的」である（自由競争に任せておけば、人も企業も資源の最適な分配を実現するから）という考え、もう1つは、自由市場は「公正」である（生産性の高い労働者ほど多くの報酬が得られるから）という考えだ。この2つの理論に沿って、国営企業や公共事業の民営化、金融・産業の規制緩和、貿易の自由化、所得減税や社会保障給付の削減などの政策が実施された。

これらの政策は一部の人々には不利益をもたらすかもしれないが、最終的には誰もが恩恵をこうむるはずだと言われてきた。しかし、現実には正反対の結果が生じたとチャンは言う。こうした自由市場主義的な政策を採用した富裕国の大半で貧富の差が拡大し、経済成長が減速し、政治経済が不安定になった。

自由市場主義的な政策の導入を先進国から押し付けられた発展途上国が被った影響はさらに深刻だった。実際にはこれまでに経済的自立を達成できた多くの国は、国内産業の保護、外国からの直接投資の制限、国営企業の運営など、ミルトン・フリードマンのような自由市場主義の経済学者が「社会主義」と呼んで批判しかねない政策を実施しており、自由市場主義的な政策のもとでは経済発展は難しいといえるからだ。

「自由市場」に自由はない 政治によってルールや規制は作られている

自由市場などというものは存在しない、とチャンは言う。どんな市場も人の手によって創られたもので、そこには何らかのルールや規制がある。市場の性質は、つねに政治的な定義によって決められる。また、市場に対する政府の干渉に反対する人々にも、市場を自分たちに都合よくしておきたいという下心が必ずある。

イギリスでは1819年に、9歳未満の子どもを綿紡工場で働かせることを禁止し、9歳以上の子どもたちの1日の労働時間を12時間までに制限する綿紡工場規制法案が審議された。

当時、この法案には大反対が巻き起こった。この法案は契約の自由と労働の自由を侵すものだと多くの人が批判した。しかし現在では、このような児童保護政策は当たり前であり、自由市場においても当然のように受け入れられている。

どんな自由市場を作るかを決めるのは、最終的には私たち市民であるとチャンは主張する。社会や政府から独立した自然発生的な自由市場が存在すると考えるのは幻想だ。市場が自由に見えるとしても、それは市場に存在する多くのルールが長い間に当たり前のように受け入れられ、気づかれなくなったに過ぎない。

株式市場には厳しい規制がある。また、多くの国には、商取引の条件を定める広範囲な法律がある。

たとえば製造物責任法や品質表示法、商業活動を認める地域を制限する都市計画法などだ。賃金は自由市場によって決まると普通は考えられているが、実は賃金の水準は多くの場合、政治的に決められている。なぜなら移民の数を決めるのは政府であり、移民の数が労働需要に影響を与えるからだ。

古典主義経済学によれば、金利はお金に対する市場の需要に応じて上がったり下がったりするはずだ。しかし現実には、金利を決定しているのは中央銀行であり、中央銀行もまた政治的な組織にほかならない。

賃金や金利、そしてひいては価格までも政治的要因によって決まるのであれば、私たちが自由主義経済社会に生きているという考えは、ただの作り話でしかない。

先進国による自由市場政策の押し付けが途上国の経済発展を妨げている

真の意味でイギリス最初の産業となった毛織物産業は、低地帯（現在のベルギーやオランダ）の毛織物製造技術を模倣して発達した。イギリスの毛織物産業は、国際的な競争力のない典型的な「幼稚産業」だったが、それが18世紀に大きく発展することができたのは、保護関税や政府の助成金のおかげだった。

毛織物産業の繁栄によってイギリスは19世紀に産業革命を迎える準備を整えることができたが、1720年代から1850年代までのイギリスは産業の発展期にあり、世界で最も保護主義的な国の1つだった。イギリスが自由貿易政策を選択するのは、自国の産業が世界を支配した1860年代になってからだ。

19世紀のアメリカもまた、きわめて保護主義的な国であり、輸入関税は40〜55％にものぼった。「奴隷労働に頼りきった二流の農業経済国を世界最大の工業国へと変身させ」106Pたのは、この極端な保護主義政策のおかげである。

現代の中国は数十年間も強い保護主義政策が続き、経済大国に成長した。今でも中国では外国からの投資や国境を越える資本の移動は厳しく制限され、多くの大企業が国営である。

また、日本の自動車産業が成長するためには、40年にわたる政府の保護と助成金が必要だったとチャンは指摘する。

経済学の通説ではこうした保護主義政策は間違いだったとされ、自由市場政策に転換してはじめて各国は成長できたと言われている。しかし、これはイギリスやアメリカ、中国、日本の成長に関して言えば、まったく事実とは異なっている。

なぜ現代の発展途上国だけが自由市場政策を取らなければならないのだろうか。発展途上国の経済状態は（安定した成長と雇用とともに）、市場を重視した改革と自由化の時期よりも、国家主導の発展期の方がすぐれていたという驚くべき事実をチャンは指摘している。

サハラ砂漠以南のアフリカ諸国は、1980年から2009年にかけて世界銀行とIMFによって課せられた新自由主義的な「構造調整計画」■165Pにしたがって経済の自由化を推進したが、この時期の成長率はわずか0・2%に過ぎなかった。対照的に、1960年代と70年代のこの地域の1人当たり累積成長率は1・6%もあった。1960年代と70年代のラテンアメリカ諸国の成長率は3・1%にのぼったが、1980年代から2009年にかけて、成長率は1・1%に落ち込んでしまった。

国家が発展の初期段階にあるときは、その国の成長途上の産業を保護するのは道理にかなっている。なぜならそういう国では、社会的インフラの貧しさや市場規模の小ささのせいで産業の発展が阻害されるからだ。さらに強力な民間セクターが存在しないので、しばしば政府が産業を興し、大規模プロジェクトに資金を提供する必要がある。

しかし富裕国はたいてい、発展途上国に援助や融資を与える条件として、そうした保護主義的な政策を撤廃するように迫る。富裕国は自分たちが保護主義政策によって発展した過去は棚に上げて、途上国には「わたしの言うとおりにせよ、わたしがしたとおりにではなく」110Pと言うのだ。

「脱工業化」の時代になったというのは幻想でしかない

現代の私たちは知識を基盤とする社会に生きており、製造業は昔ほど重要ではなくなったと考えられている。発展途上国が経済的に成功したければ、製造業を飛び越して一気にサービス産業主体の経済に移行するべきだという意見もある。たとえば、インドは製造業など放棄した方がいいと主張する人がいる。中国が世界の工場になったように、インドは「世界のオフィス」143Pになるべきだというのだ。

しかし、まず製造業を発達させなければ、サービスを基盤とする強い経済へ移行することは難しいとチャンは主張する。サービスを供給する人と、そのサービスの消費者は同じ場所にいるのが普通なので、サービスを輸出するのは難しい。そして輸出によって収益を得ることができなければ、発展途上国は外国から進んだ技術を輸入することができない。

発展途上国にとってサービス産業より製造業の方が重要であるもう1つの理由は、もの作りはサービスに比べて急速な生産性の向上が期待できるということだ。

脱工業化はよいことであり、脱工業化は製造業（中国などに任せた方がはるかに安くできる）が金融やコンサルティング、研究開発、デザイン、コンピュータ・情報サービスなど、もっと高級な活動に代わった結果だと考えている人は多い。しかし、イギリスではサービス部門から生じる貿易収支の黒字はＧＤＰの４％を下回っている。アメリカでは、サービスの輸出によって得られる黒字はＧＤＰの１％未満に過ぎない。どちらの国でも、サービス産業はＧＤＰの４％にあたる製造業の貿易赤字の埋め合わせにはなっていない。

セーシェル共和国[*1]のような観光立国は非常にまれな例であり、「これまでにサービスに依存して高レベルの生活水準を達成した国はもちろん、そこそこの生活水準を実現した国さえひとつもないし、これからもないだろう」■145Pとチャンは言う。

自由市場経済理論に反して政府の方が企業より賢明な場合もある

自由市場主義者は、政府はビジネスに関する知識が不十分なので、新しい産業を発展させるために政府が助成金を出してもうまくいくわけがないと主張する。しかし実際には、いくつかの国の政府はこれまでにしばしば勝者を引き当てて来たし、政府の支援で誕生した産業が大成功を収めた例もある、とチャンは反論する。

確かにこれまで発展途上国では、無駄な高速道路や製鋼所の建設のような、国の威信をかけたプロジェクトの数々が実行されてきた。それらは役に立たない上に維持費がかかるとい

*1 **セーシェル共和国**
インド洋に浮かぶ島々からなる国家で、ウィリアム王子とキャサリン妃がハネムーンに行ったことで注目を浴びた【編】

*2 **white elephant（白い象）**
タイで、珍しい白い象を神聖な動物とされて献上されるがエサ代が高くつく上に役に立たないという昔話に由来して、「無用の長物」のたとえとして用いられる【編】

う意味で、「white elephant（白い象）」[*2]と呼ばれている。しかし国家的なプロジェクトの中には、国を支える製造業を育てるという目標を立派に達成したものもたくさんある。

１９７０年代から90年代にかけて、韓国政府はいくつかの民間企業に圧力をかけて、新しい産業に参入させた。それらの企業には保護関税と助成金などがインセンティブとして与えられる一方で、うまくいかなければ国営銀行からの融資を打ち切るといった脅しも使われた。韓国の大手エレクトロニクス企業であるＬＧグループは、かつて繊維産業への参入を希望していたが、政府はこれに反対し、同社に電線の製造を始めさせた。しかし、この政府の介入がきっかけで、ＬＧグループは世界的なエレクトロニクス事業の基礎を築いたのである。また、独裁的だった朴正熙《パクチョンヒ》元大統領は、現代《ヒュンダイ》グループに造船所を建設するように命じ、従わなければグループを破産させると脅しをかけた。しかし、そのとき建設された造船所は、今では世界有数の造船会社になっている。

自由市場経済理論によれば、政府の介入によるこのような成功は起きるはずがない。自由市場主義者は、企業は（市場をよく知っているから）どこに投資すればいいか最善の決定ができるが、直接ビジネスに携わっていない政府にはそれができないと主張する。

どんな資本主義国家も、政府による計画経済を実施していると思われるのを嫌がるが、政府はいくつかの分野で重要な役割を果たしている。

富裕国の政府は、自国の研究開発費全体の20〜50％を直接または間接的に負担しているし、自由市場主義者は決して認めたがらないが、アメリカの進んだテクノロジーは、気前のいい政府の研究開発費や軍事費に支えられてきた。経済的に成功したシンガポールでは、国営企業の生産が国内総生産の20％を占める。そしてフランス政府は、大量の労働者を雇用し、テクノロジーを輸入したり開発したりするために定期的に資金を注入する必要のある「戦略」産業に多額の出資をしている。

チャンは政府が過去に何度も勝者を選ぶのに失敗しているのは認めているが、政府が正しく勝者を選んだ例も数多くあり、民間企業が途方もない間違いを犯すこともしばしばあったという事実は否定できないと主張する。「政府は悪、企業は善」という自由市場イデオロギーを真に受けていると、国家は経済成長を達成するための選択肢の多くを失いかねない。

私たちは政府の規制によって保護される場合もある

組織について研究した20世紀の偉大な思想家の1人であるハーバート・サイモンは、人間の合理性には限界があると指摘した。

世界は不確実で複雑すぎるので、人間はコンピュータのようにデータを大量に処理して最善の解決法を導き出すことができない。そして何を選んだらよいかわからないので、選択肢を自発的に制限しようとする。

これは賢明な態度であり、金融市場の自由を規制する政府の役割も、複雑さを減らし、正しい選択をしやすくするためにある。

2008年の世界金融危機をようやく切り抜けた後、当時の連邦準備制度理事会議長のアラン・グリーンスパンは連邦議会の公聴会で、「組織とくに銀行が自己利益を追求するのが、株主や資産をまもる最良の方法だと考えるのは誤り」233P だと認めた。

専門家と呼ばれる人々でさえ自分が何をしているのかよくわかっていないというのに、個々の企業や個人が自分の利益を追求すれば自然に富が最大化できるという考えは、とうてい信じられない。

政府による市場の規制が効果を発揮するのは、政府が個人や企業よりも市場をよく知っているからではない、とチャンは言う。世界は私たちの知性で理解するには複雑すぎるというサイモンの主張が正しいとすれば、政府の規制はチャンの言う「Unknown unknowns（未知の未知）」237P、つまり〝それを知らないということさえ知らないもの〟を減らす役割を果たしている。そうすることで、企業や個人が何も知らずに自己の利益だけを追求したあげく、経済が壊滅状態に陥るという危険を減らすことができるのだ。

金融機関に対する厳しい規制や禁止は、ときにはやりすぎに見えるかもしれないが、政府は薬や自動車、飛行機、そして電気製品の安全性を守るために、つねに厳しい規制を設けている、とチャンは言う。

短期的な利益を追求する現在の金融システムのもとでは、企業や社会的インフラの発展に必要な辛抱強い長期的な投資は確保しにくいが、そのような長期的投資こそ、国家の繁栄のために必要なものだ。

いま学校で教えている知識は経済発展の鍵にはならない

富裕国に高学歴な人が多いのは確かだが、それらの国が豊かなのは教育程度が高いからだ、という主張が正しいかどうかは疑わしい。「知識経済」が発達した現代においても、教育の向上と経済発展を結びつける証拠はほとんど見られない。

教育は東アジア諸国の奇跡的な経済発展の鍵ではない、とチャンは主張する。たとえば台湾は、フィリピンに比べて識字率は低いのに、経済発展のスピードはフィリピンより速かった。そして豊かなスイスの大学進学率は、実は富裕国の中で最も低い。

正直に言ってしまうと、学校で習うたくさんの知識は、実社会では役に立たない。物理や数学のように一見実用性が高い科目でさえ、職場ではそれほど必要ではない。

生産性の向上のためには高度な教育よりも仕事をしながら習い覚える知識の方が重要なのに、企業や法律や制度が高等教育ばかりに目を向けていれば、その国の経済成長は期待できないだろう。

国を豊かにし、発展させるものは「技術的・組織的・制度的知識」■249Pであり、国民をどれほど

「生産性の高い集団」[254P]に組織化できるかによって決まる、とチャンは言う。生産性の高い集団とは、アメリカのボーイングやドイツのフォルクスワーゲンなどの大企業や、それより規模は小さいが、スイスやイタリアの輸出企業のことだ。

今を知り、未来を考えるために——

本書は「反資本主義の書」[14P]ではないとチャンは言う。利益追求は経済を発展させる強力な動機になるとチャンは信じているし、市場は社会的、経済的な目標を達成するための「きわめて有効な」[337P]メカニズムだと考えている。

しかし、自由市場資本主義は資本主義の一形態に過ぎず、過去30年間の歴史を振り返れば、自由市場資本主義が経済成長を遅らせ、不平等を拡大し、たび重なる金融危機を招いたのは明らかだ。

自由市場主義の「正統的教義」[102P]が現代社会に与えた被害を修復するために、チャンは、「政府は大きく活発になる必要がある」[346P]という大胆な結論にたどり着いた。チャンは、社会保障制度が充実した大きな政府を持つスカンジナビア諸国は、高い経済成長率を達成したと指摘している。

経済的に最も成功した国や政府、企業について調べてみれば、それらは資本主義に対して思想的に凝り固まった考えを持たず、紙一重の現実的な配慮をしていることがわかるとチャンは言う。

自己利益の追求だけが人や企業を動かす動機になると考える経済理論は、信頼、協力、誠実、結束などの美徳が高く評価されることや、それらが長い目で見れば社会の繁栄のために大きな役割を果たすということを見逃している。

本書を通じてチャンが問いかけているのは、私たちは市場が存在する国家で暮らしたいのか、あるいは市場が支配する国家で暮らしたいのか、という問題だ。

23

2011

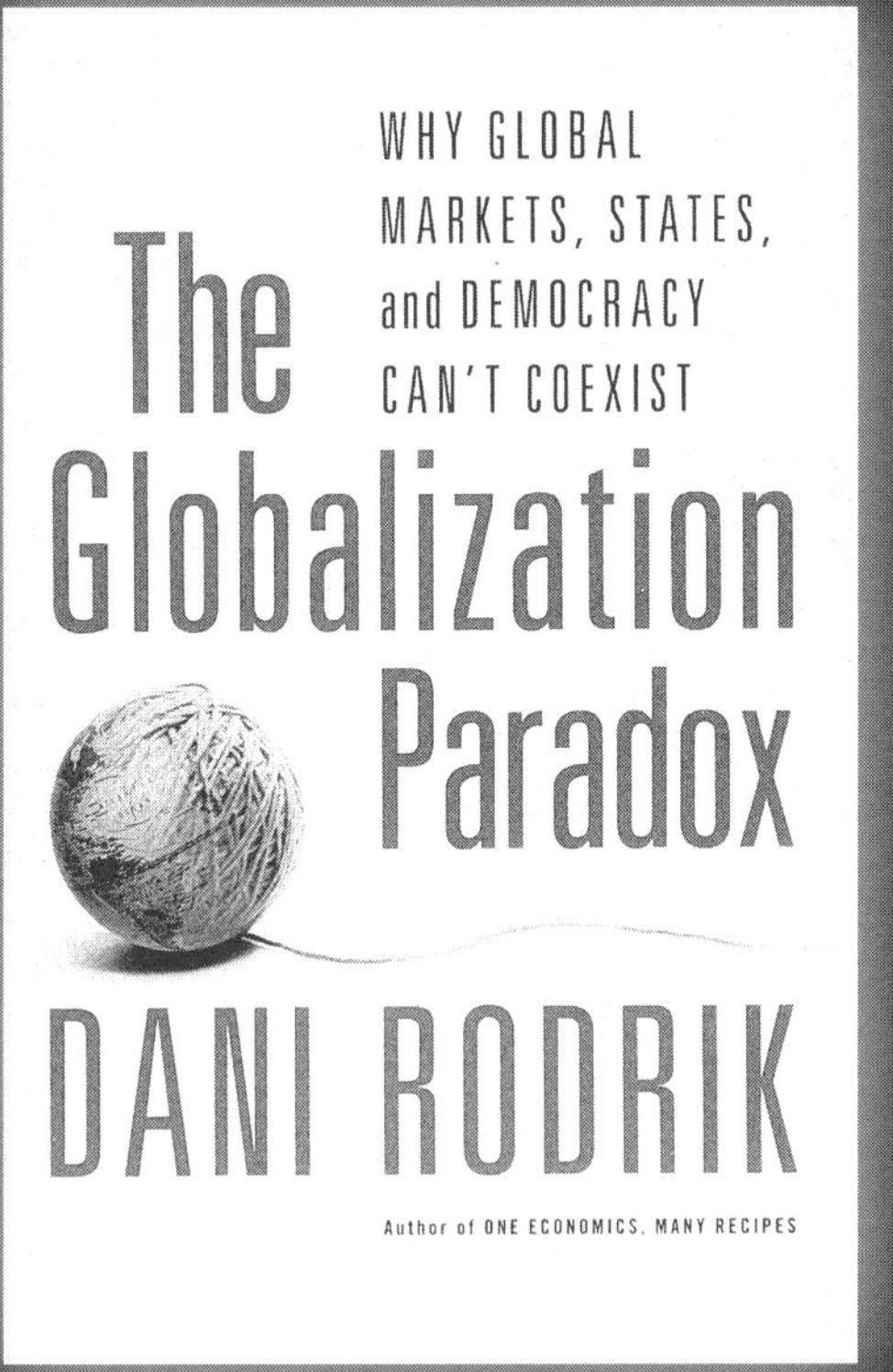

グローバリゼーション・パラドクス

ダニ・ロドリック

邦訳書
［グローバリゼーション・パラドクス］
柴山桂太・大川良文 訳　白水社（2013年）

このまま金融や貿易のグローバル化を進めれば国内政治との間に深刻な矛盾が生じる。

▼「政府に力を与えすぎると、保護主義や自給自足経済に陥ってしまうし、市場に自由を与えすぎると、世界経済は本来必要な社会的ないし政治的な支持を受けることのない不安定なものとなってしまう。」【📖14頁】

▼「ハイパーグローバリゼーション、民主主義、そして国民的自己決定の三つを、同時には満たすことはできない。三つのうち二つしか実現できないのである。もしハイパーグローバリゼーションと民主主義を望むなら、国民国家はあきらめなければならない。もし国民国家を維持しつつハイパーグローバリゼーションも望むなら、民主主義のことは忘れなければならない。そしてもし民主主義と国民国家の結合を望むなら、グローバリゼーションの深化にはさよならだ。」【📖233頁】

Dani Rodrik
ダニ・ロドリック

トルコ出身の経済学者
ロドリックは1957年にイスタンブールで生まれた。父はペン製造業者で、この事業が高い関税に保護されていたおかげで、息子のダニをハーバード大学に留学させることができた。ロドリックはハーバードを卒業後、プリンストン大学大学院に進学し、公共政策学で修士号（1981年）を、経済学で博士号（1985年）を取得した。すぐにハーバード大学で教職に就き、コロンビア大学で4年間、プリンストン高等研究所で2年間の教授職を経て、現在はハーバード大学ジョン・F・ケネディ・スクールで政治経済学教授を務めている。
他の著書に、『Has Globalization Gone Too Far？（グローバリゼーションは行き過ぎか?）』（1997年）、『One Economics, Many Recipes（1つの経済、多数の方策）』（2007年）、『Economics Rules: The Rights and Wrongs of the Dismal Science（経済学が支配する―陰気な科学の真実と嘘）』（2015年）などがある。ロドリックはハーバード大学で公共政策学の講師をしているピナール・ドアンと結婚している。妻の父であるチェティン・ドガンは元トルコ軍大将で、2003年の軍事クーデター計画に関与した疑いで2010年に逮捕された。ロドリック夫妻は不十分な証拠に基づく不正な逮捕であると主張して、釈放を求める声明を発表した。チェティン・ドガンは2014年に釈放されている。

民主主義を犠牲にして突き進む ハイパーグローバリゼーションに 歴史検証から警鐘を鳴らす

反グローバリゼーションを掲げる市民団体が１９９９年にシアトルで開催されたＷＴＯ（世界貿易機関）の閣僚会議を妨害したとき、彼らの主張は世界の主流を占める考えとは大きな隔たりがあるように見えた。

貿易の自由化が労働問題や環境問題を引き起こすのは間違いないとしても、大半の国の政府は、貿易障壁と自国の取引費用*1を削減することが、繁栄につながる唯一の現実的な道だと信じていた。世界が１つの大きな市場に近づけば、誰もが利益を得られるというのが世界共通の見解だった。

しかしそれから時代は変わった。イギリスは国民投票でＥＵ離脱を決め、フランスの国民戦線党首マリーヌ・ルペンは「グローバリスト」を油断のならない種族と公言してはばからない。そしてアメリカではドナルド・トランプが大統領選挙で反グローバリゼーションを掲げ、アメリカ人の仕事を守るために高い関税障壁の復活や、カナダやメキシコを相手にＮＡＦＴＡ（北米自由貿易協定）再交渉、そしてＴＴＩＰ（環大西洋貿易投資パートナーシップ）およびＴＰＰ（環太平洋パートナーシップ）協定からの離脱を宣言した。

*1 **取引費用**
輸送や契約にかかる費用や安全性の保障など、交易の妨げになるあらゆるコスト【訳】

これらの現象は、ハーバード大学教授のダニ・ロドリックが「国家主権とグローバリゼーションの間の抜きがたい緊張」と呼ぶものを如実に表している。

『グローバリゼーション・パラドクス』は、イギリスのEU離脱、トランプ大統領の誕生、そしてルペンの台頭といった出来事の前に書かれたものだが、この本は混迷の時代を生き延びるためのすぐれた指針を示している。

資本市場のグローバル化を進める貿易政策や努力は国内政策に影響を与えずにはいられないというロドリックの指摘は、有名な「トリレンマ」233P（後述）の考えを生んだ。トリレンマの考え方は、現在世界中で起きているさまざまな問題を理解する手がかりになる。

ロドリックの主張をまとめるなら、グローバリゼーションはそれ自体を目的にしてはならず、各国が繁栄と自由を達成するための手段でなければならない。国民が望むなら、国家は自国の制度、価値観、法体系を守る権利がある。同時に、政治家には貿易と経済開放から得られる利益を明らかにする責任がある。

ブレトンウッズ体制下ではグローバリゼーションをうまく機能させることができた

戦後世界の財政秩序再建の立役者となったのは、アメリカの財務官僚ハリー・デクスター・ホワイトとイギリスのジョン・メイナード・ケインズだった。彼らは貿易を促進する開放的な体制を創造したいと願っていたが、国内政治を無視すれば政治や経済の混乱がいっそう深まるだろうということも十分理解していた。

２人が作り上げたブレトンウッズ体制（この名前は１９４４年に関係各国の代表が集結したニューハンプシャー州の観光都市にちなんで命名された）は、完全な自由貿易よりも完全雇用、国内の経済成長、社会保障、福祉国家の実現を優先するものになった。

しかし、最も革新的だったのは、新体制の「多国間主義」92P、すなわち国際的な経済政策を円滑に遂行するために専門の国際機関が創設されたことだった。以後は世界銀行、国際通貨基金（ＩＭＦ）、関税と貿易に関する一般協定（ＧＡＴＴ）などが、覇権主義国家のあからさまな力の行使や帝国支配にとって代わることになった。

ルールに基づくこの国際経済体制は、アメリカの新しい影響力によって支持と保障を与えられていたが、大国の顔色だけをうかがうのではなく、あらゆる国の利益を代表し、援助する目的で作られた。

たとえばＧＡＴＴは大成功を収め、継続的な貿易交渉を通じて多数の関税が撤廃され、世界の貿易量は１９４８年から１９９０年までに年間平均７％増加した。ＧＡＴＴは農産物の関税やサービス分野および繊維・衣料産業（これは別の協定の対象となった）の自由化交渉には手をつけなかったし、アンチダンピング条項には大きな抜け穴があったにもかかわらず、この貿易成長率は画期的だった。

ブレトンウッズ体制では各国が国内政策を自由に決定する余地があったので、各国は租税制度、福祉制度、労働法などについて独自の政策を選択し、その結果「資本主義の多様性」■97P（たとえばフランスの経済計画*2、スウェーデンの福祉国家、ドイツの社会的市場経済、そして高度に保護された因習的な経済を持つ輸出大国の日本など）が生まれた。

各国の完全な国家主権を認めながら、国家間の最悪な保護主義を撤廃した点で、ロドリックはブレトンウッズ体制を「お手軽なグローバリゼーション」と評価した。ブレトンウッズ体制は成功し、30年にわたる繁栄を世界にもたらした。

WTOが組織され、各国国内を無視したハイパーグローバリゼーションに突入

1970年代になるとブレトンウッズ体制に金融問題が生じ、グローバリゼーションの推進と市場の統合を要求する圧力がいっそう強くなった。

GATT体制の下で行なわれた最後の通商交渉となったウルグアイ・ラウンド*3の後、1995年にGATTに代わって世界貿易機関（WTO）が組織され、国内の優先事項よりも「ハイパーグローバリゼーション」が重視されるようになった。イデオロギー的な経済と金融のグローバリゼーション自体が目的とされるようになったのである。

その背景には、GATTが世界経済の繁栄をもたらしたのなら、経済をさらに自由化し、貿易の障害を取り除き、グローバル金融から取引費用を排除すれば、もっと大きな繁栄が達成

*2 戦後のフランスは、「混合経済」の国となり、資本主義の市場経済組織を基本としつつも、民間部門の経済活動が公共部門の経済活動によって補完され、国民経済のなかで財政や公営・国営企業などの公共部門の占める割合が増大した【訳】

*3 **ウルグアイ・ラウンド**
1986-94年【訳】

できるだろうという期待があった。共産主義の崩壊によって、政府は市場の邪魔であり、その役割を最小限に抑えるべきだという考えの正しさが証明されたように見えた。

この理論の勝利に後押しされて、大企業は減税、労働組合の力の抑制、規制緩和を求めて圧力をかけた。自由貿易に対するあらゆる障害は「取り除くべき忌まわしいもの」100Pとみなされた。農業とサービス業は新しいWTOの貿易協定にしっかり組み込まれた。

しかし時がたつにつれて、各国政府は国内の価値観を十分に考慮しないWTOの規制に反発を感じるようになった。アンチグローバリゼーションの提唱者は、WTOは労働・環境基準を破壊する道具であり、発展途上国を食い物にして大企業を保護する新自由主義の計画の一部だと非難するようになった。そうした不満が1990年にシアトルで開催されたWTOの会議で最大の抗議活動となって噴出したのである。

アメリカではグローバリゼーションが所得格差を拡大する最大の原因になるという懸念も生じた。1990年代以降、発展途上国からのアメリカの輸入量は、アメリカ経済の規模を基準に測定して2倍に増加した。

それらの国々の労働賃金はアメリカに比べてはるかに低かった。中国が工業国として成長すると、そのあおりを食ってアメリカ人の仕事の多くが消滅した。1941年に発表された有名なストルパー＝サミュエルソン定理*3は、低賃金国との貿易は必然的に高賃金国の労働者に不利益をもたらすと指摘して、今日の事態を正確に予言している。

グローバル市場の影響から国内産業を保護する政策はきわめて合理的なものだ。しかし、貿

*3 **ストルパー＝サミュエルソン定理**
2人のアメリカ人経済学者、ヴォルフガング・シュトルパーとポール・サミュエルソンにちなんで命名された

*4 **ワシントン・コンセンサス**
アメリカやIMF、世界銀行などの国際機関が発展途上国に勧告する政策の総称で、主な内容は以下の10項目。(1)財政赤字の是正、(2)補助金カットなど財政支出の変更、(3)税制改革、(4)金利の自由化、(5)競争力ある為替レート、(6)貿易の自由化、(7)直接投資の受け入れ促進、(8)国営企業の民営化、(9)規制緩和、(10)所有権法の確立【訳】

易協定によってグローバリゼーションを推し進めようとする市場原理主義は、そのような政策を決して許さないように見えた。

グローバリゼーションは途上国にも推し進められ、アジア通貨危機の一因に

1980年代から90年代にかけて、市場と金融の自由化及び財政の安定を重視する「ワシントン・コンセンサス」[100P] *4は、発展途上国の政策立案者にとって経済救済への唯一の道を示す一種の宗教になった。

アジアの虎と呼ばれる国々*5と中国が保護主義と経済開放を織り交ぜた実践的な戦略を実施したのに対して、ワシントン・コンセンサスを狂信的に支持する国々は、グローバル経済を何の疑問も持たずに受け入れた。国家の介入の役割や「輸入代替工業化」[199P] *6と呼ばれる伝統的な発展形式を推奨することさえ、偏屈な保護主義とみなされた。グローバリゼーションは神聖にして侵すべからざるものになったのである。

しかし東アジアの経済成長に関する研究によって、意外な事実が明らかになった。世界銀行は1993年に『東アジアの奇跡——経済成長と公共政策』と題する報告書を発表した。

この報告書は研究資金の大半を日本が提供し、韓国、香港、シンガポール、マレーシア、タイ、インドネシアがどのようにして輸入品を国産品に置換え、グローバル経済の中で輸出国に転じて急成長を成し遂げたかを解明しようとしたものだ。しかし香港は別として、これら

*6 **輸入代替工業化**
これまで輸入製品だったものを国内生産によって置換える工業化モデル【訳】

*5 高度成長を達成した韓国、香港、台湾、シンガポールを指す【訳】

の国々は実際には自由市場経済を採用したわけではなかった。

過去20年間に中国とインドは華々しい経済成長を遂げたが、それはこの2国が新しいグローバリゼーションのルールに従ったからではなく、ブレトンウッズ体制時代のルールに沿って改革を進めたからだとロドリックは指摘する。

彼らは国際貿易や国際金融に対して自国を完全には開放せず、自国の利益にかなう一定水準の保護主義を維持した。その中には国営企業の優遇や、国家による経済への高水準の干渉も含まれた。

中国は2001年にようやくWTO加盟を果たすが、そのときまでに他の国々と対等に競える強固な産業基盤を作り上げていた。WTO加盟後、それまでの産業政策は徐々に廃止され、関税率は1桁台に下がった。同じ頃、グローバリゼーションを完全に実施した南米とアフリカでは、経済成長は中国に比べてはるかに鈍いか、停滞していた。

金融のグローバリゼーションは世界経済に何をもたらしたか？

1997年にIMFは発展途上国の資本取引自由化を強く要求し始めた。

発展途上国は自国から資本が突然流出するのを防ぐために、さまざまな規制を設けていた（外国からの直接投資は歓迎されたが、投機目的などで国際金融市場を移動する「ホット・マネー」と呼ばれる短期資本は、金融を不安定化させる要因として厳しく規制されていた）。

グローバルな資本移動の自由化は、貯蓄を世界中に効率的に配分し、経済成長を加速させるとＩＭＦは主張した。

驚くべきことに、この議論が繰り広げられていたまさにそのとき、アジア金融危機が発生したのである。

１９９６年にインドネシア、マレーシア、フィリピン、韓国、タイの５か国は９３０億ドルに及ぶ民間資本の流入を受け入れていた。ところが翌年には合計１２０億ドルもの資本流出が発生した。

そのほんの数か月前、ＩＭＦはこれらの国々の「健全なファンダメンタルズ」■117Pを称賛したばかりだったから、この金融危機がこれらの国の経済的な過ちから生じたものではなく、市場の過剰な反応が原因だったのは明らかだ。しかしＩＭＦとアメリカ財務省はその後も発展途上国に資本規制を廃止するように要求し続け、それを貿易協定の条件にさえした。

グローバル経済の安全弁となるはずだった変動相場制は、イギリスのポンドやマレーシアのリンギット、タイのバーツなどの値動きによって利益を得ようともくろむ為替トレーダーや投機家が為替レートの変動を増幅させるため、むしろ不安定化の要因となった。

２００７年には１日当たりの外国為替取引量が３兆２０００億ドルに達し、実際のモノやサービスの国際貿易を大きく上回った。為替レートの大幅な変動や大量の資本移動に影響されて、各国が雇用や産出量、インフレなどの点で国民経済を安定化の方向に舵取りするのは難しくなった。

大規模な金融自由化と資本移動が実現した1980年代以降、世界経済が大きく成長したのは間違いない。しかしその成長率は、各国が資本規制を維持し、外国資本の流入や外国人による投機を制限し、国内経済の運営を自己決定できた第2次世界大戦後のブレトンウッズ体制時代の成長率には及ばないとロドリックは指摘する。

資本規制のない世界では、経済運営を誤った国は市場や投資家から罰せられるので、各国の経済政策に規律が課されるという意見もある。しかし、各国が望むものと市場が望むものは果たして同じなのだろうか?

経済のグローバリゼーションに対するアメリカ国民の支持は、2007年から2008年の間に急激に低下したとロドリックは言う。アジア諸国や中東の産油国の過剰貯蓄は、高収益が期待できるアメリカの不動産担保証券への投資に注ぎ込まれた。そのことが無責任な貸し付けをさらに増やし、不動産バブルとサブプライム危機を引き起こした。そして金融グローバリゼーションによって世界中がバランスシートを共有していたために、この金融危機はアメリカ国内だけではおさまらなかった。しかし経済学者は概して金融グローバリゼーションの応援者であり、それがもたらす危険や危機に目を向けようとしなかった。

経済的グローバリゼーションは民主主義や国民国家を阻害する

結論から言えば、民主主義と国家主権、そして経済的グローバリゼーションを同時に達成することはできない。これは「世界経済の原理的な政治的トリレンマ」[17P]だとロドリックは言う。

グローバリゼーションを推し進めていけば、労働法や環境基準、社会保障制度などの国内政策に対する国家の自己決定権を削減せざるを得ない。民主主義を主な目標にするならば、国民国家かグローバルな経済統合のどちらかをあきらめなければならない。

ロドリックは、各国の主権や社会のあり方を守る権利よりも「ハイパーグローバリゼーション」が優先されるべきだという考えには反対している。

各国がまったくの独自路線を取るか、ある種の世界政府を作るかの二者択一ではなく、「各国の民主主義を再強化」[18P]することが現実的な選択だ。「各国政府がそれぞれの政策を実行する余地のある国際ルールの薄い層がよりよいグローバリゼーションなのだ」[18P]とロドリックは書いている。「それが、グローバリゼーションのもたらす経済的利益を享受しながら、それがもたらす弊害に対処することを可能にする。われわれは最大限のグローバリゼーションではなく、賢いグローバリゼーションを必要としているのである」[18P]

グローバル化した経済の中では、国民国家は統治機能の主たる形式としてふさわしくないという議論がある。それぞれの国家は自国の利益を守るために争い、「グローバル・コモンズ」*8283Pを維持する役には立たないというのがその理由だが、ロドリックはこの論理に反論している。温暖化ガスの排出と、それが気候変動に与える影響を抑制するための国内政策は、グローバル・コモンズの典型的な例だ。地球温暖化の防止のような分野には、国際協力が欠かせない。

しかし、経済的なグローバル・コモンズのようなものは存在しないとロドリックは主張する。各国は自国の優先事項を守らなければならない。

これは「国際協調の欠如」285Pではなく、民主主義の尊重である。超国家的な機関に民主主義の尊重を期待することは、一般的に言って無理なのである。

今を知り、未来を考えるために——

グローバリゼーションを擁護するために書かれたベストセラー『レクサスとオリーブの木』222Pの中で、著者のトーマス・フリードマンは国際資本が作り出した「黄金の拘束服」222Pが、各国に自由貿易、自由な資本市場、そして小さな政府という規範に従わせると述べた。

この拘束服を着ると、「経済は成長し、政治は縮小する」222Pとフリードマンは言う。

*8 **グローバル・コモンズ**
地球規模で人類が共有している資源【訳】

しかし実際には、「グローバリゼーションと国内政治がぶつかった時、賢い投資家は政治の方に賭けるのだ」■221Pとロドリックは主張している。

グローバリゼーション推進派は教養ある寛大な人物とみなされるのに対して、完全なグローバリゼーションに肯定的でない人は、無知で視野の狭い人間という偏見で見られる。

この対比がもっともはっきり表れたのが、イギリスのEU離脱を決めた国民投票だった。一般的に都会で暮らし、高学歴で豊かな「専門家」たちは、イギリスが経済的独立国に逆戻りしてはいけない理由を数え切れないほど並べたてた。イギリスほど民主主義が発達していない数多くの国でなら、こうした専門家やエリート集団の言い分が通っただろう。しかしハイパーグローバリゼーション推進派の前に立ちはだかったのは民主主義だった。

国際貿易と経済の開放がさまざまな利益をもたらすのは確かであり、政治家はその利益を明らかにする責任があるとロドリックは言う。しかし、グローバリゼーションの実現を目指すなら、うまく機能するグローバリゼーションでなければならないし、そのためには歴史に学び、イデオロギーを排除しなければならない。

世界は単に1つの大きな市場なのではなく、多様な政治的信念と伝統、法律、価値観に彩られた複雑な織物だ。市場はあらゆるものから独立して存在しているわけではなく、国民政府によって運営され、維持され、強化される必要がある。

グローバリゼーションをイデオロギー的に唱える人にとっては不都合な真実だが、市場の規模が大きい国ほど、実は政府も大きくならざるを得ない。政府が市場のルールを設定するだけでなく、開放的な市場に必然的につきまとうリスクと不安定性から国民を保護する必要があるからである。

24

2014

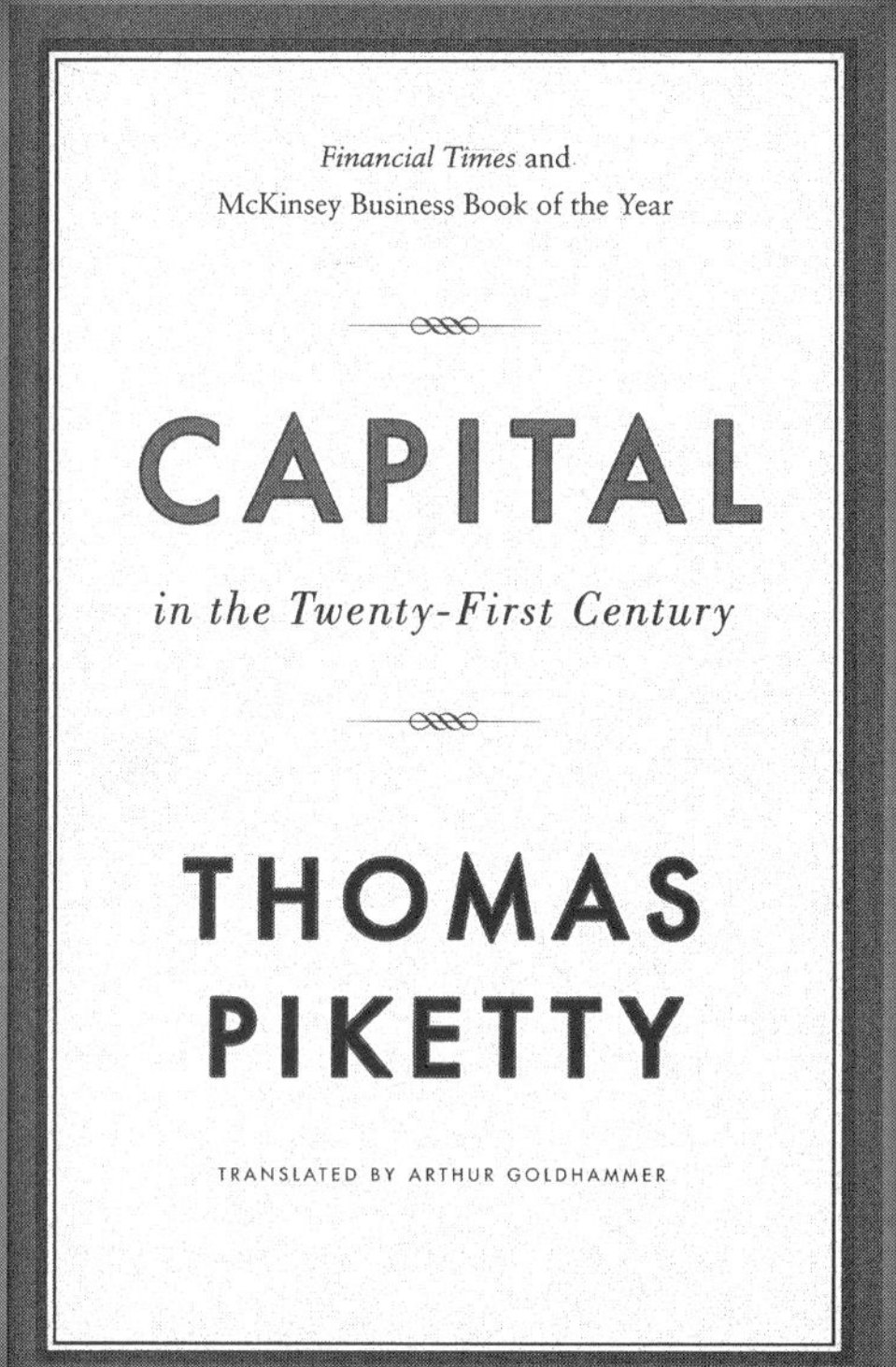

21世紀の資本

トマ・ピケティ

邦訳書

［ 21世紀の資本 ］

山形浩生・守岡桜・森本正史 訳　みすず書房（2014年）

政府が新しい種類の課税と
社会的流動性を高める
手段を導入しない限り、
19世紀以来最大の
所得格差が発生するだろう。
そうなれば政治的蜂起が
発生する可能性もある。

▼「このように、人類の歴史の大半を通じて、資本収益率は常に生産（そして所得）成長率の少なくとも10倍から20倍は大きかったというのは、避けられない事実だ。実際、この事実は多くの場合社会の基礎そのものとなっている。これがあるからこそ、有産階級は自分自身が生きていく以外の何かに打ち込めるのだ。」

【368頁】

▼「来るべき世界は、過去の最悪な二つの世界が合体したものになるかもしれない。それは、能力や生産性という観点から（すでに指摘したように、ほとんど何の事実に基づいた根拠もないまま）正当化されたすさまじい賃金格差と、相続財産の非常に大きな格差との両方が存在する世界だ。こうして極端な能力主義によって、スーパー経営者と不労所得者の競争が、どちらにも属さない人々を犠牲にして行われることになる。」

【433頁】

Thomas Piketty
トマ・ピケティ

フランスの経済学者
ピケティは1971年にパリで生まれた。バカロレア（フランスの中等教育レベル認証）を取得後、名門のパリ高等師範学校に入学し、数学と経済学を学んだ。22歳で社会科学高等研究院（EHESS）とロンドン・スクール・オブ・エコノミクスから経済学博士号の共同学位を授与される。富の再分配をテーマにした博士論文は、フランス経済学会からその年の最優秀論文賞を与えられた。
アメリカのマサチューセッツ工科大学で一時的に教鞭をとった後、ピケティは2000年にEHESSの教授に就任し、2006年には新設されたパリ経済学校の初代代表となった。ピケティはエマニュエル・サエズ、ガブリエル・ズックマンとともに「世界の富と所得のデータベース」を共同運営し、本書にもそのデータをふんだんに盛り込んでいる。ピケティは2015年に南アフリカのヨハネスブルグ大学から名誉博士号を授与されたが、同じ年にフランスのレジオン・ドヌール勲章の候補に挙がると、「誰に名誉を与えるかを決めるのは政府の役割ではない。政府はフランスとヨーロッパの成長回復に専念した方がいい」と言って、受賞を辞退した。
他の著書に、20世紀フランスの所得格差をテーマにした『格差と再分配―20世紀フランスの資本』（2014年）、『The Economics of Inequality（格差の経済学）』（2015年）、『Why Save The Bankers? And Other Essays on our Economic and Political Crisis（なぜ銀行を救済するのか？　現代の政治経済的危機に関する論文集）』（2016年）、『リベラシオン』紙への寄稿をまとめた『Chronicles of Our Troubled Times（困難な時代の年代記）』（2016年）などがある。ニュージーランドの映画監督ジャスティン・ペンバートンによって『21世紀の資本』を基にしたドキュメンタリー映画が製作され、2017年に公開された。

膨大なデータを分析し、〝トリクルダウンの嘘〟による格差拡大を見事に証明

数多くのベストセラーと違って、『21世紀の資本』はこれほどまでに売れるとは誰も予想していなかった。

７００ページを超える本書は２０１３年にフランスで出版されたが、最初は大した反響もなく、その年の書籍売上の１００位以内にも入らなかった。しかし翻訳家のアーサー・ゴールドハマーによる英語版が出版された途端、この本はがぜん注目を浴び、経済学書としては類を見ない大ベストセラーとなった。それはいったいなぜだろうか。

トリクルダウンの嘘を指摘

ピケティの世界観は、アメリカ東海岸の学者たちに共通する経済学的認識とはもともと異なっていた。格差の問題はフランスでは昔から政治的議論の対象だった。アメリカやイギリスで格差が激しい論争になったのは最近のことだ。

格差の問題については「昔から大量の思いこみと事実の欠如に基づいた」[2P]論争が続いていた

が、ピケティはその問題に対する深い専門知識に基づいた研究成果を示した。特に、「上げ潮はあらゆる船を持ち上げる」という正統派経済学の嘘をあばこうとした。実際、この理論が通用するのは歴史上ほんの短期間で、資本より労働を重視する政策が実施された「栄光の30年」[12P]（第2次世界大戦後の30年あまり）と呼ばれる時期[*1]にすぎないと主張する。しかしこうした時代はすでに過去のものだ。ヨーロッパ諸国が能力主義的エリート（「スーパー経営者」たち）[433P]と富裕な相続人に支配されるのを防ぐには、大胆な公共政策を打ち出す（アメリカの復員兵援護法が戦後のアメリカの社会的流動性を高めたように）しかないと指摘している。

本書の「はじめに」の部分で、自分がフランス人でよかった点として、フランスでは経済学がそれほど重要視されていないため、経済学者は謙虚に他の社会科学者と共同作業ができると述べている。実際『21世紀の資本』は、経済学を鼻で笑うパリの知的エリートの中にいるピケティの友人に向けて書かれたように見える。

ピケティは世界的に有名な経済学者より、フェルナン・ブローデルやクロード・レヴィ＝ストロース、ピエール・ブルデューといったフランスの歴史学者や社会科学者を崇拝していると告白している。経済学は他の社会科学から独立しようとするべきではなかったとピケティは述べている。

ピケティは本書で、経済学的分析の中にあえて文学や歴史を引用し、ジェーン・オースティンやバルザックの小説の登場人物を取り上げている。それらの小説は1790年から1830年までのイギリスやフランスでの富の分配と、それが社会生活や人生の可能性にどんな

*1 **栄光の30年**
1945年から1975年までのフランス経済史上最大の経済成長期にあたる【訳】

影響を与えたかを雄弁に物語っているからだと言う。「私から見れば、本書は経済学の本であるのと同じくらい歴史研究でもある」36Pと述べている。

たいていの経済学者がするように、10年、20年、30年という期間のデータを参照するだけでは、資本所得と賃金所得の比率の長期的な傾向は見えてこないとピケティは言う。しかしこの15年間に過去3世紀分の経済データが手に入ったおかげで、ピケティはデータに基づいて３００年間の経済の動きを調査し、裏づけとなる１２０の表やグラフや図版を含む本書を完成させた。

スティーヴン・ホーキング博士の著書『ホーキング、宇宙を語る』のように、ピケティの傑作である本書も、誰もが持っているが、実はほとんど誰も読んでいない本になる可能性がある（本書のオーディオブックは26時間もあるので、誰も聞かない本になる可能性もある）。この本は確かに長く、集中力を必要とするが、決して難解ではない。今年の目標としてこの本を読破してみてはどうだろうか。きっと多くのものが得られるだろう。

r>gによって 富める者は富み、貧しい者は貧しくなっていく

資本主義は必ず所得の格差につながるのだろうかとピケティは疑問に思っていた。競争や成長、そして技術の発達は、時間の経過とともに所得の格差を広げるのだろうか？

ピケティは数ページを割いて、アメリカの経済学者サイモン・クズネッツの分析について論じている。クズネッツは初めて本格的にアメリカ国内の所得の格差を測定した。クズネッツが1955年に発表した論文『経済成長と所得格差』から、「クズネッツ曲線」という理論が生まれた。クズネッツ曲線の理論によると、新しい技術の利益を最初に得るのは資本なので、工業化の初期段階には労働よりも資本が利益の大半を得る。しかし工業化がさらに進行すると、実質所得の増加という形で工業化の恩恵にあずかる人の割合はますます増える。つまり、「上げ潮はすべての船を持ち上げる」のである。

ピケティはこの理論に同意するが、イギリスの工場労働者の実質所得が拡大したのは産業革命の始まりから何世代もたった19世紀最後の3分の1になってからだと指摘している。経済成長は加速したが、初期の利益の大半は工業資本家や地主の懐に入った。

ディケンズの『オリヴァー・ツイスト』やヴィクトル・ユーゴーの『ああ無情』に描かれた貧富の差は、歴史的な事実である。労働者階級の収入は低いままだったが、一方でとてつもない富を享受する人々がいた。第1次世界大戦が勃発しなければ、資本と労働の格差は拡大し続けたかもしれない。変革には第1次世界大戦のような大きなショックを必要とした。

クズネッツ曲線は不変の法則ではなく、冷戦期に資本主義の長所を貧困国に宣伝するためのイデオロギー先行の理論だったとピケティは主張した。しかしクズネッツ曲線が本物ではないなら、現実との違いはどこにあるのだろうか？　現代社会には不安な兆候が出ている。

インターネットなどの新しい情報技術は限られた人々に莫大な富をもたらしたが、一般大衆の賃金はほとんど上昇しなかった。国民所得に占める労働の割合は、技術の進歩によっても上昇する気配がなかった（実際に完全に消滅した職業もあった）。適切な教育やスキルや訓練が存在し、市場の効率性が実現している社会でさえ、格差の拡大は起こりうる。真の問題はそこにあるとピケティは言う。

ピケティは、経済成長の停滞期（現在の富裕国のような状態）には、国富に占める資本の割合は急速に増加するという不愉快な数学的事実を指摘した。

苦労して会社を設立したり人材に投資したりするよりも、利子生活者になり、不動産や株などの資本から配当を得る方が富裕層は儲かる。さらに、新しい富があまり産出されなければ、既存の富の重要性はいっそう高まる。

資本収益率（r）が経済成長率（g）を上回る場合（r＞gという不等式で表される）、貧困階級や中流階級の賃金が横ばいか下降しても、富裕層は簡単に富を増やせる。

財産権の拡大、いっそうの市場の自由化、あるいは競争の増大は、状況を少しも改善しないだろうとピケティは言う。なぜなら完全競争に近い市場は、労働者より資本に利益をもたらすからだ。

経済成長が停滞した国では階級間格差が広がり続ける

経済成長は、「人口増加による成長」と、「労働者1人当たりの生産性の向上による成長」という2つの要素から成り立っている。しかし歴史の大半を通じて、生産性の向上による成長は実質的に起こらず、人口増加による成長しかなかった。

これを変えたのが産業革命だった。1700年から2012年までの成長率は1・6％だったが、その半分は労働者1人当たりの生産性の増加によるものだ。1・6％の成長率はささやかなものにすぎないと感じられるかもしれないが、30年間にわずか1％の成長率でも、生活水準はおよそ3分の1向上するということを考えてみてほしい。2％の成長率なら生活水準は2倍になる。

第2次世界大戦後の30年間は、ベビーブームと技術の進歩、そして戦後の復興努力がうまく重なって、きわめて高い成長率を達成した。人々はこの「栄光の30年」を典型的な高度成長パターンの始まりととらえたが、今となっては例外的な時期にすぎなかったように見える。世界の人口増加は減速し、日本など数か国では人口が減少し始めている現在では、富裕国が高度経済成長を達成する見込みは小さい。

ピケティのメインテーマである「格差の問題」と「人口増加の鈍化」の間には、どんな関係があるのだろうか？

急速な人口増加がもたらす影響の1つに、相続財産の重要性が縮小するという点が挙げられる。たとえば7人家族に生まれた人の場合、遺産の分け前はそれほど多くないだろう。だから富を築くには自分で働くのが一番だ。

そして急成長する経済（生産性と人口の両方で）では、自分の両親や祖父母の収入は、今日自分が稼げる収入に比べれば大した金額ではないだろう。経済成長率が年間わずか1％しかない社会でも、1世代後には劇的に変化する。生産方法が変わって新しい種類の職業が創出され、社会的流動性が高まり、資本よりも所得が優位に立つなどの変化が起きる。対照的に、成長しない社会では、同じ社会構造と、同じ所有と生産のパターンが世代から世代へ受け継がれる。貯蓄率が高く、成長が遅い国（ピケティは「ほとんど停滞した社会」と呼んでいる）では、時がたつにつれて賃金所得から資本に重要性が移る。

第1次世界大戦前までは、多くのヨーロッパ人がわずかな給料と引き換えに、働く必要のない階級に仕えて一生働かなくてはならなかった。フランスとイギリスでは、最も豊かな上位1%が、それぞれの国の富のまるまる半分を所有していた。資産を持つ中流階級が台頭し、人口の40%を占めるまでに成長したのは、20世紀に起きた大きな変化の1つだ。ヨーロッパではこの中流階級が富の3分の1を所有するにいたった。こうした変化の原因の1つに、豊かな上位10%が所有する富が半減した（戦争や不景気、労働重視の政策による）という事実がある。働く必要のある人が増えた結果、賃金は富の源泉としてますます重要になった。

しかし21世紀初めになると資本が復活し、所得と資本の比率は18、19世紀の水準に戻りつつある。

1970年には富裕国（アメリカ、日本、ドイツ、イギリス、フランス、イタリア、カナダ、オーストラリア）の民間資本の蓄積は、国民所得の2年から3年半分に相当した。2010年になると、

*2 1870年代と80年代のアメリカで資本主義が急速に発達し、資本家の台頭や経済格差の拡大を特徴とする時代【訳】

*3 **アンシャン・レジーム期**
16〜18世紀のフランスの絶対王政期【訳】

民間資本は国民所得の4年から7年分に上昇した。もちろん短期的に見れば不動産価格や株価はしばしば激しく上下するため、所得と資本の比率は大きく変わる可能性がある。しかし「バブルを無視しても、富裕国では1970年以降、つまり、新しい世襲資本主義の登場以降、民間資本が強力な復活をとげている」[181P]とピケティは書いている。

現代社会は階級や富の格差が最高潮に達していた第1次世界大戦前、1900年頃のヨーロッパに近づき始めている。つまり新たな金ぴか時代*2が幕を開けたのだ。

生まれながらの資産家と超高額報酬経営者だけが富める〝格差の構造〟

格差には2種類あるとピケティは強調する。

1つは「不労所得生活者の社会」[275P]だ。主として蓄積された富や相続した富で暮らし、きわめて低賃金で人々を雇用する上流階級のいる社会を意味している。アンシャン・レジーム期*3のフランス、あるいはベル・エポック期*4のヨーロッパがこれにあたる。

2つ目は「超能力主義社会」[274P]、あるいは「スーパー経営者の社会」[275P]で、これは実質的にアメリカによって創造された。この社会では、ごく少数の人間が労働によって莫大な所得を手に入れる。1980年以降、アメリカの国民所得の増加分のほぼ60%が、最も裕福な1%*5の手に入った。その中には年間150万ドル（約1億6000万円）以上稼ぐ人もいる。

歴史上、労働から得る所得の格差がこれほど大きかった時代はかつてなかった。このまま

*4 **ベル・エポック期**
19世紀末から第1次世界大戦前までの平和と繁栄を謳歌した時代【訳】

*5 **最も裕福な1%**
年間35万2000ドル以上の所得がある人々【訳】

いけば、超能力主義的な労働所得は新たな不労所得生活者階級を生むか、そうした階級に力添えする結果になるだろうとピケティは主張する。

つまり、財産を相続するか、何かの分野で特に秀でたスーパースターでもなければ、どう頑張っても経済的にはたかが知れているというわけだ。

2008年の世界金融危機の原因の1つは、格差の増大にあるとピケティは考えている。中流階級や下流階級の賃金が伸び悩んだため、人々は生活水準を維持するために借金を増やさなければならなかったからだ。

購買力という点から見ると、アメリカの最低賃金は1969年が最も高く、2013年の金額に換算しておよそ時給10ドルだった。2013年になると、最低賃金は時給7ドルまで低下した。これはフランスの最低賃金よりかなり低く、イギリスと比べても低い。

金融危機前の30年間、つまり1977年から2007年の間に、底辺90％の所得成長率は年間わずか0・5％だったのは明らかな事実だ。一方、この期間に最も裕福な10％は、アメリカ全体の所得の成長分の4分の3を自分のものにした。

相続によって世代を超えて格差が固定化する

2020年までに、フランスでは相続財産が富全体の70％を占めるようになり、貯蓄や賃金、あるいはキャピタル・ゲインは富のわずか30%に過ぎなくなるとピケティは指摘する。言い換えれば、裕福な者とそうでない者を決定する要因として、相続財産が賃金所得よりはるかに重要になる。

これまでに富裕な社会がより能力主義的になったとか、教育によって世代間の流動性*6が高まったという事実はなかった。

現代では19世紀のようにとてつもなく大きな財産を相続する人は少なくなったが、20万ドルから200万ドル程度の小さな相続や中規模な相続は何千件もある。この程度の相続財産では、受取人は教育やスキルがなくてもいいとは言えず、稼がなくても暮らせるというわけでもない。

しかし、恵まれた家庭に生まれたというだけで他人より有利な立場に立てる階級（ピケティによれば「プチ不労所得生活者」）437Pが、相当数いるのは確かだ。2010年に生涯労働所得かそれ以上に相当する遺産を受け取った人は、フランスの人口の13%にのぼった。

このような格差は、本物の能力主義社会に期待される「正当な格差」だとはとうてい言えないし、「平等主義的」なフランスにあるまじき現象と言わなければならない。

公正な社会を作るには、市場を規制し、法と秩序を守るだけでなく、社会的流動性を高めて、「生まれによる運不運」の影響を最小限に抑える継続的な努力をしなければならないとピケティは主張する。

*6 格差が次世代に受け継がれず、階層の流動性が保たれる状態【訳】

世界の富に対する累進的な資本税の導入を提案

世界の経済成長率は2050年までに3%をわずかに上回る程度に落ち込み、2050年から2100年の間に1・5%まで下降して、19世紀の世界的な成長率と同程度になるだろうとピケティは予想している。

一方、歴史上ずっとそうだったように、資本収益率は4%から5%の間で着実に推移するだろう。

したがって、労働より資本が優位に立つのを防ぐ唯一の方法は、資本に対する世界的な課税だとピケティは主張する。

目指すのは個人の富、あるいは個人が持つ資産の純価値から債務を差し引いたものに対する累進的な年次課税だ。こうした税金には、新しい税法と金融の透明性を確保するための法令順守義務、そしてタックス・ヘイブンに対する規制の組み合わせが必要になるが、実現すれば世界が直面する「果てしない不平等スパイラル」539Pを阻止する手段になるだろう。

このような世界的資本税は空想的な発想だとピケティは認めているが、実現不可能なわけではないと考えている。政府がそうした課税を回避するなら、いずれは政治的ショックが起きて格差に向き合う結果になるだろう。さもなければ保護主義政策と資本統制を伴う国家主義が台頭する可能性が高い。

資本税は累進的な所得税や財産税に取って代わるものではないが、富裕層からより多くの税を徴収する役割を果たす。

現在、富裕層は主として所得に課税されているが、所得はいくらでも小さく見せかけられる。たとえ富裕層の所得に対する税率を98％に引き上げたとしても、彼らは節税対策を駆使して、富に釣り合う税金を支払わないのだ。

ピケティは次のように述べて、読者を暗澹たる気分にさせる。「自由貿易と資本や人間の自由な移動を手に入れても、社会国家と各種の累進課税をすべて破壊すれば、防御的なナショナリズムやアイデンティティ政治の誘惑は、ヨーロッパでも米国でもほぼ確実に空前の水準にまで高まることだろう」566P。極端な経済的格差のある国家は、政治的にも極端な状況に陥りかねない。

今を知り、未来を考えるために——

ピケティが提案する格差対策は、富の再分配に偏りすぎているという批判がある。そこまでしなくても、経済成長を促進すれば格差は減らせるし、下流階級の資本を増加させる政府の努力（たとえば年金の掛け金や貯蓄に補助を与える、あるいは住宅を取得し

*7

エレファントカーブ

人々の所得をパーセンタイル値で順位付けし、各所得水準のグループの1988年から2008年までの実質所得の増加を示すグラフ【訳】

やすくするなど）による効果が期待できると批判者は主張している。

ディアドラ・マクロスキーをはじめとする経済史家は、資本主義に対するマルクスの悲観的な見方がマルクスを資本主義の滅亡という誤った予言に導いたと指摘し、ピケティにも同じことが言えると述べている。おそらくピケティもまた、過去に基づいて未来を予想しようとした時点で過ちを犯したのかもしれない。資本主義はピケティが考えるよりもはるかにダイナミックなものだということが明らかになるのを期待したい。

2012年に経済学者のブランコ・ミラノヴィックが作成した「エレファントカーブ」[*7]と呼ばれる有名なグラフがある（グラフの形が鼻を高く上げた象のように見えることからこう呼ばれる）。エレファントカーブは1980年以降の世界的格差の急激な拡大を示すものと考えられているが、最近の研究によれば、格差の拡大はこれまで考えられていたほど急激でないことが明らかになっている。中流階級が富裕国から消滅しかかっているという事実はないし、貧困国ではむしろ中流階級が急速に成長している。所得格差を解消した栄光の30年への復帰は決して望めないとしても、国内の、あるいは国同士の格差の増大は、決してピケティが恐れているような避けがたいものではない。

3

Chapter 3

経済成長は不可欠か

25

1817

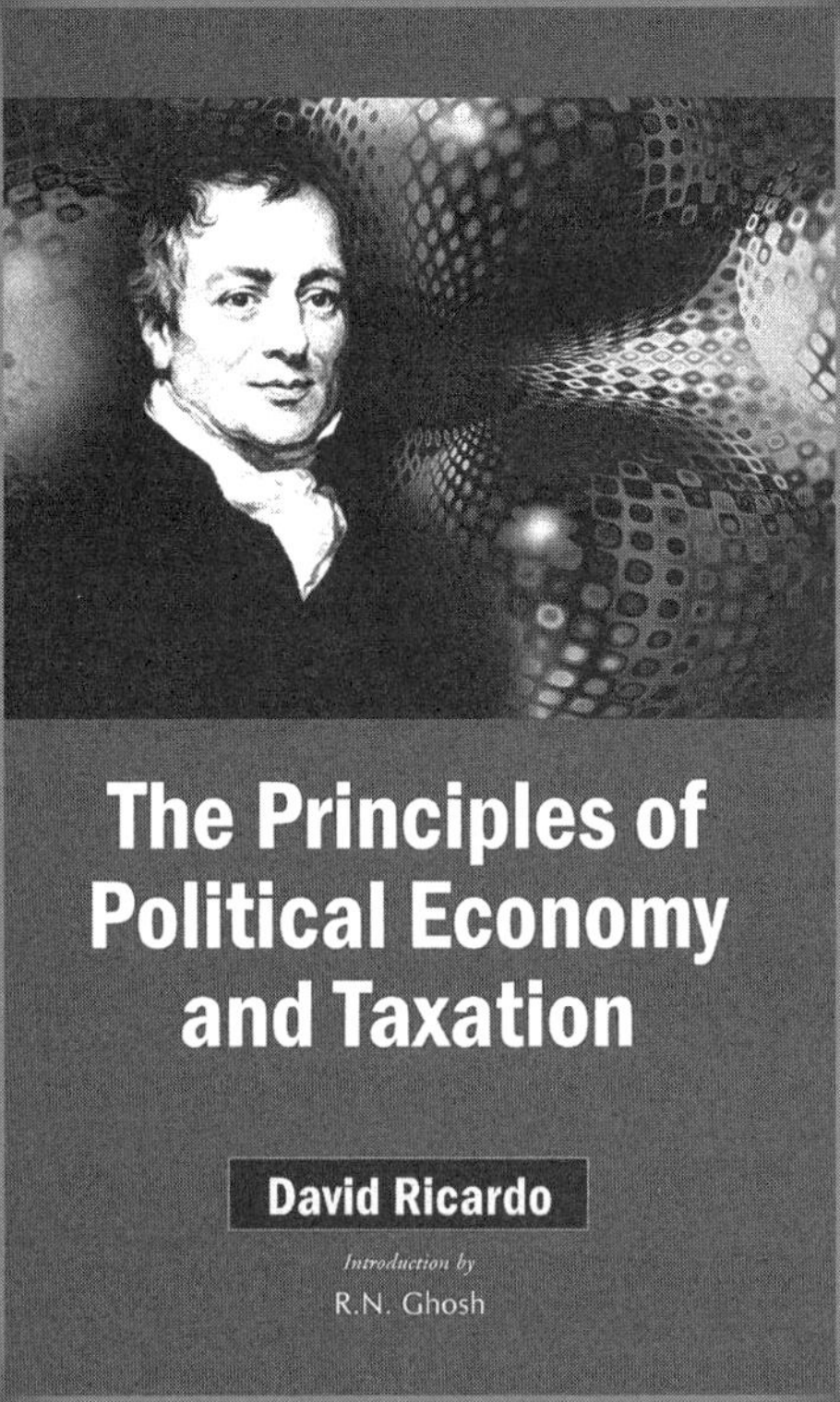

経済学および課税の原理

デヴィッド・リカード

邦訳書
[経済学および課税の原理]
羽鳥卓也・吉澤芳樹 訳　岩波書店（1987年）

貿易は、
世界の富を増大させる
最高の手段である。
各国は貿易によって
自国の資源、国民、
そして技術を
最大限に利用できる。

▼「完全な自由貿易制度のもとでは、各国は自然にその資本と労働を自国にとって最も有利であるような用途に向ける。個別的利益のこの追求は、全体の普遍的利益と見事に結合される。勤勉の刺激、創意への報償、また自然が賦与した特殊能力の最も有効な使用によって、それは労働を最も有効かつ最も経済的に配分する。一方、生産物の総量を増加することによって、それは全般的利益を広める。そして利益と交通という一本の共通の絆によって、文明世界の全体にわたる諸国民の普遍的社会を結び合わせる。ぶどう酒はフランスとポルトガルで造られるべきだ、穀物はアメリカとポーランドで栽培されるべきだ、そして金物類やその他の財貨はイギリスで製造されるべきだ、といったことを決定するのは、この原理なのである。」

【■ 上巻190頁】

David Ricardo
デヴィッド・リカード

イギリスの経済学者

リカードは1772年にロンドン東部で生まれた。両親はオランダに住むポルトガル系ユダヤ人で、リカードが誕生する12年前にアムステルダムからイギリスに移住していた。リカードは14歳で父が営む株式仲買業に加わり、通貨の裁定取引（1つの市場で買った通貨を別の市場で売って利ざやを稼ぐ方法）の才能を発揮して父の事業の成功に協力した。

リカードは21歳でクエーカー教徒のプリシラ・アン・ウィルキンソンと結婚し、ユダヤ教の信仰を捨てたため、父から絶縁された。そこでリカードは借金した資金を元手に独立して株式仲買業を始め、20代なかばには財産家となった。リカードは42歳で引退し、ロンドンの住居とグロスターシャーに購入した大邸宅ギャトコム・パークの間を行き来しながら暮らした。リカードは地主として3人の息子を育て、そのうち2人が下院議員になった。ギャトコム・パークは1940年までリカードの子孫が所有していたが、現在ではアン王女によって所有されている。

この時代の慣習にしたがって、リカードは1819年に下院議員の議席（アイルランドのポーターリントン選挙区で、リカードは一度も訪れたことがなかった）を買収した。下院議員となった彼は、当時の経済・金融問題に重要な貢献を果たし、小さな政府、減税、宗教的寛容、そして言論の自由を訴えた。

リカードは1823年に亡くなった。当時の人々の所得や財産から推定して、リカードの遺産はおよそ70万ポンド、現代の価値に換算すれば10億ポンド相当にのぼった。

ファイナンスの観点から経済学に科学をもたらし自由貿易の礎を築く

ロンドン証券取引所で株の売買をしていたデヴィッド・リカードは、当時の金融業界の花形の1人だった。現代におけるジョージ・ソロスやウォーレン・バフェットのような存在だったと言っていいだろう。

リカード一家はオランダから移住してきたユダヤ人で、リカードはクエーカー教徒の女性と結婚したために勘当され、無一文から身を立てなければならなかった。しかし彼にはすぐれた先見の明があった。

たとえばウェリントン公爵がワーテルローの戦い*1でナポレオンを破るだろう（そして彼が所有するイギリス国債が値上がりするだろう）と見通すことができた。

そうした判断のおかげで、リカードは着実に財産を築いた。リカードは病気のせいで早く亡くなったが、まだ若いうちに仕事を引退し、イギリスの田園地帯で豊かな暮らしをしていた。

*1 **ワーテルローの戦い**
1815年にウェリントン指揮下の連合軍がナポレオンを倒し、ヨーロッパに平和を回復した戦争【訳】

しかしいくら金融の才能を発揮しようと、リカードにとってそれは当たり前のことでしかなく、彼は他に情熱を注ぐ対象を見つけた。リカードは27歳のとき温泉地のバースに保養に出かけ、そこで偶然アダム・スミスの『国富論』に出会い、経済学という新しい学問に夢中になったのである。

そしてジャック・テュルゴー*2やジャン＝バティスト・セイ*3、シモンド・ド・シスモンディ*4など、初期の経済学者の著作を読みふけった。リカードの洞察に満ちた論文はジェームズ・ミル（ジョン・スチュワート・ミルの父で経済学者）やジェレミー・ベンサム、トマス・マルサスらの目に留まり、リカードはマルサスと生涯にわたる友人となった。

師であるジェームズ・ミルに勧められて執筆した『経済学および課税の原理』は、リカードの代表作である。

これは少々手ごわい本だ。経済学をより科学的な学問にするために、リカードはアダム・スミスが用いた面白味のあるわかりやすい例をいっさい使わず、理論的な表現に徹している。また、この本の大部分は当時の経済学上の論争に割かれている。

しかしリカードが自分の主張を明確にするためにあらゆる手を尽くしたおかげで、現代の読者もその思想を容易に理解することができる。

リカードは本書でアダム・スミスの思想を土台にして経済の仕組みに関する包括的理論を形成した。その業績によって経済学者としての名声を獲得し、さらに国会議員の地位も得た。

*2 **ジャック・テュルゴー**
重農主義経済学者でアダム・スミスに強い影響を与えた。1727－1781【訳】

*3 **ジャン＝バティスト・セイ**
セイの法則で有名な古典的自由主義者。1767－1832【訳】

*4 **シモン・ド・シスモンディ**
古典派経済学者。1773－1842【訳】

リカードの労働価値説は当時の経済学の主流を占め、マルクスに継承された。また、リカードの比較優位理論は国際貿易論の基礎を築いた。

なぜ土地や資本を持たない労働者は働き続けなければならないのか

資本家はしばしばある国の市場や産業内で一時的に高い利潤を得ることがあり、その利潤が続く限り、高い〝市場〟価格を享受できる。しかし、資本家が扱う製品は、やがて〝自然〟価格に戻る。自然価格とは、その製品や一次産品の生産に投入された労働や機械などの資本を反映したものだ。

あるものの市場価格が一時的に自然価格から乖離する場合があったとしても、その産業で大きな利潤が得られることが知られれば、すぐに他の産業から資本が移転し、競争が高まり、価格は生産費用を反映する自然水準まで下落するだろう。

リカードは、他のあらゆる商品と同じく、労働にも自然価格と市場価格があると考えた。おそらく労働力が不足すれば、労働者は一時的に高賃金を要求できる。そのような状況では「労働者の境遇が順調で幸福であり、彼がより大きな割合の生活の必需品と享楽品を支配する力をもち、したがってまた健康で多数の家族を養う力をもつ」。■上136P

しかしこの幸運は反作用を及ぼす。労働者がたくさんの子どもを持てば、労働人口が増えて労働力の供給が増加し、労働価格を「自然」価格まで引き下げる働きをする。労働価格は絶えずその真の「生産費」上218Pに近づいていくとリカードは主張する。

人間の場合、生産費とは衣食住にかかる費用のことだ。つまり賃金は、つねに労働者の「単なる生存維持」に必要な生活費を基準にして決められる。したがって資本家にとっては、労働費用を引き下げるために、食物と生活必需品の価格を低く抑えることが重要になる。

ある国の富が増加すれば、その国の平均的労働者は賃金でより多くの便利な品物を買えるようになる。「今日イングランドの小屋住み農家で享受されている大抵の便宜品は、わが国の歴史の初期には、奢侈品と考えられていたであろう」上139Pとリカードは書いている。

しかしそれは、資本家が手に入れる利潤、あるいは地主の懐に入る地代と比較して、国民所得の中から労働者が受け取る割合が増えるという意味ではなかった。労働者の生活が豊かになったように見えたとしても、土地や資本を持たない労働者は最低限の生活必需品の支払いをするために、来る日も来る日も働かざるを得ない。

労働者の経済的立場に関するリカードのこのような悲観的な見解を見れば、マルクスがリカードの労働価値説を何の疑いもなく取り入れた理由が理解できる。リカードの説は、土地や資本を所有しているかどうかによって、持てる者と持たざる者に二分された階層社会を示していたからである。

経済成長によって得するのは誰か？　リカードの所得分配理論

リカードは地主と資本家と労働者の間で、富と資源がどのように分配されるのかを詳しく分析しようとした。

所得は、地主の地代、資本家の利潤、労働者の賃金の間でどのように分配されるのだろうか。そして分配の比率は時によって変化するのだろうか？

リカードの時代には食物の十分な供給は重大な問題であり、穀物法をめぐって激しい論争（イギリスは外国から安い穀物の輸入を許可するべきか、あえて高価格を維持して地主階級を保護するべきか）が繰り広げられた。

リカードは、土地、そして土地が食物を生産する能力には限界があるが、人口増加には限界がないというマルサスの基本理論に同意していた。したがって、経済が成長すれば地主は得をする立場にある。

農地の地代の水準は、その土地がどの程度肥沃であるかによって決まるとリカードは言った。優良な土地が残らず使われてしまったら、人々は劣った土地を耕し始める。そして人口が増加すれば、最もすぐれた土地には割増金がつき、地代は上昇し始める。これがリカードの差額地代論である。

リカードは、事業主が労働者に賃金を払い、地主に地代を払った後に残るものが事業主の利潤になると考えた。

リカードの利潤理論によれば、一国の経済の中では、利潤率[*5]はどの産業でもほとんど一定の水準にあるはずである。なぜなら、ある部門または産業の利潤率は他より高いということが明らかになれば、すぐに資本がその産業に流入するからである。すると生産される品物の量が増えて価格を押し下げ、結果的に利潤も減少する。

一方、比較的利潤の低い産業からは資本の流出が起こるだろう。すると生産される品物の量が減るので、その産業にとどまっている企業は高い価格を請求でき、ふたたび利潤は上昇する。

経済学の黎明期には、このような説が経済の仕組みに関する合理的な説明として受け入れられた。しかしリカードもまた、当時の他の経済思想家と同じ罠に陥っていた。人口過剰と食料の欠乏を予測したマルサスの理論は自明の真理だと思い込んでしまっていたのである。ある国で人口が増加し、それにともなって食料に対する需要も増加すれば、農地が足りなくなるはずだ。すると農地の地代が上昇し、食物の価格は高騰する。

結果的に（賃金は労働者が生命を維持できる程度に維持されるという賃金生存費説によれば）、製造業者は労働者により多くの賃金を支払わなければならなくなる。すると利潤は減少（地代は上昇）するので、投資意欲は衰え、経済は停滞する。

利潤率

*5 生産物のうち、資本家に利潤として分割される割合【訳】

リカードの考えた対策は穀物法の廃止だった。穀物法がなければ、もっと多くの穀物を輸入でき、穀物の価格が下がって、賃金も低下するはずだ。そうすれば利潤が増えるので、好景気が続き、土地や機械に対する投資も増えるだろう。

リカードが穀物法の廃止を主張したのは自然なことだった。彼は地代に依存する地主貴族ではなかったからだ。地主と資本家の間に激しい論争が続くのを見ながら、リカードは地主貴族階級の勝利で決着がつくに違いないと思っていた。

しかし、ナポレオンの敗北によって大陸からの穀物の輸入が増え、穀物価格が下落したのをきっかけに制定された穀物法*6は、ついに1846年に廃止された。地主層が握っていたイギリス経済の支配権は、こうして敗れ去ったのである。

マルサス同様、リカードもまた、食料生産が人口増加に追いつかないと考えた点で間違っていたし、地主の地位は製造業者より高いと考えた点でも誤っていた。現実はそれとは正反対だった。

農業は（農業機械や栽培法の進歩のおかげで）ますます生産性が高まり、各国は（自由な国際貿易のおかげで）輸入によって自国の食料需要をいっそう満たせるようになった。この〝自由貿易〟という理念は、リカードが残したもっとも有名な業績である。

*6 **穀物法**
1815年制定【訳】

比較優位説を根拠に、「自由貿易は双方の国の利益になる」と主張

アダム・スミスが唱えた絶対優位とは、単純にある国が自国の労働費用や気候や土壌などの要因で、ある製品を他国より安く生産できる（そしてそれを国際市場で売る）能力を意味していた。

リカードは、たとえばポルトガルは気候のおかげでイギリスよりワイン生産に向いているが、イギリスは羊毛生産と毛織物に適していると説明している。

この場合、ポルトガルとイギリスがそれぞれワインと羊毛の余剰分をお互いに交換すれば、両国にとって利益になるだろう。しかし、もしイギリスがワインと羊毛生産の両方ともポルトガルより得意だとしたらどうだろうか。イギリスがポルトガルと貿易する理由はなくなるのではないだろうか？

一見理解しづらいリカードの結論は、イギリスが絶対的な意味ではワインと羊毛の両方とも優位にあるとしても、羊毛かワインのどちらかの生産に専念する方が合理的というものだった。羊毛生産に専念すれば、イギリスはより効率的に羊毛を生産することができ、ポルトガルはワインの生産がイギリスほど得意でないとしても、ワイン生産に専念することによって効率性が高まり、比較優位が得られる。

比較優位に基づいて各国が得意な製品に特化すれば、世界全体の効率性が高まるとリカードは言う。もしポルトガルが国内で羊毛の生産も続ければ、得意なワイン生産に資源を投入すれば得られたはずの利益が失われる。それが機会費用と呼ばれるものだ。ポルトガルが国内の資源の半分を羊毛生産に投入するとしたら、その資源を使って生産できたはずのワインをあきらめることになる。

また、リカードの比較優位説は、ある国がどんな産業でも絶対優位を持っていないとしても、国際貿易によって利益を得られる理由を説明している。その国よりも小麦、羊毛、自動車、衣服の生産が得意な国が十数カ国あったとしても、それぞれの国が本当に得意な分野、たとえばＩＴサービスや商業航空、バイオテクノロジーなどに専念しないことは、それぞれの国にとって損失になるからだ。

国内政策や国際政治を考慮しなくていいのなら、リカードの理論は自由貿易社会では大きな効力を発揮する。しかし現実には、政治や社会的な理由で、まったく優位とは言えない分野での生産（明らかに効率の悪い農業など）を続けている国はたくさんある。それらの国が自国の産業を保護するために、国際経済にゆがみが生じるのである。

しかしそうした保護政策を取るのは富裕国だけではない。大半の発展途上国は高い関税障壁に守られ、輸入を国産品に代替する工業化政策を取ったおかげで、雇用と産業を創出し、経済成長を果たすことができた。

また、リカードの理論では、資本は比較優位を持つ産業や国家に流入すると考えられている。しかしリカード自身、資本の流動性は理論上のものにすぎず、人々は国外より国内で投資するのを好むと認めていた。

比較優位説にはもう1つ問題がある。ある国が1種類か2種類の商品に特化すると、その商品の価格の変動が大きければ、その国の経済に深刻な影響を与えかねない。たとえば1801年にイギリスがアイルランドを併合すると、それまで保護されていたアイルランドの織物産業は壊滅的な打撃を受けた。アイルランドにはイギリスの織物製品と競争する力はなく、穀物生産も成功しなかったので、アイルランド人はジャガイモを栽培するしかなかった。そしてジャガイモに疫病が流行した結果、100万人のアイルランド人が餓死した。

リカードの比較優位説によれば、自由貿易を通じて各国間で分業が成立し、それぞれの国で製造業やサービス業が発達する。そしていっそう専門化を進めることによって、価格の安定性はさらに高まると考えられていた。しかし、各国で専門化が進み、価格が安定するには明らかに長い年月、ときには数十年という時間を要する。その間には大きな社会的代償を払わなければならないかもしれない。

リカードの貿易論は、国家は他国を犠牲にすることで豊かで強力になれるという重商主義的な見解からの決別を意味した。むしろリカードは、他国と貿易する国々はお互いに「得をしている」と感じ、どの国も一斉に成長できると主張した。

また、リカードの貿易論は経済的ナショナリズムや保護主義を支持する意見に対して、今も強力な反論であり続けている。関税と保護主義の廃止を求める数々の国際自由貿易協定が締結される背景には、リカードの貿易モデルが本質的な部分では今も十分に通用するという認識がある。

リカードの貿易論は経済学の偉大な業績の1つとして現在でも価値を失っていない。なぜなら各国は開放的な貿易体制によって生活水準を向上させ、資源の最適な配分を実現できるからだ。

今を知り、未来を考えるために――

リカードの死から数十年たって、彼が主張した2つの政策――保護主義を弱め、比較優位に基づいて国際貿易を促進する――は、19世紀イギリスの国力と富の基礎を築き、国際経済学の土台を作った。

今日では、新しく締結される貿易協定には必ずと言っていいほどリカードの思想の名残が見られる。それは国民国家の主権を維持しつつ、世界の経済的な結びつきをいっそう強めようとするものだ。

リカードが犯した過ちを挙げるとすれば、富の源泉として土地が次第に重要性を失い、特権階級である地主貴族が新興の産業資本家や拡大する金融の力に道を譲るという変化を見通せなかったことだろう。

本書は詳細な分析に基づいて書かれた大作であり、多くの章を租税や通貨に費やしている。

当時、イギリスはナポレオン戦争のために戦費を調達する必要があり、戦後は莫大な戦債を抱えていたせいで、租税が重要な問題になっていた。国家が借金を返済するためには、増税か国債の発行という2つの選択肢があったが、リカードはどちらにも難色を示した。

増税すれば、資本を所有している人々は、国内で投資したいという人間の自然な欲求を抑えて外国に資本を移転してしまうとリカードは考えた。

一方、国債の発行もまた悪影響を及ぼす。2000万ポンドの戦費が国債によって調達されれば、「その国民の生産的資本からその二〇〇〇万ポンドが引き去られる」[下48P]からだ。社会的平等の観点に立てば、租税、特にぜいたく品に対する租税は、国債よりまだ公平だとリカードは考えていた。国家は「馬、馬車、ぶどう酒、召使、その他富者のすべての享楽品」[下43P]に重税を課しても、生産目的に用いられるその国の資本を減少させずにすむとリカードは述べている。リカードをこの公正な立場に導いたのは、社会的な良心ではなく、財務家としての論理だった。

26

1968

都市の原理

ジェーン・ジェイコブズ

邦訳書

［都市の原理］

中江利忠・加賀谷洋一 訳　鹿島出版会（2011年）

都市はつねに
経済的発展と富の
主要な原動力で
あり続けてきたし、
その重要性は
いっそう高まるだろう。

▼「第二次世界大戦が終わった時、実に多くの人が、ロサンゼルスはきびしい経済的な不況と恐慌に陥るだろう、と予言した。ロサンゼルスが戦時産業とその乗数効果に寄りかかって成長するしか方法がなかったならば、そうした予言は当っていただろう。だが、実際にはロサンゼルスの産業や事業は衰退しなかったのだ。縮小どころか、拡大を続けたのだ。一九四九年のロサンゼルスには、かってないほど多くの職場があった。輸出が縮小し続けていた一方で、ロサンゼルスの経済は拡大していた。一体、どうしてだろうか。もちろん、ロサンゼルスが輸入品を高い率で置換え続けていたからだ。」

【📖 177-178頁】

Jane Jacobs
ジェーン・ジェイコブズ

アメリカのノンフィクション作家・ジャーナリスト

ジェイコブズ（旧姓バズナー）は1916年にペンシルベニア州スクラントンで生まれた。19歳のときにニューヨークに移り、速記者やフリーのライターとして働き、コロンビア大学教養学部で学んだ。

第2次世界大戦中はアメリカ国務省の機関誌『アメリカ』に記事を書いた。またこの時期に建築家のロバート・ハイド・ジェイコブズと知り合って結婚している。ジェイコブズ夫妻はニューヨークのグリニッジ・ヴィレッジに家を買い、1952年にジェイコブズは『アーキテクチュラル・フォーラム』誌に記事を書き始めた。ニューヨークのイースト・ハーレム地区の「再興」や、新しいリンカーンセンターの建築計画に対する批判によって、ジェイコブズは潤沢な資金を持つ開発業者や開発賛成派の政治家と対立する立場に立った。ジェイコブズはロックフェラー財団から資金援助を受けて研究と執筆に着手し、『アメリカ大都市の生と死』を刊行した。

早くからベトナム戦争に反対し、息子が徴兵されるのを防ぐために1960年代に家族でカナダに移住した。トロントとバンクーバーでも都市開発論争に重要な役割を果たしている。ジェイコブズは2006年にトロントで亡くなった。ジェイコブズの生涯は、ロバート・カニンゲルによる評伝、『Life on the Street: The Life of Jane Jacobs（都市に生きる―ジェーン・ジェイコブズの生涯）』（2016年）に詳しく書かれている。

NYの大規模都市開発を阻止。都市の自然発生的な多様性が企業のイノベーションを誘発することを示した

現在は世界人口の過半数（55％）が都市で暮らしている。1960年には34％だったが、この数字は増加する一方だ。

都市人口の増加の大半は先進国で起きている。それらの国々では、都市は人々をいやおうなく引きつける魅力を放っているらしい。富裕国の大都市、たとえばロンドン、ニューヨーク、シドニーなどは、それぞれの国の国民経済にとっていっそう重要になり、成長し続けているように見える。

インターネットの発達によって人口が一か所に集中する必要はなくなったはずだが、現実にはそれとは正反対の現象が起きている。

今日、企業が都市に拠点を置く利点は、似かよった企業が集まって作り上げる知的ネットワークへの参加や、才能ある人材の雇用にある。シリコンバレー[*1]のような場所では、知識労働者はお互いにアイデアを出し合い、研究を引用し合い、それぞれの知的資本をもとにして新会社を設立する。

*1 **シリコンバレー**
サンフランシスコとベイエリアからなる広域都市圏の一部【訳】

「都市は人類最高の発明である」*2という考えは、すでにジェーン・ジェイコブズが予想していたことだった。ジェイコブズは評判を呼んだ著書『アメリカ大都市の死と生』（1961年）によって、当時の流行の先端だった壮大な都市計画や、近隣のコミュニティを破壊する高速道路建設を考え直すようにアメリカの大衆を説得した。

こうした活動によってジェイコブズは都市で暮らす左派の旗印のようにみなされたが、実際には自ら革新を続ける都市の活力は市場の自由に支えられていると信じていた。

都市は決して政府が創造したものではない。それを実感したければ、ニューヨークとワシントン、リオデジャネイロとブラジリア、シドニーとキャンベラ*3を比較してみるといい。

都市は農村から発達している、という定説を覆した

ジェイコブズが『都市の原理』を執筆するために調査を開始したとき、都市は農村を基盤に発達したという当時の一般的な理論を疑うつもりはなかった。

都市は村落から発達し、定着した農業地域の行政の中心地となって、いっそう複雑に成長したという考えは、当時は常識とみなされていた。また、都市は農民に食料を生産させ、その見返りとして農民を保護した兵士の基地から誕生したという説もあった。

どちらにしても、都市周辺の土地で生産される食料は、初期の都市の存続に不可欠だと考えられていた。

「都市は人類最高の発明である」
*2 ハーバード大学経済学教授エドワード・グレーザーの2012年の著書のタイトル

*3 それぞれアメリカ、ブラジル、オーストラリアの商業都市と首都として建設された計画都市【訳】

しかし調査を始めてみると、ジェイコブズは従来の考えとは反対の驚くべき結論に達した。農村経済は「直接、都市の経済と都市の仕事をもとに成立っている」[2P]という考えだ。従来の農村優位の理論は基本的な間違いであり、ドグマ*4であって、都市に対する一般の理解をゆがめてきた。

それまで都市は単に大きくて複雑な集落にすぎず、それ自体の重要性がある現象ではないと考えられてきたのである。資本主義国でも共産主義国でも、この理論にしたがって経済発展や経済計画が試みられたが、それらはしばしば惨めな結果に終わった。

ジェイコブズが農村優位の考えを改めたのは、農業生産性の大幅な向上は都市の成長の後に起きるという（アダム・スミスでさえ気づいていた）単純な事実に直面したからだ。「農村地域を最も広範にかかえた国ほど、最も生産力の低い農業をになっている。一方、最も広範囲に都市化された国ほど、きまって食糧を一番豊富に生産する国である」[6P]と書いている。

昔は農村の農業などというものはなかった。食料生産は都市で発達し、それ以外の場所では単に狩猟と採集を行なっていた。農業が農村の職業となるのはもっと先のことだ。

肉と羊毛の生産（穀物生産より広い土地を必要とする）が都市から移動に1日以上かかる場所に移されると、農業も一緒に都市から田舎に移植された。よくあることだが、親都市が戦争で破壊されると、これらの集落は親を失った子どものようになり、これまでのように都市から技術や新しい農業が伝えられることもなくなって、自作自給農業に戻ったと考えられる。

*4 ドグマ
独断的な主張【訳】

日本は何世紀も農民が生産する米だけでは足りず、米の消費量の25%を輸入に頼っていた。この状況ががらりと変わったのは、1950年代に農業生産性が急激に高まったからだ。その原動力になったのは、化学肥料、農業機械、冷凍技術、植物や動物の研究など、すべて都市で開発されたものだった。人口が急増したにもかかわらず、日本は米を自給できるようになっただけでなく、卵や鶏肉、果実、野菜などの生産も増え、豊かで多様な食生活が可能になった。

農産物の余剰が国の発展と成長を支えられるようになるのを待っていたら、日本は「いまでも待ちわびていたことだろう」[8P]とジェイコブズは言う。従来の農村優位の考えをくつがえす証拠として、ジェイコブズはアメリカの例も数多く取り上げている。

アメリカでは、マコーミック*5の馬引き刈取機のような農業機械の進歩は、都市で金属工業が発達して初めて実現した。カリフォルニアの果実・野菜産業は、現地の麦畑や牧草地から「進化」[14P]したのではなく、サンフランシスコのジャム工場や缶詰工場の経営者の要求によって発達した。彼らは野菜や果実を工場で加工して都市で売るか、輸出して利益を得た。

新しい農村の仕事が古いものから発達したと考えるのはたやすいが、それはデザートが調理室から持ってこられるのではなく、メイン・ディッシュから進化したと言うようなものだとジェイコブズは書いている。

農村があるから都市があるのではなく、むしろ農村とその人口が、都市の変わりゆく要求や需要に直接依存しているのである。そうでなければ農村は発達しなかった。

***5 マコーミック**
19世紀の刈取機発明者【訳】

都市の経済成長が波及し、農村地域を発展させる

都市はすでにある集落が拡大して成長したものにすぎないと一般に考えられているが、都市の成長は集落の成長とは性質が違う。

都市の成長はしばしば爆発的で、徐々にではなく幾何《きか》級数《きゅうすう》的に拡大する。一見すると、そうした爆発的成長は輸出産業の創出とともに起きるように見えるが、たとえば古代ローマや13世紀のパリ、シェークスピアの時代のロンドン、あるいは20世紀のニューヨークなどの経済成長は、輸出の振興だけでは説明がつかない。

成長の要因として、輸入品の置換えによる国内産業の発展も合わせる必要がある。これらの都市では、これまで輸入に頼っていた製品やサービスを国内市場向けに生産するようになった。

例として、ジェイコブズは日本の自転車産業が各地の小さな修理店から始まったと述べている。日本がまだ自転車を輸入していた頃、自転車修理店の仕事は輸入された自転車の修理だけだったが、次第に修理用部品を作り始め、ついには自転車そのものを製造するようになった。こうして日本では部品製造業者が集まって製造業の生態系を形成し、やがてトヨタやソニーといった大企業を支えるようになった。

都市で輸入置換え産業が発達すると、新しい仕事が必要となって雇用が急激に増え、新し

い原材料や従来の原材料の増産が必要になり、農村地域が開発される。そしてこれらの要素が補完し合って、経済活動の総計が急速に拡大するとジェイコブズは主張する。

ジェイコブズの言う「輸入置換」[188P]は、経済学の教科書に出てくる輸入代替と似た響きがあるが、輸入代替はたいてい政府による「国家建設」計画の一環であるのに対し、輸入品の置き換えは都市の自由市場の中で自然発生的に生じるプロセスであり、状況に応じて行動する企業家や商人の無数の知恵と意思決定の成果である。

都市の成功を立地条件や与えられた資源だけで説明することはできないとジェイコブズは主張する。「都市としての存在やその成長の源は、都市自体の内部、つまり都市の中で働く過程や成長体系に内在する」[164P]のである。

集落が最良の港に面していようと、政府によって税関や交易の中継都市として建設されようと、そんなことは重要ではない。成長を支える生態系、そして経済学者が「知識のスピルオーバー」[*6]と呼ぶものが存在しなければ、都市の繁栄はありえないだろう。

ロサンゼルスや東京は貿易拠点として理想的な立地ではなかったが、それにもかかわらず急激な発展を成し遂げた。ニューヨークはエリー運河(五大湖と大西洋の間の水上輸送を可能にした)が開通したおかげで繁栄したと一般に考えられているが、同じくエリー運河の恩恵を受けたはずのジャージー・シティは小さな町のまま取り残された。ニューヨークがエリー運河を利用して利益を上げられたのは、この都市が多様な産業を発達させていたからだ。

*6 **知識のスピルオーバー**
1つの企業の研究開発や技術革新の成果が他社にも波及する現象【訳】

都市の改革・発展は、古いものから新しいものを生み出す原動力となる

「経済では、すでに達成された分業の絶対数と種類が多ければ多いほど、その経済に固有の、さらに多くの種類の財貨とサービスを追加する能力は大きい」69Pとジェイコブズは言う。都市は自らを改革して何度も発展期を迎え、そのときに古い仕事や産業から伝わる労働や知識や資本を利用して新しい製品やサービスを創造する。

ジェイコブズがこの本を書いていたとき、ニューヨークは不況のまっただ中にあった。しかしニューヨークが外国の安価な労働力に押されて衣料品産業の大部分を失っても、衣料品のデザインや流通に関する巨大な知的資本のおかげで、その後の数十年間に数え切れないほど新しい仕事が誕生した。

そう聞かされてもジェイコブズは決して驚かなかっただろう。本書の中心となる主張の1つは、新しい種類の仕事の開発には多数の異なる資金源が必要だという理論だ。何を優良な投資とみなすかは、人によって違うからだ。実際には、こうした資本の「非能率的」利用が都市を成長させる。

都市は衛生問題や公害、水の供給、過密、火事の危険など、多数の問題を抱えてつねに非実用的であるように見えるが、そうした問題に対する解決策と、問題の緩和に役立つ新しい

財貨やサービスを提供できるのもまた都市だけのようにも見える。

政府は地方の「開発」のために、特定の田舎に投資するのは正しい政策だと考えるかもしれない。しかし新しい産業の本拠地をどこにするのが一番いいかは、民間資本に決めさせる方が合理的だ。

インターネットの発達により、仕事はネットがつながる場所ならどこでも可能になった。だから人々はいろいろな場所に散らばって仕事をするようになるはずだと予想されたが、実際にはそうならなかった。人々はあいかわらず自分が知的生態系の一部だと感じたがっているからだ。

その生態系の中心はつねに都市にある。都市はさまざまな問題を抱えていても、新しいことが起こる場所だと誰もが知っている。都市が非生産的だというのは作り話にすぎない。

今を知り、未来を考えるために――

未来の都市はさらに大きく複雑になり、多様性を増し、もっと興味深いものにさえなるだろう。そして古い都市と新しい都市の光景や、文化的魅力、知的興奮を幅広くあわせ持つ大きさになるだろうとジェイコブズは予想している。

「今日の都市計画の立案者や設計者たちが（中略）考えているような、官僚化され、単純化された都市」■291Pは、都市の自然な成長や発展を阻害するものだが、未来の都市はそれとは対照的な性質になるはずだとジェイコブズは指摘する。

1950年代にニューヨークの都市計画者ロバート・モーゼスがマンハッタンのダウンタウンに高速道路を通す計画立てたとき、それがワシントン・スクエアを分断する予定だと知って、ジェイコブズは反対運動を起こしてその計画を中止に追い込んだ。ジェイコブズは高層の公営住宅にも反対した（さまざまな収入の世帯が入居する低層住宅が好ましいと主張した）が、この考えは今では常識となっている。

ジェイコブズが残した最大の教訓は、都市は自然に成長するものであり、政府はすでにあるものを破壊しないように努めさえすればよいという考えだ。「非能率的な」町並みでさえ、多くの人の目があって犯罪防止に役立ち、都市生活を興味深く生産的にする活発な交流をもたらす効果がある。

経済的活力は「経済的な試行錯誤という変化の多い仕事」■291Pに携わる人々から生まれるとジェイコブズは言う。彼らの仕事はものごとをなすための新しい方法、つまり新しい仕事を創造するための実験である。このプロセスが存在しなければ、都市はいかに大きくても衰退する可能性がある。

偉大な都市とは、多くのものを生産するだけでなく、新しいものを生産する都市である。

27

1973

スモール・イズ・ビューティフル

E・F・シューマッハー

邦訳書

［スモール・イズ・ビューティフル］

小島慶三・酒井懋 訳　講談社（1986年）

大量生産と大量消費だけが世界経済を動かす方法ではない。

▼「環境を汚染したり、社会構造や人間そのものの質を落とすような科学的ないしは技術的「解決」は、それがどんなに巧みで、見た目に魅力があろうとも、無用である。経済力のいっそうの集中を招いたり、環境をますます破壊するような大型機械は、進歩ではない。英知の否定である。英知は科学・技術を有機的なもの、非暴力的なもの、優雅なもの、美しいものへと組み替えることを求める。」

【43－44頁】

▼「人間は小さいものである。だからこそ、小さいことはすばらしいのである。巨大さを追い求めるのは、自己破壊に通じる。」

【211頁】

E. F. Schumacher
E・F・シューマッハー

イギリスの経済学者

エルンスト・フリードリッヒ・シューマッハーは1911年にボンで生まれた。父は経済学者だった。ボンとベルリンで教育を受けた後、1930年にローズ奨学金を得てオックスフォード大学に入学し、さらにアメリカに渡ってニューヨークのコロンビア大学で経済学の学位を得た。

シューマッハーはドイツに帰国し、結婚するが、ナチスの台頭に不安を感じてイギリスに移住した。第2次世界大戦が勃発すると、ドイツ人だったシューマッハーは敵国人としてイングランドとウェールズの境界にあったプリース・ヒース収容所に送られた。しかし数か月後に釈放され、ノーサンプトンシャーの農場での暮らしに戻る許可を得た。1940年に執筆した国際決済制度に関する論文がケインズから高く評価され、この論文は1943年に『エコノミカ』誌に掲載されたシューマッハーはイギリスを福祉国家に作り上げた経済学者で政治家のウィリアム・ベヴァリッジを師として仰いだ。1945年に英国籍を取得し、ドイツの英国占領地域管理委員会の顧問に就任して、戦後のドイツ再建のために4年間勤務した。1950年にイギリスの石炭公社の顧問となり、以後20年間その仕事を続けた。1950年代なかばに数か月間ビルマに滞在し、仏教経済学の思想を形成した。シューマッハーはインドやザンビアでも開発問題について助言している。

シューマッハーは1977年に亡くなった。他の著書に、唯物主義に哲学的な批判を加えた『混迷の時代を超えて―人間復興の哲学』(1977年) などがある。

石油危機を予言し、世界的ベストセラーに。物質主義や科学技術信仰を痛烈に批判し、環境問題に世間の目を向けさせた

20世紀初めにヘンリー・フォードがライン生産方式を完成させてから1970年までの間に、産業は目覚ましく発達した。

そのため、「生産の問題」[18P]（すべての人が利用できる暖房や調理用の熱、燃料、照明、食糧、交通手段の創造）はもう解決したと言われた。実質的にあらゆるものが手ごろな価格で大量生産され、増加する世界の人口を満足させられるようになった。

しかし、この表面的な大成功はある思い込みの上に成り立っているとシューマッハーは言う。人間は自然の一部ではなく、天然資源はただでいくらでも利用できるという思い込みだ。

「生産問題」が解決されたと思われたまさにそのとき、公害と環境問題という予期せぬ新しい問題が登場した。

この新しい問題は、天然資源が本当は急速に減少する資本であるにもかかわらず、それを「所得」[19P]とみなす誤りから生じたものだ。なぜそのような誤りが起きたかといえば、私たちが「自分の手で造りだしたもの以外は、すべて無価値なものとして扱った」[20P]からだとシューマッ

ハーは指摘している。誰かが造ったものでないのなら、ただでいくらでも使っていいと私たちは考えた。

この誤りのせいで未来が脅かされたために、今や農業や工業、そして社会に静かな改革を起こす必要があるとシューマッハーは書いている。

ドイツ生まれの経済学者であるシューマッハーは、若い頃は大学で経済成長について学んだ内容を素直に受け入れ、イギリスとドイツの戦後復興のために働いた。しかし40代になると革新派として目覚め、「富さえ増えれば、すべてがうまくいく」■380P という思想の誤りを明らかにするのが自分の使命だと考えるようになった。

シューマッハーがこの本を書いていた頃、アメリカは世界人口の6％を占めるに過ぎなかったにもかかわらず、世界の第一次資源の40％を利用していた。この「成長」への衝動はいつまで続くのだろうかとシューマッハーは問いかける。

シューマッハーが過去に発表したエッセーを収録した『スモール・イズ・ビューティフル』の売れ行きは、出版当時はかんばしくなかった。

しかし中流階級の間で世界の貧困と環境問題に対する取り組みや、代替エネルギーの活用、自給自足への関心が高まると、この本の評判は一気に広まり、初期の環境運動のバイブルとしてベストセラーになった。

人間の貪欲さを乗り越え、地球環境に配慮したサステイナブルな社会のあり方を模索

世界から貧困がなくなり、人々が人生の非物質的な側面だけを考えて生きていける未来をケインズが思い描いていたのはよく知られている。

しかしシューマッハーは、人間が豊かさを追求する限り、生産と消費に限りはないと考えた。

現代の資本主義の最大の特徴は、貪欲と嫉妬心であるとシューマッハーは言う。いくら消費を増やしても欲求が満たされないので、人々は利己的な、ときには反社会的でさえある行動を取るようになる。

そのせいでいくら物が豊富にあっても社会問題はなくならず、国民総生産は増えているのに世の中はいっこうに改善されない。国民総生産は技術の進歩を示すと同時に、抑圧や不平等、天然資源の乱用を示す指標にもなっている。

シューマッハーはこのような社会に代わるものとして、「永続性」30Pのある社会を提案する。それは地球に存在する資源と人間に必要なものを十分認識した上で発展する、もっと持続的で安定的な社会と経済の形だ。

「大地は一人ひとりの必要を満たすだけのものは与えてくれるが、貪欲は満たしてくれな

い」■43P というガンジーの言葉が、シューマッハーの主張を代弁している。

収益ばかりを考えた〝経済学〟ではなく財とサービスが自然に与える影響を研究する経済学を主張

経済学は現代文明のあらゆる面で主役を演じ、今では経済以外のすべてが脇役に追いやられているとシューマッハーは述べている。

「不経済」■53P と判定されたものは何であれ、愚か者のやることだと非難される。重要なのは収益を上げるかどうかの一点に尽きるようだ。しかしシューマッハーは、そのような見方は収益が社会全体の利益にならず、害になる場合さえあるという事実を見えにくくすると警告する。

「ゼネラル・モーターズの利益はアメリカの利益でもある」というのはアメリカの経済界では有名な言葉だが、それは必ずしも真実ではない。

何が「経済的」かを判断するには短期的な成果が重視され、生産に必要な要素、たとえばきれいな空気や水や肥沃な土地は「いくら使ってもいい」と考えられている。環境に深刻な影響を与える行為が経済的とみなされる場合もあれば、環境を保護するために行なう行為が「不経済」だと非難されることもある。

経済学のもう1つの問題は、あらゆる財やサービスを売り手と買い手の市場取引という観点でしか見ないところにある。買い手が気にするのは、その製品がどのように作られたかではなく、価格が安いかどうかだけだ。

シューマッハーは、市場は「社会の上《うわ》っ面《つら》」に過ぎず、その下に氷山のように隠れている「自然・社会の事実」■58Pにはまったく関心を払わないと指摘する。「市場というものは個人主義と無責任が制度化されたものといえる」■58Pとシューマッハーは書いている。

シューマッハーは、財とサービスが自然に与える質的な影響を研究する経済学が必要だと指摘し、それを「超経済学」■61Pと名づけた。経済学者が「財」と言うとき、その財が人間の作ったものか自然が与えてくれたものか、そして容易に取り替えがきく（現代の言葉で言えば「持続可能な」）ものかどうかは、普通はまったく考慮されない。

最小資源で最大幸福を得る「仏教経済学」を提唱

仏教国の人々は、国民の精神的伝統と現代経済学はうまく両立できると信じている。しかし、仏教国には仏教国独自の経済学があってしかるべきだとシューマッハーは主張する。

現代の経済学者は「労働」を、それを提供する人間から切り離して考えられるものとみなしている。多くの人にとって労働は必要悪であり、雇い主にとっては単なる生産要素の1つにすぎない。だから人間の仕事量を減らせるなら、どんな手段でもよいと考えられる。たとえば分業の効果を上げるために、作業を最小の動作に分割するのもその1つだ。

しかし仏教的な観点からすると、労働には3つの目的がある。人間の能力の向上、共同作業への参加による利己主義の克服、そして生活の向上に役立つ財やサービスの創造である。その教えにしたがうなら、売るための製品を作る目的で神経をすりへらす退屈な仕事や無意味な仕事をするのは間違っている。それでは製品の方がそれを作る人間より重要だという意味になるからだ。

余暇を得るために働くという考え方も、仏教徒にはそぐわない。彼らは生活を1つの全体的なまとまりとみなして、それを別々の部分に分けて考えないからだ。仏教徒は「文明の核心が欲望を増長することではなく、人間性を純化することにあると考える」[72P]とシューマッハーは指摘する。

労働者の技能と能力を活用し、向上させる有意義な仕事によって人間性が養われるとすれば、人間の労働を何もかも機械にやらせるのは決して進歩とは言えない。仕事を失うのがつらいのは、単に収入がなくなるからだけではなく、人間を向上させる規律正しい要素が生活から失われるからだ。労働は人間に規律と生きる意味を与えている。

仏教経済学は「最小限の消費で最大限の幸福を得る」[74P]ことを考える。

何を生産する場合でも、どうすれば最小限の手段で一定の目的を達せられるかという点が重視される。これは非常に合理的な考えだとシューマッハーは言う。対照的に、消費を基準にして国民経済を測定し、最も消費する人が最も豊かだと考えるのは不合理だ。

仏教経済学の最大の特徴は「簡素と非暴力」74Pである。自給自足的な地域社会で暮らす人々は、大きな紛争に巻き込まれる可能性が少ない。なぜなら彼らの生活は貿易に頼っていないからだ。その地域で手に入る資源を使って何かを生産するのは理にかなっている。反対に、外国からの輸入品に頼って生産するのは決して創意工夫とは言えず、むしろ失敗である。

仏教的な観点からすると、私たちはあらゆるものを支える生態系の中で生きる無数の生物の1つにすぎない。だから個人的な利益を得るために、この生態系の一部を私物化するのはとんでもないことだ。

私たちは近代的な工業的成長をとるか、農村社会の停滞をとるか、どちらかの選択を迫られているわけではないとシューマッハーは言う。「唯物主義者の無頓着と伝統主義者の沈滞」80Pの間には中道があり、私たちは仏教でいうところの「正しい生活」80Pを見いだすために知恵を絞るべきである。

それぞれの社会の環境やニーズに合致した「中間技術（適正技術）」を主張

シューマッハーは「人間の顔を持った技術」および「中間技術の開発を必要とする社会・経済問題」と題した章の中で、資本集約的な技術は、多くの発展途上国でGDPを増加させるという点で効果があったが、新しい産業に関わる仕事と投資の恩恵を受けた富裕な都市生

*1 **村落工業**
家内制手工業【訳】

活者と、暮らしがかえって悪化した農村の貧困層からなる階層社会を生じさせたと書いている。

シューマッハーは、資本集約的な技術をもてはやすのはやめて、人間の潜在的な能力を抑圧するのではなく解放する「中間技術」204Pを作り上げるべきだと提案している。中間技術は大規模工業生産技術とは対照的に、「自立の技術」、あるいは「民衆の技術」205Pと呼ぶことができる。シューマッハーが命名した「中間技術」は、「適正技術」234Pという呼び方で知られるようになったが、現在では「持続可能な開発」の範疇で語られることが多い。

中間技術は農村に仕事場を作り、エネルギーや燃料の使用を抑え、天然資源を乱費せず、債務を負う必要がなく、社会的、文化的な規範と矛盾せず、大規模な工場やインフラ整備を必要としない。

シューマッハーの思想はガンジーが理想とした〝村落工業〟国〟に通じるものがある。ガンジーの構想は、ヒンドゥー・ナショナリズム*2が期待した工業大国への道とは違っていた。世界中が産業資本主義への道をひた走る中で、シューマッハーとガンジーの理想は時代遅れだと思われるかもしれない。しかし経済力と軍事力は並行して発達するというシューマッハーの指摘は一理ある。

国家がむやみに経済力を望まなければ、戦争に巻き込まれる危険は低くなる。その国は他国と資源の取り合いにならないし、自国の繁栄を支える自然の資源を破壊しないからだ。シューマッハーにとって、発展のスピードを抑えることは社会の幸福と平和を増大させるために必要な価値ある犠牲だった。

*2 **ヒンドゥー・ナショナリズム**
ヒンドゥー教に基礎を置き、強力なインド国民国家を目指す政治思想【訳】

*3 フード・マイル
食材を産地から消費地まで運ぶために必要な二酸化炭素排出量を示す指標【訳】

今を知り、未来を考えるために——

シューマッハーの考えは、大量消費のライフスタイルに代わって、フード・マイル*3の低さや職人の手工業を重視する有機的な思想を先取りしていたが、全体的に見ると、今では非現実的なユートピア的理想主義のようにも見える。

シューマッハーは「適正技術」を用いて貧困層を救済しようとしたが、発展途上国は、貧しい人間に劣った技術を与えて我慢させるための詭弁だと非難した。豊かな国を豊かにした産業規模や技術を取り入れたいと願うのはどの国も同じだ。

また、シューマッハーは技術の進歩によって既存の資源をより効率的に利用できるようになり、富の増大が大家族を減らすだろうとは予想していなかった。さらにシューマッハーは移民や、農村から都市部への人口移動が、地方にとどまっていては得られないチャンスを人々に与えてくれるとは考えていなかった。

シューマッハーが残した真の功績は、この本の出版後に環境問題に対する関心が大きく広がったことだろう。安価な衣料品がバングラデシュの劣悪な搾取工場で生産され、スマートフォンが安いのは中国の労働者に最低限の賃金しか支払っていないせいだと気づいて、抗議の声を上げる倫理的な消費者の先駆けとなった。

シューマッハーは、公正であることが健全な環境につながり、簡素な経済が非暴力的な世界に通じると信じていた。この信念は今も耳を傾ける価値がある。

28

1985

PETER F.
DRUCKER
"The dean of this country's business and management philosophers."
—Wall Street Journal
Innovation
and
Entrepreneurship

イノベーションと企業家精神

ピーター・ドラッカー

邦訳書

［イノベーションと企業家精神］

上田惇生 訳　ダイヤモンド社（2007年）

企業家精神と
イノベーションの
マネジメントは、
技術、資本、労働などの
伝統的要素と同じくらい
経済にとって
重要な意味を持っている。

▼「企業家精神もまた原理に基づく。企業家精神の原理とは、変化を当然のこと、健全なこととすることである。企業家精神とは、すでに行っていることをより上手に行うことよりも、まったく新しいことを行うことに価値を見出すことである。これこそまさに、セイの「企業家」なる言葉の本質だった。それは権威に対する否定の宣言だった。すなわち、企業家とは、秩序を破壊し解体する者である。」

【■ 3頁】

Peter Drucker
ピーター・ドラッカー

オーストリア生まれの経営思想家

ドラッカーは1909年にウィーンで生まれた。父はオーストリア＝ハンガリー帝国の役人だった。ギムナジウムを卒業後、勉強のためにドイツへ行き、フランクフルト大学で公法と国際法の博士号を取得した。ロンドンでジャーナリストとして働いた後、1937年にアメリカに行き、1943年にアメリカ市民権を得た。

1950年から71年にかけてニューヨーク大学で教授を務め、1971年にカリフォルニア州のクレアモント大学大学院で社会学・マネジメント教授に就任し、終生その職を務めた。ドラッカーは90歳を迎えた2002年に、ジョージ・W・ブッシュ大統領から大統領自由勲章を授与されている。

生涯に39冊の著書を執筆し、1975年から95年まで『ウォール・ストリート・ジャーナル』紙のコラムニストでもあった。1946年にゼネラル・モーターズの組織の内幕を研究し、それに基づいて書いた『The Concept of the Corporation（会社の概念）』によって名を知られるようになった。ドラッカーには、本書の他に『現代の経営』（1954年）、『経営者の条件』（1966年）、『ポスト資本主義社会』（1993年）などの著書がある。

経営学では個別の事象に過ぎなかった〝イノベーション〟を誰もが実践できるよう体系化した

本書を執筆するにあたって、ピーター・ドラッカーは1つの疑問に注目した。

1965年から85年にかけて、アメリカ経済はインフレと石油ショック、景気後退、主要産業と政府部門での大量の雇用喪失に見舞われたにもかかわらず、全体では雇用は大幅に増えた。これはいったいなぜだろうか？

4000万人以上の新規雇用は大企業や政府によって創出されたものではなく、大部分が中小企業によるものだった。それに対してほとんどの人は、雇用を増やしたのは「ハイテク」産業だと一言で説明をつけようとした。しかし実際には、新しく創出された雇用のうち、ハイテク産業によるものはわずか500万人から600万人にすぎなかった。

雇用創出の鍵となる「技術」は、最先端の装置や機器ではなく、企業家精神のマネジメントであるとドラッカーは主張する。マネジメントとは、ものごとをよりうまくやる技術だ。そしてこの技術は、工学や医学と同じように役立つ社会的技術として評価する必要がある。

ドラッカーが登場する前まで、マネジメントの重要性が真剣に考慮されることはほとんどなく、『イノベーションと企業家精神』は、出版から30年もの間マネジメント論の金字塔であり続けた。

ドラッカーは自分の専門分野では数十年とは言わないまでも、つねに数年は他の研究者をリードしていた。『イノベーションと企業家精神』はおそらくはじめてマネジメントを感覚的にではなく体系的に分析したという点で、注目に値する本である。

ドラッカーは1950年代なかばにイノベーションと企業家精神を大学で教え始めた。『イノベーションと企業家精神』はそれからおよそ30年にわたるドラッカーの考察を反映している。ドラッカーは労働組合、ガールスカウト団体、科学研究所、教会、大学、そして救援組織にいたるまで、さまざまな組織で働く人々と協力した経歴を持つ、ビジネス界の指導者としては非常に珍しい存在だった。

ドラッカーがこの著書で伝えようとしたのは、働いているかぎり、仕事のやり方を変えて大きな成果を上げる方法はいくらでもあるということだ。

企業家とは
創造的破壊を通して富を創造する者

1800年頃、フランスの経済学者J・B・セイは、企業家とは簡単に言えば「経済的な資源を生産性が低いところから高いところへ、収益が小さなところから大きなところへ移す」人のことだと言った。

セイのこの言葉は企業家の最初の、そして最高の定義だとドラッカーは言う。

企業家精神は「気質」ではない。企業家精神は個人や組織の行動の中に見られる1つの特長を指している。医療でも教育でもビジネスでも、企業家精神の持ち主は基本的に同じ行動を取る。彼らは本質的に、ものごとをより上手にやるだけでなく、まったく違うやり方でやるのだ。

古典派経済学では、資源の「最適化」、すなわち最適な配分によって利益が最大化するとき、経済は均衡に向かい、時間とともに成長すると考える。

しかし企業家の本質は「破壊し解体する者」だ。企業家は、ヨーゼフ・シュンペーター*1が「創造的破壊」と呼んだ行為を通じて富を創造する。古典派経済学の観点では、企業家は経済システムの外にある予測不能な不確定要素だった。企業家は不確実性と未知の領域に立ち向かい、変化に合理的に対応し、変化を利用して利益を上げる能力を持っている。

新しいビジネスを始める人が誰でも企業家だと考えるのは間違いだとドラッカーは言う。新しい店やフランチャイズ店を開店する人は確かにリスクを冒しているが、彼らは何か新しいものを創造しているわけではない。顧客にとって新しい価値を創造していないのだから、彼らを企業家とは呼ぶことはできない。

*1 **ヨーゼフ・シュンペーター**
オーストリア生まれのアメリカの経済学者。1883－1950年【訳】

企業家精神はハイリスクと思われがちだが、それは大きな間違いである

企業家は収益の小さなところから大きなところへ資源を移すことを目標にしているにすぎない。それなのになぜ、企業家精神には大きなリスクがつきものだと一般に信じられているのだろうか。

「すでに行っていることをより上手に行う」[3P]だけでは、新しい機会をつかみそこない、知らぬ間に企業が暗礁に乗り上げる結果になりかねない。それに比べれば、企業家精神の方がはるかにリスクは小さい。変化を受け入れ、まったく新しいことに粘り強く取り組む姿勢は、資源を投資する最高の方法だ。

ドラッカーはその証拠として、ベル研究所、ＩＢＭ、３Ｍを企業家的な企業の成功例に挙げている（今ならAppleがそこに加わるだろう）。企業家精神にリスクが伴うのは、企業家と呼ばれている人たちが「初歩的な原理を守らないから」[7P]だとドラッカーは考えている。企業家精神からリスクを減らすためには、体系的に取り組み、マネジメントし、目的意識を持たなければならない。

企業家精神は大きな組織にも存在できる。実際、大きな組織が長期的に存続するためには、企業家精神を持たなければならないとドラッカーは言う。アメリカのゼネラル・エレクトリックやイギリスの衣料品や家庭用雑貨の小売業者マークス＆スペンサーはどちらも大企業で

ありながら、新しい価値を創造し続けてきた着実な実績がある。

偉大なイノベーションは社会的価値を創造することである

ドラッカーによれば、イノベーションとは「既存の資源から得られる富の創出能力を増大させる」[9P]ことである。

すぐれたイノベーションは、ときには驚くほどシンプルで、往々にして技術や新発明とはほとんど関係がない。たとえばトラックから貨物船に簡単に積み込める金属製のコンテナというアイデアには技術的な目新しさは何もないが、コンテナ船を利用した海上輸送の標準的システムの誕生はイノベーションであり、国際貿易を4倍に増加させた。

偉大なイノベーションの多くは、ある種の社会的価値の創造である。たとえば保険がそうだし、近代病院、割賦販売もそうだ。そして教師が一度に教えられる生徒の数を飛躍的に増やしたという点で、教科書の発明もイノベーションである。科学や技術はあらゆるイノベーションの源の中で、実は最も期待できないとドラッカーは言う。科学や技術分野のイノベーションは、少しでも利益を上げるためにひどく時間がかかり、コストも大きいからだ。

実際には、社会や市場の中で起きる思いがけない変化を利用する方が、成功に結びつくまでの期間が短く、より簡単で、成功の可能性も高い。企業家精神の持ち主は、次のような変化をイノベーションの機会として注目している。

〈起業家精神の持ち主が注目するイノベーションの機会〉

- 「予期せぬこと」16P 予期せぬ成功や失敗、予期せぬ出来事（これについては後で述べる）。
- ギャップの存在。あるべきもの、あるいは一般に言われていることと現実とのギャップ。
- これまで解決法が提示されなかった既存のプロセスの問題点。
- 誰もが意表を突かれる産業や市場の変化。
- 人口構造の変化。
- 「ものの見方、感じ方、考え方」16P の変化。

予期せぬ成功をイノベーションの機会とするにはマネジメントに謙虚な姿勢が必要である

ドラッカーは興味深い「予期せぬ成功」の例をいくつか挙げて、当事者がその機会をどれほど利用できたかを説明している。

〈予期せぬ成功の例〉

- ニューヨークにある百貨店のメイシーズは何年も低迷を続けていた。
  メイシーズは婦人服の店というイメージを抜け出せず、収益を伸ばしていた家電売り場を軽視したからである。メイシーズの役員にとって、家電の売上は「困った成功」[23P]にすぎなかった。メイシーズは家電の売上が同社のイメージと品揃えの中で重要な位置を占めているのを受け入れて、ようやく盛況を取り戻すことができた。

●IBMとユニバックは、はじめは科学者向けのコンピュータを作っていたが、どちらも企業のニーズの高さに驚いた。

科学の粋を集めたコンピュータを企業向けに売るのをユニバックは嫌がったが、IBMは積極的に事務用コンピュータを売り始めた。

●アメリカの大手鉄鋼会社は、巨額な投資を必要とする巨大な高炉に慣れ親しんでいたので、高炉を使い続ければ資金と利益を失うだけだとわかっていながら、「これまでのやり方」と違うという理由で、新型の電炉に移行しようとしなかった。

予期せぬ成功をイノベーションの機会として利用するために、これまでのやり方をすっかり変えるには謙虚さが求められる。これまで品質の高い商品で評価されていた会社にとって、安価で大衆的な商品の流行を脅威とみなさずにいるのは難しい。ドラッカーが言うように、「予期せぬ成功は、マネジメントに対する挑戦」[22P]だからだ。

破壊的イノベーション*2の理論を提唱したクレイトン・クリステンセンに先駆けて、ドラッカーは「新規参入者」、「外部の者」、「二流だった者」[83-84P]が積極的に新しい製品を創造したり、1つの市場を形成していた既存の製品を改良したりすることで、産業構造が大きく変化する可能性があると指摘した。彼らは既存の企業が関心を持っていない市場や、その市場に可能

*2 **破壊的イノベーション**
既存の市場の秩序を乱し、新しい市場を創出するようなイノベーション【訳】

性があると思っていないニッチ市場を切り開いていく。

成功するサービスや製品とは顧客にとってとことん有用なものである

イノベーションとは洋服のファスナーやボールペンの発明のように、「アイデアのひらめき」14Pが必要だと考えている人は多い。

しかし、そうした「アイデアのひらめき」から生まれた商品のうち、開発費を上回る売上に結びついたものは５００に１つもないとドラッカーは指摘する。製品が利益を生むには、イノベーションが市場を獲得しなければならない。そのためには、企業家としてのマネジメントが必要になる。

たとえばイギリスの企業デ・ハビランドは世界最初のジェット旅客機を製造したが、ジェット機市場を支配したのは、航空会社が高価なジェット機を購入できるように融資の方法を作ったボーイングとダグラスだった。デュポンはナイロンを開発しただけではなく、女性の靴下や下着、そして自動車のタイヤにナイロンの新しい市場を創造した。

イノベーションを行なう者は、自分が作り出した製品の市場と販売システムを考案しなければ、市場は他の誰かに奪われてしまうだろう。

新しいイノベーションを昔ながらの通念で判断しようとすると、その価値を見誤ることが多い。プロイセン王は、「ベルリンからポッダムまで乗馬を楽しめるというのに、金を払って一時間しか乗れないものを使う者などいないであろう」[147P]と言って、鉄道の失敗を断言した。

今まで存在しなかったものに顧客がどう反応するかを市場調査で知ることはできない。そういう意味では、イノベーションにはつねにリスクがある。しかし、イノベーションを誰がどうやって利用するのかを先入観を持たずに考えることで、そのイノベーションが世の中に拒否されるリスクを減らせるだろう。

イノベーションを成功させるには的を絞る必要があり、多くのことをやろうとせずに、1つのことだけを誰よりもうまくやるべきだとドラッカーは言う。

イノベーションは奇抜すぎてはだめで、普通の人にも使えるものでなければならない。そういうイノベーションは、「なぜこれが今までできなかったんだろう?」と不思議がられる。イギリスの経済学者デヴィッド・リカードは、「利益は、賢さの違いからではなく、愚かさの違いから生まれる」[306P]と言った。成功する製品やサービスは、顧客が考えなくても使えるもの、顧客の労力とお金と時間を節約するものでなければならない。

そのいい例が、キング・ジレットが開発した使い捨ての安全かみそりだ。安全かみそりが売り出されるまで、ひげそりは時間がかかる上に刃物の扱いが難しいので、床屋に任せた方が安心だった。しかし床屋の料金は高く、誰もが利用できるわけではなかった。顧客は製品を買うのではなく、製品が自分の生活を楽に、便利にしてくれることに対してお金を払うのだ。

今を知り、未来を考えるために――

ドラッカーは本書の最後に、近代的福祉国家が誕生して100年あまりたつが、生産活動に従事する者、すなわち富の創造者が福祉国家を支える負担はあまりに大きく、福祉国家はもう長くはもたないだろうと結論づけている。

福祉国家の跡を継ぐのは、はたして企業家社会なのだろうか、とドラッカーは問いかける。現代の多くの国々で、企業家精神はもはや一時的な流行以上のものになっている。

新しい世代の富の創造者を育てるために大学の課程が設けられ、財団が設立され、政策が立案されている。そしてマネジメント学はすでに独立した1つの研究分野になった。

ドラッカーは2005年に亡くなったが、彼は企業家精神が経済の主要な役割を果たす未来を明確に予測し、資本主義の本質は創造的破壊であるというヨーゼフ・シュンペーターの理論をより具体的に説明した。

イノベーションと企業家精神を中心にした経済理論は、他のどの政治経済学にも類のないドラッカーの業績である。

29

1988

企業・市場・法

ロナルド・H・コース

邦訳書

[企業・市場・法]

宮沢健一・後藤晃・藤垣芳文 訳　東洋経済新報社（1992年）

経済学を理解するためには、企業、市場、組織の形成において取引費用が果たす役割を理解する必要がある。

▼「市場とは、交換を促進するために存在する制度である。つまり市場は、交換取引を実行する費用を減ずるために存在している。」

【10頁】

▼「私の若い頃には、言葉にするには愚かすぎることでも唄にならば歌ってもよい、などといわれた。現代経済学においては、数学に翻訳し直すのであればよい、ということになろうか。」

【209頁】

Ronald Coase
ロナルド・H・コース

アメリカの経済学者

コースは電信技手の父のもとに1910年に生まれ、ロンドンで育った。足が悪かったので小さい頃は補助具をつけ、障害のある子どものための学校に通った。しかし生まれつき学業成績がよく、名門のグラマースクールに進学することができた。ロンドン・スクール・オブ・エコノミクス（LSE）で留学奨学金を獲得し、渡米して企業や工場を視察し、組織の意義やあり方を学んだ。20代のとき、コースはスコットランド、リバプール、そしてロンドンの大学で教職につき、戦時中はイギリス政府で統計業務に携わった。戦後はLSEに戻って教えながら、郵便局などの公共機関や放送業界の規制についての研究を進めた。

40歳でふたたび渡米し、バージニア大学で教授に就任する。教職のかたわら、連邦通信委員会について研究した。1964年にシカゴ大学に職を得て、1991年にノーベル経済学賞を受賞した。2013年、コースは共著者の王寧とともに『中国共産党と資本主義』を出版した。コースは2013年に亡くなった。

取引費用に着目し、「コースの定理」を発見。公害問題などに影響を与える

経済学を学ぶことが将来の仕事につながるかどうか一度でも悩んだことのある人は、ロナルド・コースの人生を参考にしてほしい。

コースは、繰り返し引用されるほど、経済学に大きな影響を与えた論文を2つ書いており、それが本書に収められている。その1つは弱冠26歳で発表した『企業の本質』(1937年)で、もう1つは50歳で書いた『社会的費用の問題』(1960年)である。

コースは80歳でノーベル経済学賞を受賞し、102歳で中国の資本主義に関する本を共同で執筆している。

コースは自分の専門分野の中で当たり前とみなされているあらゆる見解を、あらためて問い直すことのできる稀有な経済学者だった。

コースから見ると、経済学はそれまで、〝企業〟や〝市場〟の本質を細かく研究する努力を不思議なほど怠ってきた。そこでコースはその2つを詳細に分析した。

またコースは、経済学が数学的な学問に転向しようとする傾向に懸念を示していた。「私の

若い頃には、言葉にするには愚かすぎることでも唄にならば歌ってもよい、などといわれた。現代経済学においては、数学に翻訳し直すのであればよい、ということになろうか」[209P] とコースは書いている。コースの論文はどれも短く、数式を含まないので、経済学の門外漢が読んでも十分に理解できる。

有名なコースの定理は、市場システムの中では財産権が何よりも重要であり、財産を何に利用するかを最終的に決定するのは市場であると考える。

コースは、市場はたいてい最適な決断を下すと考えている。経済学を企業や市場という「制度」の面から考察するコースのアプローチでは、個人や企業が彼らの活動する場所の法的・政治的状況によって利益や制約を受けるという点に焦点を当てている。法による規制や裁判所の判決は、コースの見方では「取引費用」[8P] となる。取引費用について理解しなければ、経済と、経済の将来性について理解することはできないというのがコースの主張だ。

コースの思想は右派も左派も超越していたし、彼自身はどのイデオロギーにも与しなかったが、取引費用に対するコースの洞察は、１９８０年代に起こった規制緩和革命を後押しし、環境政策をはじめとするさまざまな分野の政策に影響を与え続けている。コースは現実社会に非常に大きな影響を与えた経済学者の１人だ。

『企業・市場・法』は、コース自身が自分の業績を振り返り、論文に対して寄せられた批判に答える目的で、彼のもっとも重要な論文のいくつかを収めた論文集である。

市場や企業は取引やビジネスにかかる費用を減らすために存在する

市場は交換を促進し、「交換取引を実行する費用を減ずる」[10P]ために作られた制度である、とコースは指摘する。

イギリスでは、市《いち》や市場《いちば》は国王の許可を得て、個人が開くものだった。彼らは市や市場の安全の確保にも責任を負った。現代では市場の安全性は法によって守られており、市場を組織することによって安全に取引するための取引費用を減らすことができる。

完全な市場（あるいは完全に近い市場）と完全競争が実現するためには、厳密で念入りな規則や規制が必要だとコースは言う。経済学者はたいてい、規則が多いと完全競争が阻害されると考えているが、実際には規則は取引費用を減らす意図で作られている。

それが市場の本当の目的だ。アダム・スミスは、競争を制限すること（すなわち市場を狭くすること）はつねに業者の利益になると批判したが、規則を作って取引費用を削減することは市場を拡大することとつながり、業者はそれによっても利益を得られるのである。

効率的に運営された市場があれば、そこに物品の交換を希望する人々が集まり、価格メカニズムによってあらゆるものが最適な価格で即座に売り買いできる。

それが本当だとしたら、人々はなぜ企業を作るのだろうか。企業とは、内側だけで通用する規則を持ち、市場の影響から守られた小さな計画社会であり、市場という大海に浮かぶ島のようなものだ。企業はなぜ存在するのかというこの問いは、コースにとっておそらく経済学の最も根本的な問題だった。

正統派経済学理論では、企業とは「生産要素を生産物に変換する組織」[8P]にすぎず、企業は市場の価格メカニズムを利用して、何をどれだけ生産できるかを決定すると考えられてきた。しかし企業の内部では、市場の価格メカニズムは適用されない。「企業の特質は、価格メカニズムにとって代わることにある」[42P]とコースは述べている。企業はなぜ市場から一定の距離を置き、最適価格の発見や最適価格の決定という絶え間ない活動から離れたがるのだろうか。

実は、市場で実行されるあらゆる取引には費用が発生する。理論上、生産は互いに契約を結ぶ個人または企業家によって、分権化した方法で実行できるはずである。しかし実際には、市場を通じて取引する費用を減らすために組織（企業）が生まれる。企業はなによりもまずビジネスにかかる費用を減らすために存在する、とコースは考えた。

実際、企業が（従業員数という点で）どれくらいの規模まで成長するかは、取引費用を計算すれば容易に判断できるとコースは主張している。企業が組織内で取引する費用と、市場を通じて取引する費用を比較して、組織内で取引してもそれ以上時間とお金を節約できなくなった時点で、企業は市場を通じて取引を始める。

現代の巨大なＩＴ企業が興味深い点の１つは、各企業の市場価値の大きさやユーザーと顧客の多さと比較して、従業員数が非常に少ないところだ。それらの企業は、最も重要な製品の仕様を決めたり経営判断をしたりするときでさえ、膨大なユーザーデータやユーザーからのフィードバックに基づいて決断できる。

21世紀には、企業の存在意義に対するコースの疑問がいっそう注目を集めることになるだろう。ＩＴ技術のおかげで市場の取引費用は低下し、ときにはゼロにさえなる可能性がある。そうなったら、果たして企業が存在する理由はあるのだろうか？

社会的費用と便宜を認識し当事者間で交渉するべきである

社会的費用、あるいはイギリスの経済学者アーサー・セシル・ピグーが「外部性」[26P]と呼んだものに対するコースの研究は、非常に興味深い。コースは社会的費用の問題を、「他者に対して有害な影響を及ぼす企業行動についての問題」[111P]と定義した。

たとえば、工場が排出する煤煙が近隣に被害を及ぼすような場合が例に挙げられる。従来の経済学では、3つの対処法が考えられる。1つ目は煤煙のせいで健康を害した近隣住民に、工場所有者が損害賠償をする。2つ目は、煤煙を排出する分だけ工場所有者に税を払わせ、工場が社会全体の健康に与えた被害を間接的に賠償させる。3つ目に、そのような工場を住宅地の近くに建設するのを法律で禁止するという選択肢もある。

コースの考えでは、これらは社会的費用の問題に対処する手段としては、どれも満足のいく方法ではない。なぜなら工場が近隣に損害を与えているという前提が間違っているからだ。工場周辺の住宅地が、そしてさらに言えば社会そのものが、工場所有者に損害を与えているとも言えるのではないだろうか？　建てる必要のある工場が1つも建てられないとしたら、それは少なくとも煤煙と同じくらい有害な社会的費用にならないだろうか？

私たちが利用する財やサービスは、どこかで生産する必要がある。私たちはそういう社会に生きていることを受け入れなければならないし、人には所有する土地や財産を利用する権利があることも認めなければならない。「誰かに何がしかの危害を与えるような行為に対してことごとく反対すること、こうした行為ほど『反社会的』なものは他にない」159-160P とコースは述べている。駅のそばで暮らしている人は、騒音や煤煙や振動が伴うのを覚悟しなければいけないし、空港のそばに家を買う人は騒音について不満を言ってはならない。

コースは社会的費用の問題の例として、菓子工場が出す騒音と振動によって隣接する家に住む医者の診療が妨害された例を取り上げた。この菓子屋は操業を停止するべきだろうか？、医者が患者を診る能力と、菓子屋が菓子を作る能力のどちらが優先されるべきかをいったい誰が決めるのだろうか。社会にとってはどちらも有用なものだ。

経済システムの中に何らかの問題が生じたときは、政府が介入すべきであるとイギリスの経済学者アーサー・ピグーは主張したが、コースはこの考えに反対した。公的機関や法律や制度の多くは、それ自体が社会的費用を生み出す原因となるにもかかわらず、政府は当然のようにそれらが好ましい社会的便益を生み出すと考える。

政府の規制や裁判所の判決は、ときに国家の生産能力にとてつもない損害を与えるが、裁判所は通常、自分たちの判決がどのような経済的影響をもたらすかを理解していないので、しばしば牛刀をもって鶏を割くような結果になる。

企業や個人、そして組織が自主的に交渉していれば、それぞれの資源の価値が適切に評価できただろうに、問題を裁判所に持ち込めば、経済システムの生産能力を引き下げる高い取引費用が生じるのである。裁判所が最終的な調停者となっている現在では、政府はまず財産権を明確に定義する必要がある。

社会的費用は企業の生産活動が生み出す有害な副産物だけではない。失業や低賃金もそこに含まれる。

費用や便益がどこに存在するかを正しく判断できる完璧な課税システムや賢明な裁判官というものは想像しがたい。むしろ個々の企業、個人、あるいは社会が、それぞれの生産活動によって受ける損害、あるいは便益を明確に認識し、お互いに交渉する（政府や裁判所の介入を受けずに）べきだ。そうすることで、関係するすべての人々が何らかの便益を得て、社会や国家が全体的に豊かになるような合意に達することができるだろう。

コースは1959年に、今では非常によく知られている『連邦通信委員会』と題する論文を『The Journal of Law and Economics（法と経済学）』誌に発表した。この論文は「公益」■145Pにかなうと政府が考える企業や団体にラジオの周波数帯の使用を認める通信委員会の方針に反対して書かれたものだ。

コースは、周波数帯の使用権の割り当てを決めるのは市場に任せ、最も高い価格で入札した人に使用権を認めるべきだという大胆な提言をした。彼の意見は識者、放送業界、政治家に反対され、ミルトン・フリードマンまでがコースの意見の一部に異を唱えた。

こうした既得権が否定されたのは1990年代になってからで、現在では周波数帯の使用権を入札で決めるのが最も有効な資源配分の方法であると考えられている。コースはかつて、1億ドルの無駄遣いになる政府計画の実行を、思想や意見を通じて1週間遅らせることができる経済学者は、それだけで一生暮らせる価値があるという辛辣な言葉を残している。

今を知り、未来を考えるために──

簡潔な文体と明確な論理で書かれたコースの論文は、経済学者にありがちなまとまりのない文章とは無縁で、まるで哲学者がたまたま経済学を主題にして書いたように見える。102歳という長寿をまっとうしたコースの生涯は、取引費用という1つのテーマで貫かれていた。

コースより前に取引費用というものに注目した経済モデルはほとんどなかったが、取引費用は現実社会を動かす大きな要素だった。社会の中の資源の最適配分は、課税や助成金の複雑な組み合わせによって達成されるわけではなく、政治家や裁判官の知恵もあてにならない。資源の最適配分は、当事者である企業や個人間の交渉によって得られるものだ。「取引費用がゼロであれば、交渉を通じて富を最大化する合意が形成されるだろう」■181Pというコースの定理（命名したのはコース本人ではなく、アメリカの経済学者でノーベル賞を受賞したジョージ・スティグラーである）は、政府が富の創造という計算式の一部である必要はないという考えを示している。

コースの言う交渉のよい例として、オーストラリア北部で鉱山会社とアボリジニの間でおこなわれた取引を挙げることができる。

鉱物の採掘を認める代わりに、土地の所有者であるアボリジニは、鉱山使用料、雇用、職業訓練、そしてインフラの整備を要求して認められた。別の地域では、交渉によって双方が利益を得る可能性があったにもかかわらず、関係者が交渉の機会を与えられないまま、採掘が禁止された。

政府は最適な決定を下せると私たちはいまだに考えているが、実際にそれができるのは私たち自身であるとコースは強く信じていた。

30

1990

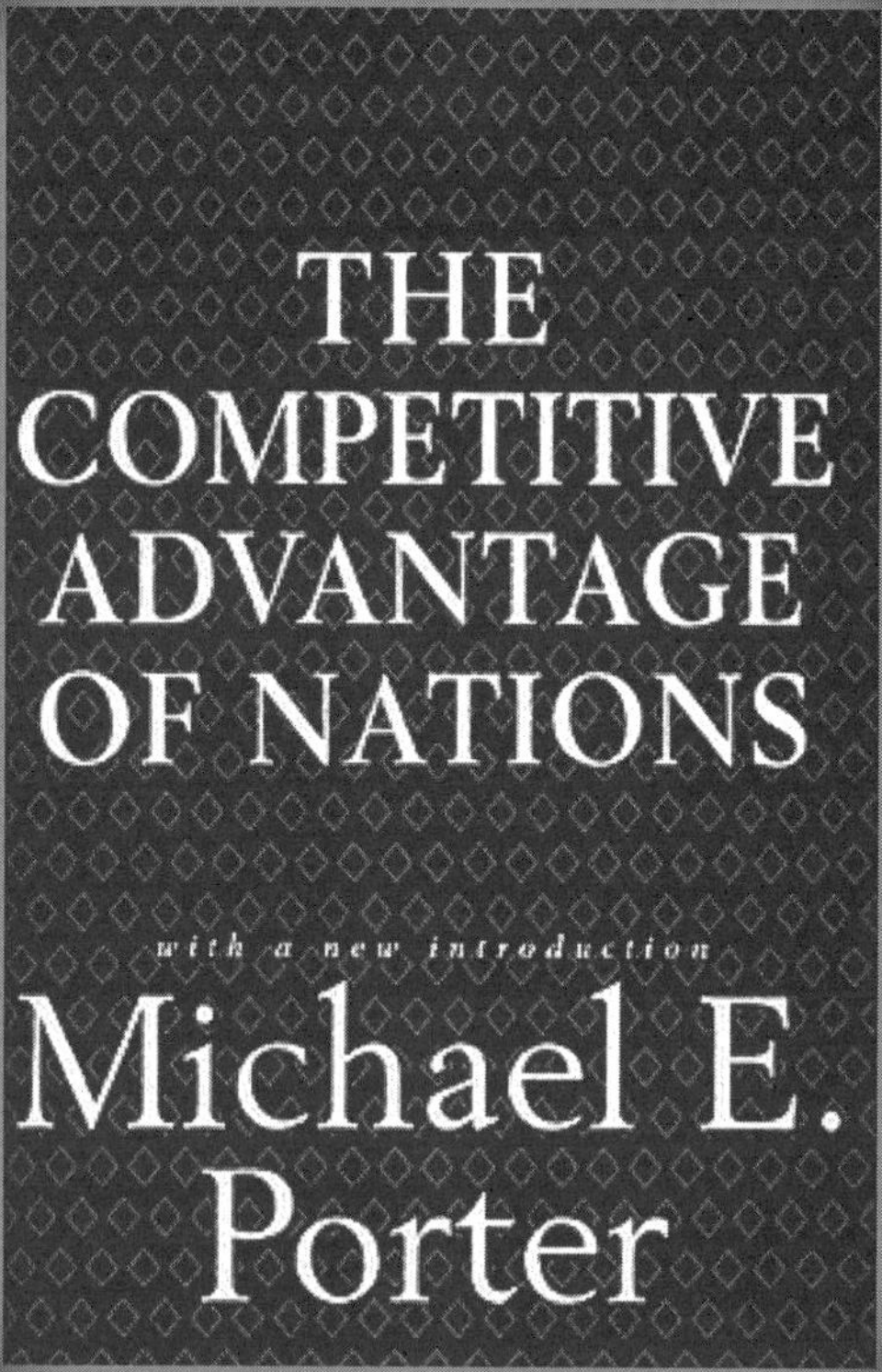

国の競争優位

マイケル・E・ポーター

邦訳書

［国の競争優位］

土岐坤・中辻萬治・小野寺武夫・戸成富美子 訳

ダイヤモンド社（1992年）

国の経済的優位を高めるために政府が取るべき最善の方法は、国内産業に活発な競争が起きる環境を整えることだ。

そうすれば企業は、世界を圧倒する製品やサービスを生み出し、それらを輸出できる。

▼「国内ライバル間の反目はいたるところで見られるようになり、国際的に成功している国の産業でも例外ではない。(中略)プライドから、国内の他の企業に対して、経営者も労働者ものすごく敏感になっており、国内の新聞や投資アナリストたちは、つねに、国内の一社を他社と比較する。国内ライバルは、単に市場シェアだけで戦うのではなく、従業員、ブレークスルー、もっと一般化して言うと、「自慢する権利」のために戦う。」
【上巻 175頁】

▼「国の産業は、競争優位をグレードアップし拡大しているか、衰退しているかどちらかである。」
【下巻 199頁】

Michael E. Porter
マイケル・E・ポーター

アメリカの経営者

ポーターは1947年にミシガン州アナーバーで生まれた。高校時代はアメリカンフットボールと野球の優秀な選手で、プリンストン大学の工学部航空機械科に入学する。大学を卒業後、ハーバード大学大学院に進み、経営学修士号（MBA）を取得後、1973年に経営経済学博士号を取得した。

ポーターはハーバード・ビジネススクールで、教授の中でも特に名誉あるビショップ・ウィリアム・ローレンス・ユニバーシティ・プロフェッサーという称号を持ち、同大学の戦略・競争力研究所の創設に尽力した。2012年には非営利組織「Social Progress Imperative（社会進歩の責務）」の創立に協力した。この組織は生活の質を多様な基準を用いて測定し、各国を順位づけする社会進歩指標を毎年発表している。

他の著書に、『競争の戦略』（1980年）、『競争優位の戦略』（1985年）、『医療戦略の本質—価値を向上させる競争』（2006年）などがある。

国際競争下で、特定の国家が、経済的に繁栄し、衰退するメカニズムを明らかにした

ハーバード・ビジネススクール出身の偉大な経済学者を祀る神殿があったら、マイケル・ポーターの胸像は誰よりも高いところに安置されるに違いない。

ある産業の中で企業が成功する方法を論じた『競争の戦略』（1980年）と『競争優位の戦略』（1985年）の中で、ポーターは一時の流行に終わりがちな経営戦略論に重みと真剣さをもたらした。

ポーターは産業や企業の問題を扱うミクロ経済学を専門に研究を続けてきたが、レーガン政権で「産業競争力に関する大統領諮問委員会」上8Pのメンバーに任命され、経済的成功に国が果たす役割について深く考える必要に迫られた。

アメリカが日本企業の大成功に脅威を覚え、アメリカも日本や韓国のようにもっと干渉主義的な産業政策を取るべきではないかという議論が盛んに行なわれていた時期に、ポーターは国が主導する産業政策を待望する意見を退けた。

代わりにポーターが提案したのは、「国の環境」[上45P]を重視するという選択だった。すなわち人的資本や物的資本への投資や、企業の繁栄を後押しするマクロ経済学的な環境と法的環境の整備である。国の繁栄の原動力は政府ではなく、企業だ。「個々の産業で繰り広げられる無数の戦いの結果、国の経済状態と進歩の能力が決まる」[上10P]とポーターは書いている。

しかしもちろん、ある国は他の国と比べて、企業や産業の発展をより促進する環境があったというのは事実だ。

ポーターの課題は、国のどんな環境が企業や産業の発展を刺激するのかを理解し、その特性を現実に応用できるようにすることだった。マクロ経済学、ミクロ経済学、そして経営学を統合するこの野心的な試みは、原書で800ページにもおよぶ大作として結実した。『国の競争優位』はファックスがまだ目新しい道具で、日本がタイプライターを輸出していた時代に書かれたが、その原理は今でも十分通用する。

ポーターの目的の1つは、間違った経済理論によって戦後に数百万人が貧困に転落し、いくつかの国々が発展の機会を失って取り残された理由を明らかにすることだ。

『国の競争優位』は、最初から国の経済政策に実質的な影響を与える目的で執筆された。競争力の決定要因に関するポーターの「ダイヤモンド」[上107P]*1理論は、ニュージーランド、シンガポール、カナダ、そして少し遅れてノルウェー、フィンランド、オランダ、香港で採用された。また、産業の「クラスター化」[上217P]というポーターの考えは、アメリカや世界中の都市と地域で実践された。

*1 ダイヤモンドはポーターが決定要因を指す言葉【訳】

成功は、資源の所有という優位性ではなく何を選択し創造したかにかかっている

ポーターはリカードが提唱した比較優位理論との区別を明確にするために、あえて本書に『競争優位』というタイトルをつけた。

リカードの理論は、国に自然に備わっている資源や労働に十分な資本を投下すれば、その国は他国との貿易で成功できるという考え方だった。ポーターは、こうした「生産要素のインプット」は、グローバル経済の中で次第に重要性を失っていくと主張した。なぜなら成功するかどうかは、何を所有しているかではなく、何を創造したかによって決まるからだ。

驚くほど豊かな天然資源に恵まれた多数の国々が、貧しく発達の遅れた状態に甘んじている一方で、鉱山も森林もないに等しく、人口が多いわけでもない国々が、国の生活水準を向上させる世界的企業を生み出している。これらの国々はスキルやテクノロジー、そしてインフラストラクチャーをつねにアップグレードできる環境を作り出している。

ポーターの競争優位理論によれば、成功は資源や労働の自然な優位ではなく、選択にかかっている。

政府が産業に干渉するべきか、あるいは自由放任主義経済を選ぶべきかという古くからの議論は、今となっては無意味だとポーターは言う。

左派だろうと右派だろうと、国の役割は労働者1人あたりの生産性（これがおそらく国の富の最もすぐれた基準になる）が向上し続ける環境を整えることに尽きる。そのためには伝統的な自由主義者が主張するとおり、貿易障壁を削減する必要があるが、一方では高度な教育と訓練を受ける機会を国民に積極的に提供し、国の経済の中に健全な競争を保証しなければならない。厳格な反トラスト・独占禁止法、健康と安全に関する厳しい規制、そして環境保護法などは、競争優位を確立する上で重要な役割を果たす。

競争力を高めるために賃金を安くして労働コストを下げる「底辺への競争」をしていては、国は発展しない。グローバル経済で成功するのは環境保護を促進し、適正な賃金を支払う国だ。それらの目標を実現するために払われる努力が、生産性への投資を増加させる。

ポーターは生産性を向上させる要因に関する従来の考えの誤りを明らかにした。低賃金は競争力を高めるどころか、衰退の兆候を示していた。「高賃金を払うにもかかわらず競争できる能力があることが、国にとってははるかに望ましい標的であるようだ」とポーターは書いている。

国際的な成功は、高い付加価値のある製品を作って売ることで得られる。そのためには最先端の研究と設計、最も進んだ製造技術、そして高いスキルと教養のある労働者が必要だ。これらは安く手に入るものではないが、たとえば最も性能のいいスマートフォンや自動運転車や太陽電池パネルを生産することで得られる利益は計り知れない。

4つの要素からなるダイヤモンドが国の優位性を決定する

ポーターは特定の産業において国の優位を決定する4つの要因を挙げている。

〈国の優位を決定する4つの要因〉

●生産要素
スキルと教育のある労働者、インフラストラクチャー、物的資源、科学や技術、市場に関する知識、資本資源など。

●需要条件
特定の製品やサービスに対してどんな性質の需要があるか。買い手の一般的な要求水準の高さなど。

●関連・支援産業
国際的な競争力を持つ供給産業または関連産業が、クラスター、すなわち効率的生産を可能にする一種の生態系を作っている状態。

●ミクロ経済学的環境
企業の設立や組織を規制する法的・政治的条件や、ライバル企業同士の競争の程度。

これら4つの要因が作るひし形《ダイヤモンド》は、1つの要因が他の要因を強化するように働けば、いっそう頑丈になる。

どんな国にも発明や技術的飛躍のような成功のチャンスは訪れるが、その発明を商業的に活用する手段を持っているのは、資本や技術のインフラストラクチャーがある国だ。

同様に、産業を興す能力や、高い教育を受けた労働力、資本の蓄積を持った国はたくさんあるが、特定の製品の改良や新しい製品の開発を促す圧力をかけるような、要求水準の高い消費者がどこの国にもいるとは限らない。

たとえばドイツの消費者が持つ精密さや品質に対するこだわりは、ドイツの自動車会社が世界有数の自動車を設計・製造する上で決定的な要因になったとポーターは主張する。対照的に、アメリカの自動車産業の主要な「需要条件」は、人々を快適にA地点からB地点へ運ぶ手ごろな値段の大衆車である。

「社会的、政治的歴史と価値によって国の間には永続的な差異が生まれ、それが多くの産業での競争優位で一定の役割を果たすのである」上191P とポーターは指摘する。

イタリア人が持つ洋服や自動車への情熱がグッチやフェラーリを生み、アメリカ人のクレジット好きが、ビザやマスターカードをはじめとする国際的なクレジットカードのリーダーシップを生んだ。そしてアメリカ人は大衆文化や娯楽面の才能に恵まれているので、世界随一の映画産業が成長した。

単純な地理的条件が成功の鍵となる場合も多い。スウェーデンは都市から離れた場所に森林や鉱山があったため、長距離輸送に耐える丈夫なトラックを必要とした。その条件にかなうトラックを生産したのがボルボとサーブ・スカニアで、この2社はトラックの主要輸出メーカーとなった。

国の競争優位という観点からすると、政府の役割を「ダイヤモンド」の5番目の要因と考える誘惑にかられるとポーターは言う。戦後の日本や韓国の企業が成功する上で、それぞれの国の政府が果たした役割を考えてみるといい。

しかし政府の真の役割は、主要な買い手の役割を演じ、製品基準や規制を制定して産業を一定の方向に導き、産業を支える教育政策を実施するといった方法で、すでに存在するダイヤモンドの4つの要因に影響を与えることだ。政府の役割は国の優位を作り出すことではなく、優位が生まれる可能性を高めることである。

複数のライバル同士の競争があってこそ企業は成長する

1つの国全体を取り上げて、その国に競争力があるのはなぜかと聞くのは質問の仕方が間違っているとポーターは言う。

そうではなく、その国の特定の産業で、企業同士はどのように競争しているか、あるいはそれらの企業が生産性の急速な成長を維持するためにどのような努力をしているかを問うべきなのだ。

企業、供給業者、特殊なスキルを持った労働力や支援企業が特定の地域に凝縮している――ポーターはこれをクラスター化と呼ぶ――と、多大な利点がその国にもたらされる。主要企業の間で情報が速やかに伝わり、新しいアイデアや技術がすぐに取り入れられる。ある企業が国際市場で成功すると、他の企業も負けじとそれに追随する。

グローバリゼーションは距離や地理的条件の重要性を低下させるように思えるが、逆にクラスター化の重要性はいっそう高くなる。

ポーターはロンドンのシティをクラスター化の好例として取り上げている。シティには銀行、商社、保険会社やその他の金融サービスが集まり、それらを支える情報サービス（ロイターなど）や金融ジャーナリズム、出版、法務サービス、広告やPR産業が密集し、イングランド銀行を代表にいくつかの国家機関がある。しかしそれだけでなく、厳しい競争がなければシティは決して繁栄しなかっただろう。

「競争優位は、圧力、挑戦、逆境から生まれるのであって、安易な生活からはめったに生まれない」[上255P]とポーターは言う。そして「われわれの調査から得られた経験的事実の中で最も目を引くものの一つは、産業の激しい国内ライバル間競争と、競争優位の創造および維持との間には強い関係があるという点である」[上172P]と指摘している。

一般に受け入れられている考えは、1つの産業に1つか2つ、世界をリードできる「国のチャンピオン」上172Pとなる企業を育てるべきであり、国内の激しい競争は規模の経済を妨げるという理論だ。

しかし実際には、スウェーデンやスイスのような小国でさえ、自動車産業や医薬品産業には国内に強力なライバル会社がいくつも存在し、規模の経済は製品を世界中で販売することで獲得している。スイスのように国土の狭い国では、主要産業ごとに1つの支配的な企業がありそうに思われる。ところがスイスの各産業にはいくつもの大企業が存在する。たとえばチョコレートならネスレやヤコブス・スシャール、リンツがあり、時計ならロレックスやパテック・フィリップなど、多数のメーカーがある。

「国内で厳しい競争に遭遇していなかったら、手ごわい外国ライバルに太刀打ちすることなど無理である」上176Pとポーターは書いている。ドイツではファーバー・カステルが鉛筆の国内市場を制圧していたため、業界第2位のステドラーはなかなか売上を伸ばせずにいた。そこでステドラーは外国市場に力を集中して成功した。選択的要素劣位がある場合、すなわちダイヤモンドの要素のうちどれかが劣っている場合、国はしばしば劣った点を徹底して補って競争優位を獲得する。

たとえばオランダは寒冷で曇りがちな気候という選択的要素劣位があるにもかかわらず、切り花と野菜栽培産業の年商は数十億ドルに達している。オランダは温室栽培技術や新種の花、省エネ技術に投資し、花の取り扱いや航空輸送などの価値連鎖*2を発達させた。

「要素の豊富さ、あるいは快適な環境ではなく、圧力こそが本当の競争優位を支える」上123Pというポーターの理論は、1990年と同様に、今日でも真実である。

*2 **価値連鎖**
原材料に価値を付加するための生産、販売、物流などの活動【訳】

ある程度、経済発展が進むと人も国家も富の創造をやめて衰退に向かう

経済的発展がある程度進むと、人間も国も新しい富の創造をやめて、すでに持っている資本で暮らしたくなる自然な傾向があるとポーターは言う。すでに達成された富によって経済が推進される「富推進の段階」[F215P]に達すると、経済は発展よりむしろ衰退に向かう。人々は競争よりも所有を重視するようになり、既得権による保護を求めるようになる。

競争を減らして安定性を増大させる目的の合併や乗っ取り、買収が増え、イノベーションや生産性を低下させる。イノベーションがまったく行なわれないわけではないが、所得格差や社会的停滞はますます悪化する。もっと活力にあふれていた「イノベーション推進経済」[F211P]において容認された社会福祉給付を維持するために、政府は増税を余儀なくされる。

この本が出版された１９９０年、欧州連合（ＥＵ）は設立の目的を達成できないのではないかとポーターは懸念していた。単一市場は新たな競争とイノベーションを生むはずだったが、逆に市場は保護主義者の懇親クラブになってしまい、日本車やアメリカのＴＶ番組の輸入を規制した。「もしこうした傾向が勝ちを占めると、一九九〇年代はヨーロッパの経済の歴史で誤った転換点だったということになろう」[F483P]とポーターは警告している。過去25年間のヨーロッパの貧弱な成長を見ると、ポーターの言葉は正しかったと言わざるを得ない。

今を知り、未来を考えるために――

ポーターは厳格な反トラスト法や独占禁止法、健康と安全に関する厳しい規制、そして環境保護法が競争優位の確立に重要な役割を果たすと主張しており、彼は決してリバタリアンや凝り固まったイデオロギーの主張者ではない。

国際経済は環境を重んじ、人的資本を開発する国に成功という報酬を与える。単にそれが正しいことだからではなく、目標を達成するには、企業は資源の生産性を向上させるために投資せざるを得なくなり、結果的に利潤が増加するからだ。

ポーターの本はＩＴの大企業が誕生する前に書かれたので、現代には通用しないという意見もあるだろう。しかしＩＴ革命の中心地であるシリコンバレーこそ、「ダイヤモンド」が単なる部分の集合よりも大きな成果を生み出す相互強化システムの典型であり、時間とともに重要性を増すクラスターの最高の形にほかならない。

ＩＴ企業が国を超越したかのように見えるのは、この上ない皮肉だ。それらの企業を生み出したのは、まさにアメリカ独特の特長（莫大なベンチャーキャピタルの蓄積、すぐれた大学の存在、激しい競争、コンピュータ技術を早くから採用し開発した実績）であり、さらに言えば、それらの特長はカリフォルニアのごく小さな地域に特有のものだからだ。地域、そして特にその地域内の厳しい競争とライバル関係は、競争優位の獲得に重要な役割を果たすのである。

31

1990

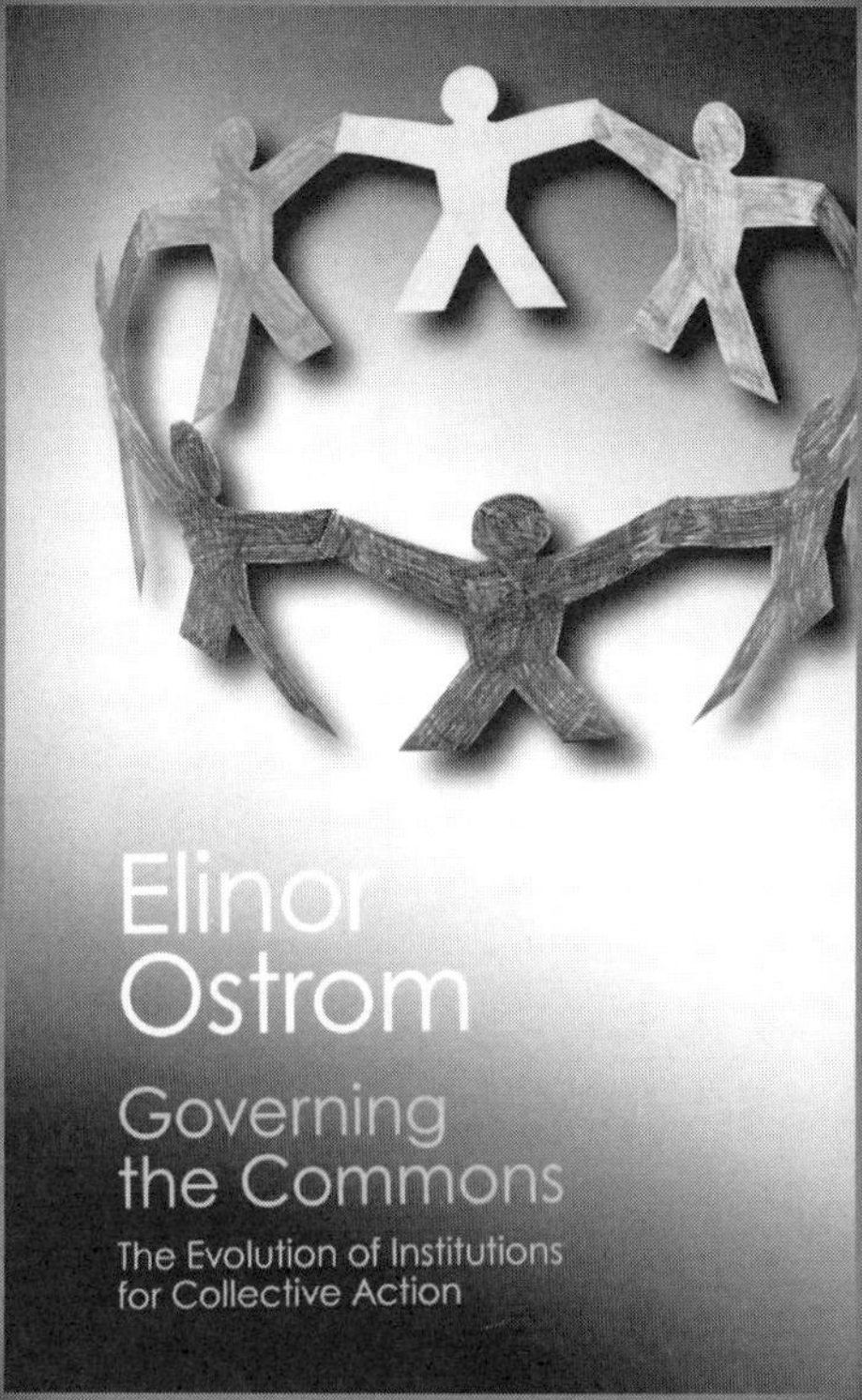

コモンズの管理

エリノア・オストロム

未邦訳

水や森林などの天然資源を適切に管理するには、必ずしも政府や法の規制を必要としない。その資源に長期的な利害のある関係者同士が相互に規制しあう制度を作ることができる。

▼「人々が天然資源システムを長期的かつ生産的に利用できるようにすることに、政府も市場もどちらも成功していないという事実は、世界中で認められる。しかし人々が作る共同体は、政府とも市場とも異なる制度で資源システムを管理し、昔から一定の成果を上げてきた。」

【本書訳者による訳】

Elinor Ostrom
エリノア・オストロム

アメリカの政治学者

オストロムは1933年にロサンゼルスで生まれた。母は音楽家で、父は舞台美術家だった。ビバリーヒルズ高校を卒業後、オストロムはカリフォルニア大学ロサンゼルス校で政治学を学び、大学卒業後に数年間働いてから、大学に戻って政治学修士号と博士号を取得した。

1965年に夫がインディアナ大学の政治学教授に就任すると、オストロムも同大学で教職につき、アメリカの政治について講義した。1974年にはインディアナ大学教授となる。オストロムは夫と共同で政治理論・政策分析ワークショップを設立した。このワークショップは現在も民主主義制度やインセンティブと自主管理に関する研究や講義を続けている。オストロムは2007年にアリゾナ州立大学で制度的多様性研究センターを設立した。2009年には政治学者であるにもかかわらず女性初のノーベル経済学賞を受賞。

オストロムはアメリカ国立科学財団、アンドリュー・メロン財団、フォード財団、国連、アメリカ地質調査所から研究のための助成金を支給され、多数の国で現地調査を行なった。『タイム』誌はオストロムを「世界で最も影響力のある100人」に選出し、その理由として、「環境保護、国際金融システム、あるいはさまざまな格差の問題など、世界で最も急を要する課題のほぼすべては集合行為を必要とする。オストロム教授の研究は、共有資源の濫用を避けるために社会がしたがうべき指針に光を当てた」と述べた。オストロムは2012年に亡くなった。

「コモンズの悲劇」を避けるための管理主体は国家か市場かという議論に第三の道〈セルフガバナンス〉を示した

たとえば漁場などの天然資源が、荒廃や枯渇の危険にさらされているという話をよく聞く。政府は漁業者の乱獲を非難し、漁業者は過剰な規制、あるいは規制の不足に原因があると言う。

どちらにしても、個人が自由に共有資源《コモンズ》を利用すれば環境悪化は避けられないという意味で、「コモンズの悲劇」*1という言葉が使われるようになった。この言葉は世間の感情に訴え、中央政府による強力な規制を求める主張に勢いを与えた。

しかし実際には、政府も市場も、多数の天然資源問題に対する解決策にはなりえないとエリノア・オストロムは主張する。

人々は昔からそのどちらにも頼らずに資源問題を解決してきた。オストロムは天然資源問題の分野では初めて、農村社会学、人類学、歴史学、経済学、政治学、林学、生態学などいくつもの分野にまたがり、世界中から何千件ものケーススタディを集めた。それらの研究によって、オストロムは人々がどのようにして「コモン・プール資源（CPR）」*2を自主管理（セ

*1 **コモンズの悲劇**
生物学者のギャレット・ハーディンの言葉【訳】

*2 **コモン・プール資源（CPR）**
共有資源を意味する経済学用語【訳】

ルフガバナンス）してきたかを明らかにした。

「共有資源問題は、資源の利用者自身が最適以下の結果を生むか、場合によっては破壊的な結果を生むのを避けられないというジレンマそのものである」と考えられてきた。

その思い込みのせいで、これまでは現地の実情に合わない解決モデルが作られてきたとオストロムは指摘する。また、人々が資源を適切に管理する自主組織を作りたいと思っても、参考になるような理論的枠組みは存在しなかった。

『Governing the Commons（コモンズの管理）』はその理論を提示したことによって、オストロムに女性初のノーベル経済学賞をもたらした。

規則（国家）でも私有化（市場）でも「コモンズの悲劇」は解決できない

アリストテレスからホッブスまで多数の哲学者が、人間はたとえ集団に長期的な損害を与えても、個人の利益を追求する生き物だと語り、ただで手に入る資源に価値はないと述べている。

生物学者のギャレット・ハーディンは1968年に『サイエンス』誌に掲載された有名な論文の中で、共有の牧草地に牛を放牧する牛飼いの例を挙げている。放牧する牛の数を増やせば牛飼いは短期的な利益を得られるが、過放牧によって生じる不利益は利用者全員で分担するので、コストはごくわずかですむ。

「今日利用して、先のことを心配するのは明日」というこの姿勢は、利用する資源そのものを荒廃させる結果になる。「コモンズの悲劇」と呼ばれるこの警告は、天然資源の枯渇だけでなく、人口過剰や地域紛争、そして政府の赤字支出との関連においても引き合いに出される。

「コモンズの悲劇」という考えは、人間が自分の利己的な衝動に対して無力であり、自主性に任せれば世界の天然資源を破壊してしまうという前提に立っているとオストロムは言う。

この悲劇を防ぐ手段としてすぐに考えられるのは、規制強化である。政府による厳格な規制と強制的な法令順守だが、たとえそうするのが望ましいとしても、天然資源の管理や規制を行なう行政機関を創設し、維持するためには相当なコストがかかるのを考慮しないわけにはいかない。

コモンズの悲劇を防ぐもう1つの方法は、私有化であり、共同で利用されているすべての資源に所有権を設定する。たとえば共有の牧草地を2人の牛飼いの間で分け、各自に牧草地の半分の所有権を与える。すると牛飼いはお互いに競争する必要がなくなり、自然そのものを相手にゲームをするようになる。牛飼いは牧草地が共有だったときに比べて負担するコストが大きくなったのに気づいて、土地の価値を維持するために資源の利用を調節するようになる。

この方法は合理的に見えるが、1つの土地は多数の土地にまたがって広がる巨大な天然資源システムの一部だということを忘れてはならない。そして土地の私有化がうまくいったとしても、海を分割して所有権を設定することは決してできない。

結局、規制強化モデルも私有化モデルも、法の作成者、あるいは所有権の監視者として政府の主要な役割を期待しているという点では同じである。しかし政府にこのような役割を求めれば、市民はしばしば思いもよらない実質的なコストの負担を迫られる。

オストロムは政府や市場に代わる選択肢として、資源の利用の歴史や利害関係者まで考慮に入れながら、特定の資源を管理する制度（政府か民間かのどちらかではなく、両方の要素をあわせ持つ制度）を作るという、しばしば困難で時間のかかる方法を提示した。

資源の利用者は、その資源に関する地元ならではの詳細な知識と現状を反映した契約を結ぶ。この過程には争いも生じるが、結果的には対立を解消するために司法制度を頼る必要がなく、法制化を求める必要もないという点で、必要なコストは低くなる。

自主管理制度がうまくいけば、資源を利用しながらその維持には責任を持たないという、いわゆる「ただ乗り」問題の対策にもなる。

自主管理制度では、資源の利用者は民間の調停者、あるいは監視者を採用し、その裁定に従うことに同意し、そのコストは全員で分担する。このような取り決めはすでにビジネス界で用いられているし、スポーツの世界では各チームがレフェリーの決定にしたがうのは当然だとオストロムは指摘する。

政府の規制は現場との隔たりが大きいのに対し、利用者と調停者は地元にいるので、合意された協定に対する違反があれば確認し、調停者に訴えることができる。もちろん中央政府による規制や資源の私有化と同様に、自主管理にもさまざまな問題が生じると予想されるが、自主管理は資源の利用者に所有者意識を持たせる選択肢になる。

オストロムは共有天然資源を管理するために発達した制度の例を多数紹介している。

そのうちの1つ、スイスのヴァレー州の山腹にあるトエルベルの村では、共有している5種類の土地の利用に関する取り決めを13世紀から作っている。高地の放牧地、森林、生産的利用に適さない土地、灌漑システム、そして私有地や共有地を通る小道や道路が、その取り決めにしたがって利用されている。村の規則は村人全員の投票で決められ、その規則によって共有地の利用や悪用が規制され、肥料の配給が手配され、高地の道路や山小屋が維持され、建築や燃料に使う木材が世帯ごとに分配される。

スイスやドイツのアルプス地方にはそのような取り決めが多岐にわたって存在するが、農業用には私有地を所有し、牧草地や森林は共有地として残すという基本的な原則はほぼ一貫している。それらの共同体は、どの土地が私的所有に適し、どの土地が適さないかを、長い経験からよく理解している。

自主管理で解決したロサンゼルスの地下水問題

オストロムは自分が育ったロサンゼルスで地下水の利用を管理する制度がどのように発達したかという研究について、本書のかなりのページを割いて説明している。

周囲を丘陵や山脈に囲まれた地形のおかげで、ロサンゼルスの地下にある砂層と砂利層にはつねに地下水が流れ、地表を流れる水とともに重要な水源となっている。しかしロサンゼルスが大都市になるにつれて、帯水層(地下水を含む地層)からの過剰な地下水のくみ上げによって、地下水位がロサンゼルスに面した太平洋の海水面より下がって、海水が井戸に流れこむ可能性が出てきた。ロサンゼルスのような乾燥した場所では、これは刻々と時を刻む環境時限爆弾に等しい。

カリフォルニアの法律は、土地の所有者(「上部地主」)だけがその土地の下を流れる地下水を利用できると定めていた。しかしこの権利があるからといって安心はできなかった。自分の土地の地下水を隣接する土地の所有者が許可なくくみ上げたとしても、一定の条件を満たせば相手に権利が認められたからだ。

もし双方が裁判に訴えれば、それぞれに対して「一定の割合で」水の利用権が認められるが、たいてい双方が利用できる水の量は減る結果になった。民営や公営の水道会社は上部地主が利用しない「余剰」な水であれば、その地下水盆から水のくみ上げを許可され、会社の規模が大きいほど大きな権利が与えられた。しかしほとんどの場合、余剰があるのかどうか、そしてその地下水盆の「安全取水量」*3がどれくらいなのか、本当のところは誰もわかっていなかった。法律があっても、ロサンゼルスの水資源システムは参入自由《オープン・アクセス》な共有資源に等し

*3 **安全取水量**
環境に悪影響を与えずにその地下水盆からくみ上げられる水量【訳】

かった。なぜなら取水者は、自分の行為が他人にもたらすコストを考慮する必要がなかったからだ。

こうした「くみ上げ競争」が続けば、おそらく水資源の乱開発と塩類集積（灌漑による農地の塩類濃度の上昇）を引き起こし、成長する都市の基盤そのものを揺るがす結果になっただろう。

訴訟および長期的で費用のかかる裁判手続きの可能性を見越して、ロサンゼルスのレイモンド・ベイズン*4とウェスト・ベイズンで取水する市営の水道業者や企業などの関係団体は、塩類集積や枯渇を避けるために、くみ上げる水の総量を安全取水量までに制限する協定に合意し、協定が確実に守られるように裁判所が任命する監督官を置くことにした。この協定の副産物として、水資源のコストと利益を適切に考慮した水利権市場が誕生した。

誰かが水を過剰にくみ上げれば別の誰かが損をするという従来のくみ上げ競争と違って、使用する水量を割り当てる制度は、「誰もカモにしない」という理念に支えられている。いったんこのモデルができあがると、地下水の水位は正常な状態まで回復し、利用者および水道業者は安定した水量を確保した上に、法的コストは減少した。

こうした経験から、利害関係者は自分たちが利用している水資源について多くを学んだ。水資源は前よりもよく管理され、市民は税金（監視と法的コストの負担を目的とした税）によって、水資源をいっそううまくコントロールできるようになった。

*4 ベイズン
地下水盆の意味【訳】

セルフガバナンスの実現には困難な点もある

人々が共有資源の自主管理組織を作れるかどうかは、その国や地域の政治体制下でどの程度の自治権が認められているかによって左右されるとオストロムは認めている。資源の利用が地元の利用者や国全体の利益に基づいて管理されるのではなく、私利私欲にまみれた汚職役人と結託した民間団体の思い通りにされている例は、多くの場所で見られる。

あるいは地元民の間に昔から共有資源を管理するための保有権や資源の境界線に関する内輪の取り決めがあるにもかかわらず、国がそういった取り決めは存在しないと思い込んでいる場合もある。多くの発展途上国で、地元民には森林を生産的かつ持続的な方法で管理する能力がないという理由で森林が国有化された。しかし実際には、地元の人々はまさに生産的で持続的なやり方で森林を何世代も管理してきたのである。

ネパールの私有林国有化法は「国全体のために森林を保護する」目的で制定されたが、地元の人々は森林の管理が自分たちの責任ではなくなったと考えて、勝手な乱伐が発生した。自分たちがもう森林の所有者や管理者でないなら、取れるものを取ってただ乗りした方が得だと考えたからだ。ネパール政府が1978年にこの法律を撤回すると、ようやく森林の再生が始まった。

今を知り、未来を考えるために――

共有資源の自主管理は、価格シグナルの力で推進されるシステムではないという理由で、効率性の促進という点では競争市場に劣るという意見もある。

個人にとって共有資源の自主管理ルールに従うのは、市場価格の変化に合わせて使用量を調節したり、価格の変化を利用して利益を得たりするのに比べれば、あいまいで不確かな方法に見えるかもしれない。しかし、もし資源の利用者が市場価格に反応して短期的な利益の最大化を求めれば、その資源は深刻なダメージを受ける可能性がある。実際、ある資源がなくなりそうだと言われると、人々はそれが完全に枯渇する前にもっと積極的に使おうとするだろう。

しかし、何が「利己的」かは、その人の時間の捉え方によって異なる。資源を今日利用したいのか、あるいは自分の子どもたちに良好な状態で残したいのか、あなたはどう考えるだろうか。

時間、家族、慣習、そして忠誠心まで含んだ選択は、短期的に見れば効率的とは言えないかもしれない。しかし長い目で見れば、その選択は合理的であり、市場による解決や政府に押しつけられた解決に比べてすぐれた結果を残す可能性があるとオストロムは主張している。

32

1996

究極の資源 2

ジュリアン・サイモン

未邦訳

人口は増加しても、生活水準は上昇を続けている。これは資源の「希少性」に関する主張に根拠がないことを示している。

▼「大事なことだから何度でも言おう。人間は何万年もの間、破壊するより多くのものを創造してきた。つまり人間が生み出そうと努力してきたものと、その予期しない副作用とを秤にかければ、針はプラスの方に振れる。文明の進歩に関するあらゆる事実のうち、最も基本的なこの事実を証明する証拠は3つある。a）世代が変わるごとに、物質的な生活水準は向上している。b）価格を基準にすると、歴史を通じてあらゆる天然資源の希少性は減少している。c）何よりも特筆すべき成果は、人間が長生きになり、ずっと健康になったことだ。ある世代から次の世代に受け継がれる文明の宝物の数々、1世紀ごとに前の世紀よりすばらしさを増す遺産は、すでに述べた主張の正しさを証明している。人間は破壊するよりも多くのものを創造するのだ。」

【本書訳者による訳】

Julian Simon
ジュリアン・サイモン

アメリカの環境経済学者

サイモンはニュージャージー州のニューアークで1932年に生まれた。ハーバード大学の学士課程で実験物理学を専攻し、卒業後は3年間海軍で勤務した。シカゴ大学で経営学修士号（1959年）と経済学博士号（1961年）を取得し、1963年から69年までイリノイ州アーバナにあるイリノイ大学でマーケティングと宣伝を教える。その後、イリノイ大学経済・経営大学院教授に就任した。人口経済学、移民政策、航空経済学に関して幅広い著書があり、航空会社がオーバーブッキングしたとき、搭乗を辞退するお客に謝礼金かマイルを進呈するという今では当たり前の制度を初めて提案したことで知られている。1983年から1988年に亡くなるまで、サイモンはメリーランド大学経営大学院で教授を務めた。また、経済学的新自由主義を標榜するケイトー研究所の上級研究員でもあった。

他の著書に、『The Resourceful Earth（資源に富んだ地球）』（1984年）、『Theory of Population and Economic Growth（人口と経済成長理論）』（1986年）、『Population and Development in Poor Countries（貧困国の人口と発展）』（1992年）、『The State of Humanity（人間の状態）』（1995年）、『Life Against The Grain：The Autobiography of an Unconventional Economist（反逆的人生—型破りな経済学者の自伝）』（2002年）などがある。

人口抑制論の論拠として掲げられていた〝資源の枯渇〟や〝環境汚染〟に疑義を唱える

ビジネススクールの教授で経済学者のジュリアン・サイモンは、他の多くの人と同じように、世界は「人口爆発」を抑えなければならないというマルサス的思想に何の疑いも持っていなかった。

商品とサービスの生産を維持するのは難しく、資源が希少なせいで価格は上昇し、人々は飢え、環境は破壊されると考えていた。

しかし人口経済学を深く研究した結果、この予想が現実になる見通しは薄く、それどころか人口増加とともに生活水準は着実に上がり続けてきたという事実を知って衝撃を受けた。

こうした〝繁栄〟が環境に与える負の影響や、資源の枯渇は起こらないのだろうか？

サイモンは初期の研究の中で、現代の環境は150年前に比べて格段によくなったと指摘している。150年前といえば、都市は石炭を燃やすときに出るスモッグに覆われ、豊かな国でさえ下水設備が整っていない家が多く、現在ではすっかり根絶された伝染病で日常的に死者が出ていた。

*1　1981年に出版【訳】

また、資源には限りがある（石油、小麦、水などが枯渇しつつある）という一般に信じられている見方も否定した。ある国に比較的自由な市場が存在すれば、価格シグナルと人間の創意工夫が結びついて、どんな商品でも十分供給されるはずだというのである。これまでつねにそうだったし、現代も例外ではないとサイモンは考えている。

『The Ultimate Resource（究極の資源）』は、サイモンの研究を一般の読者向けにまとめたものだ。初版*1に15年分の事例とデータを加えた改訂版がタイトルに「2」をつけて1996年に出版されたので、ここでは「2」を取り上げている。

この本は当時常識とみなされていた見解に論争を挑むために書かれた本であり、サイモンはときに強引とも言える方法で論を進める。種の絶滅はかなり大げさに推定されていて、森林破壊と種の絶滅との関連性は驚くほど小さいとサイモンは主張した。

しかし全体として、サイモンの主張に反論するのは難しい。フリードリヒ・ハイエクはサイモンに宛てた手紙の中で、この本はハイエクの長年の主張に実証的な根拠を与えるものだと述べ、「政策に多大な影響を与えるべき重要性のある最高の本」と賛辞を贈った。

しかしサイモンは、新たな環境保護主義が高まる時代の中では異色の存在だった。当時は『The Population Bomb（人口爆発）』（1968年）を発表してアル・ゴアの先駆者となったポール・エーリックや、デニス・メドウズ*2、ギャレット・ハーディン*3といった環境保護論者のスターが立て続けに誕生していた。

*2 **デニス・メドウズ**
有名な報告書『Limits to Growth（成長の限界）』（1972年）の著者の1人

*3 **ギャレット・ハーディン**
「コモンズの悲劇」という概念を広めた

しかしサイモンは決して変人の類ではなく、学術誌に発表した多数の論文の中には、『サイエンス』誌に掲載された引用件数の多い論文（『Resources, Population, Environment: An Over-supply of False Bad News（資源、人口、環境―間違った悪いニュースの過剰供給）』1980年6月）もあり、サイモン自身は、自分は自然の与える資源に限りがないと信じる楽観的な「豊穣主義者」ではないと力説した。

サイモンが主張しているのは、人間はつねに進歩に必要な資源を十分手に入れてきたし、必要とされる資源は新しい需要と技術を反映して、時代とともに変化しているということだった。

重要なのは、実際には起きてもいない「資源の枯渇」という警告によって、人間の知性（サイモンの言う「究極の資源」）に足かせをはめないことだった。

人口の増加は、問題が増加することよりも問題を解決する担い手の増加につながる

サイモンは1969年に、貧困国の出生率低下を目的としたプロジェクトについて話し合うためにワシントンの米国国際開発庁（USAID）を訪問した。

その近くで硫黄島記念碑を見たとき、サイモンの頭にユダヤ人司祭のこの言葉がよみがえった。

「もし生きていればモーツァルトやミケランジェロやアインシュタインになったかもしれない人々を、私たちはここに何人葬ったのだろう?」

サイモンは、自分たちは何の権利があって人々に子どもを産む数を減らせと言うのだろうと疑問を感じ始めた。

ある子どもがたとえアインシュタインやモーツァルトにならなかったとしても、その子は家族に喜びをもたらし、地域社会に貢献するだろう。もちろん自分自身の人生を謳歌するのは言うまでもない。共同体の人口が増えれば、さまざまな問題が生じるだろうとサイモンは認めているが、人口が増えるということは、それらの問題を解決する知恵や知識が増えることでもある。

サイモンと同じ時代の環境保護主義者は、煤煙《ばいえん》がくすぶる乾ききった地球に人々が密集して暮らすマルサス的な光景を描いて警告したが、サイモンは次のような疑問を投げかけた。

「人口増加は、長寿とともに、精神面と物質面の勝利ではないのだろうか?」

地球人口が増加したのは、経済成長によって数十億の人口が増えても衣食住を提供できるようになった成果であり、人々はより健康で長生きできるようになった。ときどき起こる飢饉や戦争、あるいは不況でさえ、この事実を覆い隠すことはできない。

人間は資源を生み出す方法を考えられるので資源が足りなくなることはない

天然資源は決して不足しないというサイモンの主張は人々に衝撃を与え、資源は希少なものだと教え込まれた人々は、今でもサイモンの主張に当惑している。

全体的に見ると汚染は増加せず、むしろほとんどの場所で減少しているというサイモンの発言も、人々に驚きを与えた。サイモンは資源の希少性に関する理論を1つ1つ検証し、反論した。

サイモンがこの本を執筆していた頃、メディアには都市のスプロール化[*4]による将来的な農地の不足に関する警告があふれていた。

しかしサイモンは、重要なのは耕作地の面積ではなく、土地の生産性の向上だと指摘した。アメリカでは人口が増加したにもかかわらず、同じ面積の土地から得られる生産量が飛躍的に向上したため、農地の総面積は減少した。新しい給水・灌漑方法によって、生産量を増やすために必要な水の量は減った。食料生産はより集約的になり、資源のいっそう効率的な使い方（たとえば養魚場や牛の飼養場など）が可能になった。

世界人口が増加しても、水耕法や大温室、高収量作物、遺伝子組み換え作物、干ばつに強い品種、そして耕作機械の進歩により、安価で十分な食料の生産が維持できるだろう。それ

*4 **スプロール化**
市街地の郊外に都市が無秩序に広がっていく現象【訳】

にともなって、レクリエーションや希少生物種の保護のために保存される森林や原野が増えるという驚くべき成果も出るだろう。

また、サイモンは、人口が増加するにつれて都市に住みたがる人が増え、実際には農村部の人口密度は減ると主張している。したがって農地の不足は起こらず、単に一部の場所で土地の価格が上昇する結果になるだけだ。

天然資源について言えば、サイモンは、地球には「環境収容力」*5というものはないと主張している。

確かに、たくさんのウサギを1つの小屋に入れれば、ウサギはたちまち餌を食べ尽くして飢え死にしてしまうだろうが、人間は違う。人間はある資源の減少が明らかになれば、別の資源を探すか、今ある資源をもっと徹底して効率的に使おうと努力する。

歴史を振り返れば、時がたつにつれて実質的にあらゆる天然資源の価格が平均賃金に対して下がっているのは明らかだ。人口の増加によって、新しいエネルギーの開発が促進されるからだ。

昔は鯨油を家の照明に用いていたが、鯨油は高価で手に入れるのが難しいため、地中にある原油が利用されるようになり、原油は現代社会のエネルギーとなった。過去20年間に、主として原油の供給と価格の不安定さが原因となって、シェールガス採掘を目的とした「水圧破砕」技術の開発が進み、今では安価で無尽蔵なエネルギー供給が期待されている。

*5 **環境収容力**
ある環境条件下で特定の種が維持できる個体数の限界【訳】

たとえ何らかの工業製品が不足したとしても、企業はすぐに需要に応じて生産に乗り出すはずだから、不足は長続きしないと経済学者は予想している。だが、私たちは銅やアルミニウム、石油のような一次産品はそうはいかないのではないか、いくらそれらの価格が高騰しても、私たちは「差し迫った枯渇の時代」に直面しているのではないかと、どうしても考えてしまう。

しかし、「確認埋蔵量」*6に関するさまざまな言説は、ある一次産品がいつ「枯渇」するかの予測にもなるわけだが、そこには何の意味もないとサイモンは言う。確認埋蔵量の測定には限界があり、技術が進歩すれば、つねに新しい埋蔵量が発見される。アメリカ地質調査所はかつて、テキサスやカリフォルニアには石油はないと宣言していた。

実際には、あらゆるものの確認埋蔵量は消費に比例して増加している。ある資源が「足りなくなる」時期は来ないだろう。人間は創意工夫によって、つねにその資源をもっとたくさん生み出す方法を見つけるからだ。たとえば銅は、昔なら採掘するしかなかったが、現在ではかなりの量をリサイクルでまかなっている。

ある老人がかつて、枯渇に関するニュースについてサイモンにこう言った。「私が子どもの頃からずっと、石油はもうすぐ枯渇すると言われていたよ」。まるで魔法のように、確認埋蔵量はつねに需要の一歩先を進んでいる。

*6 **確認埋蔵量**
技術的、経済的に確実に採掘可能と推定される資源の埋蔵量【訳】

現に、人口が増加していても資源や食料の価格は下落している

サイモンの本は、1960年代終わりから70年代初めにかけて高まった資源と環境問題に強力な反論を提供した。

ポール・エーリックは1968年の著書『The Population Bomb（人口爆弾）』の冒頭で、「全人類に食料を提供する闘いに勝ち目はない。1970年代に世界は飢饉に見舞われ、数億人が飢えるだろう」と述べ、続けて「事情に詳しい人の中で、インドが1971年までに食料自給を達成できると考えている人にはほとんど会ったことがない」と書いている。

不安をあおるこうした発言に対抗するため、サイモンはあるアイデアを思いついた。

1980年9月の『ソーシャル・サイエンス・クォータリー』の誌上で、サイモンは悲観論者の筆頭であるエーリック向かって、一次産品（食料を含む）をどれか選んで、数年後にその価格が下がっているかどうか賭けようと持ちかけた。エーリックはこの挑発に乗り、絶対に勝てるように、必ず価格が高騰すると予想した金属を5種類（銅、クロム、ニッケル、スズ、タングステン）選んで、それぞれ200ドル分ずつ購入した。

結果はどうなっただろうか？ 10年後に世界の人口は8億人増加していたにもかかわらず、エーリックが選んだすべての金属の価格は1990年9月までに下落し、そのうちいくつか

は大幅に下がった。エーリックはサイモンに掛け金を小切手で送った。

この賭けはたまたまサイモンの運がよかったのだとしても、人間の暮らしに関する公式統計のどれかを少しでも確認すれば、サイモンが勝ったのは運のせいではなく、彼が正しかったからだとわかる。

食料価格についても調べれば、エーリックの予想が間違っていたのがわかるだろう。過去1世紀の間に、食料の価格が賃金に占める割合はいっそう小さくなった。

サイモンに政策的な目標があったとしたら、それは開放的社会（彼は積極的に移民を推奨した）と経済的自由だった。

集団農場や中央政府による農業の統制がことごとく失敗する中で、サイモンは「農民に食料と労働の自由市場を与え、土地の所有権を確立し、これらの自由を将来にわたって保証する国は、たちまち豊かな食料に満ち溢れ、食料生産に必要な労働力の割合はどんどん下がるだろう」と指摘した。

サイモンがこの本を書いていた1990年代には、農業に直接従事しているアメリカ人は、人口比で1890年代の50％から、わずか3％に減少していた。1996年以降、人口は5000万人増加したにもかかわらず、今日ではその割合は2％以下まで下がっている。

*7 「The Doomslayer（災厄の予言への反論）」1997年2月、筆者はエド・レジス

今を知り、未来を考えるために——

サイモンは亡くなる前の年に『ワイアード（WIRED）』誌の記事[*7]のためのインタビューに答えて、「資源は大地や空気からではなく、人間の知性から生まれる。経済的には、知性は人間の手や口と同じか、それ以上の重要性を持っている」と述べた。

人間の知性に限界がない以上、資源にも限界はない。

これは暗い未来を描き出すことを職業にしている人々から見れば、不都合な事実だった。「将来起こるに違いないことに関する理論的分析と、長い歴史の間に実際に起こったことに関する私の実証的な分析との違いがそこにある」とサイモンは語った。

サイモンは、資源などの物質面の状況と人間の生活水準は向上し続け、「1〜2世紀の間にあらゆる国と人類のほぼ全体が、現在の欧米並みかそれ以上の生活水準に達するだろう」と予言した。

しかしサイモンは同時に、「多くの人が、生活状況はどんどん悪くなると考えたり、発言したりするのをやめないだろう」ということも見抜いていた。

33

2010

革新的企業家のミクロ理論

ウィリアム・J・ボーモル

未邦訳

経済的成長は
新しいアイデアを育て、
実現させることで
達成される。
しかし、経済学において
企業家精神は
驚くほど考慮されていない。

▼「栄光や富、そして名声への期待は、たとえそれが実現しなかったとしても実質的な価値がある。実際、夢はそういったものから作られるのだ。企業家にとって、思い描いた成功をじっくり味わうのは、心理的報酬のほんの一部に過ぎない。偉大な発明家たちの伝記を読むと、彼らがときには失望や疲労困憊と戦いながら、いかにわくわくし、勝利の瞬間を味わい、難題の解決や実験に喜びを感じていたかに胸を打たれる。それらはすべて、結果ではなく過程にともなう喜びである。」

【本書訳者による訳】

William J. Baumol
ウィリアム・J・ボーモル

アメリカの経済学者

ボーモルは1922年にニューヨークのサウスブロンクスで生まれ、そこで育った。ニューヨーク市立大学で学び、卒業後は農務省に勤務した。第2次世界大戦中にフランスで軍務についた後、1947年にロンドン・スクール・オブ・エコノミクスで博士課程の研究に着手した。1949年にプリンストン大学で教職に就き、以後43年間この大学で経済学を教えた。教え子にノーベル経済学賞を受賞した経済学者のゲーリー・ベッカーや、金融ライターのバートン・マルキールがいる。ボーモルはニューヨーク大学でも教授に就任し、ニューヨーク大学スターン・スクール・オブ・ビジネスで企業家精神およびイノベーション研究センターの部長を務めた。

他の著書に、『自由主義とイノベーション―資本主義の成長の奇跡』(2002年)、『良い資本主義 悪い資本主義―成長と繁栄の経済学』(ライタンおよびシュラムとの共著、2007年)、『The Cost Disease：Why Computers Get Cheaper and Health Care Doesn't（コスト病―なぜコンピュータは値下がりし、医療費は下がらないのか)』(2012年) などがある。「ボーモルのコスト病」は、経済のある分野、たとえば製造業などは労働節約型の生産手段を利用できるため、時間とともに生産性の大幅な向上が望めるが、他の分野、たとえば医療サービス、教育、芸術などは人の活動に基づいているため、生産性の上昇はほとんど期待できず、価格は上昇し続けるという現象を説明している。

ボーモルはアラン・ブラインダーとともにマクロ経済学とミクロ経済学に関する有名な経済学の教科書を3冊執筆した。中国の浙江工商大学のボーモル企業家精神研究所はボーモルにちなんで命名されている。ボーモルは2017年に亡くなった。

成長の阻害要因とされる「市場の失敗」を克服するものとして企業家のイノベーションに着目

真偽のほどは定かでないが、アメリカ大統領ジョージ・W・ブッシュはイギリス首相トニー・ブレアを相手に、「フランス人の困ったところは、企業家《アントレプレナー》にあたる言葉がフランス語にないところだ」と言ったと伝えられる。

企業家という言葉の由来は何だろう？

英語で書かれた初期の経済学書では、製品やサービスを市場に出すためにリスクを冒す人を指して、「山師《アドベンチャラー》」や「請負人《アンダーテイカー》」という言葉を使った。それらの言葉を翻訳するにあたって、フランスの経済思想家リチャード・カンティロンが「アントルプルヌール」（文字どおり「請け負う人」を意味するフランス語）という言葉を選んだ。

フランスの経済学者ジャン＝バティスト・セイは、企業家を一連の「生産者たち」の活動の一部に位置づけた。セイによれば、生産者とは〝原材料に関する発見や発明をする科学者〟〝科学者の知識を有益な目的に転換する企業家〟そして最後に〝最終生産物を作る労働者〟を指した。国の繁栄にはこの3種類の人々がすべて必要だとセイは主張し、イノベーションが社会全体にもたらす利益はどんなコストも上回ると述べて、研究に対する資金援助を政府に勧めた。

イギリスでもジョン・スチュアート・ミルやアルフレッド・マーシャルが企業家について語っているが、企業家精神の理論のようなものは生まれなかった。20世紀に入るとヨーゼフ・シュンペーターが企業家精神に関する最もよく知られた理論家となり、企業家精神は資本主義の原動力だと主張した。

アメリカの経済学者ウィリアム・ボーモルから見ると、シュンペーターの洞察をもってしても企業家に関する分析は十分ではないという印象をぬぐえなかった。そこでボーモルは1968年に発表した独創的な論文[1]の中で、主流派の経済学、特に企業理論は、企業家について表面的な説明しかしてこなかったと苦言を呈した。

企業家の役割を考慮しなければ、地域や時代によって経済的発展の度合いが大きく異なる理由は説明できない。中国はすぐれた発明家を輩出してきたが、この国では最も優秀な人間が工業や商業ではなく、官僚の世界に入るようにインセンティブが働いていた。

アメリカの大きな経済的成功の一因は、発明家や改革者を称賛する風潮と、彼らの業績を企業家精神によって広く役立つものに転換する意欲にあった。もちろん現在では、中国は経済発展に湧いている。

近年では紙や火薬の発明ほど偉大な進歩にはお目にかかれないとしても、中国は成長の原動力として企業家精神に対してしかるべき功績を認めているからである。

*1 『アメリカン・エコノミック・レビュー』誌に掲載された『経済学理論における企業家精神』

本書は、ボーモルが数十年にわたって研究し続けてきた企業家精神の経済学をまとめたものである。ボーモルは「ボーモルのコスト病」やコンテスタブル市場の理論（後述）でも知られている。

新しい事業を創造する「革新企業家」が経済の革命的成長を起こす

ボーモルは企業家と経営者を区別している。

経営者の役割は、すでに存在するプロセスをより効率的なものにし、企業がその潜在的な生産力を最大限に発揮できるようにすることだ。この仕事はしばしばかなりの経験と分析と判断を必要とするが、新しいものはほとんど生み出さない。経営者の仕事は、今あるものを増やすことだ。

次にボーモルは、2種類の企業家を区別する。

企業家は普通、事業を興す人と定義されるが、すでに多くの人が同じような事業をしている場合もある。ボーモルはこの場合の企業家を「複製企業家」と呼ぶ。

ボーモルがより強い関心を示すのは、シュンペーターが称賛するタイプの企業家、つまり「革新企業家」だ。革新企業家は、正式な地位とは関わりなく指導者であることが求められる。革新企業家だけが、経済の「革命的成長」を起こすことができる。

革新企業家のもう1つの側面は、発明の供給者だとボーモルは言う。発明家は新しいものを発明するが、彼らのアイデアや製品を多くの人が利用できるようにする方法については何も考えていない場合がままあり、発明を幅広く役立つものに転換する人物が必要なのだ。チャンスを見てその製品を市場に出すには、ある程度時間が必要だ。たとえばマクドナルドがそのいい例だ。マクドナルド兄弟は完璧なシステム（提供する料理を限定し、素早いサービスと徹底した衛生管理を売り物に高い利益をあげるハンバーガー・レストラン）を作ったが、このシステムがアメリカ中で無限に複製されるようになるには、レイ・クロック*2の手腕が必要だった。

伝統的な企業理論では、企業は生産量と利益の最大化を目的とする「自動最大化機械」であり、企業の意思決定は無味乾燥なプロセスであると考えられてきた。ここには「才気ある戦略や巧みな計画、見事なイノベーション、カリスマといった、卓越した企業家が備えている資質」が完全に除外されているとボーモルは書いている。

経済理論では、企業家精神は土地、労働力、資本に次ぐ第4の「生産要素」である。しかし企業家の活動は数量化し測定することが困難なので、経済学の分野からは単純に除外されてきた。それはなぜだろうか？　土地や労働力や資本はかなりの程度まで、他人や外的要因に依存している。土地は買うか借りる必要があり、適切な労働力を雇う必要があり、お金は利子を払って借りなければならない。対照的に、革新的な企業家精神は個人の知性によって創造されるため、ありきたりの方法では測定できない。

*2 **レイ・クロック**
マクドナルドをフランチャイズ展開し、世界最大のファストフードチェーンに育てた人物【訳】

主流派経済学が企業家の役割について通り一遍の考察しかしないわけはもう1つある。経済学は変化の可能性を最小限に抑えるか排除する均衡モデルを好む傾向があるのに対し、企業家の存在理由は均衡を乱すことだからだ。企業家は既存の産業に空いた穴を見つけ、それを利用して利益を得るか、新しい産業の創造につながる製品を世に送り出して均衡を乱す。企業家の通貨は変化なので、彼らの活動はたいてい企業の創立より先行する。だから企業理論は通用しないのだ。

経済成長の最大要因は小さな会社が生み出したイノベーションである

伝統的な経済学は、成長を阻害する要因として「市場の失敗」を強調する。独占や負の外部性（公害や地球温暖化など、民間の活動が公共に与えるコスト）や社会的インフラの乏しさなどがそれにあたる。

しかし多くの研究によって、そのような非効率性が経済成長に与える影響はそれほど大きくないことがわかってきた。完全競争を実現するためにそれらの非効率性を排除したとしても、GDPの増加はおそらくせいぜい1%にすぎないという。効率性の増大と市場の失敗の解消だけでは、1900年から2000年までの所得の大幅な上昇[*3]を説明できない。成長の最大の要因は、企業家によって生み出された生産的なイノベーションであり、それが人生のあらゆる局面で幸福を劇的に向上させたのである（とりわけ寿命は2倍に伸び、疫病や貧困

*3　アメリカで583%、日本で1653%、ドイツで526%

との戦いに勝利を収めた)。

大企業がイノベーションを日常業務にした現代では、１人の革新的な企業家が活躍する時代は終わりつつあるとシュンペーターは考えていた。ボーモルはこの意見に反論し、理屈を超えた創造力や根拠のない信念、そして一見見込みのないアイデアにつぎ込まれるとてつもない時間が要求されるイノベーションの初期段階は、大企業の得意分野ではないと主張した。

飛行機やＦＭラジオ、パソコン、ペースメーカーなど、「経済にとって計り知れない重要性を持つ」発明は、小規模な革新者《イノベーター》の成果だと言う。アメリカ中小企業庁が２００３年に発表した調査結果によれば、商業的に大きな成果を残したイノベーションの「上位１％を占めるのは、たいてい大企業の特許よりも小さな会社の特許である」ということがわかった。

実際には社会を改革するイノベーションの大半は小さな会社が生み出しているわけだが、小さな会社は多くの場合、それを社会に広める手段を持っていない。そこで大企業がそれを買い取るか、アイデアのライセンス権を取得して、そのイノベーションを大衆が利用できる形にして社会に広めるのである。

政府はイノベーションにおいて重要な役割を担っているとボーモルは言う。所有権、契約履行の強制、特許権の保護、そして新しい企業の設立を妨げない法律がなくてはならないし、基礎研究への資金提供が求められる。これは民間部門に任せておいては実現しないだろう。

企業家のイノベーションを後押しする社会のルール作りが必要

シュンペーターは、企業家精神の役割は技術的イノベーション以外にも広がっていると述べ、次のような例を挙げた。

●新しい製品、またはある製品の新しい品質の導入
●既存の製品の新しい生産法
●新しい市場の創設
●原材料や半製品の新しい供給源の確立
●独占状態を作るか、既存の独占状態を打破することによって、産業構造を揺さぶる

ボーモルはシュンペーターが挙げた5つの役割について、『企業家精神―生産的・非生産的・破壊的』*4と題する論文の中で、「企業家がこれらの行為の特定の組み合わせを選ぶ理由、あるいはそのうちの1つを最も収益性が高いという理由で選ぶ理由は何なのだろうか」と問いかけている。

企業家精神はどんな社会にもつねに存在するとボーモルは指摘する。

*4 『ジャーナル・オブ・ポリティカル・エコノミー』（1990年）に掲載

したがって興味深いのは、その企業家精神がどのような形を取るかということだ。企業家精神は建設的にも革新的にもなる一方で、経済に打撃を与える場合さえある。それは「ゲームのルール」によって決まるとボーモルは言う。ゲームのルールとは、社会が潜在的な企業家に報酬やインセンティブ、利益を提供する仕組みを意味している。

企業家が単に「自分の富や権力や特権を増加させる方法を見つける才能や創造力に富んだ人物」だとすれば、必ずしもすべての企業家が社会を利する行動を取るとは限らない。他の誰よりも先に利権を手に入れる機会を得るために創造力を発揮したり、組織犯罪ネットワークを作ったりしないとも限らない。企業家が自分の力をそのように利用すれば、企業家自身を除いて他の誰も利益を得られない。

普通なら企業家への十分な利益と社会への恩恵を両方とももたらすはずなのに、法律や世間の偏見に邪魔されている行為（A）があると仮定する。この場合、企業家は社会的体面を保ち、法に違反しないために、社会に与える恩恵が少ない行為（B）に努力を集中するだろう。企業家がBに力を注ぐことによって、社会は損失を被る。その上、問題はこの企業家が自分の行為を変更するだけにとどまらない。同じ世代の有望な企業家がみな同じ行動を取るかもしれないし、単に企業家であることをやめてしまう可能性もある。

こうした「ゲームのルール」は時代や場所によって大きく異なり、その結果もまた大きな違いとなって表れる。ボーモルは、割れないガラスを発明してティベリウス帝のもとに参上したローマ人の男の話を紹介している。この男がそのガラスを皇帝に披露した途端、この発明は「黄金の価値を土くれ同然にする」という理由で、男は首をはねられた。

イノベーションの普及が支配者の気まぐれに左右されるようでは、社会にもたらす恩恵がいかに大きくても、発明のインセンティブはほとんど失われるだろう。

中世の中国では、士大夫《したいふ》階級[*5]への登竜門となる科挙制度[*6]のせいで、最も優秀な人材が腐敗役人となり、人民を支配し、搾取した。社会の報酬は商業や工業の革新者ではなく、地位の高い人間の手に入る仕組みになっていた。1280年までに中国は製紙技術、水車、精巧な水時計、火薬を発明していた。しかし国家に比べて民間人には実質的な法的権利が認められていなかったため、民間企業や企業家精神が活躍する余地はほとんどなかった。

官僚にとって、民間部門で成り上がる者は誰であろうと目障りであり、民間人は官僚が富や発明品を強制的に押収するのを防ぐ手立てがなかった。民間企業は官僚の既得権を脅かす恐れがあれば弾圧され、発明は国家の利益のために国有化された。

中世初期[*7]のパリにはセーヌ川沿いに水車が68基あり、ビールの原料になる麦芽をつぶしてマッシュ[*8]を作る工程から武具の研磨まで、あらゆる産業目的に使われていた。ところが14世紀に経済成長は停滞した。いったいなぜだろうか。気候が寒冷化し、疫病が流行し、100年戦争が勃発したのに加えて、教会が目新しいアイデアや科学的思想を弾圧したからだ。歴史上何度も繰り返されてきたことだが、生産的な発明の意欲はそがれ、戦争で手柄を上げる方が大きな報酬を得られた。

実業家や製造業者が富を蓄積できるようになったのは、産業革命が到来し、自由市場主義

*5 **士大夫階級**
学識のある官僚からなる支配者層【訳】

*6 **科挙制度**
国が課す官僚登用試験【訳】

や新しいアイデアに対する寛容性が広がってからだった。

企業家精神が尊重されるようになった時期と急激な経済成長の時期が重なったという事実は、「企業家精神がどこに注がれるかによって、経済の活気と革新性は実質的な影響を受ける」という考えを裏づけているとボーモルは言う。イノベーションや企業家精神は簡単に抑圧され、ゲームのルールは創意工夫を活かすためではなく、権力者の利益になるようにあっという間に変更される。歴史上最大の経済成長が自由市場経済体制で起こったのは偶然ではないとボーモルは主張する。

現代の中国も例外ではない。中国は一党支配体制の国だが、イノベーションや利潤動機に関しては教訓を学んできた。

ボーモルの「コンテスタブル市場」理論は、自由市場体制では他の経済体制よりもつねにはるかに大きな経済成長が達成される理由を説明している。

市場が完全競争でないとしても（たとえば少数の企業が市場を支配する寡占市場でも）、参入・退出障壁[*9]があまり高くなく、新規参入企業が最新技術を利用できるなら、生産性の向上と消費者価格の低下という点で好ましい結果が得られる。

その理由についてボーモルはあるインタビューの中で、「寡占市場の主要な武器は価格ではなく、創意工夫の才であり、それが寡占市場において企業の死活を決める要因になる。競争があるからこそ企業はイノベーションにおいて他の企業に後れを取らないように互いに努力する」と述べている。

*7 **中世初期**
14世紀初め【訳】

*8 **マッシュ**
すりつぶした麦芽を湯に混ぜて麦芽汁にしたもの【訳】

*9 **参入・退出障壁**
新規企業の参入を妨げる経済的・社会的規制や退出時に回収できないコストなど【訳】

今を知り、未来を考えるために——

ボーモルの研究が1つの契機となって、今では企業家精神は「新しい成長理論」*10の重要な要素に位置づけられている。

新しい成長理論は、新しいアイデアが経済成長の原動力になる。しかし、経済成長は消費を拡大させ、結果的に環境への影響は避けられないというのもまた事実だ。

伝統的な経済学がそのような市場の失敗を重視したのに対し、ボーモルは市場の失敗を克服するイノベーションに注目した。工学的イノベーションが普及したおかげで、世界のエネルギー資源が鯨油から原油に代わったように、新しいエネルギー技術を利用して利益を得ようともくろむ企業家によって、地球環境は次第に改善されるだろうとボーモルは主張する。ボーモルは1990年に『ジャーナル・オブ・ポリティカル・エコノミー』誌に発表した論文の冒頭で、歴史家のエリック・ホブズボームの次のような言葉を引用している。

「私企業経済はおのずから革新にむかう傾向があると、しばしば考えられているが、しかしそうではないのである。それは利潤への傾向をもつにすぎない」*11

あらゆるイノベーションは最終的に大衆的な製品となり、手ごろな価格や無料で利用できるようになる。しかし最初は企業家が彼らのアイデアによって利益を得られる仕組みがなくてはならない。

*10 **新しい成長理論**
新古典派の成長理論の問題点を補うために、技術革新などの成長メカニズムを内生化した成長モデル【訳】

*11 E.J.ホブズボーム著『産業と帝国』浜林正夫・神武庸四郎・和田一夫訳，未來社（1984年）

34

2014

GDP
〈小さくて大きな数字〉の歴史

ダイアン・コイル

邦訳書

［ＧＤＰ〈小さくて大きな数字〉の歴史］

高橋璃子 訳　みすず書房（2015年）

経済成長が何よりも大事だというわけではないが、経済成長がなければ、多くの価値ある公共財を維持することはできない。GDPは経済成長を測定する指標として非常に重要な役割を担っている。

▼「経済成長がきわめて重要なのは、すでに説明したとおりだ。経済成長は私たちの暮らしがよくなるための、唯一とは言わないが主要な要素である。だから政治的にも大きな意味を持ってくる。経済成長がなければ、雇用を増やして失業率を許容範囲内に保つことは不可能だ。経済全体のパイが大きくならなければ、所得を十分に分配することもできない。経済の成長が止まれば、民主主義すら危うくなってくる。そして今のところ、GDP以外に経済成長を測る方法はない。」

【■142頁】

Diane Coyle
ダイアン・コイル

イギリスの経済学者

コイルは1961年に生まれ、イギリスのランカシャー州で育った。グラマースクールを卒業後、オックスフォード大学で政治学、哲学、経済学を学び、ハーバード大学で経済学の修士号と博士号を取得する。

1985年から86年にかけてイギリス財務省に経済アドバイザーとして勤務し、1990年代には『インベスターズ・クロニクル』誌の編集者、そして『インデペンデント』紙の経済担当編集者を務めた。

現在はマンチェスター大学経済学教授であり国家統計局研究員も務めるかたわら、コンサルティング会社エンライトメント・エコノミクスを経営している。競争委員会委員を務めた経験もあり、2011年からは英国放送協会の監督機関であるBBCトラスト会長代理の地位にある。2009年に経済学への貢献を認められ、大英帝国勲位を受賞した。

コイルには本書の他に、『The Economics of Enough（満足の経済学）』(2011年)、『ソウルフルな経済学』(2007年)、『Sex, Drugs and Economics（セックスとドラッグと経済学）』（2002年）などの著書がある。

経済成長の指標として用いられることに批判の多い"GDP"の問題点を分かりやすく解説

GDP（国内総生産）は国がどれだけ発展したかを測定する指標だ。アメリカ商務省はGDPを、「20世紀でもっとも偉大な発明のひとつ」145Pと評した。

著者のダイアン・コイルは、なぜGDPが国民経済にこれほど大きな意味を持つようになったのかを解き明かしている。

コイルはテクノロジーを専門に研究しているイギリスの経済学者だ。本書の新版に寄せた序文で、コイルはGDPというテーマがこれほど多くの読者の関心を引くとは思わなかったと述べ、本書が好意的な評価を得たのは、GDPが多くの問題を抱えながらも、いまだに国の経済力の象徴として重要な役割を果たしているからだと指摘している。

本書では多くのページがGDPの限界を指摘するために割かれているが、GDPという指標の開発は経済学上の大きな進歩だったと著者は評価しており、「〈小さくて大きな数字〉の歴史」という本書の副題にもそれが表れている。

GDPはさらに改良を加えられるとコイルは期待している。経済成長がなければ、多くの価値ある公共財*1を維持することは不可能だ。そして、経済成長を測るためにGDPほど適した指標は今のところ他に見当たらないのである。

イギリスで戦費調達のために、国家経済に関する統計をとったのがGDPの源流

GDPは第2次世界大戦をきっかけに発達したが、GDPのルーツはもっと昔にさかのぼるとコイルは書いている。

1660年代に、イギリスの役人で経済学者だったウィリアム・ペティが、差し迫った戦争*2の戦費を徴税によって調達できるかどうかを確認する目的で、イギリス全体の収入、支出、人口、土地、そして資産を見積もるように依頼された。

ペティの見積もりは、世界でも初めての国家経済に関する統計だった（英語の「statistics（統計）」は「state（国家）」という単語と同じ語源から生まれている）。フランスはイギリスより1世紀遅れて、ようやく同様の統計を取るようになった。

アダム・スミスは1776年に『国富論』を書いたとき、国民所得は有形資産の合計から国の借金を引いたものだと単純に定義した。

スミスは生産的労働（価値のある有形な商品を作るための労働で、投資とみなされる）と非生産的労働（たとえば屋敷の使用人の仕事は主人を家事労働から解放するだけで何の価値も生まないので、コストにすぎない

*1 **公共財**
医療、教育、環境など、公共の利益になるもの【訳】

*2 第2次英蘭戦争を指している。1665-67年【訳】

と考えられる）を区別した。スミスはサービスを非生産的労働とみなして国民所得から排除したが、スミスから1世紀後にイギリスの経済学者アルフレッド・マーシャルは、労働に区別を設けず、あらゆるサービスを富に含めるべきだと主張した。

イギリスでは１９２０年代から30年代にかけて、国民経済を計算する方法がいっそう改良され、４半期ごとに国の収支を計算し、政府の財務状況を明確にするようになった。大恐慌後の経済状況の変化に対応するために、政府がより詳細な経済データを必要としたからだ。

アメリカでは経済学・統計学の学者でノーベル賞受賞者のサイモン・クズネッツが、全米経済研究所と協力して国民経済の統計のためにイギリスと同様の改革に取り組んだ。ローズヴェルト大統領は大恐慌の期間中の国民経済に関する詳細なレポートを要求した。クズネッツの最初のレポートは、１９２９年から１９３２年にかけて経済が半分に縮小したことを明らかにした。驚いたことに、このレポートはベストセラーになった。そしてローズヴェルト大統領はレポートに書かれた数字に基づいて、アメリカ経済がどん底から抜け出すための思い切った政策を議会に承認させた。

イギリスでは若い経済学者のジョン・メイナード・ケインズが戦争準備への協力を求められ、新しい統計機関を使って経済データの向上に着手した。イギリスが第２次世界大戦への準備を進め、戦争に勝利することができたのは、詳細な経済統計を手に入れたおかげだと言っても過言ではないとコイルは指摘する。第2次世界大戦後、国連は国民経済を計算するための国際基準となる「国民経済計算体系」31Pを開発した。アメリカがヨーロッパの戦後復興を支援するマーシャル・プランを計画したとき、この計算体系を用いて各国が必要とする経済的支援が測定された。

第2次世界大戦後はケインズ経済学が経済政策の主流となり、政府が積極的に経済に介入し始めた。そのため、さらに科学的な国民経済計算の手法が必要になった。

政府が国の経済状況を正確に把握していなければ、需要を効果的に管理することはできない。進歩した計量経済学的モデルを利用して、政府は支出の増減が経済にどんな影響をもたらすかを予測できるようになった。

たとえば、減税によって国民の手元に残るお金が増えた場合、そのお金が支出されるのか、それとも貯蓄に回されるのかが予測できれば、減税を実施すべきかどうかがわかる。

イギリスの経済学者アルバン・ウィリアム・フィリップスは、お金の流れを予測する機械――ソフトウェアではなく、機械式計算機――を製作した。機械の中のタンクやパイプに色付きの水が流れて、収入や貯蓄など、経済活動の中の貨幣の流れを視覚的に表す仕掛けになっていた。

GDPの計算は、その基礎の部分でさえ一筋縄ではいかない。

たとえば、ある項目がコストに含まれるのか、収入なのか、投資に分類されるのかという判断でさえ基準があいまいだ。また、ＧＤＰの算出方法は３つもある。国の所得、支出、そして生産の総計を求める方法だ。

ＧＤＰについて注目すべき点は、それが循環する経済活動を表しているということだ。「たとえば消費者がお金を使うと、それを売った企業にお金が入る。経済全体で見たとき、お金の流れはつねにバランスがとれているわけだ」32Pとコイルは書いている。言い換えると、収入の総計と支出の総計は同じ値になるはずである。

ある国が消費者物価指数の計算に使う代表的な品目のウェイトを修正すると、実質（つまりインフレ調整後の）ＧＤＰが劇的に変化する。

たとえばケニアでは、成長著しいケニア国内の携帯電話産業のウェイトを他の産業に比べて高く修正しただけで、一夜にしてＧＤＰが25％も上昇した。こうした変更は、その背景にある実際の経済に何も変わりがなくても、その国の評価に大きな違いをもたらす。ガーナが２０１０年に同様の修正を実施すると、同国のＧＤＰは60％も跳ね上がり、この国は「低所得国」から一気に「低位中所得国」39Pに昇格した。

ＧＤＰで測れないものは多く、人間開発指数（ＨＩＤ）などの新たな指標も登場

ＧＤＰは単なる客観的なツールではなく、国の政治的、社会的な思想を反映し、その国の政府や国民が何を最も大切にしているかを明らかにするとコイルは考えている。

本書で指摘されているGDPの欠点を逐一挙げることはとうていできないが、そのうちいくつかをまとめてみよう。

●GDPはきれいな川や湖、澄んだ空気、森林、汚染されていない土壌、あるいは温暖化にともなう海面上昇や気候変動の防止など、環境の持つ価値を測定しない。GDPがそのような自然資産を富として測定しなければ、その富を保全したり増やしたりする政策の立案には役に立たない。

●GDPはイノベーションをうまく測定できない。たとえば火事の危険がある獣脂ろうそくや灯油ランプから、明るく安全で安価な電球への進歩、あるいは高価な大型コンピュータから高性能で安価なノートパソコンやスマホへの移行という、ほんの数十年間に起こったコンピュータの進歩などは、GDPでは正しく評価されていない。また、GDPは商品の価格の変化は測定するが、品質や多様性の向上を測ることはできない。現在は多数の商品が自分好みに大幅なカスタマイズができるようになり、無駄を省くことが可能になったが、GDPはこのような特徴を評価できない。

●GDPが測定するのは市場で取引され、値段がつけられる活動だけで、豊かさや社会福祉の状態を知る手がかりにはほとんどならない。

たとえば家庭菜園で野菜を栽培することはその人にとっては利益だが、国民経済計算では、農家やスーパーマーケットにとって損失としかみなされない。そして賃貸ではなく持ち家に住んでいる場合の、家賃にあたる価値をどうやって測定するのかという問題もある。

●GDPは大量生産の工業品を測定するのには適しているが、サービス部門は測定しにくい。たとえばGDPの統計では、物やサービスを共同で利用するシェアリングエコノミーはほとんど考慮されず、一般人が自家用車でお客を送迎するウーバーや、自宅に旅行者を泊めるエアビーアンドビーなどのサービスの成長はGDPに反映しにくい。

●GDPは家事労働など、経済に貢献している〝無償〟の活動を測定しない。経済学者が好んで口にする冗談に、「妻を亡くした男が雇っていたハウスキーパーと結婚したら、給料を支払わなくてすむのでGDPは減少する」というのがある。また、子どもは成長すれば経済の担い手になるにもかかわらず、GDPは子育ての価値を測定しない。

●GDPは経済の持続可能性を測定しない。たとえば経済はバブル領域に入ったのではないか、そしてまもなくはじけるのではないかということは測定できない。

GDPではすべての金融サービスが経済に貢献しているとみなされるが、2007年から2008年にかけて明らかになったように、実際には多数の金融商品が実質成長率を引き下げ、経済をより不安定にしていた。

●GDPは使用された財とサービスを測定するだけで、それらが使用された理由までは考慮しない。2005年にアメリカ南部を襲ったハリケーン・カトリーナのようなすさまじい災害でさえ、何万軒という家屋の建て直しや費用のかかる堤防の建築が必要になるので、消費の面ではプラスに加算される。

●GDPを見ても、社会の中の異なる人々やグループの間で経済成長がどのように分配されているかはほとんどわからない。また、経済的不平等が増加しているのか、減少しているのかもわからない。

●GDPの大きな部分を占めている可能性のある性産業や麻薬取引など、現金で取引されるインフォーマル経済や不法労働がどれくらいGDPに反映されているのか測定するのが難しい。

●人的資本（教育や職業訓練の水準）や社会資本（たとえば法的枠組みのように、政治などの制度の質）は将来の経済成長に大きな影響を与えるが、それらはGDPでは測定しにくい。

インドの経済学者で、アジアではじめてノーベル経済学賞を受賞したアマルティア・センは、人々の豊かさを知るにはGDPの数字より重要な要素がいくつかあると述べた。たとえば食料や医療、教育をはじめとする資源へのアクセス、道路や電気などインフラの整備、そして女性の権利や民主主義のような政治的な自由の存在だ。

パキスタンの開発経済学者マブーブル・ハックは、貧困と福祉を測定する新たな方法として、国連の人間開発指数（HDI）と呼ばれる指標を編み出した。各国のGDPとHDIを比べてみると、GDPが高い国はHDIも高いというように、両者の間には大まかな相関関係があるが、完全に一致しているわけではないとコイルは指摘する。

当然のことだが、貧しい国では一番大切なのはGDPの成長率ではなく、住宅、食料、教育を国民に十分与えられるかどうかだからだ。興味深いことに、今まで豊かな国と貧しい国の収入の差は開く一方だったが、平均寿命や乳幼児死亡率などの点ではその差は縮まってきている。その点だけを見ても、GDPが万能な指標でないことは明らかだ。

「国内総生産」（GDP）ではなく、「国民総幸福量」を測るべきだ（ブータンは国民の幸福度を調査していることで知られている）という意見は多い。しかしコイルは、幸福を測るという考え方は、大事なことから目をそらす危険があると考えている。

なぜならGDPはいくらでも増える可能性があるが、幸福は劇的に増えたり減ったりするものではないからだ。重要なのは、私たちは不況のせいで仕事を失えば不幸せになるということだ。長い間好況が続けば私たちはよい給料をもらって家を買うことができ、幸福度は上がる。そう考えると、GDPの本来の目的は生産を測定することだとしても、GDPは幸福の指標として、多くの批評家が認めるより大きな意味を持っていると言えるだろう。

GDPに代わる手段として、コイルが妥当だと考えるのは「指標のダッシュボード」143Pというアプローチだ。これは国が国民の福祉や景気に関するさまざまな基準や指標を公表するという方法である。

今を知り、未来を考えるために――

国の経済的格付けや国民の豊かさを目に見える形で示す方法として、GDPという「1つの大きな数字」にとって代わるような、ニュースになりやすい指標が現れる気配は今のところないとコイルは言う。

確かにGDPはどんなものでも測定できるわけではなく、イノベーションや商品の品質、無形のサービス、生産性の伸びなどを測定するのは難しい。しかし経済の変化、つまり経済が前進しているのか、停滞しているのか、あるいは後退しているのかを測定する指標として、GDPにまさるものはまだない。

そしてさまざまな公共財の供給と政治制度の維持のために、経済成長は欠かせない要素だ。経済が停滞した国々を見ればわかるとおり、経済成長がなければ、公共財はあっけなく損なわれてしまうだろう。

35

2014

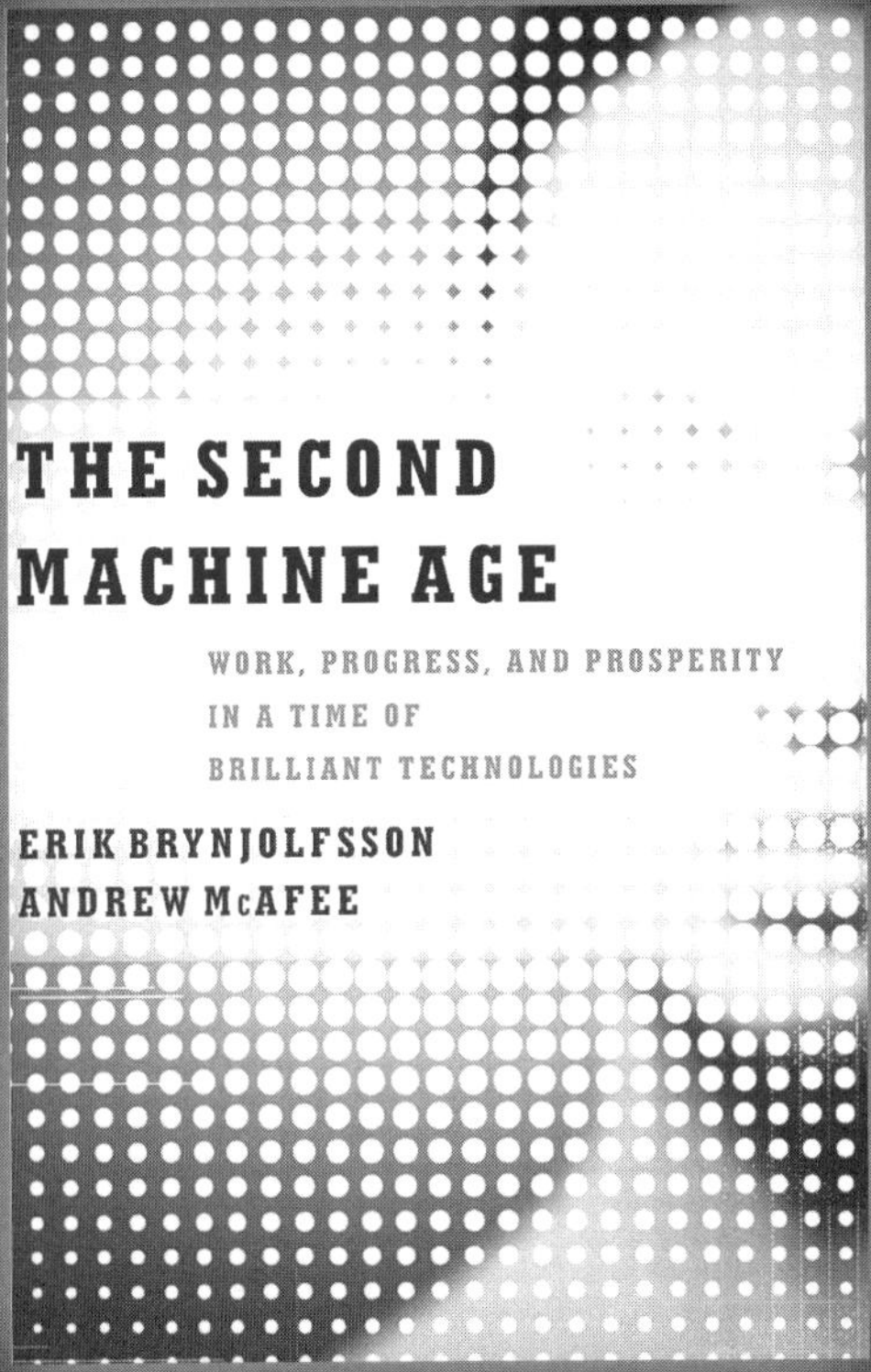

ザ・セカンド・マシン・エイジ

エリック・ブリニョルフソン & アンドリュー・マカフィー

邦訳書

［ザ・セカンド・マシン・エイジ］

村井章子 訳　日経BP社（2015年）

知識のストックが増えるにつれて、人間が新しい富を創造する能力も高まる。しかしテクノロジーとイノベーションの恩恵から人々が締め出されるようなことがあってはならない。

▼「コンピュータをはじめとするデジタル機器は、『目的に向けて環境を制御する頭脳の能力』を発揮する。かつて蒸気機関が肉体労働において実現したことを、知的労働において実現すると言えるだろう」

【📖 25頁】

▼「指数関数的な高性能化、デジタル化、組み合わせ型イノベーションを特徴とする新しい技術がもたらすゆたかな実りは、その大半がこれから収穫されるのである。この先二四カ月の間に地球上に追加されるコンピュータの能力は、既存の能力の合計を上回ることだろう。そして今後二四年の間には、一〇〇〇倍以上の能力が追加されることになろう。」

【📖 399頁】

Erik Brynjolfsson & Andrew MacAfee

エリック・ブリニョルフソン
アンドリュー・マカフィー

アメリカの経済学者
ブリニョルフソンは1962年に生まれ、ハーバード大学で応用数学と意思決定科学で修士号を取得し、マサチューセッツ工科大学（MIT）スローン・スクールで、テクノロジーが仕事に与える影響をテーマに博士論文を執筆し、経営経済学の博士号を取得した。2001年からスローン・スクールの経営学教授を務めている。
マカフィーは1967年に生まれ、MITで工学と経営学の学位を取得後、ハーバード・ビジネススクールで博士号を取得した。同大学で1999年から2009年まで教授を務め、現在はMITデジタルビジネス研究センター主任研究員であり、インターネットと社会の関わりを研究するハーバード大学バークマンセンターのフェローでもある。マカフィーは『フィナンシャル・タイムズ』誌のコラムニストであり、人気のある一般向けのブログも書いている。
ブリニョルフソンとマカフィーの共著には、本書の他に『機械との競争』（2011年）がある。

AIやICTが進展し第2機械時代《セカンド・マシン・エイジ》が到来した先に生じる失業問題とその解決策を明示した

あなたはまるで自分が未来の世界に生きているように感じることはないだろうか？SFの中のできごとが現実に変わる例は毎日のように見られる。産業革命の始まりに立ち会った人々は、きっと今の私たちと同じ気持ちだったに違いない。

しかし、その一方で職探しから脱落したり、能力以下の仕事をしたりしている人が何百万人もいるという現状がある。

テクノロジーの急速な進歩は生活水準の向上に役立つに違いないが、多くの人々は技術や教育が足りないために、新しい環境の中でうまくやっていくどころか、その環境に馴染むことすらできないでいる。どうすればこの状況を変えられるのだろうか？

本書の著者、ブリニョルフソンとマカフィーは、マサチューセッツ工科大学（MIT）の経済学者だ。

ノースウエスタン大学の経営経済学者であるロバート・C・ゴードンは、インターネットや情報テクノロジーが人間の生活水準を向上させるだろうと過大な期待を寄せる人々を、著書『The Rise and Fall of American Growth（アメリカ経済の成長と衰退）』の中で「テクノロジー楽観主義者」と呼んで批判した。

ブリニョルフソンとマカフィーは、そのテクノロジー楽観主義の立場に立っている。確かに2人の著書である『ザ・セカンド・マシン・エイジ』の原題には『輝かしいテクノロジーの時代における仕事、進歩、繁栄』という副題がついているが、ベストセラーとなった本書は、決して手放しに明るい将来の見通しを述べているわけではない。

著者たちはテクノロジーの進歩が勝者だけでなく敗者も生み出すと認め、コンピュータに仕事が奪われる時代に、人間の労働意欲や仕事を確保する必要性をどう満たすかという問題が、これからの大きな課題になると見ている。

『ザ・セカンド・マシン・エイジ』は、私たちの生活と私たちがこれから創る世界にテクノロジーをどう生かすべきかというきわめて現代的な問題をテーマにした、今まさに読む価値がある一般向けの経済学書だ。

現代は第2機械時代《セカンド・マシン・エイジ》に突入し、産業革命を超える変革が到来する

本書の冒頭で、著者は人類学者イアン・モリス*1がテクノロジーと人類の進歩の相関性を分析した結果をもとに、数千年の間、進歩は「じれったくなるほどゆっくりで、ほとんど目に見えないほど」22Pだったと述べている。

*1 **イアン・モリス** 『人類5万年　文明の興亡』の著者

テクノロジーの進歩をグラフで表すと、数千年間はほとんど傾きが水平な線が続く。ところが200年前に産業革命（ブリニョルフソンとマカフィーは、この時期を「第1機械時代《ファースト・マシン・エイジ》」と呼ぶ）が起きると、政治や宗教、あるいは人口の増加ではなく、はじめてテクノロジーが人類の進歩を促す要因になった。途方もない機械の力を作り出し、それを利用する人間の新しい能力がすべてを変えたのである。

人類は今、第2機械時代《セカンド・マシン・エイジ》に入り、「コンピュータをはじめとするデジタル機器は（中略）かつて蒸気機関が肉体労働において実現したことを、知的労働において実現する」■25Pだろうと著者たちは言う。情報やデータを伝達・処理する機器の急速な発達は、肉体的能力を機械で補ったのと同じくらい重要な役割を人類の進歩に果たすはずだと著者たちは考えている。

私たちは今、デジタル技術とコンピュータによって生活が大きく変わる転換点に立っていると著者たちは考えているが、その考えはまだ予測の域を出ていない。しかし著者たちは社会の広範囲に起こっている急激な進歩の数々を例に挙げて、セカンド・マシン・エイジの到来を指摘している。

一般的なデジタル・ネットワークを介して地球のほぼすべての地域がつながり、そこに真の意味で有益な人工知能（AI）が組み合わさることによって、産業革命以上に強い変革の力がこれからの経済成長を牽引するだろうと2人は考えている。

有名な経済学者のヨーゼフ・シュンペーターは1930年に、「イノベーションは資本主義社会の経済史の中でひときわ目を引く出来事である」と書いている。しかし、シュンペーターの言うイノベーションとは、どのようなものなのだろうか？

1987年にノーベル経済学賞を受賞したロバート・ソローが、「コンピュータ時代の到来はいたるところで実感できる。だが、生産性の統計には表れていない」167Pと述べたのはよく知られている。

実際、新しいテクノロジーの導入が経済全体の生産性の向上に結びつくにはかなりの時間を要するとブリニョルフソンとマカフィーは指摘する。

たとえばアメリカで工場に電力が導入されたのは1890年代だが、労働生産性が急上昇したのは、それから20年後だった。最初のうち、工場はただ蒸気機関の代わりに電動モーターを設置しただけで、機械の配置や製造工程は以前のままだった。当然ながら生産性に大きな向上は見られなかった。

1980年代には、情報通信技術（ICT）が経済に占める役割はまだ小さく、情報通信技術の恩恵を受けて生産性が上昇したのは1990年代に入ってからである。電力や情報通信技術のような「汎用技術」129Pが効果を発揮するためには、新しい仕事のやり方が必要になる。たとえば情報通信技術は、リーン生産方式*2や、総合的品質管理（TQM）やシックスシグといった品質管理法など、仕事のやり方のイノベーションと組み合わせることによって最大の効果が引き出せる。

ブリニョルフソンとマカフィーは、「イノベーションとは何かまったく新しくて壮大なものではなくて、すでにあるものを結びつけることだ」132Pと述べている。印刷技術、図書館、教育の普及といったイノベーションがそうだったように、コンピュータもまた、これまでにない方法でアイデアを結びつけ、そこから生まれたアイデアをさらに結びつけることを可能にする。たとえば自動運転車は、従来の車に安価なセンサー、電子化した地図、そしてＧＰＳを組み合わせることによって可能になる。ワールド・ワイド・ウェブは、昔からある通信プロトコルのＴＣＰ／ＩＰと、文書や画像を表示したりハイパーリンクを設定したりできる新しいプログラム言語（ＨＴＭＬ）、そしてインターネットを閲覧するためのソフトウェアであるブラウザの組み合わせによって構成されている。

一つ一つの技術も、それ自体がイノベーションだが、それらが組み合わさると革命的な効果が生まれる。

テクノロジーの進化によって賃金格差は拡大した

１９７３年までは、経済成長はすべての船を浮かび上げさせる上げ潮に例えられ、あらゆる業種で賃金は上昇した。しかしこの年を境に、アメリカをはじめとする先進国では高学歴で高いスキルを持つ労働者の賃金は10〜20％上昇したが、それ以外の労働者の賃金は落ち込むか伸び悩んだ。

*2 **リーン生産方式**
無駄を排除した生産管理手法【訳】

いったいなぜ賃金格差は広がったのだろうか？

単純作業の自動化が進んだことにより、低スキル労働者の仕事は激減した。その一方でビッグデータ分析や迅速な商品開発などの仕事には、推論による問題解決能力や創造性、デザイン力を持つ労働者がますます求められるようになり、高い教育とスキルを身につけた人材の需要が高まった。

つまり21世紀のもっとも価値ある資産は資本ではなく、テクノロジーから最大の利益を引き出せる、高学歴で高いスキルを持つ労働者である。

機会の不平等によって格差がさらに拡大すれば社会全体が衰退する

そのような労働者が重用されるのは当然で、何の問題もないと言えるかもしれない。世の中の進歩にもっとも貢献しているのはそういう労働者だからだ。一握りの人々が創造したものが社会全体に大きな恩恵をもたらすとしたら、彼らが途方もない報酬を得たとしても当たり前ではないだろうか？

そして安価な、あるいは無料で手に入る商品やサービスがこれからますます増えてくるのなら、たとえ賃金格差がますます広がったとしても、それは大きな問題にはならないのではないだろうか。

本書の著者はこのような主張には反対している。なぜなら、少数の人々が勝者になる社会では、その他大勢の人は相対的な敗者になるだけでなく、テクノロジーの進歩とともに、絶対的に貧しくなっていくからだ。

1990年から2008年の間に世帯収入は20％増加したが、住宅、医療、大学教育にかかる費用は昔に比べてはるかに高くなり、50％も値上がりした。

社会的流動性が高い国なら、この状態はそれほど心配する必要はないかもしれない。しかし、立身出世のチャンスに満ちた希望の国だと信じられていたアメリカは、実際には社会的流動性が北欧諸国よりも低く、ヨーロッパでもっとも低いイギリスやイタリアと同程度でしかない。

経済学者ダロン・アセモグルと政治学者ジェームズ・ロビンソン[3]は、経済的格差を放置すれば富裕層が政治的権力を握って利益を拡大し、それ以外の人々の機会はいっそう奪われるだろうと危惧している。

ブリニョルフソンとマカフィーも同じ考えだ。格差がさらに拡大すれば、経済の停滞や衰退につながり、社会全体を豊かにするはずのテクノロジーの力をもってしても、失ったものを埋め合わせることはできなくなるだろう。

機械よりもすぐれている分野に目を向け、イノベーションを創出する

技術の進歩によって労働需要が減少すれば、「技術が生む失業」■288Pが起きると懸念される。その問題を解決するためにしばしば提案されるのが、「最低限所得保障」や「ベーシック・インカム」*4 などの政策だ。そうすれば、たとえ失業中でも人々は消費者としてお金を使うことができるので、経済を停滞させずにすむ。

しかしブリニョルフソンとマカフィーは、労働には生活費を稼ぐ以外にも心理的に多くの利点（目的意識、プライド、秩序）があるというシンプルな理由を挙げて、ベーシック・インカムには反対している。貧困そのものより、仕事がない状態の方が多くの社会問題を引き起こすという統計がある。

ベーシック・インカムの代わりに著者たちが主張するのは、人間が機械よりもすぐれている分野に目を向けることだ。

「コンピュータなんて役に立たない。答えを出すだけなんだから」■303Pとピカソは言った。コンピュータはいい質問をすることや、プログラムの枠を超えて何かをすることはまだできない。「真の創造性を備えたマシンはまだ存在しない。新事業を企画する機械もないし、イノベーションを創出する機械もない」■308Pとブリニョルフソンとマカフィーは書いている。

*4 **ベーシック・インカム**
政府がすべての国民に最低限の生活ができる収入を所得の有無にかかわらず無償で給付する制度

*3 **ジェームズ・ロビンソン**
『国家はなぜ衰退するのか』の著者（『世界の政治思想50の名著』参照）

さらに、「韻を踏んだ英語を何行も作り出すソフトウェアというものは存在するが、それはとうてい詩とは呼べない代物だ。文法的に正しい韻文を書けるようになったのは大進歩だが、次に何を書くかを自分で考えられるプログラムにはお目にかかったことがない」と彼らは言う。

あらゆる分野で目を見張るような進歩が生まれるのは、人間の発想力と創造力、そしてコンピュータのすぐれたデータ解析能力が手を組んだときだ。

産業革命で雇用がどう変化したかを思い出してみれば、技術の進歩が引き起こす失業について考える参考になるだろう。自動農業機械の出現によって数百万人の農業労働者が仕事を失ったが、農業からはじき出された労働力人口は、都市部で新しいテクノロジーが生み出した産業に吸収された。

しかし、そのとき新しく創出されたのは「ホワイトカラー」の仕事だった。もっと肉体労働に近い仕事はどうなるだろうか？　コンピュータは高度な推論は苦もなくできるが、ごく簡単な知覚・運動スキルの習得には膨大な演算能力を必要とするという「モラベックのパラドックス」■56P（この名前はロボット工学者のハンス・モラベックにちなんでいる）は確かにある。

今のところ、ロボットに1歳児程度の知覚・運動スキルを身に着けさせることさえ非常に難しい。当面は清掃業者、コック、電気工、配管工、美容師など、自動化の難しい職種の雇用は安定しているだろう。

今を知り、未来を考えるために——

ジョン・メイナード・ケインズは1930年に書いた論文の中で、「経済問題」が解決した未来の生活を想像している。

そのときには経済的繁栄によってすべての人が住宅や交通手段を手に入れ、教育や旅行、娯楽に必要な費用を支払うことができる。そしてこのような社会では、労働時間は週15時間程度に減るとケインズは予想した。

ケインズは、人間の欲望には限度がなく、商品やサービスの市場は無限に作られるということを理解していなかった。

私たちが求めるものがいっそう複雑になるにつれて——T型フォードと電気自動車のテスラを比べてほしい——思考、デザイン、分析、製造技術がこれまで以上に要求されるようになる。

新しいアイデアを思いつく、複雑なコミュニケーションをする、ものごとを大きな枠組みの中で理解するといった能力は、人間の方がコンピュータよりもまだ明らかにまさっている。

*5 **マイケル・A・オズボーン博士／カール・ベネディクト・フレイ研究員**
2013年に『The Future Employment（未来の雇用）』と題する論文を発表

オックスフォード大学のオズボーン博士とフレイ研究員[*5]は、コンピュータが自動的に学習して判断する機械学習とロボット工学の進歩によって、これから20年間でアメリカ国内の職業（多数のホワイトカラーの仕事を含む）の最大47％は自動化されると予測している。

もっとも、その予測は杞憂に終わるかもしれない。

欧州経済研究センターは２０１６年度の調査報告書の中で、多くの仕事は数え切れないほどの作業の積み重ねで成り立っており、自動化できる仕事は限られていると指摘した。

大半の仕事には驚くほど多様な作業が要求され、人と接するためのコミュニケーション能力も欠かせない。それらを考慮に入れると、自動化されそうな職業の割合は47％から９％に激減する。

セカンド・マシン・エイジは、私たちが考えているよりももっと人間が豊かに生きられる時代になるかもしれない。

36

2016

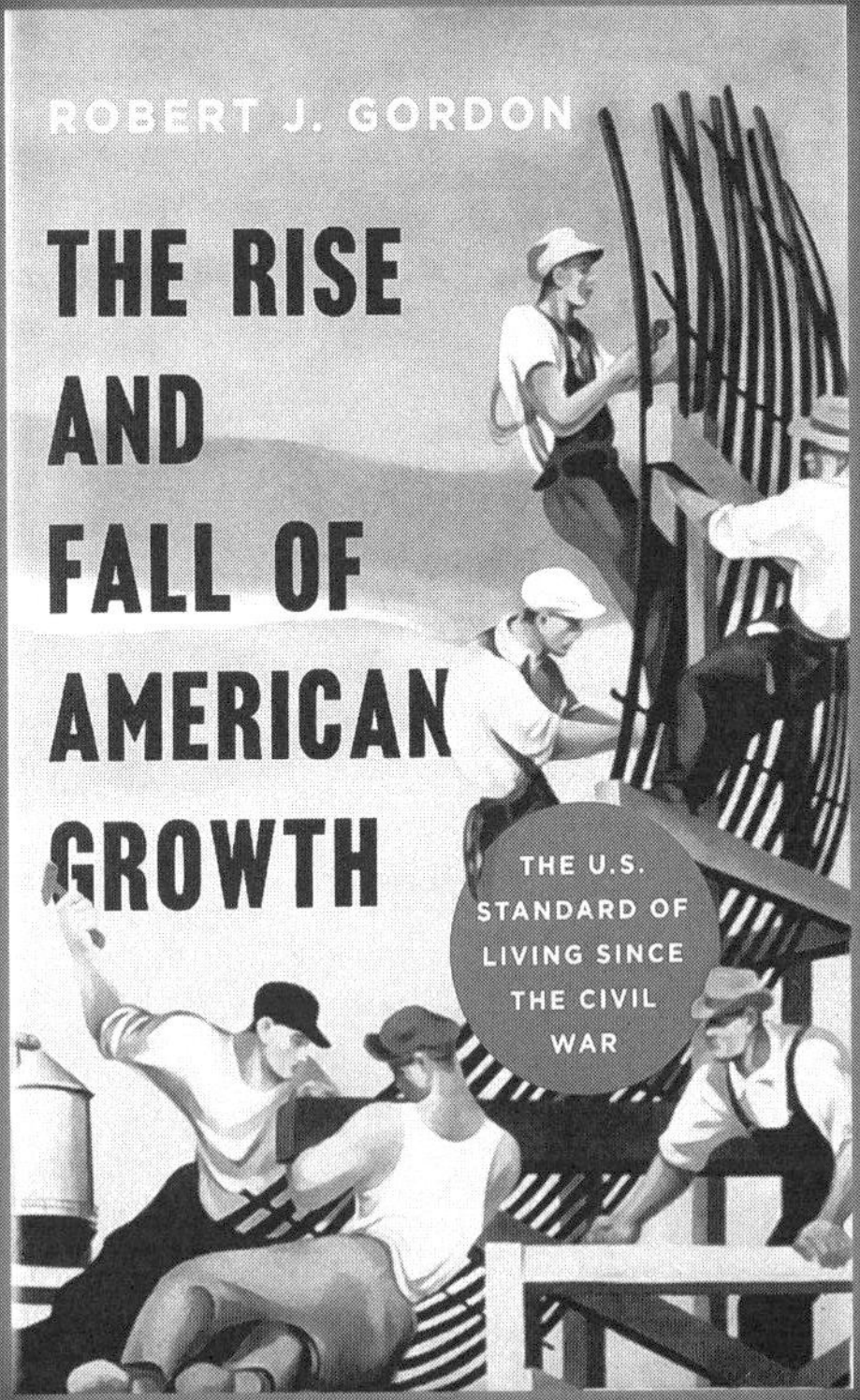

アメリカ経済 成長の終焉

ロバート・J・ゴードン

邦訳書

［アメリカ経済　成長の終焉］

高遠裕子・山岡由美 訳　日経BP社（2018年）

過去150年間に
人類史上類を見ない進歩が
次々と達成されたが、
生活水準の大幅な向上は
もう終わり、
これからの成長は
鈍るだろう。

▼「1870年から1970年までに起こった経済革命は、人類史の中でも独特で、二度とくり返せない現象である。この時期に成し遂げられた多くのことは、たった一度しか起こりえないからだ。」

▼「1890年から1929年までの間に、電気、自動車、公共交通機関、公衆衛生設備は、特に都市においてほとんど一夜にしてアメリカの生活を変えた。電話や蓄音機はこの画期的な変化の一部だった。電話線はアメリカの全世帯の少なくとも半分、そして都市部の大半の世帯を連結し、電気、ガス、水道、そして下水管によってすでに外界とつながった「ネットワーク化された」住宅に、いっそうの結びつきをもたらした。」

【本書訳者による訳】

Robert J. Gordon
ロバート・J・ゴードン

アメリカの経済史家

ゴードンは1940年にボストンで生まれ、カリフォルニア州バークレーで成長した。両親はともにカリフォルニア大学の経済学教授だった。

ゴードンはハーバード大学で経済学を学んだ後、マーシャル奨学金を得てオックスフォード大学で学位を取得した。その後1967年にマサチューセッツ工科大学（MIT）で経済学博士号を取得している。

ゴードンはハーバード大学とシカゴ大学で教えた後、1973年にノースウェスタン大学教授に就任し、それ以来ずっとノースウェスタン大学に籍を置いている。ゴードンはアメリカ政府の顧問になり、消費者物価指数の正確さを評価するボスキン委員会の委員を務めた。アメリカ経済学会とアメリカ芸術科学アカデミーの名誉フェローでもある。

他の著書に、経済学の教科書として1978年に刊行され、現在では20版を重ねている『現代マクロエコノミックス』、『The Measurement of Durable Goods Prices（耐久消費財の価格の測定）』（1990年）、『Productivity Growth, Inflation, and Unemployment（インフレーション、失業、および生産性の成長）』（2003年）などがある。

かつて急激な経済成長にアメリカ力を導いた経済成長の黄金期の終焉を断言した驚きの要因を解き明かし、

『アメリカ経済　成長の終焉』の中で、著名なアメリカの経済史家ロバート・J・ゴードンは、電気、電信、屋内の水道設備、近代医学、大量輸送が発達した1870～1970年の技術的進歩に比べれば、1970年以降の進歩は見劣りがすると述べた。

1970年以降に達成されたイノベーションの大半はコミュニケーションや情報処理、娯楽などで、私たちの生活を実質的に向上させる分野ではなかった。おそらくこの本の主張は、今ではよく知られた投資家ピーター・ティール[*1]のこの言葉に一番よく表れているだろう。「私たちは空飛ぶ自動車が欲しかったのに、手に入れたのは140文字だ」[*2]

スマートフォンやインターネットは確かに便利だが、それらは生活水準の劇的な向上という点において、上水道や下水道、そして大量生産の自動車の足元にも及ばない。結果的に、過去45年間の成長率は1920～70年の成長率の半分以下に過ぎなかった。

ゴードンの主張は、「発明には重要なものと、それほど重要でないものがある」ということ、

*1　ピーター・ティール
ペイパルの創業者【訳】

*2　140文字はツイッターを指している

そして南北戦争*3後の1世紀の間にアメリカが経験した急成長は、重要度の高い「大発明」がこの時期に集中したという稀有な状況によって可能になったということである。

それらの発明の多くは、1920年以降になって社会にかつてない影響を与えた。「1870年から1970年までに起こった経済革命は、人類史の中でも独特で、二度とくり返せない現象である。この時期に成し遂げられた多くのことは、たった一度しか起こりえないからだ」とゴードンは書いている。

この本は、ゴードンが経済成長の原因を解明するためにライフワークとして取り組んできた研究の集大成となる大著だ。ハードカバー版は、画家のウィリアム・グロッパーによる1939年の壁画『ダムの建設』が表紙を飾っている。この本は大作であり、記述は詳細をきわめている。きっと数週間、あるいは数か月もの間、就寝前の読書タイムを楽しませてくれるだろう。

この本には1870年以降にアメリカで起きた数々の経済的変化が描かれている。

小さな雑貨屋からスーパーマーケットへの変化、シアーズの通信販売カタログが果たした重要な役割(今日のAmazon.comのように、店舗から遠く離れた田舎住まいの人々もあらゆる商品を購入できるようになった)、1920年代から30年代のラジオ全盛期、マイアミやラスヴェガス、ロサンゼルス、ヒューストンが大都市に成長するのを可能にしたエアコンの功績、1950〜70年に国道網の建設によって可能になった急激な生産性の上昇、テレビや洗濯機、皿洗い機といった家電製品の値下がり、過去50年間に驚くほど向上したコンピュータの性能、コピー機

*3 **南北戦争**
1861−65年【訳】

やATM、電子チケットによって増大した便利さと効率性などだ。

本書の題名は『The Rise and Fall of American Growth（アメリカ経済の成長と衰退）』だが、実際には産業の進歩を称える記述が内容の大半を占めている。

ゴードンがこの本を書こうと思ったきっかけの1つが、ミシガン州で泊まった宿でオットー・ベットマンによる『目で見る金ぴか時代の民衆生活—古き良き時代の悲惨な事情』（1974年）を偶然見つけたことだ。これは19世紀アメリカの日常生活を振り返って、美化された過去を現実的な目で見直し、過去数十年間に生活水準がどれほど変化したかを明らかにした本である。

1870年からの100年間に生活水準を急激に向上させる大発明が相次いだ

経済の劇的な変化と進歩を促したのは、単なる効率性の増加ではなく、革新的な企業家だったとゴードンは主張する。本書の第1部は1870年から1940年までを300ページにわたってたどり、大発明が日常生活をどのように変えたかを明らかにしている。

ゴードンの言葉を借りれば、この本は「生活と労働が不安定で、単調で、退屈で、危険だった時代の回顧録」である。「1820年に生まれた子どもを待ちうける世界は、ほとんど中世と変わらなかった。ろうそくの炎に照らされた空間は薄暗く、具合が悪ければ民間療法にすがり、徒歩や帆船より速い移動手段はなかった」。

何よりも重要なのは、寿命が「20世紀の前半に、20世紀後半の2倍の速さで伸びたことだ」。乳幼児死亡率の急激な低下は「アメリカの経済成長の歴史の中で最も重要な要因の1つである」とゴードンは言う。数百万人の新生児が成人し、充実した生産的な人生を送れるようになったという事実が、アメリカを経済的な巨人に変貌させる力になった。

「この世紀のまれに見る特徴は、その変化の大きさだけでなく、変化が達成されたスピードにある」とゴードンは書いている。寿命は目覚ましく伸び、人々はかつてないほど安全に、健康的に、そして安心して暮らせるようになった。その進歩の大半は、わずか数十年のうちに起きたのである。

1920年からの50年間に生産性を飛躍的に向上させるイノベーションが起こった

「特別な世紀」（1870〜1970年）の全体像をざっと見渡した後、ゴードンは20世紀なかば、すなわち1920年から1970年までの期間はさらに注目に値すると指摘する。

この時期の全要素生産性*4の伸び率は1870〜1920年の3倍に相当し、1970年以降と比較してもやはり3倍に達している。いったいなぜだろうか。

この時期には、それ以前にもそれ以後にも見られない急速なイノベーションと技術的変化

*4 **全要素生産性**
資本や労働に加えて技術革新や効率性の向上など、あらゆる生産要素の投入量に対する産出量の比率【訳】

の「大きな波」があった。電気は1880年代に初めて利用され始めたが、それから何十年もたった1920〜50年の間にようやく生産に改革をもたらした。内燃機関の発明も、この時期に電気と同じように生産性を向上させた。

大恐慌によって打撃を受けたにもかかわらず、1930年代はイノベーションの時代であり、プラスチック産業が台頭した。また、この時期に設立された国立標準局は、産業効率の改善に隠れた貢献を果たした。世紀なかばに達成された進歩には、次のようなものがある。

- 抗生物質、X線、がんの近代的な治療法が発達し、数百万人の命が救われた。肺炎、リウマチ熱、リウマチ性心臓病の死亡率は1940〜60年の間に90％低下し、アメリカではポリオ・ワクチンによってポリオウイルスは根絶された。
- 都市の空気が目に見えてきれいになり、喫煙者の数が大幅に減少した。
- 交通事故による死者が大幅に減った。飛行機に乗るのは交差点を歩いて渡るより安全になった。
- これまでピアノや家族写真しかなかった居間に、ラジオが無料で生の娯楽やニュースを絶えず届けるようになった。（コメディアンのジョージ・バーンズ*5は自伝の中で、「その時代を経験していない人間に、ラジオが世界に与えた衝撃を説明することはできない」と述べている）

*5 ジョージ・バーンズ
1896－1996年【訳】

●世界的な郵便事業が確立し、アメリカの僻地でさえ、国中、そして世界中と日々連絡が取れるようになった。

●電話の普及により、緊急時に助けを呼んで命が救われるようになった。また、電話は社会的、商業的に人々を結びつける効果があった。

●有声映画が一大産業になった。1930〜50年には、アメリカ人の60〜70%が毎週映画館に通い、『風と共に去りぬ』(1939年)、『オズの魔法使い』(1939年)、『市民ケーン』(1941年)、『カサブランカ』(1942年)などの名作映画を鑑賞した。テレビは1939年と1940年に開催されたニューヨーク万国博覧会で初めて披露され、戦後に急速に普及した。

この時期の生産性は、大恐慌と第2次世界大戦という思いがけない政治的大事件によって加速された。

大恐慌後の悲惨な状況がニューディール政策を促し、そのおかげで労働組合の強化が進み、またさらにそのおかげで労働生産性が高まった。労働時間が短縮されたため、資本家は労働力を利用して短時間で大きな成果を上げる工夫を迫られた。

戦争は製造業に効率化を要求し、連邦政府は戦争がなければ生まれなかったかもしれない新しい産業分野に融資した。1940年から1945年にかけて、アメリカ国内の工作機械の数は倍増した。第2次世界大戦は「アメリカ経済を長期的な不況から救った」とゴードンは主張する。この時期に資本の蓄積がいっそう盤石になり、経済が1950年代以降も拡大し続ける準備が整ったからである。国道網の建設などによる生産性の大幅な向上も成長に力を貸した。

現代は、成長率を向上させる偉大な発明は生まれていない

1996〜2004年のほぼ10年間に、コンピュータが普及したおかげで生産性が急上昇した。しかし、電気による生産性の上昇が数十年間持続したのとは対照的に、コンピュータによる生産性の向上は8年しかもたなかった。

現在では、デジタル化の恩恵のほとんどは、すでに経済の中に組み込まれているとゴードンは言う。

2004〜14年の生産性の伸びは、アメリカ史上のどの10年間と比較しても最低だった。この期間は会社や商店、病院、学校、大学、そして金融部門が「変化より継続」を重んじた時代である。「簡単に言えば、インターネット革命によって引き起こされた変化は圧倒的だったが、2005年にはおおむね終わっていたのである」とゴードンは書いている。

スーパーコンピュータや人工知能やロボット工学は、1920〜70年に起きたような成

*6 『ザ・セカンド・マシン・エイジ』本書507頁〜を参照

長の波をふたたび起こせるだろうか？

エリック・ブリニョルフソンとアンドリュー・マカフィー[6]は、今後10年から20年の間に生産性の大幅な上昇が起こると予想し、医学の進歩や小型ロボット、3Dプリンター、ビッグデータ、無人運転車などをはじめとする目覚ましい新技術の数々が重要な役割を果たすだろうと述べている。しかしゴードンは彼らを「技術楽観主義者」と呼んで批判している。ゴードンの反論は次のようなものだ。

- 医学的進歩は続くが、政府の過剰な規制に阻害され、少しずつしか進歩しない。
- 小型ロボットなどの機械が本当に人間の労働力に取って代わるなら、なぜ現在の失業率は25％や50％にならず、5％にとどまっているのか？ 機械は労働力の代わりになるのではなく、労働力を補完するにすぎない。時代の先端を行くAmazonの倉庫でも、注文された商品がどの棚にあるかを検知するのはロボットだが、商品を取り出して梱包するのは人間の仕事だ。
- 3Dプリンターにより新製品の設計者や企業家は確かに低コストで新しいものを作れるようになるが、それが大量生産や日用品の生産方法に大きな影響を与えるとは思えない。
- これまでのところ、ビッグデータや人工知能は生産性の急上昇をもたらしていない。

コンピュータのアルゴリズムは言うまでもなく、セルフサービスのスーパーマーケットでさえ、生産性や顧客の福祉の増大という点では、工場の組み立てラインによる大量生産にとうてい及ばない。

●自動運転車がもたらす恩恵は、「自動車そのものの発明や、1950年以降、走行距離あたりの死亡率を10分の1に減らした安全性の向上に比べれば」、二次的なものでしかないとゴードンは主張する。買い物や会社に行くために自分で運転する必要がなく、車の中にただ座っていればいいという便利さは、それほど重要な恩恵ではない。

現代はすばらしい発明にあふれていると私たちは思っているが、それらは1940年までに実現していた水道、下水、電気、ガス、電話によって「ネットワーク化された住宅」に匹敵するほどのものだろうか？

今日の住宅を見ると、本当に進歩したと言えるのはケーブルTVを見るための配線やインターネット用のWi-Fiぐらいだが、それらは上水道や電灯やセントラルヒーティングと同じような必需品とは言いがたい。航空券はかなり値下がりしたが、「最初のジェット機が飛んでから60年近くたった今も、ジェット機のスピードや快適さはちっとも進歩していない」とゴードンは言う。それどころか、飛行機の旅はいっそう不愉快になったと言ってもいい。

ゴードンと同じノースウェスタン大学教授で経済史家のジョエル・モキールは、「歴史はつねに未来の誤った道案内であり、経済史家は未来を予測するのを避けるべきだ」と主張している。

ＤＮＡ解析からスーパーコンピュータ、ナノ化学、遺伝子工学まで、どれほど新しいテクノロジーが登場しようと、それらのテクノロジーが何らかの結果を出すまでは、私たちの生活がどれほど劇的に改善されるかはわからない。

しかしゴードンは、これらはすべて革命的な発明というよりも漸進的な進歩にすぎないと見ている。したがって将来は１９９４〜２００４年までの10年間のような急激な成長は起こらず、２００４〜１４年のような鈍い成長にとどまるだろう。

格差の拡大・教育・人口変動・財政赤字の４つの逆風によって経済成長が阻まれている

もし１９７０〜２０１４年の生産性の成長率が１９２０〜７０年と同じ程度だったとしたら、アメリカの１人当たりＧＤＰは現在の５万ドルではなく、およそ10万ドルに達していただろうとゴードンは推測している。

ゴードンは、アメリカが今すぐ高い成長率を取り戻すことはあり得ないと考える理由として、人口統計上の要因や政治的要因を４つ挙げた。ゴードンの言う「４つの逆風」とは次のようなものだ。

●格差の拡大

1970年代終わり以降、アメリカでは収入の上位1%層が受け取る国民所得の割合が年々増加し、残りの99%に分配される割合は減り続けている。

●教育
高学歴な人の数は増えているが、社会全体の生産性の向上には結びついていない。

●人口変動
25〜54歳の生産年齢人口に占める労働人口の割合は、2000年から減少している。働く人の数が減っているということは、国全体の生産性が低下することを意味している。

●財政赤字
社会保障給付と税収が現状のまま変わらなければ、2015〜35年の間に財政赤字の対GDP比は増加する一方だろう。そうなれば増税か社会保障給付の削減のどちらかは避けられないが、どちらを選んでも可処分所得は減少し、経済は打撃を受けるだろう。

これらの逆風のせいで、これからの20年間に多くの人の可処分所得はほとんど増えないだろうとゴードンは予測している。成長率を引き上げる政策はどれもみな「困難」か、「議論の余地がある」か、あるいはその両方だ。

2016年にロンドン・スクール・オブ・エコノミクスで開かれたゴードンの講演会で、私は彼に質問してみた。経済成長がなぜそれほど重要なのか？ 私たちは4％ではなく、1～2％の成長で満足するべきではないか？

ゴードンの答えはこうだった。着実な経済成長がなければ、社会は福祉サービスや公共のインフラ整備などを支えるための十分な資金を生み出せない。そして福祉やインフラが整っていることは、一握りの人間ではなく多数の人々のために社会全体が進歩し続ける原動力になる。したがって、成功している社会とは、ほとんど当然の前提として、健全な成長を続ける社会なのである。

今を知り、未来を考えるために――

ゴードンはあとがきの中で、この本のタイトルはアメリカの経済的成功とその後の挫折を意味しているような印象を与えるかもしれないが、それは本書の趣旨ではないと書いている。

本書のテーマはアメリカの衰退ではなく（実際、アメリカは過去100年以上にわたって生産性の点で富裕国をリードしてきたし、現在もそれは変わらない）、ある特定の時期（1920～70年）のアメリカの成長率がいかに驚異的だったかを示すことにある。

この急速な成長速度が低下したのは、「発明が活気を失ったからでも、新しいアイデアに欠けているからでもなく、現代の生活水準を支える基本的要素が、すでに多

く の面で達成されてしまったからである」とゴードンは書いている。今日の中国やインドが8～10％の成長を維持することが期待できないのと同じように、富裕国が1920～70年と同じような成長を続けることは期待できない。

しかし成長を妨げる「逆風」があり、今後数十年間にわたって成長速度が停滞するとしても、テクノロジーの普及とコストの低下によって、生活水準は必ず上昇するはずだ。

ゴードンは日常の生活水準を測る上で、実質GDPの公式算定基準は「1870年以降に起きた革命的な変化の数々をうまく反映していない」と主張している。成長の速度は鈍くなったとしても、現代には昔の王侯貴族ですら手の届かなかった進んだ医学があり、古い世代の人々には魔法にしか見えないような情報や娯楽の手段があり、驚くほど安全な交通手段がある。

私がゴードンの著書にサインを頼んだとき、ゴードンが書いたのは将来に対する陰鬱な警告ではなかった。「歴史的進歩の数々をお楽しみください。R・J・ゴードン」という言葉が、きわめて多くを物語っている。

4

Chapter 4

なぜ人はカネに翻弄されるのか

37

1949

新 賢明なる投資家

ベンジャミン・グレアム

邦訳書

［新 賢明なる投資家］

増沢和美・新美美葉・塩野未佳 訳

パンローリング株式会社（2000年）

株式投資をするときは、
証券トレーダーではなく
企業のオーナーに
なるつもりで
いなければならない。

▼「景気が変わろうと、企業や証券が変わろうと、金融機関や規制が変わろうと、人間の本性は本質的には同じである。したがって賢明なる投資をする上で何が重要で難しい部分であるかは、投資家個人の気質や態度によって決まり、投資家の過去の経験によって大きく変わることはない。」

▼「あまりに多くの賢く経験豊富な人々が市場で一斉にお互いを出し抜こうとするせいで、彼らがかけた手間と時間は帳消し、あるいは「相殺」されやすい。したがって、どんな専門家や情報通が出した結論であろうと、結局はコイン投げで決める程度の信頼性しか期待できないのである。」

【本書訳者による訳】

Benjamin Graham
ベンジャミン・グレアム

アメリカの経済学者
グレアムは1894年にロンドンで生まれた。一家はグレアムがまだ幼いうちにアメリカに移住した。グレアムは学校の成績がよく、ニューヨークのコロンビア大学に入学を認められた。
グレアムは1914年、20歳のときにウォール街で働き始めた。その後、有名な投資会社グレアム・ニューマン社を設立する。また1928年から1957年にかけてコロンビア大学のビジネススクールで教鞭をとった。
他の主要な著書に、デビッド・ドッド、シドニー・コトル、チャールズ・タサムとの共著による『証券分析』（1934年）（コトルとタサムは第3版から参加）、『賢明なる投資家：企業財務が分かれば、バリュー株を発見できる：財務諸表編』（1964年）などがある。グレアムは1976年に亡くなった。

賢明なる投機家は存在しない。ウォーレン・バフェットが師と仰ぐ〝バリュー投資の父〟が説く投資哲学

ベンジャミン・グレアムが1914年にウォール街で働き始めた頃、投資の大半は鉄道債券だった。企業の株は今と違って一般大衆ではなく企業の内部にいる人を対象に売られ、債券に比べてリスクの高い投資とみなされていた。株は危険だという印象は、1929年の大暴落と、その後の大恐慌によっていっそう強まった。

しかしグレアムは株で投機をもくろむよりも企業の価値を重視するように勧め（彼は「ウォール街の最長老」、「バリュー投資の父」と呼ばれた）、一般大衆でも市場の熱狂に飲み込まれずに賢く投資できると説いた。

大富豪となった投資家のウォーレン・バフェットを通じて、この40年間にグレアムは高く評価されるようになった。バフェットはコロンビア大学でグレアムの教えを受け、卒業後はグレアムの設立した投資会社グレアム・ニューマン社で働いた。バフェットは、『賢明なる投資家』は「投資について今までに書かれた中で最高の本」だと絶賛している。

第2次世界大戦後の政治的な激動を目撃して、グレアムは社会や政府の変化や市場の大変

動に負けない投資の原則を明らかにすることが何よりも重要だと考えるようになった。この本の中心を占めているのは、「投資」と「投機」を区別し、株の市場価格と株価の根拠となる企業の真の価値の違いを見分けるのがいかに大切かという主張だ。

グレアムの唱える価値《バリュー》投資には、長期的な視野、短期的な市場の雑音を無視する落ち着き、そして投資に関する自分の選択を信頼し、株価の反落や大暴落、あるいは景気後退に動揺しない自信が必要である。

投資は、短期的な収益を求める投機とは異なり、企業の一部を所有するつもりで適正な収益を得るもの

本書のタイトルにある〝賢明なる投資家〟とは、「抜け目のない」、あるいは「巧妙な」投資家という意味ではないとグレアムは言う。

グレアムが重視するのは投資家の性格だ。短期的な収益を求めず、資産を守るための長期的な視野を持ち、大衆の感情に影響されがちな株式市場においても投資原則を忠実に守れるのが、グレアムの言う賢明な投資家である。

グレアムは本書よりも前に出版した『証券分析』（この本もまた古典的名著と言える）の中で投資と投機の違いを説明しているが、今回もふたたびその違いを強調している。

「投資とは、詳細な分析に基づいたものであり、元本の安全性を守りつつ、かつ適正な収益

を得るような行動を指す。そしてこの条件を満たさない売買を、投機的行動であるという」。投機、すなわちトレーディング*1は、判断が正しいか間違っているかのどちらかしかなく、間違っていた場合は悲惨な結果になる場合が多いとグレアムは言う。対照的に、投資家は企業の一部を所有するつもりで、企業の収益やマネジメントの質を重視する。

〝賢明なる投機〟などというものは存在しない。投機的な株の売買をしている人が、それを投資と考えているとしたら危険だとグレアムはいう。「絶好のチャンスを逃す」のを恐れてあわてて株を買うのは、市場の感情に影響された投機以外の何ものでもない。

投資家が市場の上昇や下落を考慮しなければならないのは、前から注目していた株を買おうとするとき、弱気市場であれば安く買えるという場合に限られる。投資家が（特に簡単に金儲けができそうな強気市場で）「投機の波に乗って泳ぎ」始めれば、自分が投資している企業の姿を見失い、株価しか目に入らなくなるだろう。

バリュー株は、誰からも期待されているものではなく、注目を浴びずに過小評価されているものである

企業に対する長期的な見通しは、経験に基づく推測にすぎないとグレアムは考えている。もしもその見通しが確かなら、その企業の株価にとっくに反映されているはずだ。「成長」株がたいてい高値で売られ、誰もが好む「魅力的な」株に本当の価値があったためしがないのは、

トレーディング
*1 株の値動きを重視して短期間で売買して利益を狙う方法【訳】

見通しが確かではないからである。

派手な期待をかけられた企業に投資するよりも、注目を浴びずに過小評価されている「面白味のない」会社を買う方がいいとグレアムは信じていた。ある企業が市場で人気がなくなると、投機家はその株に対して途端に悲観的になり、収益は期待できないと考える。ところが賢明な投資家は、そうした見方は極端過ぎると考える。その企業は今でも商品を売り、市場で一定のシェアを持っているのだ。それならいずれ株価は回復するのではないだろうか？

株式市場でお金を手に入れる方法は、短期間に売ったり買ったりするのではなく、じっと我慢して株を持ち続け、配当を受け取り、企業の価値と現実の株価が一致するのを待つことだとグレアムは説く。そのためには相当な精神力が必要だ。実際グレアムは、「賢明なる投資とは、テクニックよりむしろ精神的な取り組み方の問題である」と述べている。

投資で成功する秘訣は安全域（企業の過去の収益や資産価値）にある

投資で成功する秘訣は「安全域」という言葉に要約されるとグレアムは言う。

専門的に言えば、安全域とは〝その企業の過去の収益力や資産価値〟などを意味し、企業の売上低下や市場の下落が起きた場合でも、その企業が負債に対する金利支払いを超える収益を上げられる裏づけになる。企業の純益が減ったとしても、安全域は投資家を損失から保護する緩衝材の役割を果たす。大きな安全域が存在すれば、投資家はその企業の正確な将来見積もりを考える必要がない。

だから賢明な投資家はつねに安全域を確保しようとするのである。投機家はたいてい安全域を重視しないが、投資家にとって、安全域はその企業の株を買うかどうかの試金石になる。

世の中には2種類の投資法があるとグレアムは指摘する。

1つは「予測による手法」で、企業の現在のマネジメントや製品から、将来どの程度の成果を上げられるかを予測しようとする。もう1つは「防御的な手法」で、企業の株価や収益、資産、配当支払いのバランスなどの統計を重視する。

バリュー投資家が好むのは防御的な手法である。なぜならこの手法は、「楽観論ではなく数学的計算を基に」しているからだ。

投資に手間と時間をかければローリスクハイリターンは可能

バリュー株と安全域を重視するグレアムの投資法には、〝防衛的（保守的）投資家になるか〟〝積極的（攻撃的）投資家になるか〟という選択肢が残されている。

防衛的投資家に対するグレアムの基本方針は、資金のおよそ50％を優良債権（または同等の利率を持つ預金）に投資し、残りの50％を財務内容がよく、長期にわたる順調な配当金支払いの実績があり、株価が年間収益の25倍以下である有名な大企業（この条件によって一般に成長株はすべて除外される）に投資することだ。

市場が高騰して危険に見えるときは、ポートフォリオ*2に占める普通株の割合を50％以下に減らし、下げ相場で株価が下がっているときは、株価は低くても優良な株を買い入れて、普通株の割合を50％以上に上げればよい。

この方法を取れば、投資家は市場の熱狂に振り回されるのを防ぎながら、期待される収益率を上げることができる。資産のかなりの部分を株に投資している大胆な友人に比べれば、防衛的投資家は市場が下落しても安心していられるはずだとグレアムは述べている。

これまでは高いリスクを取れば高い収益が期待できると一般に考えられてきた。しかしグレアムはこの考えを否定し、高い収益を上げるために必ずしも高いリスクを覚悟する必要はないが、投資に手間と時間をかけなければいけないと述べている。

一方、積極的投資家が自分で株の銘柄を選び、なおかつ安全域を確保しようとするなら、グレアムは次のような方針を勧めている。

- 過去25年程度、継続的な配当金支払い実績のある企業を探す
- 株価収益率が10倍を超える銘柄には投資しない

*2 **ポートフォリオ**
所有する金融資産の組み合わせ
【編】

●企業の年次報告書を読むときは、経常的に発生しない「特例的な」収益や損失を通常の営業収支から除外する

●「産業」ではなく企業に投資する。たとえば戦後から1950年代にかけて、多くの投資家が航空業界株を買ったが、さまざまな要因から、航空業界全体の収益は散々な結果に終わった

投資家が自分の資産運用を他人に任せるなら、きわめて保守的な投資に限定するか、その相手と「非常に親しくし、またそれが信頼できる人物であるかどうかを知っておかねばならない」とグレアムは勧めている。

夢のような収益を約束する人間の口車に乗ってはいけない。また、友人や親戚からの投資アドバイスにも注意が必要だ。「タダほど高いものはない」からである。

今を知り、未来を考えるために――

グレアムは本書の結びの部分で、「投資が最大に知的な行為となるのは、それが能率的に行われたときである」と述べた。

投資について書かれた文章の中で、これほど含蓄のある言葉はかつてなかったと

ウォーレン・バフェットは評している。

金融界の人間は、投資の基本的事実をあまりにも簡単に忘れてしまうとグレアムは考えていた。投資の対象は企業であり、株を買うのはすなわち特定の「企業」の一部を所有することだという事実である。企業の業績から生まれる収益以上の儲けを手に入れようとするのは、危険と隣り合わせの行為だ。

どんな時代にも通用する投資の法則があるかどうかを考えると、証券の種類に関する法則（「債権は株式よりも安全な投資だ」など）の大半は、今では通用しないとグレアムは指摘する。

しかしグレアムは、人間性に関する法則は決して古びないと考えていた。たとえば「まわりが（専門家も含めて）弱気なときに買い、強気な時に売れ」などがそうだ。企業や規制、そして経済も含めて、あらゆるものは変化するが、人間は変わらない。そして市場を動かしているのは人間である。

38

1955

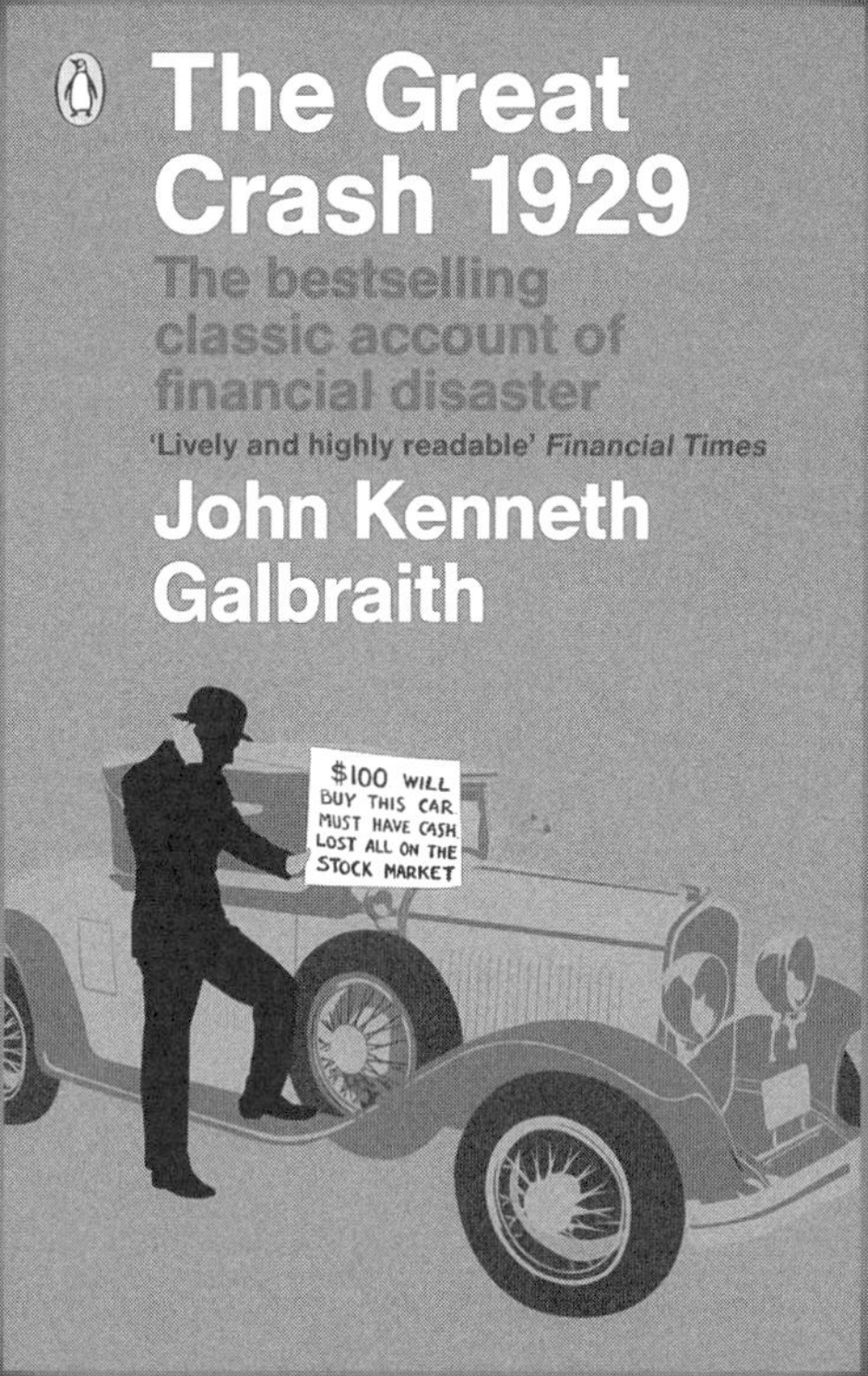

大暴落1929

ジョン・K・ガルブレイス

邦訳書

［ 大暴落1929 ］

村井章子 訳　日経BP社（2008年）

政府は市場を
ただ見守るのではなく
投機熱が実体経済を
ゆがめたり損なったりする
ことのないように、
手立てを講じるべきである。

▼「1929年にも、またそれ以前の投機ブームのときもそうだったが、大衆が一斉に現実を見なくなるときは、たいてい権威をまとった理由づけがある。それは南海泡沫事件からフロリダの不動産ブームまで、過去に起きた投機ブームのすべてに共通する特徴だった。政府もまた投機家と同じように現実が見えていなかったか、誰もが熱に浮かされているときに良識を持ち出すのは損だと考えていた。何しろ当時は筋の通ったことを言えば嘲笑され、せっかくのお楽しみを台無しにしたと言って非難され、最悪の場合は政治生命さえ脅かされかねなかったのだ。」

【本書訳者による訳】

J.K. Galbraith
J・K・ガルブレイス

カナダ出身の経済学者
ガルブレイスは1908年にカナダで生まれ、農家の家庭に育った。オンタリオ農業大学で畜産学を学んだのち、奨学金を得てカリフォルニア大学バークレー校で農業経済学の修士号と博士号を取得した。

1930年代にはアメリカの農務省に勤務し、第2次世界大戦中は物価局の副局長として民間部門の価格つり上げやインフレを抑制するために尽力した。ガルブレイスは数々の雑誌を創刊したメディア王のヘンリー・ルースの依頼で『フォーチュン』誌に記事を書くようになり、当時まだ新しかったジョン・メイナード・ケインズの経済理論を広める足がかりを作った。1947年にはエレノア・ローズヴェルトや自由主義神学者のラインホルド・ニーバーらとともに「民主的行動を求めるアメリカ人の会」を設立し、労働者の保護や独占の制限など、資本主義社会の問題に対する国家の統制を求める進歩主義的政策を推進するために活動した。

ハーバード大学教授となったガルブレイスは、1961年にケネディ大統領によって駐インド大使に任命された。ガルブレイスはケネディに対して、ベトナム戦争への派兵に反対する意見を述べた。また、1972年の大統領選挙では現職のニクソン大統領と争う民主党候補のジョージ・マクガバンの選挙参謀を務めた。

ガルブレイスはもう1つの有名な著書である『ゆたかな社会』において、個人の富の蓄積に重きを置くアメリカの政策は、公共施設やインフラに対する適切な投資をないがしろにしていると説いた。『新しい産業国家』（1967年）では、アメリカの企業は正統派経済学が考えるほど競争力がなく、消費と物価は大企業によって作られていると主張した。2000年にガルブレイスは2度目の大統領自由勲章を受章した数少ない人物の1人になった。1つ目の自由勲章は1946年にトルーマン大統領から受賞している。ガルブレイスは2006年に97歳で亡くなった。

世界恐慌を生々しく描き出し繰り返される悲劇の教訓として人々の心に留めた

「政府の予防策や規制策は用意されている。意志強固な政府の手に握られているならば、そうした策が効果を発揮することは疑う余地がない。ところがである。せっかくの策を発動しない理由がいくらでもあるのだ。」■302P

２００８年の世界金融危機の後、金融危機に関する本が続々と出版された。それらの本の良し悪しはともかく、10年後、20年後まで読み継がれる本がどれだけあるかはわからない。しかしジョン・Ｋ・ガルブレイスが書いたこの『大暴落１９２９』は、これから先も新たな金融危機が起きるたびに、その原因と結果を理解する有益な手がかりを与えてくれるはずだ。

ガルブレイスが本書を執筆した１９５４年の夏から秋にかけて、アメリカ株式市場は小規模な投機ブームに沸いていた。その状況は、あらゆる投機ブームに共通する特徴をガルブレイスに思い出させた。

「自分たちは幸運や無敵の方法、神の恩寵、内部情報、あるいは金融に関する神がかりな洞察力のおかげで、苦労して働かなくても金持ちになれる」と人々が信じ込んでいたことだ。

欲望はつねにバブルを膨らませる原動力になるが、万物を金に変える錬金術師の霊薬が市場だとしたら、その霊薬である〝市場〟が毒となって経済全体を蝕むことのないように、予防（規制や金融政策によって）するのが政府の義務だ。

実際、煮え立った霊薬が吹きこぼれてとんでもない事態になるのは、たいてい政府がしたことではなく、しなかったことに原因がある。そして人々の生活や仕事は深刻な打撃を受ける。

株価が上がり続けるという妄想的楽観論の広まりが投機ブームを生んだ

1920年代には、株式市場の値上がりを予想できる現実的な根拠があった。企業の収益は増加し、配当は多く、株価は割安だった。生産と雇用の水準は高く、さらに上昇し続けていたし、消費者物価は安定し、工業生産高は劇的に伸びていた。株価は良好な企業収益を反映して1927年から着実に上昇し始めたが、1928年に入ると、株式市場は現実的な裏づけのある水準を超えて、ますます上昇を続けた。そして人々は「現実離れした手がかりにわれわれもと飛びつくようになった」31Pとガルブレイスは書いている。

投機が過熱した原因は、連邦準備制度理事会が金利を下げたせいだという説が一般に信じられていた。

アメリカの高金利に引きつけられて、金がヨーロッパからアメリカに流出し始めたので、アメリカの金融専門家は公定歩合を引き下げる決断をした。金利が下がったので、投資家は信用取引で株を買う資金を低金利で借りて、途方もない利益を上げたという説だ。

しかしガルブレイスはこの考えに反対している。「一九二七〜二九年以上に信用供給が潤沢で資金がだぶついていても投機がほとんど行われなかったことが、それ以前に何度もあった。また、その後についても同じことが言える」30Pとガルブレイスは主張する。

低金利よりもっと強力に投機ブームをあおったのは、株で大金を稼ぐ人々を見て、一般市民の間に自分たちも金持ちになれるはずだという空気が生まれたことだ。株価は適正であり、これからも値上がりし続けると保証する銀行や金融機関に盲目的な信頼が寄せられた。

投機ブームをさらに膨らませたのは、民間人を対象にしたブローカーズ・ローン[*1]である。1929年までに、ブローカーズ・ローンは月に4億ドルの割合で増加した。

1928年の夏になると、ウェスティングハウスやゼネラル・エレクトリックのような大手銘柄は30〜40%も値上がりし、ニューヨーク証券取引所だけでなく、地方の小規模な証券取引所ですら活況に沸いた。

*1 **ブローカーズ・ローン**
購入する予定の株式を担保したローン【訳】

1929年に入ると、ブームに水を差すような意見を述べる者もわずかだが出始めた。たとえば銀行家のポール・ウォーバーグは、市場は急落すると予言した。しかし実際には市場は上がり続けたので、懐疑論を唱える人々は、「反米的」で、繁栄をぶち壊しにすると非難された。

もちろんこの時期、誰もかもが株にお金をつぎ込んでいたわけではない（当時1億2000万人だったアメリカの人口のうち、株取引に手を出していたのはせいぜい100万人から200万人といったところだった）。

しかし投機ブームは大衆の想像力をかき立てた。多数の女性が生まれて初めて株を買い、普段なら金儲けの話には眉をひそめたはずの芸術家や文化人ですら、株の話題でもちきりだった。賃金をはるかに上回る利益を株の売買で得る人々は相当数にのぼった。

当時はインサイダー取引を禁止する法律が実質的に存在しなかったので、市場や株価を操作する行為はいくらでもあった。株式市場は簡単な金儲けの方法になり、株価は「企業の長期的な将来性のバロメーターとは言えなくなり、人為的な操作の結果が色濃く反映されるようになる」[134P]とガルブレイスは書いている。

株価操作に加えて、投機ブームをいっそう拡大させた原因は、「一九二〇年代後半に投機のために考案された仕組みのうち、何よりも特筆に値する」[84P]、投資信託という仕組みだった。

1929年の秋になると、投資信託の総資産額は1927年の初めからほぼ11倍に増加した。1920年代の投資信託は、現代の投資信託の先駆け*2である。投資信託にはリスク分

*2 1920年代のアメリカでは解約のできないクローズドエンド型の投資信託が主流で、現代はいつでも解約のできるオープンエンド型が一般的【訳】

散ができ、運用マネジャーの専門知識が期待できるというメリットがあったので、株を買いたい人々は投資信託を利用すれば、個々の銘柄についてあまり吟味しなくても気軽に株式投資を始めることができた。

しかし法的な規制がなかったことが災いして、投資信託はレバレッジ効果*3によって危険な水準まで膨らみ、本物の金融商品というより、むしろねずみ講に近い状態のものまであった。

投機ブームの狂乱の果てに、世界大恐慌が起こる

そして、ついに大暴落が起きた。それはある1日の出来事ではなく、数週間にわたって続く災厄となった。

華々しい1920年代の強気相場は1929年9月3日に終わりを告げたが、それでもブローカーズ・ローンは増加を続け、株価が下がり続けても、人々は割安株を買っているのだと信じていた。

10月21日月曜日の朝、株価は急落したが、昼過ぎには安定した。その週の木曜日（「暗黒の木曜日」）、午前の部の市場は「すさまじい狼狽売り一色」■165Pとなった。人々は混乱と恐怖に叩き落とされ、これが心理的な意味で本当の大暴落の始まりとなった。

しかしこの日、著名な銀行家が市場を安定させるために会合を開いたというニュースが流

*3 少ない元手で大きな収益を得る方法だが、リスクも大きい【訳】

れると、恐怖は一転して安堵に変わった。いくつかの銘柄は、この日市場が開いたときの値段より値上がりさえして取引を終えた。この楽観的な空気は、翌日の金曜日から週末にかけて続いたようだ。

しかし週明けの月曜日、「ほんとうの災厄が始まった」[177P]。２日にわたって売りが殺到し、アメリカを震撼させた。不思議なことに、水曜と木曜には株価はふたたび値上がりした。おそらくジョン・Ｄ・ロックフェラーが、自分は株を買っていると発言したことが功を奏したのだろう。ＧＭの社長アルフレッド・スローンは「事業活動は健全である」[200P]と述べ、フォードは自社の自動車の価格を値下げして好調をアピールした。市場はこのまま均衡に達するのではないかと期待する空気が漂った。

ところが投資家や市場関係者の疲れ切った神経を休めるためにニューヨーク証券取引所が金曜、土曜、日曜の３日間休業している間に、大量の売り注文が入った。最も大きな痛手をこうむったのは投資信託で、もはやねずみ講に等しい詐欺であることが暴露された。

自分が持っている投資信託の株がほとんど紙くず同然になったことに気づいた投資家は、所有している優良銘柄を売るしかなく、それがさらに市場を落ち込ませる原因になった。

一方、投資信託会社は必死で自社株を買い支えようとした。自社株買いには株価を押し上げる効果はまったくなかったのに、「資産運用に天才的な手腕を発揮してきた人間が、そう簡単に自分の才能に見切りを付けられるはずもなかった」[205P]とガルブレイスは書いている。

せめて嵐が早く過ぎ去って、経済の他の部分に影響が及ばないことを誰もが期待した。しかし市場は回復するどころか、それから2年間下落を続けた。大暴落が起きる前の上げ相場は南海泡沫事件《なんかいほうまつじけん》*4以来の華々しさだったが、「その情け容赦ない決着の付け方も、負けず劣らず華々しかったと言えよう」182Pとガルブレイスは言う。

フーヴァー大統領は、景気は回復傾向にあるとさまざまな場面で発言したが、そのたびに状況は悪化した。1932年のGDPは1929年の3分の2に縮小し、1929年の水準に回復するには数年を要した。大暴落の後に起こった大恐慌は、およそ10年にわたって続いた。

所得格差・銀行システムの欠陥・政府経済顧問の知識不足・国際収支の均衡・企業構造の欠陥が大暴落の被害を悪化させた

1928年から29年にかけて、なぜ株式市場であのような狂乱ブームが起きたのかはわかっていないし、大恐慌があれほど長く、しかも深刻だった理由もはっきり説明できないとガルブレイスは認めている。しかしガルブレイスは、アメリカ経済の構造的な弱点が大暴落の被害をさらに悪化させたと指摘している。

まず、当時の極端な所得格差に問題があった。

1929年には、アメリカの総人口のわずか5%を占めるにすぎない最高所得層が、個人所得総額のおよそ3分の1を得ていた。所得分配がこれほど著しく偏っていると、経済は富

*4 **南海泡沫事件**
1720年、グレートブリテン王国政府の借金を肩代わりするために作られた南海会社への投機ブームによる株価の高騰と、その後、信用下落により株価が暴落した一連の騒動。「バブル」の語源になった。【編】

裕層による高水準の投資と消費に依存しなければ健全さを保てない。

しかし株式市場が大暴落した後は、高所得者層の投資と支出は極端に落ち込んだ。


また、銀行システムにも欠陥があった。

1つの銀行が破綻すると、他の銀行でも不安に駆られた預金者が取り付け騒ぎを起こすため、銀行預金は連鎖的に凍結された。このようなシステムでは、人々は確実にパニック状態に陥って預金を引き出し、消費や投資に回るはずの資金が不足してしまう。

この問題を解消するために大暴落後に制定された連邦預金保険制度は、アメリカの金融の安定に大きな成果を上げた。


政府の経済顧問が持っていたお粗末な経済知識にも原因があった。

財政均衡を維持しようとする政府の方針は、経済がノーマルな状態であれば何の問題もない。しかし市場が落ち込んでいるときにも財政均衡の原則を守ろうとすれば、失業や国民の苦境を解消するためであっても政府支出を増やすことができない。インフレが心配だとしても、インフレより先に心配しなければならない問題はいくらでもあった。


国際収支の均衡も足かせとなった。

第1次世界大戦後、アメリカに対する巨額の貿易赤字と戦争債務を抱えたヨーロッパは、金で支払いをしたため、ヨーロッパから金がどんどん流出した。

アメリカは国際収支を均衡させるために輸入を増やす一方で、アメリカの農産品の輸出は減少した。輸出の減少は大恐慌の一因となり、特に農家に打撃を与えた。

最後に、企業構造の欠陥が原因として挙げられる。

大暴落の前には、持株会社と投資信託といういかがわしい経営形態の新しい会社が発展した。強力なレバレッジ効果を利用して大きくなった持株会社は、経営が順調であると見せかけるために、投資を犠牲にして配当の支払いを優先させた。株価が下がったとき、持株会社は崩壊するか、事業を縮小するしかなく、それがデフレ・スパイラルに拍車をかけた。

「およそ政府の仕事の中で、経済活動に口を出すほど目障りな行為はないのであって、誰からも感謝されないことは確実である」54Pとガルブレイスが言うように、政府は投機ブームの規制には及び腰だった。

しかし、これまで指摘してきた大暴落とその後の大恐慌の原因の1つ1つに政府の失敗という要因が含まれている。資本主義社会では、政府による規制は景気に水を差す行為として嫌われ、誰も旗振り役を買って出たがらない。ましてや直接自分に利害の衝突がある件であれば、しり込みするのは当然だ。

たとえばクーリッジ大統領の財務長官だったアンドリュー・W・メロンは、1920年代に相場の値上がりが続けば大きな利益が得られる立場にあったので、市場を鎮静化させるような政策は「何もしない方がいいという考え」54Pだった。実際、クーリッジ政権とフーヴァー政権は、当時の金融界の大物や金融機関と密接なつながりを持っている事実を隠そうともしなかった。

　あの頃と今とで何か変わっただろうか？　現代では金融に関するさまざまな規制が敷かれているが、それらはロビイストの活動によって廃止されるか、なし崩しになっている。

　金融の安定を揺るがす危機に対して政府が何もしないという選択をすれば、共産主義の魔の手（ガルブレイスが本書を執筆した時代にはそう考えられていた）と同じくらい深刻な脅威が資本主義を脅かすだろうとガルブレイスは本書の最後に警告している。

今を知り、未来を考えるために——

大暴落の原因と結果に関する研究として本書が普遍的な価値を持っているのは、過去の記憶は忘れられやすいということをガルブレイスがよく知っていたからだ。大暴落や大恐慌は人々に大きなショックを与え、その痛みは長い間続く可能性があった……忘れられてしまうまでは。

　たとえば大暴落につながる原因を作った銀行や投資信託などの詐欺行為を防ぐために、１９３４年に証券取引所法が制定されたが、大暴落がふたたび起きるのを防ぐことができるのは、人々の生々しい記憶だけだとガルブレイスは述べている。

　金融業界にはびこる幻想や愚挙から市場を守るためには、法律よりも記憶の方がはるかに効き目があるとガルブレイスは考えていた。しかし1960年代に入るとよくない兆候が復活して、経済原則はもはや通用しないと言わんばかりに、人々は「新時代」を象徴する有望株に群がった。

ガルブレイスの息子で著名な経済学者になったジェームズ・ガルブレイスは2009年に出版された『大恐慌1929』の新版に序文を寄せて、1929年と2007年の重要な類似点を指摘した。どちらの年も、「アメリカ政府は何をすべきかを知っていた。どちらのときも、政府はなすべきことをしなかった」のである。

1929年には、金利の引き上げ、ウォールストリートのいかがわしい行為の摘発、信用取引による株式投機の規制を実施していれば、大暴落を回避し、工業生産量や貨物輸送量などの実体経済を悪化させずに済んだ可能性がある。2007年には、連邦準備制度理事会の議長だったアラン・グリーンスパンが、「グリーンスパン・ドクトリン」と呼ばれる金融緩和を推し進めた。加えてブッシュ政権が住宅建設および住宅ローンに対する規制の数々（数十年にわたって住宅制度を安定させてきた）を廃止したために、住宅バブルの膨張を許した。

2008年の金融危機がもたらした影響の1つに、経済学の講義内容を見直し、経済史を履修課程に含めるべきだという意見の高まりがある。最高の教師は理論ではなく経験であることを、ガルブレイスはよくわかっていた。

39

1986

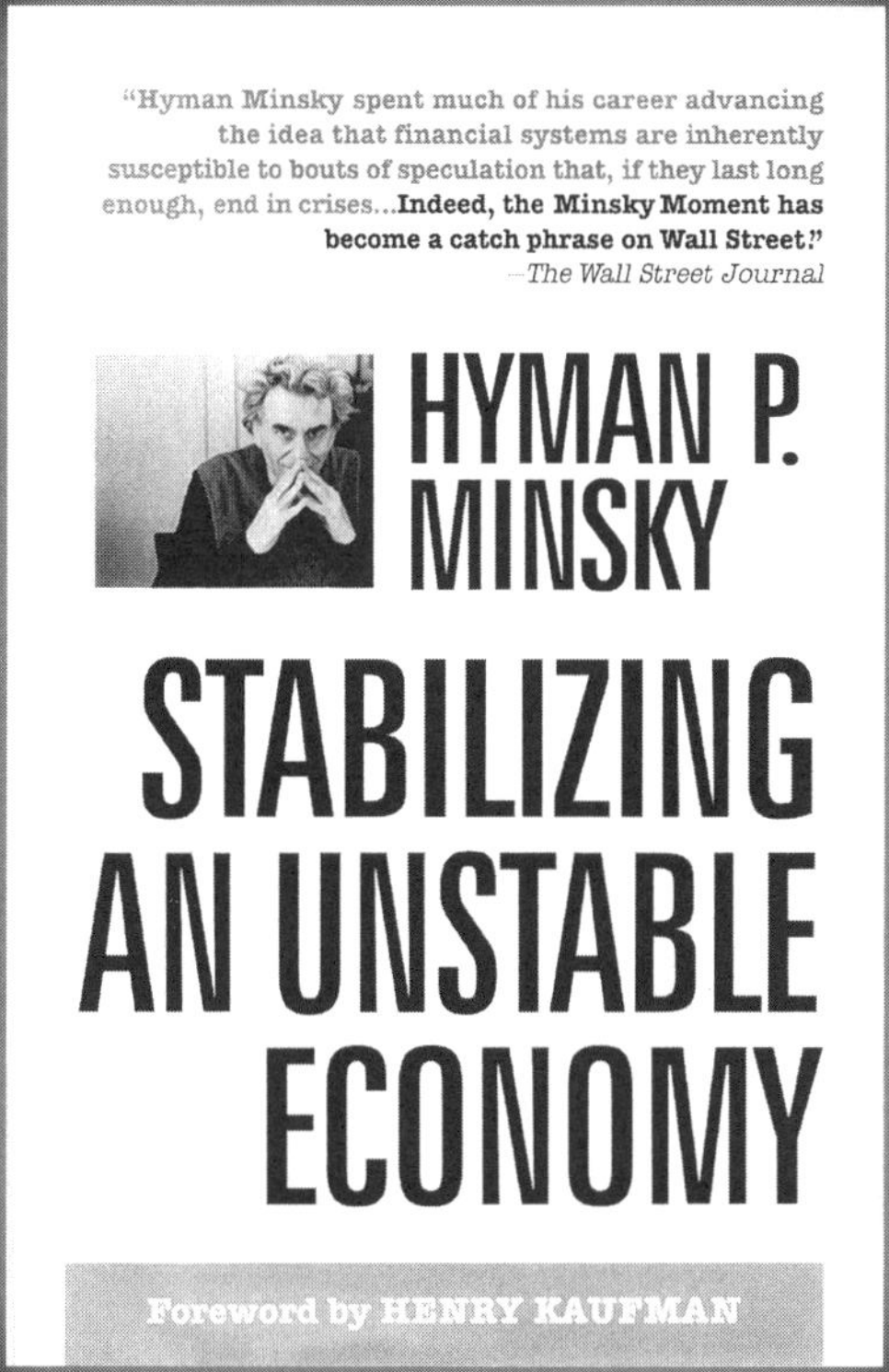

金融不安定性の経済学

ハイマン・ミンスキー

邦訳書

［ 金融不安定性の経済学 ］

吉野紀・浅田東一郎・内田和男 訳　多賀出版（1989年）

資本主義社会の
好不況の波や金融危機は
長期的な投資を減退させ
不平等を拡大した。
市場の力だけでは決して
効率性や安定性が
実現しないのだ。

▼「厳密にいえば、われわれの経済学の指導者たちはつぎのことに熟知していないように思われる。それは、われわれの経済が正常に機能すれば、金融衝撃や金融危機、インフレーション、通貨の減価、失業、および実際上は万人が裕富になりえる可能性の中での貧困などを招くということ――すなわち、複雑な金融構造をもつ資本主義は、元来、完全なものではないということである。」【358頁】

▼「われわれが手にしているシステムというのは、過去において深刻な不況を防止してはきたものの、どうも不安定性を内包しているもののようである。数十年来、金融危機と深刻な不況とは別個のものであったわけではなく、危機と深刻な不況の脅威は数年ごとに襲ってきている。」【113頁】

Hyman Minsky
ハイマン・ミンスキー

アメリカの経済学者

ミンスキーは1919年にシカゴで生まれ、労働政策や社会主義政策ついて熱心な活動をしていたベラルーシ出身の両親のもとで成長した。ニューヨークで高校を卒業後、シカゴに戻ってシカゴ大学で数学の学士号を取得した。ハーバード大学で行政学修士号を取得後、ヨーゼフ・シュンペーターやワシリー・レオンチェフらの指導を受けて経済学博士号を取得した。

ミンスキーはハーバード大学教授でケインズ経済学者のアルヴィン・ハンセンの助手として教職につき、カーネギー工科大学（現在のカーネギーメロン大学）に移った。続いてブラウン大学で教えた（1949－58年）後、カリフォルニア大学バークレー校で教職についた。1965年から1990年までセント・ルイスのワシントン大学で経済学教授を務めた。

本書の他に、『ケインズ理論とは何か―市場経済の金融的不安定性』（1975年）などの著書がある。ミンスキーは1996年に亡くなった。

ミンスキーの理論については、経済学教授ランドール・レイの著書『Why Minsky Matters: An Introduction to the Work of a Maverick Economist（なぜミンスキーが重要か―孤高の経済学者の業績に迫る）』（2015年）に詳しく解説されている。

資本主義経済には、金融不安定性という内在的な欠陥がはらんでいることを警告。リーマン・ショックで再び脚光を浴びた

ほとんどの経済学者が1980年代の金融革新と規制緩和を歓迎する中で、孤高の経済学者ハイマン・ミンスキーは、そのような改革は資本主義を不安定なものに変え、いつ金融危機が起きても不思議ではないと警告した。

ミンスキーは『金融不安定性の経済学』の中で、「貪欲に利潤を追求する事業家や金融仲介業者の世界では、革新者がつねに規制者を凌駕するであろう」■314Pと書いている。

市場は、資源の効率的な配分を実現するかもしれない。しかし、人々の生活と生計に影響を与える〝安定性〟と〝公正〟という大きな問題は、政治と政策の問題として残さなければならなかった。経済の究極の所有者は銀行でも企業でもなく、市民とその政府である。

2007年から2008年にかけて世界金融危機が発生すると、ミンスキーはまるで予言者のように祭り上げられた。

連邦準備制度理事会議長のジャネット・イエレンは、2009年に「ミンスキー・メルトダウン―中央銀行家の教訓」と題する講演を行なった。また、アメリカでは金融革新の影響

で、サブプライム住宅ローン証券市場のリスクが隠蔽された。結果的に起こったリーマン・ショックには「ミンスキー・モーメント」（債務が膨張して返済不能になり、資産の売却が相次いで資産価値が急落するポイント。1998年のロシアの財政危機を説明するためにアメリカのファンドマネジャーのポール・マカリーが作った用語）という言葉が使われた。

アメリカの金融システムは危機にさらされ続けるシステムに変質した

第2次世界大戦後の1946年から1966年までの20年間は、着実な成長と相対的な安定の時代だったとミンスキーは言う。金融システムは頑健で、危機に対する抵抗力があり、経済成長の支えとなった。しかし1960年代の後半になると、高いインフレーション、高い失業率、そして利子率の上昇が起こった。

破産件数が増え、エネルギー危機と都市問題も発生した。1966年の信用崩壊に続いて、1970年、1974～75年、1979～80年、1982～83年には「金融恐慌一歩手前の経験」■4Pが繰り返され、しかもそのたびに事態は前より深刻になった。戦後の数十年間にゆっくり進行したアメリカの金融システムの変化は、次第にシステム自体の基礎を蝕み、「危機にさらされ続ける」■81Pシステムに変質したとミンスキーは主張する。1982年は半恒常的な金融不安の時代の幕開けだったとミンスキーは言う。

分権化された市場は、どの時代のどんな経済体制においても、たいてい成長と安定をもたらす最善の方法だった。しかしそこには重要な条件があるとミンスキーは指摘する。金融と信用は市場メカニズムを動かす燃料であり、したがって強い規制を必要とする公共財である。信用は少なすぎても多すぎても、景気の一時的な反落を不況まで発展させかねない。

資産価値が投機と崩壊を恒常的に繰り返し、失業率が目まぐるしく上昇と下降を続けるなら、資本主義経済は持ちこたえられないだろう。もっと平穏なシステムを持つ社会に比べて、人々は景気循環の不安定性を恐れ、長期的な投資は減少するだろう。

不安定な経済では投機的な一獲千金の機会が増えるため、長期的な投資や事業よりも投機が経済の中心を占めるようになるだろう。

ミンスキーの思想の中心には、「経済システムは自然発生的なシステムではない。1つの経済組織体は、法制定を通じてか、あるいは創意創作の展開過程によってつくり出された社会組織体である」[■8P]という考えがある。制度はいったん作られると、しばらくはそのまま運用されていく。しかし何か新しい出来事が起きると、新しい制度や従来の制度の変更が求められる。ケインズにならって、ミンスキーは経済効率、社会的公正、個人的自由の3つを実現する制度と政策を作り上げなければならないと述べている。

経済の安定化装置の役割を果たす中央銀行

戦後のケインジアンによる経済学的合意の中では、安定と繁栄には2つの重要な要因があると考えられていた。それは福祉国家（ミンスキーが「大きな政府」と呼ぶもの）と、最後の貸し手の役割を果たす中央銀行である。

1970年代と80年代初期の金融危機はいずれも景気後退を招いたが、不況にまで至らなかった。それは政府が特定給付プログラム（社会保障給付など）や赤字を補填するための証券（政府債など）、そして経済システムを保護し、安定化させる役割の中央銀行を利用して、経済を安定させるために働いたからだ。2回の金融危機では、安定化のトレードオフとしてインフレーションが高まった。

1975年には、アメリカ政府が福祉に支出する金額は財とサービスの購入を20％上回った。福祉の大きさに驚くかもしれないが、国民可処分所得のうち大きな割合（15〜20％程度）が、民間企業とは無関係に福祉を通じて国民に所得として移転される（景気後退期には失業保険の支払いが増加するため、この割合はもっと高まる）ということは、景気後退期にも人々が支出を減らさずにすむため、経済に安定性をもたらす効果がある。

景気後退期の政府の赤字支出は、国民に十分な可処分所得を与えることで法人企業利潤を支えるだけでなく、増加させる場合さえある。大きな政府は自動的に巨額の赤字を生む可能性があるが、「経済に下降スパイラルの恐れがあるとき、下から支える高い床を設定する」39P役割がある。この高い床は企業と家計が大きな負債を抱えている世界では、とりわけ重要である。なぜならそのおかげで企業や家計が破産や債務不履行に陥ることなく、債務の返済を続けられるからだ。

大きな政府が赤字支出によって産出、雇用、利潤を安定化させる一方で、連邦準備銀行と民間金融機関は協力して資産価値を安定させる。また、連邦準備銀行と民間金融機関は、他の方法では売れない金融資産や、売れたとしてもきわめて低い収益しか期待できない金融資産を購入するか、抵当金融資産として引き受け、金融市場を安定させる。そのような「資産ポジション」を購入することによって、銀行はリスクのある資産を引き受ける働きをする。

１９０７年の金融パニックをきっかけに、連邦準備制度は「最後の貸し手」[45P]としての機能を期待されて１９１３年に設立された。しかし最後の貸し手という連邦準備制度の機能は、投機的金融につきまとうリスクの一部を軽減するという明らかな問題をもたらす。金融機関は何か問題が起きても最終的に連邦準備制度によって救済されると高をくくって、「カジノ資本主義」[*1]が栄え、金融システムはいっそう不安定になる。

安定が不安定を生み出す

実際の金融パニックやデフレーションや不況よりも重要なのは、ブームにいたる数年間に経済がどのように変化するかだとミンスキーは言う。「相対的に平穏な成長が投機的なブームに転換した時期に、不安定性が発生する」[212P]とミンスキーは書いている。企業、銀行、金融仲介業者は、経済の成功に応じて構造を変化させる。経済発展期には、あらゆる形態の事業が以前よりリスクの大きい投資を増やすが、華々しい繁栄に目がくらんでいるため、リスクには気づきにくい。「静穏な経済拡張」218P期には、金融機関は新しい形態の貨幣や証券、そして金融技術を発明して利潤を上げようとする。投資の歯車が滑らかに回っていれば、資産需要は増加し、価格も上昇する。

しかし、安定した価格と完全雇用からなる静穏な均衡は持続しない。なぜなら金融革新はつねに、均衡状態の経済が要求する価格以上に資産価格を上昇させる効果を持っているからだ。したがって金融革新は資本主義の中の主要な不均衡要因になり、経済を平穏だが健全な成長から、投機的ブームへと転換させる。金融部門は実体経済からかけ離れた急成長を始める。ブームによって投資は加速し、投資は全体的に安定した長期的な投資から、短期的利益を狙う投資に変化する。

ミンスキーは資本主義を2種類に分けている。古いタイプの資本主義は、主として自分で会社を所有する人々で成り立っていた。会社や資本資産の売買は制限されていた。

新しいタイプの資本主義は、私たちが現在その中で暮らしている「企業資本主義」経済であり、企業とその負債、および企業が産出する資本資産の売買は大きく拡大した。かつては基本的に有形の財やサービスの市場だった経済が金融化*2することで、現代の経済は複雑さを増し、リスクは高まった。

資本主義経済は安全性のゆとり幅に関する経験則に基づいた貸借によって支えられているとケインズは主張した。しかしミンスキーは、「経済的な成功の歴史が続くと、企業と銀行業者が要求する安全性のゆとり幅が減少する傾向」230Pがあると指摘している。こうして自信過剰とうぬぼれによる賭けに出て、大失敗に終わるケースが増える。

*1 **カジノ資本主義**
経済学者スーザン・ストレンジによる1986年の著書の題名。金融市場の活発なマネー・ゲームを強大なカジノに例えたもの【訳】

失敗の影響が賭けをした企業だけにとどまれば大きな問題にはならないが、たいてい社会全体が金融支援のために支出せざるを得なくなる。

資本主義の欠陥は資本を十分に操作できない点にある

ミンスキーは借り手を3種類に分類した。ヘッジ金融を行なう借り手は、現行のキャッシュ・フローから長期的に利子と元本を支払うことができる。

投機的金融を行なう借り手は、利子を返済できるが、元本は定期的に借り替えなければならない。ポンツィ金融を行なう借り手は、利子も元本も返済できないが、借りた金で購入した資産の価格が上昇し続けるという見込みに基づいて借入をする。ある時点でその資産を売却すれば、債務を返済しても利潤を得られるからだ。

投機的金融とポンツィ金融は、2007年まで続いた住宅バブルの特徴である。当時、不動産価格は上がり続けていたので、住宅ローンの返済をまじめに考える者は誰もいないようだった。住宅ローンを返済する代わりに、人々は持ち家を現金支払機のように利用した。

しかし住宅価格が下落し始めると、巨額の負債がついに問題化し、大量の債務不履行が発生した。大きな損失をこうむった金融機関や貸し手は、健全な財政や将来性のある相手にすら貸し付けを停止した。

ミンスキーがケインズから学んだのは、市場は重要性の低い選択や配分を決定するにはす

*2 経済の中で金融の領域が肥大化すること【訳】

ぐれたメカニズムだが、公正、効率、安定の問題を市場に任せてはならないということだ。

ミンスキーは、「資本主義の欠陥は資本を十分に操作できないという点にある」412Pというきわめて衝撃的な結論を述べている。政府は所得と雇用を安定させるために、民間投資の変動を相殺する役割を求められる。したがって、政府はある程度の大きさが必要で、国民総生産（GDP）の16～20％か、民間投資と同等の水準を備えていなければならないと主張している。

また、ミンスキーは行動主義的な中央銀行の必要性を訴えている。中央銀行は最後の貸し手としてふるまうだけでなく、循環的不安定性を防止するために、金融機関と金融制度の進化を積極的に指揮するべきだとミンスキーは言う。


本書の最後に、ミンスキーは民間銀行における利害の衝突について警告している。

銀行は顧客や預金者の利益を第一に考えなければならないが、他行に移る心配のないこれらの顧客を利用して利潤を追求する意欲もある。銀行はこの自然な利益追求意欲にしたがってリスクの高い貸し付けを増やす。したがって、銀行の投機的行為を制限するには、一定の資産・株式比率を義務づける必要があるとミンスキーは主張する。

それは当然ながら2008年の世界金融危機後に、各国政府が資産バッファー*3の拡大という手段を使って実行すべき政策だった。

*3 **資産バッファー**
金融危機などにより生じる損失をカバーするために金融機関が蓄えておくべき自己資本【訳】

今を知り、未来を考えるために――

金融革新は不安定性を資本主義の恒常的な特徴にしてしまう可能性があり、不安定性は失業、通貨価値の変動、インフレーションやデフレーション、そして貧困の原因となるとミンスキーは言う。政策立案者は税法や中央銀行の業務の変革を要求するが、それらは金融システムの表面をいじりまわしているにすぎない。信用収縮、金融恐慌は、単なる「ショック」や「誤差」[358P]によるものとみなされ、政府による公的な解決を必要とするシステム上の原因があるとは考えられていない。

新古典派の「均衡」理論を信奉する人々に政府の舵取りを任せるべきではない。なぜなら「現存の状態をつくり上げた経済顧問や行政官などのエリートでは、意味ある改革を成し遂げることはできない。（中略）資本主義を批判した経済学者のみが、資本主義にとって好ましい政策を導くことができる」[360、413P]からである。

本当にやらなければならないのは、金融システムの構造的改革である。しかし、「不安定性は、一組の改革によって休止するとしても、時間が経過すれば、装いを新たに出現してくるのである」[414P]と警告する。資本主義を真に持続可能なものにするためには、政府は決して生産的経済が求める以上に金融を増大させてはならない。さもなければ「ミンスキー・モーメント」はこれからも繰り返されるだろう。

40

2000

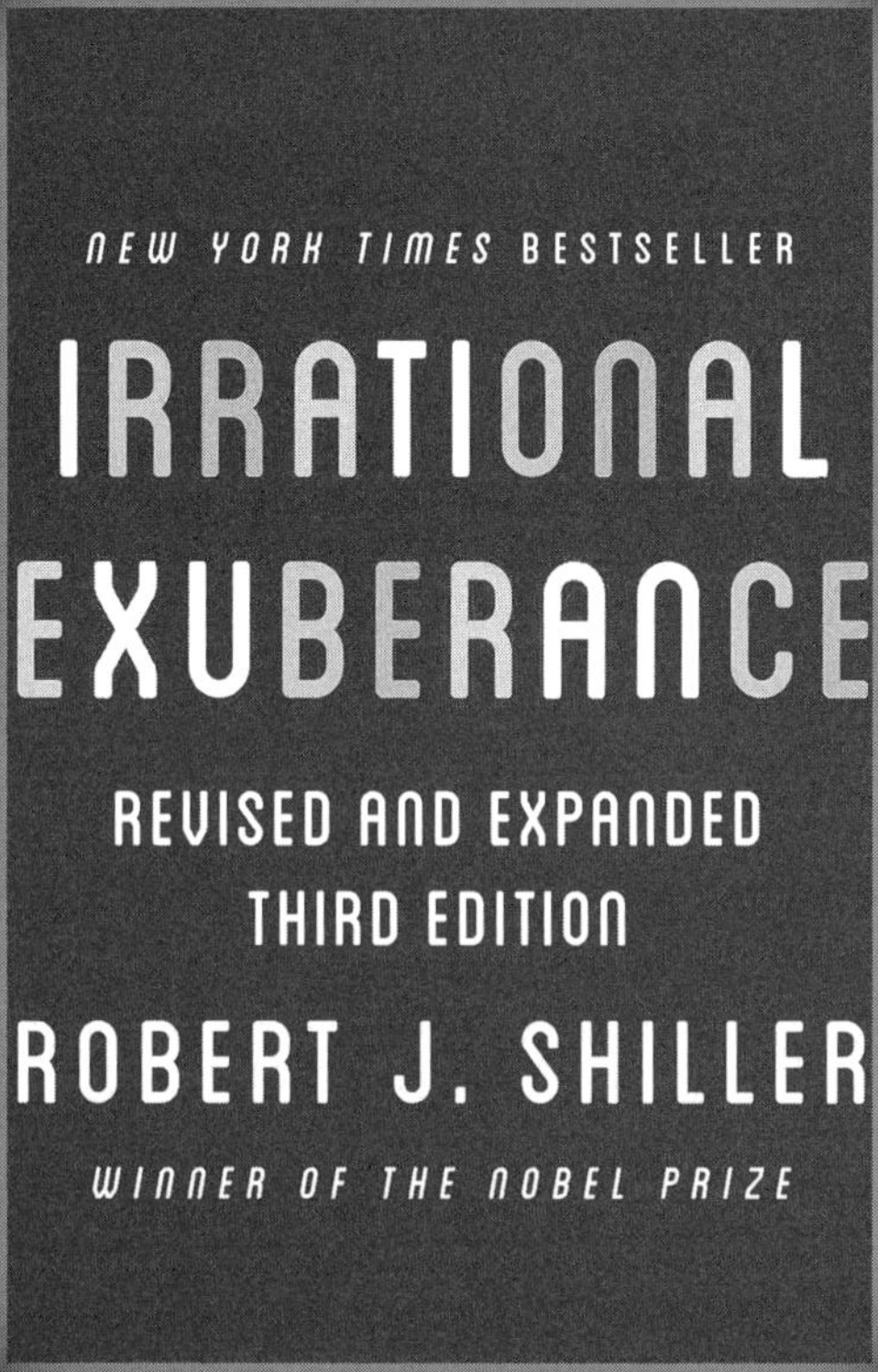

投機バブル 根拠なき熱狂

ロバート・J・シラー

邦訳書

［ 投機バブル 根拠なき熱狂 ］

沢崎冬日 訳・植草一秀 監訳　ダイヤモンド社（2001年）

株式市場の水準は、
理論的には基本的な
資産価値に基づいている。
しかしその水準が
予想外の高騰や変動、
あるいは下落を示すのは、
人間の心理が原因である。

▼「古くからある『アニマルスピリット』という言葉は（中略）人間の行動の動機となる基本的な衝動である。（中略）根拠なき熱狂をもたらす衝動もアニマルスピリットも、どちらもいまだに私たちの生活の大きな部分を占めている。その衝動を理解するためには、ありったけの社会科学を動員する必要がある。」【本書訳者による訳】

▼「株式市場の水準は、重要な国家的（いやむしろ国際的とさえ言える）問題である。個人として、また社会としての将来の計画は、すべて私たちが持っていると想定される富を前提としている。その想定上の富が明日にでも水泡に帰してしまえば、計画は瓦解してしまう。」【243頁】

Robert J. Shiller
ロバート・J・シラー

アメリカの経済学者
シラーは1946年にデトロイトで生まれ、カラマズー大学、ミシガン大学、そしてマサチューセッツ工科大学（MIT）で学び、1972年にMITで経済学博士号を取得した。1982年からイェール大学で教鞭をとり、現在はイェール大学で経済学および金融学教授を務めている。1990年代初めにシラーは経済学者のカール・ケースとともに、ケース・シラー住宅価格指数を開発した。この指数は国内の住宅価格の変動を示す指数として、現在一般に利用されている。シラーは2013年に「資産価格の実証分析に関する功績」によって、ユージン・ファーマ、ラース・ピーター・ハンセンとともにノーベル経済学賞を共同受賞した。シラーは1991年からリチャード・セイラーとともに全米経済研究所で行動経済学の研究会を開いている。
他の著書に、『Market Volatility（市場の変動）』（1989年）、『新しい金融秩序』（2003年）、『バブルの正しい防ぎかた』（2008年）、ジョージ・アカロフとの共著で『アニマルスピリット』（2009年）、『不道徳な見えざる手』（2015年）などがある。

乱高下する株価の秘密を検証。異様な高騰を続ける米国株の暴落を警告し、全米に衝撃を与えた問題作

アメリカのスタンダード&プアーズ(S&P)500種株価指数は、2000年までの5年間に驚異的な上昇を記録した。1995年に34%、1996年に20%、1997年に31%、1998年に26%、そして1999年には20%上昇している。

2000年初めにイェール大学の経済学者ロバート・シラーは、新作の本の出版にともない、トーク番組やラジオのインタビュー番組に出演し始めた。しかしシラーが現在の株価水準は誤った判断に基づいており、長続きはしないと発言しても、一般投資家もプロの投資家もまるで耳を貸そうとしなかった。

『投機バブル 根拠なき熱狂』はこれ以上ない絶妙のタイミングで出版された。2000年3月、平均株価は企業収益の44倍に達していたが、それが市場のピークだったことが明らかになった。ハイテク関連株はこの年の終わりに急落し、2003年3月までに株式市場の水準は過去のおよそ半分まで下落した。

これほどの急落が起きれば、たいていの投資家が大きな損失を出して市場から手を引き、中

長期的な株価の下落が生じたに違いないと考えるのが普通だとシラーは言う。ところが実際には、2005年までに株価収益率は20台のなかばまで回復し、過去平均の16を大きく上回った。住宅市場も過熱気味だった。

そのような相場の加熱の理由となる客観的なファンダメンタルズ（たとえば企業収益の急増や住宅不足）は存在しなかった。市場が高値で安定していたのは、暴落しようと市場の修正が生じようと、市場はつねにふたたび上がるという投資家の期待や信念があったからだとシラーは言う。メディアやプロの投資家（彼らはつねに自分の利益を考えている）は大衆に向かって、インフレ上昇率に合わせて貯蓄を守るだけで満足せず、蓄えたお金を資本にして高い利回りを追求するよう促した。

本書はベストセラーとなり、現在は第3版（2015年）が出版されている。この本は経済や市場を動かす人間の心理的側面に焦点をあてている。

市場とは、結局のところ客観的な実体として存在するのではなく、何百万人という人間の心理が生み出すものだ。市場における「根拠なき熱狂」や「アニマルスピリット」*1を理解し、それが経済や社会に与える影響について知るためには、経済学者は社会科学、特に心理学に目を向ける必要がある。

シラーはシカゴ大学教授のリチャード・セイラーとともに、行動経済学を金融に応用するパイオニアであり、『投機バブル 根拠なき熱狂』はシラーの30年におよぶ研究成果の集大成

*1 **アニマルスピリット**
投資行動の原因となる非合理的な心理的要因【訳】

である。

本書のタイトルは、1996年12月にアメリカ連邦準備制度理事会（FRB）議長のアラン・グリーンスパンが言った言葉から取られている。

普段はきわめて慎重なFRB議長が、株式市場での投資家の行動を「根拠なき熱狂」と表現したのである。それをきっかけに株式市場は世界中で2～4％も急落した。従来ならこの発言はグリーンスパンが金融引き締めに踏み切る兆候であり、市場はそれに反応して値を下げたのだと説明されただろう。

しかしシラーは、「根拠なき熱狂」という言葉に人々があれほど強い影響を受けたのは、もっと深い理由によると考えている。大衆はこの言葉から、急騰する市場の背景には客観的な市場の価値以外に、強い心理的な要因があるのではないかと疑いを感じたのだろう。

経済学者としては非常に珍しい例だが、シラーはかつて株式市場のピークを予言するという不思議な能力を発揮した実績がある。株や不動産市場で一山あてる自信のある方々は、まずこの本を読むことをお勧めしたい。

株価は合理的なものではなく、人間の感情や非合理な判断が反映されたものにすぎない

シラーは株式市場ブーム全般を分析するために、1990年代終わりから2000年までのブームを論じている。株式市場ブームの中には株価を引き上げる強力なファンダメンタル

ズがあるのだろうか、あるいは「投資家の希望的観測ゆえに、最近の状況の真実が私たちの目から隠されているだけなのだろうか」iiiPとシラーは疑問を投げかける。

現在の株価は公開されたすべての情報を合わせて正確に導き出されているという「効率的市場仮説」204Pの誤りを、シラーは徹底的に明らかにしようとする。この仮説は市場の効率性に対する誤解を生じさせ、株式バブルやブームをうまく説明できないと考えるからだ。

投資家が株を高い水準で買う理由は理解できる。株価が上がり続けているとしたら、それは専門家が十分調査し、その株価が実際の企業の価値に見合うというお墨付きを与えたからに違いないと彼らは考えている。しかし専門家の調査の中にはまったくいいかげんで、「厳密性という点で紅茶の出涸らしを使った占いと大差のないものさえある」vPとシラーは言う。

さらに、慎重な意見はメディアの景気のいい報道にかき消され、大衆は目がくらんでしまう。また、証券会社やミューチャルファンドの宣伝によって、株は長期的に見れば最も利回りのいい投資対象であるという考えが一般化している。

1994年から1999年にかけて、ダウ・ジョーンズ工業平均は3600ドルから3倍に上昇し、1万1000ドルになった。一方、同じ時期に個人所得と国内総生産（GDP）の伸びは30%にとどまった。シラーに言わせると、「米国史上、最も劇的な強気市場」4Pであり、伝説的な1928〜29年の株式市場や1960年代初めの株価の上昇でさえ、これに比べれば見劣りがする。

ミレニアム・ブームと呼ぶにふさわしいこの史上最大の株式市場ブームは、2000年に市場が崩壊すると、その本来の姿であるミレニアム・バブルの様相を呈した。しかし株価はまもなくふたたび過去の平均を上回る上昇を見せた。

なぜならば、大衆は株式市場が長期的には投資対象として最もすぐれているという信仰に近い信念をいまだに持ち続けていたからだとシラーは指摘する。しかし、いったん株式市場に大幅な下落が生じると、その影響は一般に考えられているよりもはるかに長引くというシラーの指摘は注目に値する。

たとえば1901年に株式市場がピークに達した後、株価は20年間も下落したまま、1920年代に強気市場になるまでふたたび上昇することはなかった。さらに1929年の大暴落後、大恐慌は実質的に第2次世界大戦まで続いただけでなく、S&P複合株価指数が1929年の水準まで回復したのは1958年になってからだった。確かに1960年から66年にかけて株式市場ブームが起きたが、その後は長期的な弱気市場となり、市場が1966年の水準に回復したのは1992年に入ってからだ。

一般的な投資家が1966年から15年間株を持ち続けたとすれば、この投資家は損をしただろうし、たとえ20年間（1986年まで）持ち続けたとしても、実質利回りはわずか1・9%（インフレ調整後）にしかならない。

シラーは1年ごとの株価収益率と、その後の10年間の実質利回りを対比させたグラフを掲載している。それによると、株価収益率が高い年ほど、その後の10年間の実質利回りが低いことがわかる（本書を執筆した2000年の時点で、今後15年間は「長期的に見て株式市場における利回りが低迷する」249P とシラーは述べており、まさに先見の明があったと言える）。

反対に、株価収益率の低い年ほど、その後の10年間の実質利回りは高い。大衆が「新時代」117P の到来を信じているときは、「安く買って高く売る」206P という当たり前の常識は残念ながら市場の熱狂の中にかき消されてしまう。

「新時代」の始まりを信じる人々は、株価が普段以上に値上がりしている理由は、新しいテクノロジーや人口統計の変化によって説明できると考えるからだ。そうなると株式市場はもはや企業のファンダメンタルズを反映しなくなり、市場に投資するあらゆる人々の心理の反映、言い換えると一種の自己実現型の予言に基づくものになる。

株式指数が新たなピークを記録しても、それは「偉業」viiP と呼べるようなものではなく、単にそのときの投資家の心理を映す鏡にすぎない。

株価は、実際の企業収益データから予想されるよりもはるかに変動が大きい

市場が基本的に効率的であるならば、「金融資産は常に公開された情報をもとに正確な価格がつけられていることになる」204P から、「バブル」は起こりえないはずだ。しかしインターネット・ブームが起こった時期のハイテク関連株は、世間が「その手の銘柄のポテンシャルを過大評価している」209P ことを示していたとシラーは言う。

たとえば玩具のインターネット販売会社イートイの場合、1999年の株式時価総額は長年の実績を持つ玩具会社トイザラスを超えていた。しかしこの年にイートイは赤字を出しているが、トイザラスは3億7600万ドルの黒字で、売上もイートイの400倍もあった。特定の株に対するこうした不合理な過大評価が起きるなら、市場全体が過大評価される可能性も十分あるとシラーは言う。

しかしペンシルベニア大学で金融を教えるジェレミー・シーゲルは、IBMやマクドナルドなどの有名企業の株を例にして、一見過大評価されていると思われる株価も、長期的に見れば理にかなっているのではないかと指摘している。

それらの株は1970年には明らかに過大評価されていたが、その株を買った投資家が1973~74年の株式市場崩壊の間も手放さず、1996年まで保有していれば、S&P500種株価指数と同程度の利回りが得られたはずだとシーゲルは主張している。

それはそのとおりかもしれない。だが、ほとんどの投資家はそれらの銘柄をそんなに長く持ち続けないで、もっと前に売って損をしたはずだとシラーは言う。

市場を合理的なものとみなす従来の考え方によれば、株価の上昇はつねに企業収益や配当の増加に歩調を合わせているはずだ。シラーはこの考えには何の根拠もないばかりか、「株価がそれ自体の『生命』を持って動いているのは明らかである」■219Pと主張する。

株価は実際の企業収益データから予想されるよりもはるかに変動が大きい。こうした株価の変動には、いくつかの要因が働いている。

バブルは、集団の愚かな知恵による心理学的な伝染病である

意思決定にいたるまでの人間の思考のほとんどは、「量的なものよりもむしろ『物語』や『正当化』という形をとる」169Pとシラーは主張する。

市場について語る場合、「情報カスケード」184P*2やフィードバック理論は、ある情報が正しくても正しくなくても、その情報に次の情報が積み重なって伝わっていくことを意味している。株式市場の水準が高い場合、投資家は市場に投資している他の全員が間違っているはずはないと考える。だから投資家はわざわざ自分で調査や判断をする必要があるとは考えず、ただ群衆を信頼して行動するのである。

シラーはバブルを「心理学的な伝染病」と定義し、この病気の症状は自己満足であると述べている。一人ひとりの投資家は株価の高騰を心配するとしても、世間を占めているのは、「株価は絶対に下落しないという固い信念というよりも、むしろ株価は下落するかもしれないという考えに対する大衆的無関心」である。

そのような判断の誤りは、「もっとも賢明な人々にさえ伝染する可能性がある」とシラーは主張する。自信過剰、常識的な用心の欠如、そして他人の判断に対する過剰な信頼によって、無知な者が無知な者を率いる状態になり、気がつけば大きな災難が目の前に迫っている。

*2 **情報カスケード**
情報不足の状態で最初の人の行動をまねて次の人が行動し、次々に連鎖反応が起きる現象【訳】

『投機バブル　根拠なき熱狂』の初版は株式バブルが中心テーマだったが、その後の版では１９９８年から２００６年までのアメリカの住宅価格の劇的な上昇に関する章が追加された。株式バブルと同様に、不動産を持てばリッチになれるという期待が一般大衆に広がっていた。しかし過去の長期的な記録から見ると、住宅価格の上昇は実際の所得の上昇を下回っている。

１９２９年から２０１３年までに所得は年間およそ２％ずつ伸びているが、アメリカの住宅のほとんどは１世紀の間に年間０・７から１％の上昇にとどまった。１９４８年にあなたのおばあさんが１万６０００ドルで家を買い、２００４年にその家がインフレ調整前の価格の19万ドルで売れたとしたら、大幅な増加に見えるのは確かだ。株で金持ちになるための理論と同じく、大衆の知恵は誤っている。

シラーは保険会社に対して、「住宅抵当保険」■273Pの創出を働きかけてきた。この保険は不動産市場が下落した際に損失を補償されることで、人々が住宅価格の変動リスクに備えやすくするものだ。

また、シラーはシカゴ証券取引所に家庭用住宅先物市場を創設した。これは不動産市場の崩壊に備えてリスクヘッジの機会を提供している。

今を知り、未来を考えるために――

株式ブームや不動産ブームは、結局は資本主義の典型的な一面に過ぎないように見える。これらを分析する重要性はどこにあるのだろうか。

こうしたブームは、インフラ整備や学校や大学の建設、社会保障制度の樹立など、さまざまな社会的・人的資本の創設に役立つはずの貯蓄や資産を帳消しにしてしまうとシラーは言う。貯蓄や基金など、将来のために投資する資金を持つ個人や大学、慈善団体などは、現在の株式市場の水準が経済の現実に即しているのか、あるいは市場に手を出せばこれまでに築いたものを失いかねないのかを、慎重に見きわめる必要がある。

将来の安定した生活設計を不動産などの個人資産に頼る人が増えているということは、リスクも増えるということを意味している。

普通の人々が驚くほど大きな利益を得る可能性がないわけではない（2010年から16年にかけて、ロンドンの住宅所有者は不動産価格が平均2倍に上昇するという幸運に恵まれた）。しかし、資産価値が突然大幅に下落する可能性もあり、その場合は生活水準そのものが保てなくなる。実際、株式バブルや不動産バブルのマイナス面の1つは、人々が貯蓄の必要を感じなくなることだとシラーは指摘している。2007年にアメリカの国民貯蓄率は所得のわずか2・9%まで落ち込んだ。それから2年後、世界金融危機のまっただ中になると、貯蓄に回せる資産はこれまで以上に限られていたにもかかわらず、貯蓄率は8・1%に上昇した。貯蓄という緩衝《バッファー》を備えておくという昔ながらの知恵が、ふたたび見直されるときが来たのである。

もっと保守的な投資戦略に戻るべきときだとシラーは言う。それこそが株式投資による損失に備えるための重要な心構えだ。

41

2007

"Rather than listen to the siren songs from investment managers, investors—large and small—should instead read Jack Bogle's The Little Book of Common Sense Investing."
—WARREN BUFFETT
THE LITTLE BOOK of COMMON SENSE INVESTING
The Only Way to Guarantee Your Fair Share of Stock Market Returns
10th ANNIVERSARY EDITION | UPDATED & REVISED
JOHN C. BOGLE
Founder and former chairman of the Vanguard Group

マネーと常識

ジョン・C・ボーグル

邦訳書

［ マネーと常識 ］

林康史 監訳・石川由美子 訳　日経PB社（2007年）

株式市場に投資するなら、
すべての上場企業の株式を
ほんの少しずつ保有する
インデックスファンドを
購入するべきだ。
長い目で見れば、
富を蓄積する安全確実で
苦労の少ない方法である。

▼「投資で成功するかどうかはすべて常識にかかっている。（中略）計算すればすぐわかるように——過去からも明らかなことだが——勝利の戦略は、すべての上場企業の株式を非常に安いコストで保有することである。そうすることによって、企業が配当と利益成長という形で生み出すほとんどすべてのリターンを手にすることができる。」

【5頁】

▼「株式市場とは、投資家に本当に重要なこと——企業が事業によって生み出したリターンの長期的な累積——よりもむしろ、気まぐれに揺れ動く市場の期待に焦点を当てさせる、巨大な錯乱の世界だということである。」

【39頁】

John C. Bogle
ジョン・C・ボーグル

投資信託会社バンガード・グループの創業者兼元会長

ボーグルは1929年にニュージャージー州で生まれた。ブレア・アカデミーを卒業後、プリンストン大学に進学し、1951年に経済学の学位を取得した。大学卒業後にペンシルベニア州の投資顧問会社ウェリントン・マネジメントで働き始める。同社で会長まで昇進した後、退社して1974年にバンガードを創立した。

本書の他に、『インデックスファンドの時代』(1999年)、『John Bogle on Investing (ジョン・ボーグル投資を語る)』(2000年)、アメリカの金融界に倫理を取り戻すように主張する『米国はどこで道を誤ったか』(2005年)、『波瀾の時代の幸福論』(2010年)、『米国金融の仕組み』(2012年) などの著書がある。また、ボーグルが創設したバンガード社の歴史と内幕を記録したロバート・スレーター著の『John Bogle and the Vanguard Experiment: One Man's Quest to Transform the Mutual Fund Industry (ジョン・ボーグルとバンガードの挑戦―投資業界の改革を目指して)』(1996年) や、ラリモア、リンダウアー、ルブーフとの共著による『The Bogleheads' Guide To Investing (ボーグルヘッドの投資術)』(2006年) なども、ボーグルについて知る手がかりになる。『マネーと常識』は、プリンストン大学時代にボーグルが傾倒した経済学者でノーベル経済学賞を受賞したポール・サミュエルソン教授に捧げられている。

低コストでありながら、リターンの大きい初のインデックスファンドを創設した著者が教える〝勝者のゲーム〟

ジョン・C・ボーグルは投資業界では一匹狼のような存在だ。

1976年に世界初の株式インデックスファンド、バンガード500を創設したことで知られ、ボーグルが創設したバンガード・グループは3兆ドルを超える運用資産総額を持つ世界第2位の投資信託会社に成長した。1999年にビジネス誌『フォーチュン』はボーグルを「20世紀の4人の偉大な投資家」の1人に選び、2004年には『タイム』誌が「世界でもっとも強力で影響力のある100人」として取り上げた。

インデックスファンドとは何だろうか？

基本的に、インデックスファンドは1つの市場の主要銘柄がすべて入ったバスケットのようなものだ。アメリカ国内の代表的企業500社の株価を基に算出されるスタンダード・アンド・プアーズ500種指数（1926年に開発され、「S&P500」と呼ばれている）や、5000種近い銘柄を含むダウ・ジョーンズ・ウィルシャー・インデックスなどの信頼できる株式指数《インデックス》の動きをなぞるように作られたファンドのことだ。

一般的なインデックスファンドは、株を「売買」しない。

通常のアクティブファンドが市場の平均を上回るリターンを狙って頻繁に株を売買するのと違って、インデックスファンドは一度購入したら、ずっと持ち続けるものだ。そう聞くと、インデックスファンドは投資対象として面白みがなさそうに思われるかもしれない。しかし、インデックスファンドは株を売り買いする興奮とは無縁だが、長期的には驚くほど大きな成果が得られる。

投資で成功するかどうかは常識にかかっている。そしてインデックスファンドの運用を支えている初歩的な数学には誰も抗えないとボーグルは主張する。インデックスファンドは複雑に見える投資の世界をシンプルにする。そして過去の成功例は「明らかで、議論の余地がない」■150Pとボーグルは言う。できるだけ確実な株式投資をしたければ、本書は一読の価値がある。

株式投資で儲かるのは〝金融の胴元〟であり、われわれではない

普通の投資家にとって株式投資は敗者のゲームだとボーグルは主張する。

いったいなぜだろうか？　第1に、私たちは金融の専門家を信頼しすぎている。専門家といえども、長期的に見れば投資家全体が手に入れる利益を上回ることはできないし、むしろそれを下回る場合が多い。第2に、ファンドマネジャーを介して株式投資をする場合、彼ら

に手数料を支払わなければならない上に、彼らが資産を運用する方法は税効率が悪いので、投資家が受け取るリターンは大幅に減少してしまう。アクティブファンドでは、勝つのはつねに"金融の胴元"[■9P]――株式ブローカー、投資銀行家、マネーマネジャーなど――で、彼らの手元には年間4000億ドルを超える手数料が転がり込む。ボーグルが言うように、ギャンブルでは「常にカジノが勝つ」[■9P]のである。

投資家が株式投資から得るリターンは、株式市場全体が生み出すリターンに比べてはるかに大きく変動するが、たとえ投資で損失を出したとしても、投資にかかるコストは支払わなければならない。

ファンドマネジャーの運用成績が悪かった年も、あるいはそんな不運な年が10年間続いたとしても、手数料が値下げされるわけではない。自分が保有する株式から得られるリターンが複利で増えていくと聞けばうれしいには違いないが、投資コスト（ファンドの購入や運用手数料、売買益に対する課税など）もまた複利で増えていくのを私たちはしばしば理解していない。株式投資信託にかかる経費は運用資産の0・9％から3％で、平均すれば2・1％にもなる。この程度のコストなら最初は大したことがないように見える（たとえば10万ドルの1・5％は、それほど途方もない金額には見えない）が、時間がたつにつれて、手に入るはずだった潜在的リターンはコストによって侵食されていく。

では、普通のファンドとインデックスファンドの実際の運用成績にはどれくらい差があるのだろうか。1995年〜2005年の間に、インデックスファンドは194％の複利リターンを上げた。一方、アクティブファンドのリターンは154％にとどまり、2つの間に大幅な差がついた。

インデックスファンドで何もしないで勝つ

投資信託の投資家は、ファンド内の銘柄をファンドマネジャーが頻繁に入れかえることによって、リターンを最大限に増やしてくれると思っているかもしれない。

しかし、売買のたびに税と手数料の両方でコストがかかるため、売買コストのせいで投資家が受け取るリターンは減る。投資家の株を売ったり買ったりすることで、投資家以外の誰かが確実に大金を手にしている。

投資家から受け取る手数料を正当化するために、ファンドマネジャーは「何か役に立つことをしている」ふりをしなければならない。しかし有名な投資家のウォーレン・バフェットは、「投資家全体にとっては、運動が増えるほどリターンは減少する」25Pと断言している。

インデックスファンドを購入すれば、自動的に株式市場全体に投資することになるので、投資アナリストやファンドマネジャーに頼る必要はなくなる。

株を「売り買い」する必要はなく、ただインデックスファンドを買ってずっと持ち続けていればいいので、頻繁な売買によって累積するあらゆるコストを避けることができる。長く持ち続けていれば、投機目的の短期的な株の売買（そして売買コストと投機リターンの乱高下）とは無縁でいられるため、それだけリスクは小さくなる。

カジノのような株式ではなく、資本主義に投資しよう

株式投資家は自分が企業の創意工夫や生産力に投資していることをすぐ忘れてしまうが、アメリカでは過去100年間の企業の投資リターンは9・5％に達している。

このリターン率を長年にわたって複利計算すると、驚くべき結果が得られる。投資した1ドルは10年で2ドル48セント、20年で6ドル14セント、30年で15ドル22セント、40年で37ドル72セント、そして50年たてば93ドル48セントになる——たった1ドルがこれだけ増えるのだ。

もちろん今から数十年後には、物価上昇の影響であなたのお金の購買力は大きく低下するが、たとえばインデックスファンドを通じてアメリカ合衆国株式会社に10万ドル投資すれば、30年後には66万ドルの実質価値（購買力）になる。

株式市場がもたらす利益は、長期的には米国企業が生み出す利益にほぼ等しくなるとボーグルは主張する。

株式の年間平均トータルリターンは9・6%で、企業の年間平均投資リターン*1は9・5%だ。「長期的には、株式リターンのほぼすべてが、企業が実際に生み出した投資リターンに依存する」■37P とボーグルは言う。

株式市場のリターンが企業の投資リターンを上回る年が10年続いたとしても、その次の10年には株式リターンが投資リターンを下回るかもしれない。著名な投資家のベンジャミン・グレアムが指摘するとおり、株式リターンにはつねに「平均への回帰」■35P と呼ばれる傾向があり、長期の株式リターンは、株価の裏づけとなる企業の価値によって決まる。

ボーグルは、株式市場は「巨大な錯乱」だと述べて、シェークスピアの『マクベス』から有名なセリフを引用して、株式市場は「愚か者が語るたわ言にすぎない。そのわめき声はすさまじいが、意味など何もありはしない」■39P と言う。

短期的な株式リターンは、市場に対する投資家の信頼感や不安といった感情によって大きく変動するが、投資家の感情には合理性がないので、それがどのように動くかを正確に知ることは誰にもできないし、予測しようとしても無駄だ。

しかし、私たちは企業の長期的な生産性については驚くほど確かな予想が立てられる。だから「勝者を選ぶ」■116P のをやめて、株式市場全体に投資すれば、企業の成長の成果を確実に手に入れることができる。

投資リターン
配当利回りと利益成長率の合計
*1 【訳】

信じるべきはファンドマネジャーではなく、数字である

投資家はなぜリターンの少ない投資法に、より多くのお金をつぎ込むのか。

残念ながら、ほとんどの投資家はそこのところがよくわかっていない。プリンストン大学教授のバートン・マルキールが、著書『ウォール街のランダム・ウォーカー』*2で指摘したように、大きなリターンが手に入るのは、たいていはまったくの偶然でしかない。

私たちは過去の運用成績に基づいてファンドを選ぶという過ちを犯す。しかし、過去のすばらしい運用成績は決して将来を保証するものではなく、むしろ将来は成績が下がっていくと予言しているようなものだ。

ファンドマネジャーもただの人間なので、株式市場が上昇傾向を示しているときは興奮する。そして一般の投資家と同じように、ファンドマネジャーも株価がもっとも割安なときではなく、株価のピークに株を買うという失敗をする。

株式市場全体の値動きを自動的になぞるように設計されたインデックスファンドを購入しさえすれば、こうしたリスクとは無縁だ。株式市場がもたらすリターンと損失は、長い目で見ればバランスが取れる。だから株式市場全体に投資すれば、あなたは勝者になれる。

ボーグルはこの結論を表すのに、「干し草のなかの針を見つけるような無駄なことはするな。ただ干し草を買えばいい」■110Pという名言を残した。

*2 『ウォール街のランダム・ウォーカー』井出正介訳、日本経済新聞出版社（2016年）

今を知り、未来を考えるために——

インデックスファンドに資金を注入する投資法は、投資戦略上の「革命」だとボーグルは言うが、この戦略はなかなか投資家の賛同を得られなかった。

バンガードがはじめてインデックスファンドを創設してから何年もたった後で、ようやく他の投資信託会社が同じようなインデックスファンドを売り始めた。しかし今ではアメリカだけでも数百種類のインデックスファンドが存在している。

そのうちいくつかは、矛盾するようだが「アクティブ・インデックスファンド」と呼ぶべきものだ。配当や成長率のいい複数の業種を選んで株を購入することで、市場に打ち勝つことを目指すインデックスファンドである。

ボーグルはこのような新たなインデックスファンドには懸念を示している。標準的なインデックスファンドに比べれば、アクティブ・インデックスファンドはコストとリスクがかなり高いからだ。また、アクティブ・インデックスファンドは運用成績がよくても悪くても一定のコストがかかるので、長期的には株式リターンが減ることになる。だからこそ標準的なインデックスファンドを選ぶべきだとボーグルは主張している。

『マネーと常識』は、アメリカではThe Little Book（小さな本）という投資関連のシリーズの1冊として出版されたが、全18章で200ページ以上ある本書は決して小さな本ではなく、内容に繰り返しの多い部分があるとしても、それが冗長にならずに説得力を高めている。本書を読めば、投資の達人を自宅に招いて親しく会話しているような経験が得られるだろう。ただし、話の内容に興奮して眠れなくなる覚悟をした方がいい。

ボーグルをけなす人は、彼は明白なことを言うしか能がないと言う。ボーグル自身もそんな悪口を言われているのをよく知っている。しかし、激しい売り込みと言葉巧みなごまかしがまかり通る投資業界では、インデックスファンドの基礎になる「冷徹な数学」■97Pを信頼することが、私たちにできる唯一の賢明な行動だろう。

インデックスファンドのように、株式市場全体の動きに連動するよう設計されたファンドへの期待がますます高まる状況を見て、株式市場は資本を適切に配分するという本来の役割を果たせなくなったのではないかと懸念する財政学者もいる。

インデックスファンドは企業の業績や将来性をいっさい考えずに、ただ既存の企業に資金が流入する仕組みだからだ。それはその通りだが、企業の良し悪しを見分けるのは一般的な少額投資者の仕事ではない。複雑性を回避し、「単純さという魔法」■152Pを追求せよというボーグルのアドバイスには、耳を傾ける価値がある。

42

2008

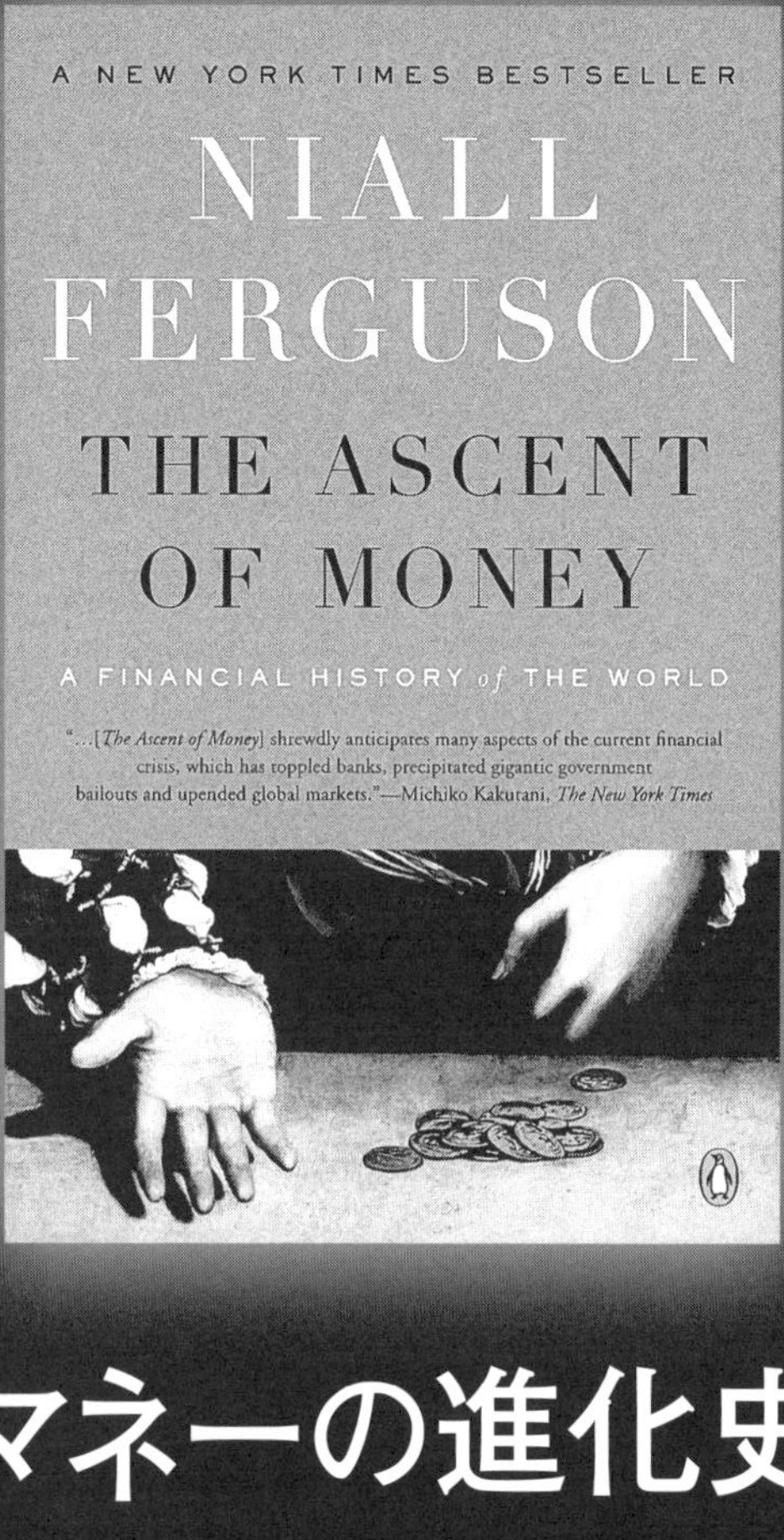

マネーの進化史

ニーアル・ファーガソン

邦訳書

［マネーの進化史］

仙名紀 訳　早川書房（2009年）

金融は
現代社会を作るために
不可欠なはしごである。
あらゆるはしごは
不安定なものだが、
それがなければ
何かを作り出すのは困難だ。

▼「貧困は、強欲な金融業者が搾取した結果として生じたものではない。むしろ、金融機関があまりにも関わってこなかったため、つまり銀行が存在したからではなく、逆に銀行が身近に不在だったために貧しさが助長されてきた。」【3頁】

▼「マネーとは、（中略）「もとの場所に戻しておくべき怪物」ではない。金融市場は人間を映す鏡であり、私たちが自分自身や自分たちを取り巻く資源の価値をどのように評価しているかをつねに示している。人類の欠点が、美徳と同じようにあからさまに映ったとしても、それは鏡のせいではない。」【476頁】

Niall Ferguson
ニーアル・ファーガソン

スコットランド出身の歴史学者・ジャーナリスト
ファーガソンは1964年にグラスゴーで生まれた。私立のグラスゴー・アカデミーで学んだ後、奨学金を得てオックスフォード大学モードリン・カレッジに入学した。1985年に歴史学で学位を取得し、1989年に博士号を取得している。
ファーガソンはハーバード大学歴史学教授を務めた後、現在はハーバード大学およびスタンフォード大学フーヴァー研究所のシニアフェローである。現在までに14冊の著書を刊行している。主な著書に、『The House of Rothschild（ロスチャイルド家）』（1998年）、『The Cash Nexus：Money and Power in the Modern World, 1700-2000（キャッシュの結合—1700〜2000年までの近代社会におけるマネーと権力）』（2001年）、『Empire: How Britain Made the Modern World（帝国—イギリスはいかにして近代の世界を作ったか）』（2003年）、『文明—西洋が覇権をとれた6つの真因』（2011年）、『劣化国家』（2013年）、『Kissinger: 1923-1968: The Idealist（理想主義者キッシンジャー－1923〜1968年）』（2016年）などがある。
ファーガソンはソマリア生まれのオランダの元下院議員で女権活動家、作家でもあるアヤーン・ヒルシ・アリと結婚している。

債権、株式市場、保険、住宅ローン……金融システムの革新は社会に大きな発展をもたらしてきたことを示した

投資銀行ゴールドマン・サックスのＣＥＯ（最高経営責任者）ロイド・ブランクフェインは、２００７年に給与、ボーナス、株配当を含めて７３７０万ドルの年収を手にした。この年のアメリカ人の平均年収は３万４０００ドルだった。同じ年、ゴールドマン・サックスの利益は４６０億ドルで、１００か国のＧＤＰ（国内総生産）を上回った。

ハーバード大学の歴史学者ニーアル・ファーガソンは、こうした事実は「金融という惑星」■11Pが地球自体の何倍も大きく膨れ上がり、財やサービスの生産と少なくとも同じくらい重要であることを示していると主張する。歴史を振り返ると、金融業者は農業や製造業などの「実業的な」■8P経済に巣くう寄生虫のようなものとして、つねに見下されてきた。さらに金融危機が頻発したため、金融業界は人々を貧困に突き落とす原因とみなされ、繁栄に寄与するとはとうてい考えられていなかった。

金融が目の敵にされてきたのは不思議ではないが、それは誤解に基づいているとファーガソンは本書で述べている。本書のタイトル『The Ascent of Money』は、科学者のジェイコ

ブ・ブロノフスキーがナレーターを務めたイギリスBBCのテレビ番組「The Ascent of Man（人類の進化）」のもじりである。科学の進歩をたどったこの番組は（そして番組のタイトルを借用したファーガソンの著書も）大評判になった。

貨幣の発達、そして信用《クレジット》や借り越し《デット》も含む金融システムの革新がなければ、文明は勃興しなかっただろうとファーガソンは主張する。イタリア・ルネサンスは銀行や債券市場の発達によって可能になった。オランダやイギリスの帝国の基盤になったのは企業金融だった。20世紀になってアメリカが成長に次ぐ成長を達成したのは、保険や抵当権、金融、消費者の信用取引によるところが大きい。

「世界史に残るような大変動が起こった場合、その底流には必ず金融面における秘密が隠されている」9Pとファーガソンは書いている。

債券の誕生によって政府は資金調達できるようになった

中世初期のイタリアで起きた大きな金融上の革新の1つは〝債券の発明〟だった。債券はイタリアの都市国家間の戦争を遂行する資金調達手段に使われたのである。「マネーの進化史において、債券の誕生は二番目の革命的なできごとだった」86Pとファーガソンは言う。

債券とは、簡単に言えば政府が国民から借金するための方法であり、政府はいくらかの利子をつけてそれを返済する。その資金は道路や学校、病院建設、あるいは軍隊の創設や軍事行動の遂行といった生産的活動に利用される。

19世紀最大の銀行家であるロスチャイルド家は、債券市場と戦費調達の成功を背景にのし上がった。ロスチャイルド家の台頭は、土地や貴族制に基づいた富から、債券を中心とした利回りが高く流動性も高い新たな形態の富への移行を象徴していた。

紙でできたこの富によって、債券の所有者は好きな場所に住めるようになり、富裕層が好んで暮らす場所として都市の重要性が高まった。貨幣と紙（債券）に基づくこの新しい富は旧来のエリート層を弱体化し、新しい社会秩序を創造した。

債券市場が大きな力を持っているのは、国の信頼度を債券市場が判断し、投資家に支払う利率と預金の金利を決定するからだ。政府が紙幣を増刷して通貨の価値を下落させる（ワイマール共和国となったドイツが債務の返済のためにそうしたように）と、利子の支払いは無意味になり、国債は紙くず同然になる。すると債券を所有する階級全体が（1920年代の富裕なドイツ人がそうだったように）、自分たちの収入と財産が消滅するのを目の当たりにする結果になる。

また、各国が外国人の貸し手や債券保有者に対して国債の債務不履行を宣言した場合も、債券保有者はいっぺんに財産を失う。たとえば1998年にロシアが、そして2001年にはアルゼンチンが債務不履行に陥った。

こうした危険にもかかわらず、債券の人気は衰えなかった。規模の大きい年金基金は資金をどこかに投資しなくてはならず、債券は企業の株式よりずっと安定していると見られている。

債券は誰もが（たいていは）得をするという点で、金融上の偉大な革新の1つである。政府は債券によって国家建設事業や歳出をまかなうための資金調達（借入と課税によって）ができ、国民は不安定な世の中で安定した所得を確保できる。

大きなリターンをもたらす株式市場の誕生

銀行が誕生し債券市場が発達した後、マネーの進化史における次の重要なステップは、〝「共同資本」による有限責任の近代的な会社の登場〟だった。

この制度によって、多数の人間が大規模でリスクの高い事業（たとえば香辛料を手に入れるためにオランダ領東インド諸島まで航海する船団への融資）に出資できるようになったが、彼らの責任は限定されていた。事業が失敗に終わったとしても、株主たちは出資金を失うだけで、家屋などの私有財産まで失う心配はなかった。

株式市場の誕生によって、人々は多数の会社の株を保有できるようになり、不誠実な経営者や判断を誤った事業に異議申し立てができるようになり、国民経済の大きな発展に参加できるようになった。

株と債券投資の違いは明白だ。株を買うのは営利を目的とした会社への出資を意味するが、債券は政府が金融上の支払い能力を維持し、インフレ率は長期的に低く抑えられるだろうという期待の上に成り立っている。もちろん株式投資にはリスクがある（そのリスクと引き換えに、株式には「リスクプレミアム」163Pと呼ばれる利回りの上乗せがある）が、債券に比べると大きな値上がりが期待できる。

これはもちろん個々の会社の破綻や、株式市場のバブルがはじけて崩壊した場合を考慮に入れて、株を長期的に保有した場合について言えることだ。ファーガソンは18世紀のミシシッピ土地バブル、1929年の株式市場大暴落、1990年代のテクノロジー・バブル、2007年の世界金融危機についてかなりのページを割いて解説している。

人々を困窮のリスクから救う リスク科学から生まれた保険

〝保険〟は金融上の偉大な革新の1つだ。ファーガソンが1章分を割いて語る保険の歴史には興味が尽きない。

初期の保険は一種の賭けに等しかったが、やがて確率論や保険の数学を含むリスク科学が発達した。最初の近代的な保険基金はスコットランド国教会の牧師ロバート・ウォーレスとアレグザンダー・ウェブスター、そして数学者のコリン・マクローリンによって創設された。彼らは牧師が早死にした後、残された妻子が極貧の生活を強いられるのを何とかしたいと考えた。

彼らが考案した「スコットランド牧師の寡婦基金」258Pは、牧師から保険料を集めて基金を創設し、それを投資して得た利益から寡婦や遺児に年金を支給する仕組みだった。この基金は現在スコティッシュ・ウィドウズ（今も生命保険会社として1000億ポンドを超える資金を管理している）と呼ばれる損害保険と年金基金に成長し、早期死亡に備えるあらゆる基金のモデルとなった。数十年のうちに、同様の基金がイギリスやアメリカの各地で作られ、1815年には兵士でさえ戦死しても妻子が暮らしに困らないように保険を掛けられるようになった。保険に入ることは中流階級の堅実さの象徴になった。

初めは生活に余裕のある層しか保険に入れなかったので、多くの国民に選挙権が拡大するにつれて、もっと安価に病気や失業に備える手段を提供するよう政府に要求する声が高まった。

世界初の社会保険法は1880年代にドイツのオットー・フォン・ビスマルクによって施行され、老齢年金制度が導入された。イギリスはドイツの制度を取り入れて、70歳以上を対象に資産調査に基づいて支給される年金制度を1908年に導入し、1911年には国民保険法*1を成立させた。

経済学者のウィリアム・ベヴァリッジは1942年にベヴァリッジ報告書を提出し、病気や失業が悲劇や破滅に結びつかないように、国民強制保険制度の成立を訴えた。国家による社会保障制度の拡充にはいくつかの理由があった。

民間の保険会社は多くのリスクを背負いたがらないこと、強制的な国民保険は広告や販売活動に要する多額の費用を必要としないこと、参加人数が多大になれば規模の経済が期待できることなどだ。

国民保険法
*1 健康保険と失業保険からなる社会保障制度【訳】

しかし時がたつにつれて、福祉国家は国民が当たり前に要求する権利となり、そのために必要なコストは忘れられた。今日では多くの国が国民の急激な高齢化と、年金や医療保険の積み立て不足という二重苦に悩まされている。しかし困った時に備える保険（民間の保険と公的保険）のおかげで、現代ではヴィクトリア時代の人々のようにワークハウス*2や債務者監獄のような恐ろしい末路を覚悟せずにすむようになった。

住宅所有を庶民に開放した住宅ローン制度の改革史

301P

現代の〝住宅ローン〟は、実は比較的新しく作られた制度だ。

たとえば1920年代のアメリカでは今ほど住宅ローンが一般的ではなく、住宅ローンを借りられたとしても、期間は4年か5年に限られていた。借り手は毎月利息だけを支払うので、ローンの返済期限が来ると元金を含む莫大な未払金を支払わなければならなかった。大恐慌に見舞われたとき、多くの銀行が住宅ローンの更新を拒否し、1日1000件の割合で抵当物件が差し押さえられた。

フランクリン・D・ローズヴェルト大統領は、国民の支持を広げつつあった社会主義者に選挙で対抗するため、賢明にも住宅を大幅に取得しやすくする方策をニューディール政策に取り入れた。

*2 **ワークハウス**
貧困者を修養して労働に従事させる施設【訳】

ローズヴェルト政権は住宅保有者貸付公社を設立して住宅ローンの再融資を行ない、ローンの契約期間を15年まで延長した。また、貯蓄貸付組合*3を奨励して人々が広く快適な住居に移り住むのを可能にし、連邦預金保護制度を導入して預金者を保護した。

アメリカ政府が住宅ローン市場を支えたおかげで、特に第２次世界大戦後になると住宅所有者と住宅建設が急増した。しかし誰もがその恩恵にあずかったわけではなかった。アメリカの都市の中で、貸し手によって「黒人地域」と認定された地区は信用度が低いとみなされた。そのため、アフリカ系アメリカ人は住宅ローンが借りられたとしても、同じ都市に住む白人よりも利子が高く、ときには８％を超える利子を要求された。

このような人種による信用格付けの不平等を解消し、貧しい白人や退役軍人が住宅を取得しやすくする目的で、１９６８年には新たに２つの連邦機関（連邦政府抵当金庫《ジニーメイ》と連邦住宅金融抵当公庫《フレディマック》）が設立された。これらの改革の大部分は実を結んだ。

英語圏の人々は不動産取得にとりわけ強い熱意があり、イギリス、アメリカ、オーストラリア、カナダなどの国々では財産所有民主主義が発達したとファーガソンは言う。しかし現在は状況が変化している。ファーガソンが本書を執筆していた２００８年に、アメリカの住宅取得率は68％だった。２０１６年になるとこの数字は63％に下落する。２００８年にイギリスでは住宅取得率は73％だった。現在では64％に落ち込んでいる。

*3 **貯蓄貸付組合**
貯蓄と住宅ローン専門の金融機関。集めた預金で住宅購入者にローンを貸し出す【訳】

住宅取得率が下落傾向にあるのは確かだが、そもそもこれまでの歴史を振り返ると、ほぼずっと不動産所有は貴族階級の特権だった。

仕事、貯蓄、そして家族の協力があれば大半の人々が住宅所有者になれる今の状態は、画期的な進歩だと言える。現代の不動産金融の功績は非常に大きいと言えるだろう。

今を知り、未来を考えるために——

ファーガソンは2008年4月にこの本を書き終えた。ちょうどその頃アメリカを襲った世界金融危機と迫りくる不況の影響で、文明を築いた金融の力という本書のテーマは若干水を差されたかもしれない。しかし金融上の革新によってこれまでに達成されたさまざまな進歩は、未曽有の金融災害によっても決して色あせないとファーガソンは考えている。

ファーガソンが育ったスコットランドのグラスゴーのイースト・エンドのような場所では、信頼できる銀行や貸付制度を利用できないせいで、多くの人が高利貸し（最近では給料を担保に法外な利子で貸し付けるオンラインのペイデイローンが増えている）に頼らざるを得ない状況がある。

貧困はたいてい金融機関や金融サービスがないために生じるのであり、金融機関があるから生じるのではないとファーガソンは主張している。

43

2009

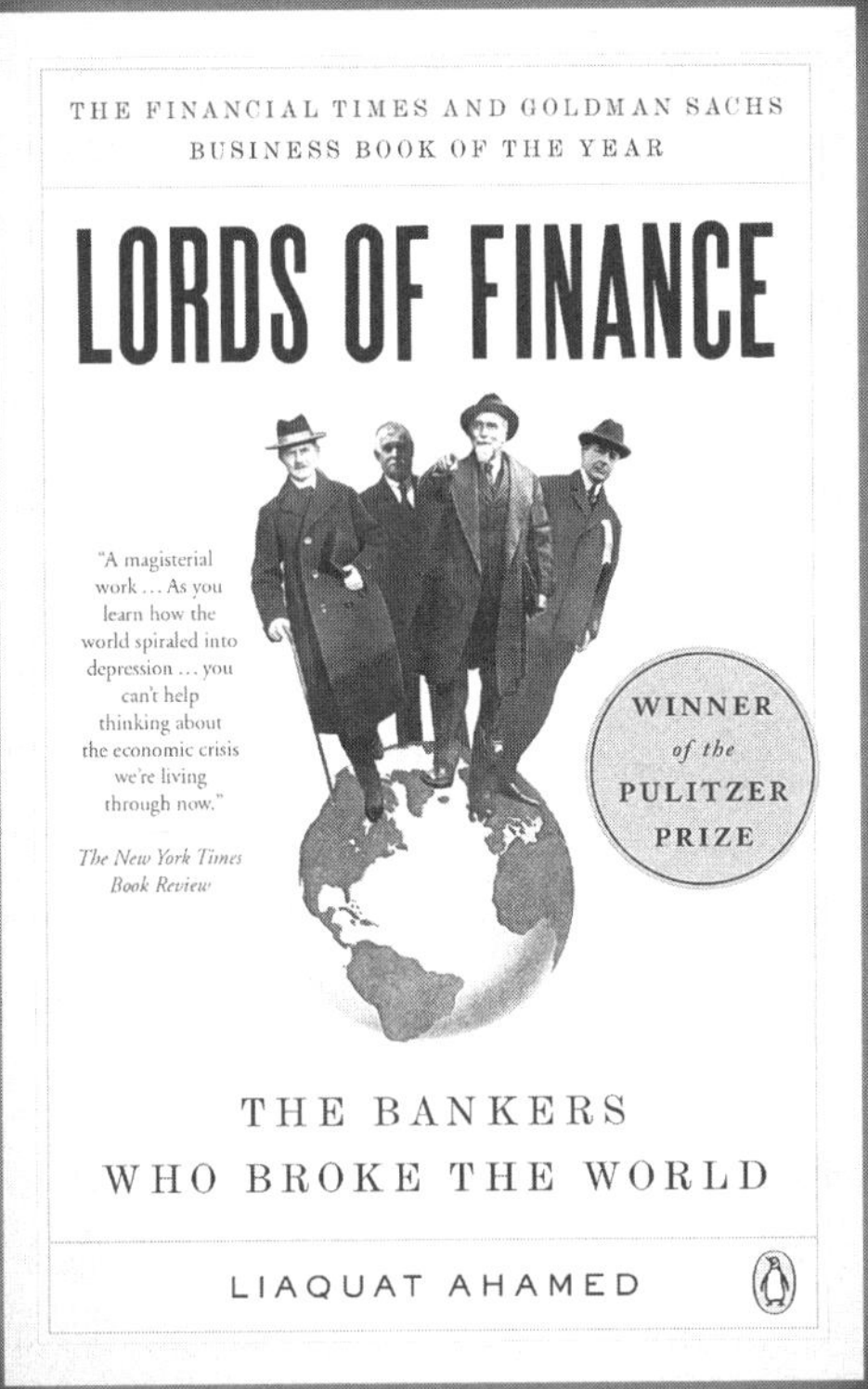

世界恐慌

ライアカット・アハメド

邦訳書

［世界恐慌］

吉田利子 訳　筑摩書房（2013年）

経済学上の固定観念にしがみついていると、ときには悲惨な結果になる。金本位制は世界経済の安定と成長を促す役割を果たさなくなっていたのに、世界は長い間金本位制をあきらめようとしなかった。

▼「この時代の経済的守護神の象徴としてなによりも、ある意味では自由貿易への信念や低い税と小さな政府というイデオロギーよりも力があったのは、金本位制である。金は金融システムを支える血液だった。ほとんどの通貨の錨で、銀行に堅固な基盤を提供し、戦争やパニックの際には安心を支える礎になった。貯蓄のもとは増え続けていた世界の中産階級だったが、彼らにとって金本位制は通貨を律する見事なシステムというだけではなかった。倹約や慎重な分別というヴィクトリア朝の美徳を公共政策においても確実に実現するために役立っていたのだ。（中略）ロンドンやニューヨーク、パリ、ベルリンの銀行家のあいだでは、金本位制はどの時代どの場所にも通用する行動規範、神の恵みとして、まるで信仰のような情熱の対象となっていた。」

【■上巻 33頁】

Liaquat Ahamed
ライアカット・アハメド

ブルッキングズ研究所理事

1952年にケニアで生まれ、イギリスのパブリック・スクールを卒業してケンブリッジ大学とハーバード大学で学び、経済学の学位を取得した。

1980年代に世界銀行のエコノミストになり、それからニューヨークの投資顧問会社フィッシャー・フランシス・トリーズ・アンド・ワッツに勤務して最高経営責任者まで務めた。現在はいくつかのヘッジファンドの顧問、保険会社の取締役、シンクタンクのブルックリン研究所の理事も務めている。

『世界恐慌』は『フィナンシャル・タイムズ』誌とゴールドマン・サックスが選ぶブック・オブ・ザ・イヤー賞および2010年のピューリッツァー賞を歴史書部門で受賞した。近著に『Money and Tough Love: On Tour with the IMF（IMFの内側）』（2014年）がある。

1929年の世界恐慌を招いた中央銀行総裁らの失策を浮き彫りにし、2008年の金融危機との類似性を鮮明に示した

2010年に、アメリカの住宅バブル崩壊に端を発した世界金融危機の原因究明にあたっていた金融危機調査委員会は、金融危機について理解を深めるためにどんな本を読んだらよいかと連邦準備制度理事会議長のベン・バーナンキにたずねた。
それに対してバーナンキが唯一書名を挙げて推薦したのが、2010年にピューリッツァー賞を受賞することになる新しい経済史の本である、この『世界恐慌』だった。

この本の著者で投資マネジャーのライアカット・アハメドが本書のテーマを思いついたのは、1999年にタイム誌に掲載された『世界を救う委員会』という特集記事を読んだときだった。

この記事は当時の連邦準備制度理事会議長アラン・グリーンスパン、クリントン政権で財務長官を務めたロバート・ルービン、そして財務副長官だったローレンス・サマーズが通貨危機に陥った東アジアを支援するために公的基金から数十億ドルを投入し、世界経済を危機に陥れかねなかったアジア通貨危機を乗り切った手腕を称賛したものだ。

アハメドはこの記事にヒントを得て、1920年代に主要な4カ国の中央銀行総裁を務めていた4人の人物が世界経済に果たした役割について書くことにした。その4人とは、イングランド銀行総裁モンタギュー・ノーマン、ニューヨーク連邦準備銀行総裁ベンジャミン・ストロング、ドイツ帝国銀行（ライヒスバンク）総裁ヒャルマル・シャハト、そしてフランス銀行総裁エミール・モローである。

1987年に連邦準備制度理事会議長に就任したアラン・グリーンスパンが、およそ20年間にわたる在職期間中に「金融の神様」とまで崇められたように、この4人も当時は賢者と称えられ、その発言は重視された。しかしこれらの「偉大なる金融の王侯《ロード・オブ・ファイナンス》」は、■上・22P 第1次世界大戦後の世界の金融制度を再建する役割を担っていたにもかかわらず、平和時としては最悪の世界経済の崩壊、すなわち大恐慌を引き起こす原因を作った。

グリーンスパンの放任主義的な金融政策が2008年から2010年にかけて起こった世界金融危機の元凶であるという批判が高まるにつれて、アハメドの著書があぶり出す過去と現代の類似性がいっそう鮮明になった。

アハメドは第1次世界大戦が終結し、第2次世界大戦が始まるまでの間に展開した経済ドラマで主要な役割を演じた人々を、徹底した調査に基づいて、彼らの人間的な弱さも見逃さずに描写した。

そのおかげで、単調な経済史に終わりかねない本書のテーマに生き生きとした魅力が吹き込まれた。
時代遅れの考え（金本位制は金融システムを支える「慎重な分別」■上33Pであるという信念）にしがみつく頑迷な銀行家にあまりにも信頼を置きすぎたことが、どれほどの危険をはらんでいたかを本書は明らかにしている。

第1次世界大戦により金融システムが混乱
主要国の中央銀行総裁が金本位制の復帰に取り組む

モンタギュー・ノーマンは両大戦間に中央銀行総裁を務めた面々のうち、もっとも有名で、金本位制は世界の秩序と繁栄の基盤であるという「硬直した、ほとんど信仰に近い」■上16P信念の持ち主だった。

金本位制をとる国では、政府が発行できる通貨の量は国の金庫に保管された金の量によって制限され、理論的にはすべての紙幣が等価の金と交換できた。

金本位制の採用は、金融の歴史から見れば意義がないわけではなかった。金本位制のもとでは、政府が借金を返済するために勝手に紙幣を印刷することができないので、政府の権限の乱用を防ぐ効果が期待できたからだ。

第1次世界大戦が勃発する前、世界経済が活況にあるときは、金本位制は貿易と経済成長を促進する役割をうまく果たしているように見えた。しかし、戦争によってこの状況は一変した。

戦争中に多くの人命が失われただけでなく、交戦国が戦費をまかなうために負った債務は、総額2000億ドルにのぼった。これは各国の国内総生産を合計した金額のなんと半分に相当する。パリ講和会議はドイツの戦前の国内総生産にほぼ等しい莫大な賠償金をドイツに請求し、ドイツは生き延びるために紙幣を大量に印刷するしかなかった。

そのためにドイツ経済は壊滅的な影響をこうむった。1923年までにドイツ帝国銀行は実質的に機能を果たせなくなり、物価は数日ごとに倍になった。中産階級の人々がこつこつと働いて蓄えてきた貯蓄は消し飛んだ。政治的革命によってドイツ帝国が倒された後、古い社会秩序も崩壊した。

経済の混乱がそれ以上悪化するのを恐れる各国の中央銀行総裁は、第1次世界大戦前の経済的安定と分別ある金融システムを回復させるために、できるだけ早く金本位制に復帰する必要があるという点で意見が一致した。

ところが戦時中に各国の中央銀行が発行した山のような紙幣が、金本位制への復帰を妨げる障害になった。各国の中央銀行が保有する金の価値と国内に流通する通貨総額のバランスを回復させる方法は、基本的に2つしかなかった。1つはデフレ（通貨の流通総額を減らす）、もう1つは通貨の切り下げ（金に換算される国内通貨の価値を公的に引き下げる）である。

イギリスでは大蔵大臣のウィンストン・チャーチルが、内心では金本位制への復帰に疑問を抱きながら、戦前と同じレートでポンドの相場を金に固定した。しかしイギリスは金準備が不足していた上に、ポンドが高すぎるために外国との競争で優位に立つことができず、1920年代のイギリス経済は、ほぼつねに高い金利と高水準の失業率を抱えてもがき続けた。反対にフランスは通貨の切り下げを選択し、金に換算したフランの相場を比較的低いレートで固定した。その結果、フランスの金準備と輸出量は増加し、フランスは継続的な経済成長を享受することができた。

一方、ヨーロッパの連合国に巨額の戦費を貸し付けたアメリカには、返済金と大量の金が流入し始めた。

すべての国が金本位制を介して結びついていたので、一国の経済的成功が他国に悪影響をもたらす（フランスが通貨を切り下げたことで、実質的にイギリスとドイツに失業を輸出する結果になったように）のは当然考えられることだった。

金本位制への復帰はすべての国を繁栄させるのではなく、ある国が別の国を犠牲にして利益を上げるゼロサムゲームに陥り、国家間の敵意は高まった。当時金本位制に進んで反対する者は少なかったが、その中でもっとも著名な人物がジョン・メイナード・ケインズだった。ケインズは金本位制を「野蛮な遺産」であり「物神崇拝《フェティシズム》」■下・96Pだと批判し、それが戦後の世界経済を停滞させた原因だと述べた。しかしケインズの説得をもってしても、現代の複雑な経済システムは金に頼らずに信用を創造できるのだとイギリス政府に納得させることはできなかった。

誰の目にも「安定を提供してくれる傘」に見えた金本位制は、「拘束衣であることがわかってきた」とアハメドは言う。上・18P世界が当たり前のように受け入れていた金本位制という枠組みをひっくり返すには、通貨危機や大恐慌を潜り抜ける必要があった。

〝金本位制〟信仰により株式市場が混乱に陥る

1926年の終わりには、4人の中央銀行総裁はアメリカの加熱する株式市場と、外国から過剰な借り入れをおこなうドイツ、景気後退に陥ったイギリス、そして機能不全の金本位制について憂慮し始めていた。

ストロング率いるニューヨーク連銀は金利を0・5％引き下げ、3・5％にした。この金利引き下げによって、金がアメリカからヨーロッパに流出し始めた。ところが1928年2月になると、ストロングは金利引き下げが間違いだったかもしれないと気づき、金利を5％に引き上げた。

ふたたび外国からアメリカに金が流入し始め、イギリスは金が大量に流出するのを防ぐため、自国の金利を上げざるを得なかった。この金利の引き上げによってイギリス国内の需要は弱まり、失業率はさらに悪化した。すでに不況にあえいでいたドイツは、金利を7・5％に引き上げなければならず、他のヨーロッパ諸国もそれに追随した。

一方アメリカでは、1928年から1929年までの15カ月間に株価は株式市場を構成する企業の実質的な価値をはるかに超えて、ほぼ倍になっていた。1929年の秋に株価が暴落すると、アメリカの株式市場の価値の半分近くが消えてなくなった。ニューヨーク連銀による大幅な金利の引き下げ、そして連銀と銀行団による流動性の注入がなければ、事態はもっとひどくなっていただろう。しかし連邦準備制度はあまりにも早く介入の手を緩め、金融緩和を中止した。

当初は株式市場の暴落の影響を受けずにすむだろうと期待されていた工業生産などの実体経済もふたたび激減した。ヨーロッパの株式市場も暴落したが、ヨーロッパではアメリカほど一般市民が株を買いあさることがなかったので、アメリカに比べれば痛手は少なかった。

金本位制を維持したために予想もしなかった事態が起きたとアハメドは言う。国際的な資本はすでに十分な金準備のある国（アメリカやフランス）にますます流入し、金が不足している国（イギリスやドイツ）からは金が流出する一方だったのだ。このような勝者総取りの状況は、大恐慌からなんとか脱出しようと努力している世界にとってとうてい健全とは言えなかった。

ヨーロッパ諸国はアメリカに通貨ではなく金で負債を返済しなければならないので、金本位制を続けるのが不都合なのは明らかだった。

1931年、金準備の減少によって追い詰められたイギリスは、ついに金本位制からの離脱に踏み切った。

　イングランド銀行の信用は地に落ちたが、数か月後にはポンドの相場が30％下落し、イギリスがふたたび輸出競争力を取り戻す希望が生まれた。イギリスに続いてカナダ、インド、スカンジナビア諸国をはじめとする多数の国が金本位制を離脱した。

　世界を覆う深刻な景気後退は、１９３１年を境に大恐慌に転じたとアハメドは言う。金本位制にしがみつこうとしたために通貨危機が起き、アメリカだけでなくヨーロッパでも銀行の取り付け騒ぎが始まった。そして消費と投資の両方で、先行きに不安を覚えて支出を控えるデフレ心理の悪循環が生じた。

　翌年アメリカでは投資は半分に落ち込み、生産高は４分の１減少した。物価は10％低下し、失業率は20％にのぼった。１９３２年に平均株価は最低値の41を記録し、１９２９年の最高値からなんと90％も下落した。ある新聞記者がケインズに、これまでにこんな恐ろしいことがあっただろうかとたずねると、ケインズはこう答えた。「イエス。それは暗黒時代と呼ばれて、四百年続いたよ」下・218P

　１９３３年の初めに共和党のハーバート・フーヴァーに代わって民主党のフランクリン・D・ローズヴェルトが大統領に就任したとき、『ニューヨーク・タイムズ』はワシントンで開かれた厳戒態勢の就任式の様子を、「戦時の包囲された首都」下230Pのようだと報じた。

　すでに28州が銀行システムを停止し、過去３年間に全国の銀行の４分の１が破綻していた。

住宅価格は大幅に下落し、住宅ローンを抱える人の半分は返済ができなかった。閉鎖されなかった製鋼所でも、生産能力の12％しか稼働していなかった。自動車の生産台数は1日2万台から2000台に落ちた。

「世界で最も豊かな国で、全人口一億二千万人のうち三千四百万人の男女子どもが明らかな所得源をもっていなかった」下230Pとアハメドは書いている。好不況の波がますます極端になり、資本主義はやがて崩壊するだろうというマルクスの予言が実現したかのように見えた。

各国の金本位制からの離脱が経済回復への道となる

大統領に就任したローズヴェルトが取った最初の行動は、全国の銀行を5日間閉鎖し、金の輸出をすべて停止することだった。

ローズヴェルト大統領が成立させた緊急銀行法によって、支払い能力のある銀行は再開を認められ、再開した銀行の預金は連邦準備制度を介して財務省が保証するという条項が設けられた。また、この法律によってドルは金の裏づけから切り離され、連邦準備制度がドルを貸し付ける際の担保になる資産の種類が広がった。

ローズヴェルトの新法は一夜にして銀行に対する国民の信頼を回復させた。

アメリカ人はベッドの下に隠していた現金を取り出して銀行へ預けに行き、株式市場は上昇に向かった。ローズヴェルトはケインズ型の景気刺激政策を開始し、アメリカ経済はいくらか回復し始めた。

経済学者や銀行家は反対したが、ローズヴェルトは物価を上昇させなければ景気は回復しないと信じていた。そこで彼は農業調整法に修正条項をつけ加えて、大統領が金の裏づけなしに30億ドルの紙幣を発行し、50％を上限として金平価*1を切り下げて、金本位制から「一時的に」離脱する権限を手に入れた。

「金本位制という死んだ手から逃れることが、経済回復の鍵だった」T264P とアハメドは言う。

あらゆる国々が続々とそれを実行した。イギリスは１９３１年、アメリカは１９３３年、フランスは１９３５年に金本位制を放棄し、最後にはドイツも金本位制を脱して、ハイパーインフレの影におびえながらも、なんとか経済を立て直し始めた。

連合国はドイツに賠償金を支払わせるのは無理だと悟った。最初の講和条約で要求した賠償金は３２０億ドルだったが、最終的に受け取ったのは総額40億ドルに過ぎなかった。ドイツ経済は（主として再軍備のおかげで）回復への道をまっしぐらに歩み始めた。

しかし金本位制が役に立たないとしても、それに代わるシステムはあるのだろうか？

第２次世界大戦後、ケインズはしっかりしたルールに基づくと同時に、硬直性を避けられる新しいシステムを作ろうとした。それは「アジャスタブル・ペッグ」T283P 制と呼ばれるもので、各国は米ドルに対して自国通貨の平価を定めるが、国内の経済状態に合わせて一定の範囲で

*1 **金平価**
金に対する交換比率【訳】

為替相場を調整できる。

「ケインズは一九二〇年代や三〇年代のような拘束衣的な政策が必要になる状態を避けたかった。そのせいで、ドイツと英国はいずれにしろ不適切な通貨価値を守るために金利引き上げを余儀なくされ、大量失業を生み出したのだ」T283Pとアハメドは述べている。

ケインズの考えたこの新しいシステムによって、各国はふたたび自国の舵を取る力を取り戻し、しかも国際貿易を活性化させることができた。

今を知り、未来を考えるために――

あの当時、金本位制に疑問を感じる者が本当に誰もいなかったとは、今となってはとうてい信じられない。

フーヴァー、チャーチル、レーニン、ムッソリーニらはそろって金本位制の正しさを確信していたし、1920年代と30年代には金本位制が世界経済において各国を結びつける1つの、というよりもたぶん唯一のものに見えた。

古典派経済学者は、国家の介入を制限して自由競争をすれば自動的に市場の秩序は保たれるという思想（金本位制はその最大の象徴である）を金科玉条のように大事にしていた。しかし、自律的な調整機能を持つはずの市場は、繁栄と平和という約束の地に人々を導く代わりに、世界を破滅させ、極端なリベラリズムから、そのアンチテーぜであるファシズムへの絶望的な転換を招いた。

第1次世界大戦後に連合国がドイツに対して多額の賠償金の支払いを求めたように、国家に巨額の公的債務の返済を迫ることがいかに危険かということが本書のテーマの1つになっている。ヒトラーの台頭は、財政的には賢明に見える行為が、政治的にはまったくの愚行であった可能性を示唆している。

理論的にはうまくいきそうに見えながら、実際には計り知れない混乱を引き起こした金本位制のようなものが現代にもあるだろうか。

『ユーロから始まる世界経済の大崩壊』の著者ジョセフ・スティグリッツは、ユーロがヨーロッパ諸国全体を経済的破綻に縛りつける財政的な拘束衣になっていると主張している。

ユーロ圏への加盟は一流の国家の象徴になり、そこから離脱することは不名誉とみなされる点も、金本位制に通じるものがある。

金融の歴史に刻まれたかつてのような手ひどい仕打ちを受けないために、自国通貨の独立性を重んじることが大事だとスティグリッツは考えている。

44

2010

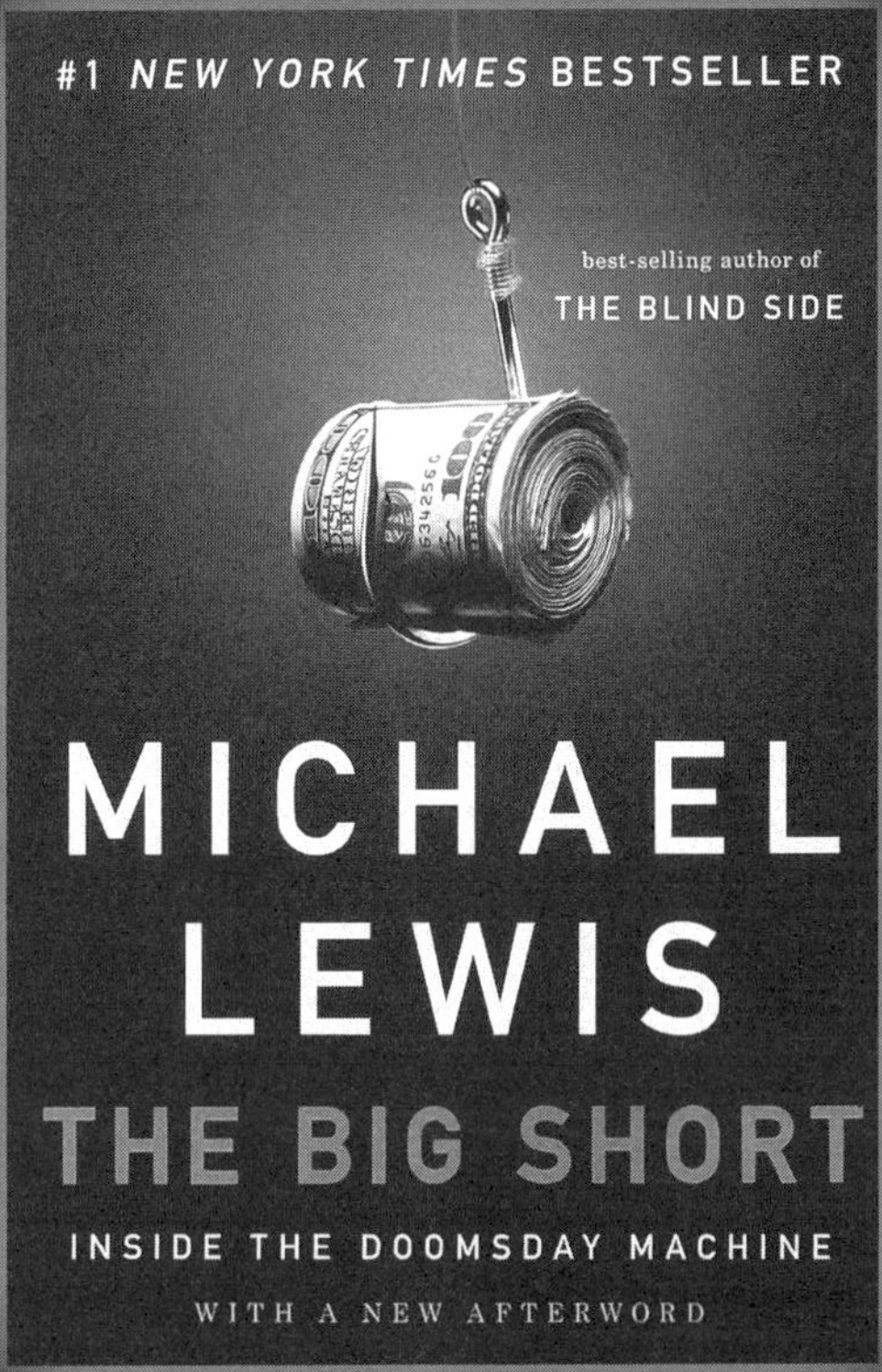

世紀の空売り

マイケル・ルイス

邦訳書

［世紀の空売り］

東江一紀 訳　文藝春秋（2010年）

投資のプロには
未来を見通す
「世界の支配者」のような
イメージがあるが、
彼らはしばしば
自分が取引する資産の
リスクを理解できず、
深刻な社会的損失を
もたらすことがある。

▼「数千人もの本格的な金融のプロ——そのほとんどが、ほんの数年前までほかの仕事で生計を立てていた人々——が、今や、サブプライム・モーゲージ債から得た稼ぎでクラップスに興じていた。(中略)ほんの数年のあいだに、ウォール街の収益と雇用の最も強い原動力となっていた。」
【📖288頁】

▼「ウォール街の各投資銀行はそれぞれに損失を被り、回避の手立てを何ひとつ持たない。もはや買い手が存在しない以上、どの投資銀行もその沼を脱することはできない。まるで、西側のほぼすべての大手金融機関に、それぞれ異なる大きさの爆弾が仕掛けられているかのようだった。導火線につけられた火は、もう消そうにも消せない。今できるのは、火花が進む速さと爆発の大きさを見定めることだけだった。」
【📖329－330頁】

Michael Lewis
マイケル・ルイス

アメリカのノンフィクション作家・金融ジャーナリスト

ルイスは1960年にニューオーリンズで生まれ育った。プリンストン大学で美術史を学び、卒業後は美術品ディーラーのもとで働いた。その後ロンドン・スクール・オブ・エコノミクスで学び、1985年に経済学で修士号を取得。ソロモン・ブラザーズに入社し、ニューヨークとロンドンの債券営業部門で働いた。

他の著書に、『ライアーズ・ポーカー』(1989年)、『ニュー・ニュー・シング』(2000年)、『マネー・ボール』(2003年)、『ブラインド・サイド―しあわせの隠れ場所』(2006年)、『フラッシュ・ボーイズ―10億分の1秒の男たち』(2014年)、『かくて行動経済学は生まれり』(2016年)などがある。金融ジャーナリストとして、『ニューヨーク・タイムズ・マガジン』、『ヴァニティ・フェア』、『ザ・スペクテイター』、『ニュー・リパブリック』などの雑誌、オンラインマガジンの『スレート』、経済・金融情報配信サービスのブルームバーグなどに記事を書いている。

サブプライム危機を引き起こした金融業界の虚構を暴く迫真のノンフィクション

銀行家の強欲ぶりを示す話はよく聞くが、彼らもまた一歩間違えば破滅的な損失を出す金融理論の枠内から抜け出すことはできない。

『世紀の空売り』は、サブプライム金融の仕組みにはどこかおかしな点があると早くから見抜き、サブプライム市場が下げに転じる方に賭けて、サブプライム・モーゲージ債の大胆な「空売り《ショート》」を仕掛けた数人の投資家を描いている。

彼らはみな金融業界の異端児であり、不適応者でさえあった。登場人物の心理を克明に追うルイスの描写によって、本書は間違いなく彼の最高傑作と呼べるものになった。超高速取引[*1]の内幕を暴いたルイスの『フラッシュ・ボーイズ』（2014年）と同様に、『世紀の空売り』は綿密な調査を背景に、これまで一般の目にさらされてこなかった金融業界の内幕を白日の下にさらした。

実際、ルイスによる世界金融危機の説明は非常にわかりやすいので、彼はアメリカ連邦議会の金融危機調査委員会にたびたび招かれ、意見を聞かれている。

*1 **超高速取引**
コンピュータの自動発注機能を利用した超高速・高頻度の株式トレード【訳】

『世紀の空売り』をアダム・マッケイ監督が映画化した2015年の『マネー・ショート華麗なる大逆転』*2は楽しめる作品に仕上がっているが、本書の息詰まるようなテンポと細部まで行き届いた描写はとうていスクリーンでは再現しきれない。この本には個性の強い登場人物がそろっている。ここではその中から最も重要な2人の人物、スティーブ・アイズマンとマイケル・バーリを紹介しよう。

貧困者のための融資という大義名分のもと不当な貸し付けが行われた

弁護士だったスティーブ・アイズマンは1990年代に金融界に転じた。最初に手がけたのは新しい種類の金融会社の調査で、それらの金融会社はサブプライム・ローン、つまり連邦政府の住宅融資保険の基準を満たさない低所得者や信用度の低い個人向けの住宅ローンを証券化して販売していた。

それらの住宅ローンの多くは2番抵当だった。つまり新たに住宅を購入するためのローンではなく、すでに所有している家の持ち分《エクイティ》*3を担保にして現金を得るため、あるいは高金利のクレジットカードの債務を、もっと金利の低い住宅ローンの債務に置き換えるためのローンだった。

アイズマンは、「サブプライム」市場はアメリカの所得格差の拡大が原因で必然的に誕生し

*2 日本公開は2016年【訳】

*3 住宅評価額からローン残高を引いたもの【訳】

たもので、貧しいアメリカ人の負債を減らす社会的な意義があると考えていた。

しかしサブプライム金融業者となると話は別だった。サブプライム・モーゲージ債（何千件もの個人住宅ローンをプールし、売買可能な債券にしたもの）の市場が形成されたおかげで、貸し手は自分たちが組んだ住宅ローンをモーゲージ債としてさっさと売ることができるようになった。ローンを投資銀行に売ってしまえば、貸し手はもう借り手がローンの利子を払えるかどうか心配しなくてもいい。そのリスクはもはや自分のものではないからだ。

個人の住宅を他人が売り買いできる資産に変えるというアイデアは、悪いとは言わないまでも、奇妙に思える。しかしウォール街は、公共の利益という理由を持ち出してそのアイデアを正当化した。サブプライム市場が形成されて大量の資本が集まれば、アメリカの下位中流層は低い利息で債務を返済できるというわけだ。

サブプライム・ローンの問題点は、それが節操のない連中の集まる「手っ取り早い金儲け」■31P だというところにあるとアイズマンは考えた。

1997年にアイズマンはサブプライム金融業者の実態を暴くレポートを書き、その後それらの業者は次々と倒産した。しかし2002年になると、ハウスホールド・ファイナンス・コーポレーションという新たなサブプライム金融業者が現れた。

この会社は高金利（12・5％）で2番抵当の貸し付けをしながら、金利は7％だと虚偽の宣伝をしていた。だまされた被害者によって集団訴訟が起こされ、ハウスホールドは巨額の罰金を支払ったが、政府はこの会社を営業停止にしなかった。

ハウスホールドはサブプライム・ローンの巨大なポートフォリオとともにイギリスのＨＳＢＣ銀行に売却された。ハウスホールドのＣＥＯだったビル・アルディンガーは服役するどころか、１億ドルをせしめた。

アイズマンは、規制当局が最も弱い立場の借り手を保護するために何の手も打っていなかったことに衝撃を覚えた。

金利の低いサブプライム・ローンを利用すれば、自動車ローンもクレジットカードの負債もまとめて返せますよ、という宣伝文句に多くの人が誘い込まれた。しかし提示された金利は釣り金利《ティーザー》で、最初の数年間は金利が低いが、その後は急激に上がる。金利が上がった時点で、多くの人が返済できなくなった。

アイズマンはこの消費者金融とサブプライム業界の仕組みが、「貧困層を食い物に」■46Pしていると指摘した。

２００５年には、アイズマンは投資銀行や金融サービス部門を持つ企業だけを投資対象にしたフロントポイントという名のヘッジファンドを運営していた。この頃サブプライム金融はふたたび華々しい復活を遂げていた。

アイズマンのチームは、苺摘みの仕事をしている年収１万４０００ドルのメキシコ人移民が、70万ドルを超える住宅購入資金を頭金なしの全額ローンでまかなったという話を聞いた。

ほかならぬアイズマン家の子守の女性も、ニューヨーク市クイーンズ区に複数の家を買うためにローンを組まされていた。

１９９０年代にはサブプライム・ローンの貸付額は２００〜３００億ドルだった。それが２０００年には１３００億ドル、２００５年には６２５０億ドルに達し、このローンのうち５０７０億ドルがサブプライム・モーゲージ債として債券化された。

これらのローンは固定金利ではなく変動金利だったので、債務不履行に陥る危険性はいっそう高かった。サブプライム・ローンの「貸し手」は、本来の意味の貸し手ではなく、ローンの「オリジネーター」34Pにすぎなかった。オリジネーターはローンをまとめてプールし、それをウォール街の投資銀行に売る仕事をする。ベアー・スターンズ、メリル・リンチ、ゴールドマン・サックス、モルガン・スタンレーのような大手投資銀行がそれらのローンを買い、ただちにモーゲージ債に変えて、自分たちの顧客である投資家に売った。これらの投資銀行はサブプライム市場にどっぷりはまり込んでいった。

ずさんに高く格付けされたモーゲージ債を機関投資家が買いあさった

ルイスは、サブプライム金融に疑問を抱いたもう１人の投資家として、マイケル・バーリを登場させている。

バーリは神経内科医だったが、医者をやめてカリフォルニアでヘッジファンドを設立した。2004年にバーリはサブプライム・モーゲージ債市場を研究し始めた。ある金融業者が出しているサブプライム・モーゲージ債の目論見書を手にして、バーリはページを埋めつくす細かい文字を読みながら、2004年の1年間にその金融業者のモーゲージ・プール*4全体に占める金利支払い《インタレスト・オンリー》モーゲージの割合が、5・85%から17・48%まで増えたのに気づいた。2005年夏の後半にはそれが25・34%まで上昇していた。

金利支払い《インタレスト・オンリー》モーゲージは、返済能力の低い借り手にとっては救いの神だった。このローンを組めば借り手は利息すら支払わなくてよく、支払うべき金利は、膨れ上がった雪だるまのような元本に一本化される。これでは返済の可能性はいっそう低くなり、債務不履行に陥るのは目に見えていた。

このようなローンは従来の貸し出し基準から見ればとうてい考えられなかったが、今やウォール街の投資銀行がローンを買い取り、それを債券にして投資家に売ってくれる。だから貸し手はいくらでもローンを組んだ。安全性と高金利の組み合わせに惹かれて、機関投資家は裏づけとなる資産を確かめもせずにサブプライム・モーゲージ債を買いあさった。

不動産が担保なら安全に決まっているし、ムーディーズやスタンダード・アンド・プアーズのような格付け機関が高い評価をつけているなら安心というわけだった。

バーリはサブプライム・モーゲージ債にマルチ商法の匂いをかぎ取って、モーゲージ債を

*4 **モーゲージ・プール**
債券を作るためにプールされた莫大な数の住宅ローン【訳】

空売《ショート》りすることを思いついた。つまりモーゲージ債の裏づけとなる住宅ローンの質の悪さにやがて投資家が気づいて、サブプライム・モーゲージ債市場が急落する方に賭けるということだ。しかしその賭けに乗ろうとする金融機関は1つもなかった（アメリカの不動産市場の下落に賭ける者などいるはずがなかった）。

そこでバーリは金融機関を説得して、モーゲージ債に対する「クレジット・デフォルト・スワップ」60P（CDS）を作らせることにした。

CDSとは、債務不履行になりそうな債券に掛ける保険契約のことだ。サブプライム・ローンの債務不履行が立て続けに起きれば、それらをプールして作られたモーゲージ債は紙くず同然になるだろう。

そうなれば、CDSの持ち主には莫大な保険金が転がり込む。たとえば保険料を20万ドル払って1億ドル分の債券に保険を掛けたとすると、その債券が債務不履行になれば、保険の買い手は最大で1億ドルが手に入る。

CDSはゼロサムゲームで、CDSを発行する投資銀行がリスク分析を誤れば、大きな損失をこうむる可能性があった。おかしなことに、モーゲージ債を売る投資銀行は、その債券の裏づけとなる住宅ローンの質を調べたことがないらしく、バーリに快くCDSを売ってくれた。

ドイツ銀行、ゴールドマン・サックス、バンク・オブ・アメリカは、収入証明の提示を求めずに貸し出された「無審査」151Pローンをプールした最も危険性の高いモーゲージ債に対するCDSをバーリに売った。

これらの投資銀行が喜んでCDSを売ったのは、ムーディーズやスタンダード・アンド・プアーズのような格付け機関によるランキングに頼りきっていたからだ。しかしこうしたランキングは、サブプライム・モーゲージ債のリスクを1つ1つ適切に評価しているとは言い難かった。「谷間にある住宅に掛けられた洪水保険を、山頂の住宅に掛けられた洪水保険と同じ値段で買えるようなものだった」■90Pとルイスは書いている。

トリプルBに格付けされた債券は、債務不履行になる可能性がわずか500分の1しかないことを意味している。しかしバーリは、トリプルBの債券は、裏づけとなるローン・プールの貸し倒れ率が7%になるだけで価値が0になると見積もった。

借り手がサブプライム・ローンにつけられた2年間の低い釣り金利から高い変動金利に移行したら、債務不履行に陥るのは時間の問題だとバーリは考えた。

ハイテク関連株が2000年に暴落した後も、シリコンバレー周辺の住宅価格が（予想に反して）急落するどころか、上昇し続けているのがバーリには不思議でならなかった。実際には資産クラス（投資対象）としてのモーゲージ債が増加したおかげでサブプライム・ローンの借り手が融資を受けやすくなり、不動産バブルが拡大し、アメリカ経済に活気を与えていたのである。

だが連邦準備制度理事会議長のアラン・グリーンスパンは、これはバブルではなく、住宅価格の暴落は起きるはずがないと言い続けた。

しかしバーリは投資家たちに送る報告書で、1930年代に住宅価格は80%暴落したと指摘した。同じような暴落がまた起きる可能性があり、そうなればアメリカの不動産市場の価値の半分が吹き飛ぶだろうとバーリは投資家たちに警告した。

金融業界は嘘の上塗りを続けて危機を回避しようとした

2008年の世界金融危機に結びついたことで知られる「債務担保証券」119P（CDO）を作ったのはゴールドマン・サックスだった。

モーゲージ債が住宅ローンをプールして作られたように、CDOはモーゲージ債をプールして作られた。CDOが作られたのはモーゲージ債のリスクを再分配し、リスクを最小化するためだったと言えば聞こえはいいが、実際にはCDOはそれを売る投資銀行がうまい汁を吸うためにあった。

トリプルBという低い格付けのモーゲージ債を寄せ集めてCDOに仕立てれば、トリプルAに格付けし直されるのだ。これは嘘の上に築き上げられた見事な金融工学のなせるわざだった。住宅市場が焦げつけば、サブプライム・ローンの構造から考えて、債務不履行の波は少しずつではなく洪水のように一気に押し寄せると予想された。

CDOはドイツの銀行や台湾の保険会社、ヨーロッパの年金ファンドなどに売られた。損失を出す可能性が限りなく0に近い格付けの高い債券だけを買うように求められている企業が、こぞってCDOの買い手になったのである。彼らが買ったのは、事実上金融の時限爆弾に等しかった。

２００６年になると住宅価格が下がり始め、債務不履行が増加し始めた。それにもかかわらずサブプライム・モーゲージ債の値は下がらず、バーリやアイズマンなど、サブプライム・モーゲージ債を空売りしている立場から見ると、不可解な状況が続いた。

２００７年1月にラスヴェガスで開かれたサブプライム・モーゲージ市場の大会に出席して、アイズマンはサブプライム市場がまだ値を下げていない理由をようやく理解した。アイズマンたちがCDSを買えば買うほど、サブプライム市場に関わる投資銀行はもっと多くのモーゲージ債を発行する。

そうすることで投資銀行にますます金が流れこみ、投資銀行は危ない綱渡りを続けることができるというわけだった。何年もの間、モーゲージ債はウォール街の収入源になってきた。今となってはその収入を絶やさないことが何よりも重要になっていた。

しかし２００７年の中頃になると、サブプライム・モーゲージ債が値を下げ始め、そのうち多くが30％も下げた。そうなると、トリプルBに格付けされたサブプライム・モーゲージ債から作られたCDOの値も下がるはずだが、そうはならなかった。

驚いたことに、ベアー・スターンズやリーマン・ブラザーズをはじめとするウォール街の投資銀行は、疑うことを知らない機関投資家にCDOを売りつけるために、あいかわらずCDOが信頼に足る債券だと印象づける楽観的な調査結果を発表し続けた。

これらの投資銀行は、「腐りきったオレンジから果汁を搾り取って売ろう」247Pとしていたとルイスは指摘する。

金融機関は巨額の損失を出すも その多くが納税者に転嫁された

2007年4月初め、アメリカ最大手のサブプライム金融業者ニュー・センチュリーが債務不履行の波に飲まれて破産を申請した。もう1つの金融業者、フリーモント・インヴェストメント&ローンでは、ローンの40〜50%が貸し倒れになった。

ゴールドマン・サックスはそれまでサブプライム市場をロングする*5側だったが、今度は逆にサブプライム市場が下げる方に賭け始めた。2005年から2007年の間に、ウォール街はサブプライム・モーゲージ債に裏づけされた2400億から3000億ドル分のCDOを作り出したが、それらはほとんど価値を失った。

ベアー・スターンズはサブプライム・モーゲージ債が値を上げる方に大金を賭けすぎていた。その結果、同社の株価は2ドルまで暴落し、最終的にJPモルガンに身売りすることになった。

リーマン・ブラザーズは破産を申請し、メリル・リンチはサブプライム・モーゲージ債に裏づけされたCDOで550億ドルの損失を発表し、バンク・オブ・アメリカに買収された。

*5 値上がりを期待して債券を買い、それを長期保有すること【訳】

ベアー・スターンズとリーマン・ブラザーズが破綻した（他の投資銀行も政府の支援と保証がなければつぶれていただろう）のは、この2つの投資銀行のレバレッジ*6の規模が途方もなく大きかったせいだとルイスは言う。

5年間で、たとえばベアー・スターンズは資本1ドルに対して20ドルの賭けから、資本1ドルに対して40ドルの賭けまでレバレッジを拡大した。こうなると投資対象の価値がほんのわずか減少するだけでも、破綻するのは避けられなくなる。

サブプライム・モーゲージ債が値を下げる方に賭けて2005年にマイケル・バーリがCDSを買ったとき、CDSの価格は元本となるモーゲージ債の2%だった。サブプライム市場が破綻する直前の2007年には、ウォール街の投資銀行はバーリの持っているCDSを引き取るのに元本の75～85%を提示してきた。5億5000万ドルのポートフォリオに対して、バーリは7億2000ドルの純利益を計上することになった。

同じくサブプライム市場が下げる方に賭けたスティーブ・アイズマンの場合、2007年の終わりまでに彼のヘッジファンド、フロントポイントに莫大な儲けが注ぎ込まれた。ファンドの規模は2倍になり、アイズマンは夢のような大金を手にした。

レバレッジ
*6 テコのことで、少ない資本で多くの取引をおこなうこと【訳】

今を知り、未来を考えるために――

2007年の金融危機の後、ウォール街では国民の貪欲さがサブプライム金融問題を招いた原因だという見方が広がって、アイズマンは激しい憤りを覚えた。

収入が少なくても嘘をつけばいいと人々をそそのかしたのは銀行だ。そうすれば銀行は彼らにどんどんお金を貸せる（住宅ローンの金額が大きいほど、ローンを転売するのに都合がよかった）からだ。もし返済が滞ったらどうなるか、銀行は借り手に注意さえしなかった。

その間、いったい政府はどこで何をしていたのだろう？　ウォール街の監視人の役割をするはずのSEC（証券取引委員会）は、金融システム内のリスクを劇的に増やした新しいデリバティブ（CDOのような金融の道具）をほとんど理解できず、監視人の役割を果たしていなかった。一方、格付け機関は格付け手数料を得るために、ウォール街の債券市場の言いなりになっていた。

また、サブプライム・モーゲージ市場の破綻によって、ウォール街の投資銀行の内部に大きな利害の衝突があることも明らかになった。投資銀行は自社資本で債券やデリバティブを取引する（自己勘定トレーディング）一方で、外部投資家にも債券を売っていた。自社の顧客の持ち高（買ったまま保有している株や債券）が下がる方に賭けるのは、顧客をだますことに等しい。

財務長官ヘンリー・ポールソンは、破綻したサブプライム・モーゲージがらみの資産を投資銀行から買い上げるために、7000億ドルの拠出を連邦議会に承認させた。CDSの賭けに負けた側の巨額の負債も政府が肩代わりした。さらにポールソンは、つぶれかけた投資銀行を直接救済する手立てを取った。たとえばシティグループの場合、総額3060億ドルに及ぶ資産が保証された。

連邦準備制度理事会は投資銀行から劣悪なサブプライム・モーゲージ債を買い上げたので、2009年までに「一兆ドル超の失敗した投資に関わるリスクと損失が、すでにウォール街の大手投資銀行からアメリカの納税者に転嫁されていた」■378Pとルイスは書いている。職を失った銀行員はごくわずかで、誰も刑務所送りにはならなかった。一方でサブプライム・ローンの借り手は債務不履行によって住宅を差し押さえられ、テント村や体育館で暮らしながら生活の建て直しを強いられている。

ルイスはソロモン・ブラザーズの元CEOで昔の上司だったジョン・グッドフレンドとの会食の席で、金融界の伝説的存在だった彼がこの金融危機に対して持っている見解を聞かされた。「深みにはまるまでは、なすに任せよ《レッセ・フェール》だ」■381Pと元CEOは笑った。この何気ない一言こそ、この金融危機、そしてアメリカの金融業界を、何よりも的確に言い表しているのかもしれない。

45

2016

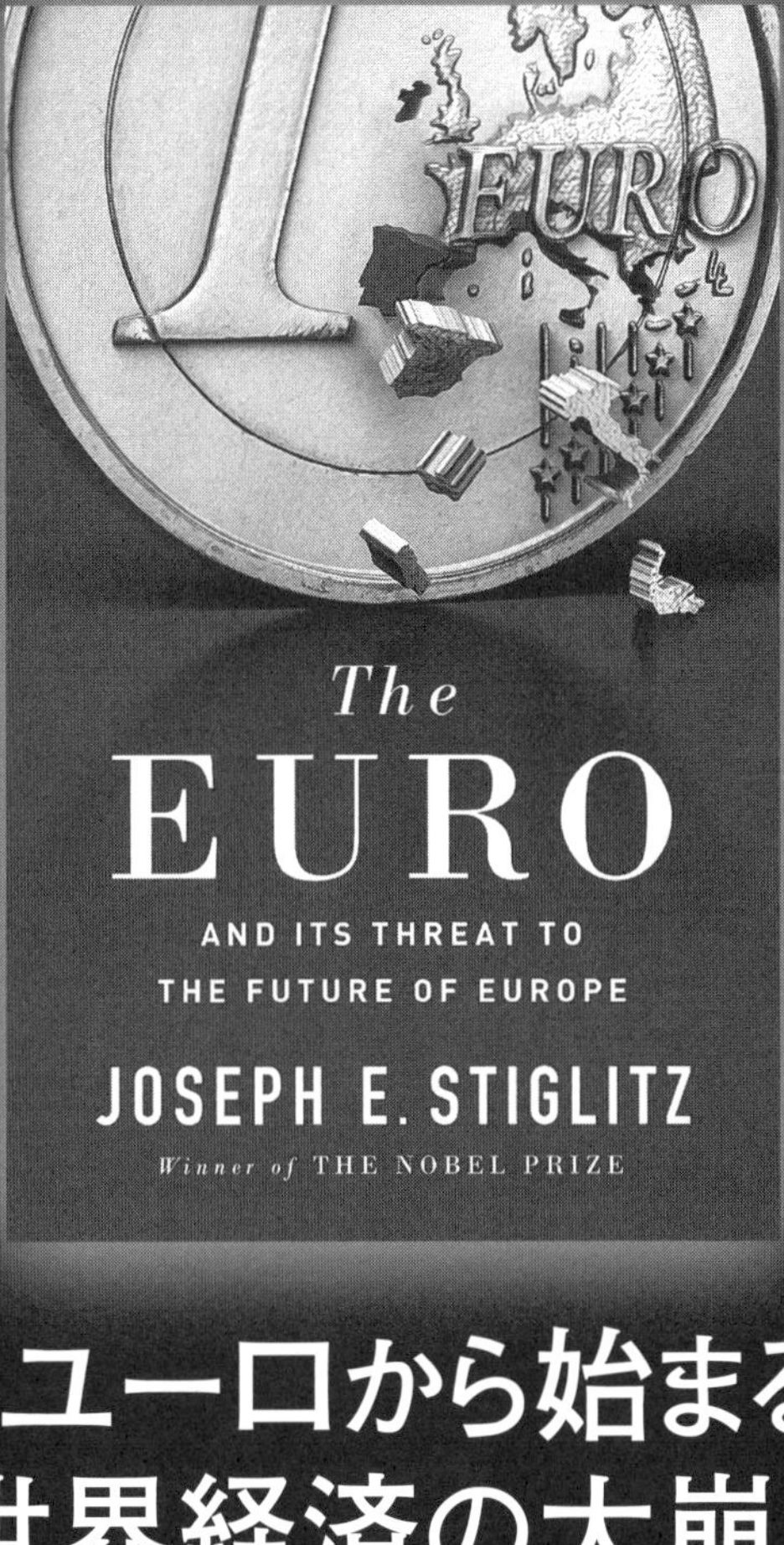

ユーロから始まる世界経済の大崩壊

ジョセフ・スティグリッツ

邦訳書

[ユーロから始まる世界経済の大崩壊]

峯村利哉 訳　徳間書店（2016年）

通貨は
国家の独立を支え、
成長を促進するために
存在する。
しかし、ユーロは
ヨーロッパ諸国にとって、
逆効果をもたらした。

▼「加盟国それぞれが経済法則について異なる見解を持っている場合、経済同盟が有効に機能することは難しい。ユーロ圏諸国のあいだに経済観の根本的な違いが存在することは、ユーロ創設時にはすでに明らかだったが、その場しのぎのやり方で取り繕われてしまった。」

【129－130頁】

▼「欧州域内の多くの人々は、ユーロの死を悲しむだろう。（中略）ユーロはわずか一七年の実験にすぎず、お粗末な設計をほどこされたうえ、機能しないように運営されてきた。本来、〝欧州プロジェクト〟とは、ヨーロッパの政治統合という壮大なビジョンを持っており、ひとつの通貨制度に矮小化されるべきものではない。（中略）ヨーロッパと、〝欧州プロジェクト〟を救うために、ユーロを廃止することもやむをえないだろう。」

【420頁】

Joseph E. Stiglitz
ジョセフ・スティグリッツ

アメリカの経済学者

スティグリッツは1943年にインディアナ州のガリーで生まれた。アマースト大学で学んだ後、マサチューセッツ工科大学で経済学博士号を取得した。ケンブリッジ大学で4年間主任研究員として過ごした後、大学での指導と研究生活に入り、イェール、プリンストン、オックスフォード、スタンフォード大学で教授を歴任した。2001年からニューヨークのコロンビア大学で教授を務めており、シンクタンクのローズヴェルト研究所のチーフエコノミストでもある。

スティグリッツは1990年代にクリントン政権の大統領経済諮問委員会に加わり、後に世界銀行の主席経済学者に就任した。市場における情報の非対称性に関する研究により、2001年にジョージ・アカロフ、マイケル・スペンスとともにノーベル経済学賞を受賞している。スティグリッツはヨーロッパの複数の中道派および中道左派政党の顧問も務めている。

他の著書に、『世界を不幸にしたグローバリズムの正体』(2002年)、『世界に格差をバラ撒いたグローバリズムを正す』(2006年)、『The Three Trillion Dollar War (3兆ドルの戦争)』(2008年、イラク紛争に関する考察)、『世界の99%を貧困にする経済』(2012年)、『世界に分断と対立を撒き散らす経済の罠』(2015年) などがある。

リベラル派として知られる経済学者が 欧州統一通貨「ユーロ」楽観論に一石を投じ、 ユーロ崩壊による世界経済の混乱を警告した

単一の政治主体としてのヨーロッパを目標とした「欧州」プロジェクトは、第2次世界大戦後の灰の中からゆっくりと誕生した。

1950年にフランスの外務大臣ロベール・シューマンは、フランスの外交官で経済学者のジャン・モネの意見を受け入れ、フランスとドイツは石炭と鉄鋼の共同生産を開始すると宣言した。2年後に設立された欧州石炭鉄鋼共同体は、欧州統合への第一歩となった。その陰には、長らく軍事的に敵対していたフランスとドイツが対立したままでは、平和と繁栄は達成できないという認識があった。

このように、最初から経済的統合にはヨーロッパの政治統合を前進させるという目的があった。1957年に締結されたローマ条約に基づき、フランス、ドイツ[*1]、イタリア、ベルギー、オランダ、ルクセンブルクの6か国は「ヨーロッパ諸国のいっそう緊密な同盟の基礎を築くために[*2]」、ヨーロッパ経済共同体（EEC）を発足させた。

イギリスは1975年の国民投票を経てようやく加盟条約に調印したが、イギリスの目的

*1 当時は西ドイツ【訳】

*2 ローマ条約の一節【訳】

は建設途上の超国家の一員になるよりもむしろ、「共同市場」（現在の単一市場の前身）への参加によって有利な貿易条件を獲得することにあった。

理論的には、欧州単一通貨はヨーロッパ全体の経済活動を振興し、政治的、社会的な結束を強めて、「いっそう緊密な同盟」に向かう賢明な手段であるはずだった。１９９２年にマーストリヒト条約が調印され、単一通貨「ユーロ」創設への取り組みが決定されたが、実際にユーロ紙幣と硬貨が流通し始めたのは２００２年からだった。

『ユーロから始まる世界経済の大崩壊』の中で、ノーベル経済学賞を受賞した経済学者のジョセフ・スティグリッツは、ヨーロッパ共同体（ＥＣ）創設時のゆっくりとした慎重な取り組みとは対照的に、単一通貨への移行は浅慮、拙速、そしてイデオロギー主導が招いた失敗だと主張している。

スティグリッツは〝自由放任主義的なグローバリゼーション〟*3や〝富の集中〟*4に対する批判で知られている。そのスティグリッツが、ユーロはヨーロッパに恩恵をもたらすという左派リベラルの統一見解に反対する著書を出版したのは画期的な出来事だった。

スティグリッツはアメリカ人である彼がヨーロッパの問題を扱うことについて、有名なアメリカの見聞録を書いたフランスの思想家アレクシ・ド・トクヴィル*5のように、部外者だからこそ冷静な判断ができる場合があると本書の冒頭で述べている。

私たちはなぜユーロの行く末を心配しなければならないのだろうか？　ＥＵの人口は５億

*3 『世界を不幸にしたグローバリズムの正体』（2002年）

*4 『世界の99％を貧困にする経済』（2012年）『世界に分断と対立を撒き散らす経済の罠』（2015年）

*5 アレクシ・ド・トクヴィル『アメリカのデモクラシー』の著者。1805－59年【訳】

700万人に達し、経済規模はアメリカ合衆国とほぼ等しい。だからグローバル化が進んだ世界では、EUの経済的成功はすべての人にとって重要な問題なのである。

ユーロの格差是正効果は長続きせず、資本と人材が貧困国から富裕国へ流出した

創設当初、ユーロはうまく機能しているように見えた。期待どおり資本はヨーロッパの「核」となる富裕国（英仏独）から「周縁諸国」84P（スペイン、ギリシャ、ポルトガル、アイルランドなどの中小国）へ流れこみ、これらの国々は低金利で潤沢な融資を利用して急速に成長した。鳴り物入りで宣伝されたユーロの格差是正効果は確かに機能した。しかし残念ながら、その効果は長続きしなかった。うまくいっているように見えた周縁諸国から短期間に資本が流出し、信用が低下して、これらの国は不況に陥った。期待された収斂《しゅうれん》（ユーロ参加国の所得や労働の標準化）の代わりに、資本と優秀な人材が貧困国から成長を続ける富裕国へ流出する拡散が起こり、富裕国はますます多くの資源を投資に回して優位性を確立した。周縁諸国はますます不況と債務にはまり込んだ。

政治統合と繁栄を達成する代わりに、ユーロはヨーロッパの分断を広げ、豊かな北ヨーロッパと無責任な南ヨーロッパという対立の構図を作り出した。

では、ヨーロッパはなぜ自発的にユーロの拘束衣を着たのだろうか？

固定相場制のユーロのもとでは、少なくとも参加国の一部で生活が困難になるのは避けられない。ユーロ擁護派は、ヨーロッパが統合されれば世界の舞台でもっと発言権と影響力を高められると主張する。そしてそのためには、アメリカと同様に単一通貨を持つ必要があるのだという。

しかしスティグリッツは、アメリカの各州は富や人口や産業の点で大きな違いがあるとしても、少なくとも言語と政治制度を共有していると指摘する。ヨーロッパ諸国の言語と文化の壁は厚く、ＥＵの政治制度は弱い。しかも加盟国の「当事国主体性」138Pは非常に低い。サウスダコタ州民は、まず自分をアメリカ人だと認識している。しかしフランス人は、第一に自分が「ヨーロッパ人」だとは考えないだろう。

また、単一通貨を含む緊密な経済統合は、生活水準の向上をもたらすという主張がある。なぜなら経済統合によって生産者は規模の経済（大きな市場向けに多くの製品を生産すれば生産コストが下がる）と比較優位（それぞれの国が他国より得意なものの生産に特化する）をいっそう享受できるからだ。

しかし、ヨーロッパではすでにＥＵによって商品や資本、労働力の移動の自由が認められており、ユーロを採用するメリットはそれほど大きくない。さらに、ＥＵは各国政府にできるだけ権力と責任を持たせ、各国に任せきれない部分だけをＥＵが担う「補完原則」77Pを採用している。ＥＵの予算はユーロ圏のＧＤＰのわずか１％でしかない（アメリカの連邦政府の予算はＧＤＰの20％にのぼる）。

だが、この補完原則とユーロに象徴される経済統合への熱意との間には、根本的なずれがあるのだ。

ユーロはあらゆる国があたかも同一であるかのように扱うが、それぞれの国には著しい違いが存在する。たとえばユーロに参加するために、各国は赤字と債務を低水準に保つという条件が課されているが、ここにはドイツの厳格な金融政策、特にインフレに対する危惧が反映されている。

しかし、他の国にとってはインフレよりも雇用を優先する方が明らかに合理的な場合もある。単一通貨と中央銀行を共有する国々は、何を目標として金利を定めればいいのだろうか。いかなる犠牲を払ってもインフレを抑制するべきなのか、それとも失業率を低下させるべきなのか。

それぞれの国が自国の貿易収支を均衡させるためには、変動相場制の方が都合がいい。輸入が輸出を上回っている国は、輸出産業の振興のために為替の水準を低く抑えたいだろう。しかし欧州中央銀行によって金融政策の決定が中央集権化された結果、各国は厳格な財政政策（課税と歳出）と金融政策にしたがわざるを得ず、不景気と金融危機から脱する独自の方針をとることはほぼ不可能になった。

スティグリッツが本書を書いたもう1つの目的は、市場は自律性に任せれば効率的に機能するという考えに反論することだ。

ユーロ圏で起こったことは、経済の急激な落ち込みや危機に見舞われた後、市場は均衡に向かわずに格差をさらに広げるという事実を示す格好のケーススタディになった。金融自由化と単一通貨が実現しても、ユーロ参加国は市場の力では収斂できず、むしろ拡散した。

自由市場では、資金と資源は最も大きな利回りが確実に得られる国に流れこむ。だから思い切った政策を取らなければ、貧困国が富裕国の水準に追いつく可能性はほとんどない。

ユーロは市場が完全に効率的であるという信念のもとに作られたが、実際には市場の失敗や非効率性、そして調整の必要をあらかじめ考慮しておくべきだったとスティグリッツは主張する。

ユーロのお粗末な10年間は弱い国をより弱く、強い国をより強くしただけ

ユーロ圏の経済成果を検証するには、ユーロ圏以外の国と比較すればいいとスティグリッツは言う。

2007年から2015年の間に非ユーロ圏の国々は8・1%の成長を達成したが、同時期にユーロ圏の成長はわずか0・6%にとどまった。この数字はユーロに加わっていないポーランド（28%）やルーマニア（12%）の成長の足元にも及ばない。2007年から2015年の間にアメリカは10%成長している。ユーロ圏11か国のGDPは、ユーロ危機に見舞われる前の2007年の水準までいまだに回復しておらず、ギリシャなどの数か国では、ユーロ危機は大恐慌より深刻な影響をもたらした。

ドイツはユーロ圏の「稼ぎ頭」152Pだったが、そのドイツでさえ2007年の水準をわずか0・8％上回る成長しかできなかった。世界の他の国々に比べて抜きんでた成長とは言い難く、しかもこのささやかな成長でさえ、平等に分配されたわけではなかった。1992年から2010年の間にドイツ国民の上位1％の所得は24％上昇したが、国民の大部分の収入は過去10年間低迷したままだ。

結局、ユーロはユーロ圏内の弱い国をより弱く、強い国をより強くしただけだった。国内の格差も拡大した。何がいけなかったのだろうか？

失業率の上昇が経済の最下層にいる人々を直撃し、収入のない世帯が増加した。所得のある人も、賃金引き下げ圧力によって収入が低下した。ユーロ圏の経済成長が行き詰まり、各国政府が緊縮財政策を実施した結果、すでに貧しかった層や中流層が最も打撃を受けた。

ヨーロッパ市場の成長を加速し、富と社会的流動性を増加させる目的で創出された夢のような単一通貨は、真逆の影響をもたらし、難民排斥を主張する極右政党の台頭を助長した。

雇用を確保し、企業を倒産から救うためには、景気循環対策をとって景気の停滞を打開する必要がある。さもなければ組織資本、人的資本、社会資本は速やかに失われてしまうだろう。

ところが実際には、緊縮財政策によってギリシャではそのような資本が破壊された。ギリシャに緊縮財政策を押しつけたのは、国際通貨基金（IMF）と欧州中央銀行と欧州委員会からなる「トロイカ」88P体制だ。ユーロ圏の一員であり続けるためには、雇用や企業、そして共同体を保護するよりも、債務と赤字を一定水準以下に保つことが重要になった。

この救いようのない選択を迫るユーロにいったい何の意味があるのかとスティグリッツは問いかける。このジレンマは1920年代から30年代に、金本位制を維持するか、金本位制を離脱する恥辱に耐えて失業率を下げるかの選択を迫られた国々の板挟み状態を思い出させる。

ほんのわずかでもユーロ圏の経済状態が改善すれば、経済回復の兆しとして大げさに吹聴されるが、それはむしろヨーロッパ経済の惨状を露呈しているとスティグリッツは指摘する。スペインの失業率は（2013年の26%から）2016年に20%に下がった。一見喜ばしいニュースだが、実際には若いスペイン人が働き口を求めて国外に移動しているせいだと知れば、浮かれてばかりはいられない。スペインのGDPは2007年の水準を5%以上下回ったが、ユーロが改革されないままでは、貧しい国が短期間に成長を遂げる見込みはほとんどない。ヨーロッパの失われた10年は、このままでは失われた四半世紀になるだろう。

ヨーロッパ統合は諦めずに、ユーロを廃止し、2〜4つの通貨圏へ移行すべき

ユーロは失敗だったが、「〝欧州プロジェクト〟――ヨーロッパ統合という歴史的な一大事

業――を、ユーロにこだわって潰すわけにはいかない」[70P]とスティグリッツは主張する。

そして本書には、ユーロに対するいくつかの重要な提案が示されている。ヨーロッパはユーロ圏を統治する制度を改革するか、あるいは金融財政政策に関する決定権を各国に委ねる体制に戻るかのどちらかを選ばなければならない。

すなわち、政治統合と経済統合を強化してヨーロッパ色をさらに強めるか、現在のユーロを解体してヨーロッパ色を弱めるかのどちらかを選ぶべきであり、各国が独立国の体裁を保ちながら、もっとも重要な経済分野では決定権がないという誤った妥協案を続けることはできない。

スティグリッツは一連の「控えめ」[387P]な構造改革を提案している。

たとえば完全な銀行同盟や預金保険制度、債務の相互化などだ。これらの改革はユーロが約束しながら果たせなかった経済的な収斂を実現し、ヨーロッパの連帯を強化するはずだ。しかし、改革の妨げになるものが1つある。これらの改革のほとんどは国家の決定権と主権をある程度縮小せざるを得ず、政治的にはかなり難しいだろう。

そこで、改革を行わない場合には次の3つの代替案がある。

●その場しのぎ戦略

ぎりぎりユーロ圏をひとつにつなぎ止められるが、繁栄への復帰には至らない水準で努力をつづける[392P]

●円満な離婚

異なる19の通貨が共存するユーロ以前の体制に戻るのではなく、2〜4つの通貨圏に移行する。たとえば経済や政治に多くの共通点がある国々が小規模なユーロ圏を作ってもいいいし、北ヨーロッパと南ヨーロッパで2つのユーロ圏に分かれてもいい

●柔軟なユーロ 392P

各国がそれぞれの国の違いや優先順位を考慮に入れた独自のユーロを持つ。

円満な離婚は、実際のところ健全な選択肢だとスティグリッツは言う。大きなコストを生じることなく実現でき、利益さえある。その場しのぎ戦略に比べても、必要な経済コストは低い。

トロイカとドイツにひどい扱いを受けてきたギリシャにとっては、離婚によって民主主義を完全に取り戻すことができ、ユーロ圏に留まるよりもはるかにいいはずだ。ギリシャは新しい電子通貨「ギリシャ・ユーロ」を発行してもいい。ギリシャ・ユーロは貿易不均衡を是正し、ギリシャ経済を強くするために、通常のユーロに対して相場を安く設定する。ギリシャは観光業に力を入れるのに加えて、「欧州版サンベルト」*6 410P として年金生活者を呼び込み、基本業務が電子化されてどこにでも本拠を構えられる企業を誘致してもいい。

もう1つの選択肢はドイツ（そして北部の豊かな諸国）がユーロを離脱することだ。そうすればユーロの為替レートが下がって、多くの国が貿易収支の均衡を回復するために不景気に甘ん

サンベルト
*6 アメリカ南部・西南部の一年中温暖な地域で、近年人口が急増し、先端産業が発達している。【訳】

じたり、輸入を抑制したりする手段を取らずにすむ。

一方、ドイツの貿易黒字は削減されるので、ドイツは経済を刺激するために賃上げや政府支出の増加といった手段を取らなければならなくなる。

今を知り、未来を考えるために――

ユーロの歴史はいつの時代にも通用する教訓を示している。真の政治統合が実現する前に経済統合を進めるのは、どんな場合にも間違っているという教訓だ。

単一通貨ユーロは、商品とサービスが国境を越えて自由に移動できれば、参加するあらゆる国が恩恵を受けられるという前提で生み出された。しかしこれらの国々は最初から経済状態も価値観も異なっていたので、貿易障壁と政府による保護を失い、前よりいっそう不況や経済危機の悪影響を受けやすくなった。

前欧州理事会議長は、デヴィッド・キャメロン英首相がイギリスのEU離脱（ブレグジット）を国民投票に委ねるという決定について、「ここ数十年間で最悪の政策決定だった」[2P]と述べた。スティグリッツの考えでは、このような反応はEU内エリートの民主主義に対する嫌悪感をあらわにするものだ。

過去15年間、ヨーロッパの有権者は投票の機会が与えられるごとに、ほぼ毎回ユーロとEU、そして欧州憲法を拒絶する判断を下してきた。スティグリッツから見れば、EU離脱の国民投票は、EUが市民や労働者の利益よりも財政上の利益や貿易自由化を重視するイデオロギー的政策を取ってきたことへの反発の表れだ。

ブレグジットに触発されて、ヴィシェグラード4か国（チェコ、ハンガリー、ポーランド、スロバキア）はEU内に分派を作り、これ以上の緊密な同盟を拒否し、国家と文化のアイデンティティの重要性を強調する立場を取る可能性がある。

それに対してドイツやフランス、イタリア、スウェーデンといったEUのエリート国（言い換えるとこれらの国の有権者の大半）は、リベラルなヨーロッパという理想の実現に夢中になっている。最後にEU加盟国を結びつけるものが通貨しかないとしたら、これほど残念なことはない。

イギリスの経済学者ロジャー・ブートルも、著書『欧州解体──ドイツ一極支配の恐怖』の中で、スティグリッツと同じ主張の多くをイギリスの観点から唱えている。

「欧州プロジェクト」の重要性を信じながら、それを創出した制度には疑問を感じている人々は、スティグリッツとブートルの本をお勧めしたい。

5

Chapter 5

経済学は現実世界に太刀打ちできるのか

46

1970

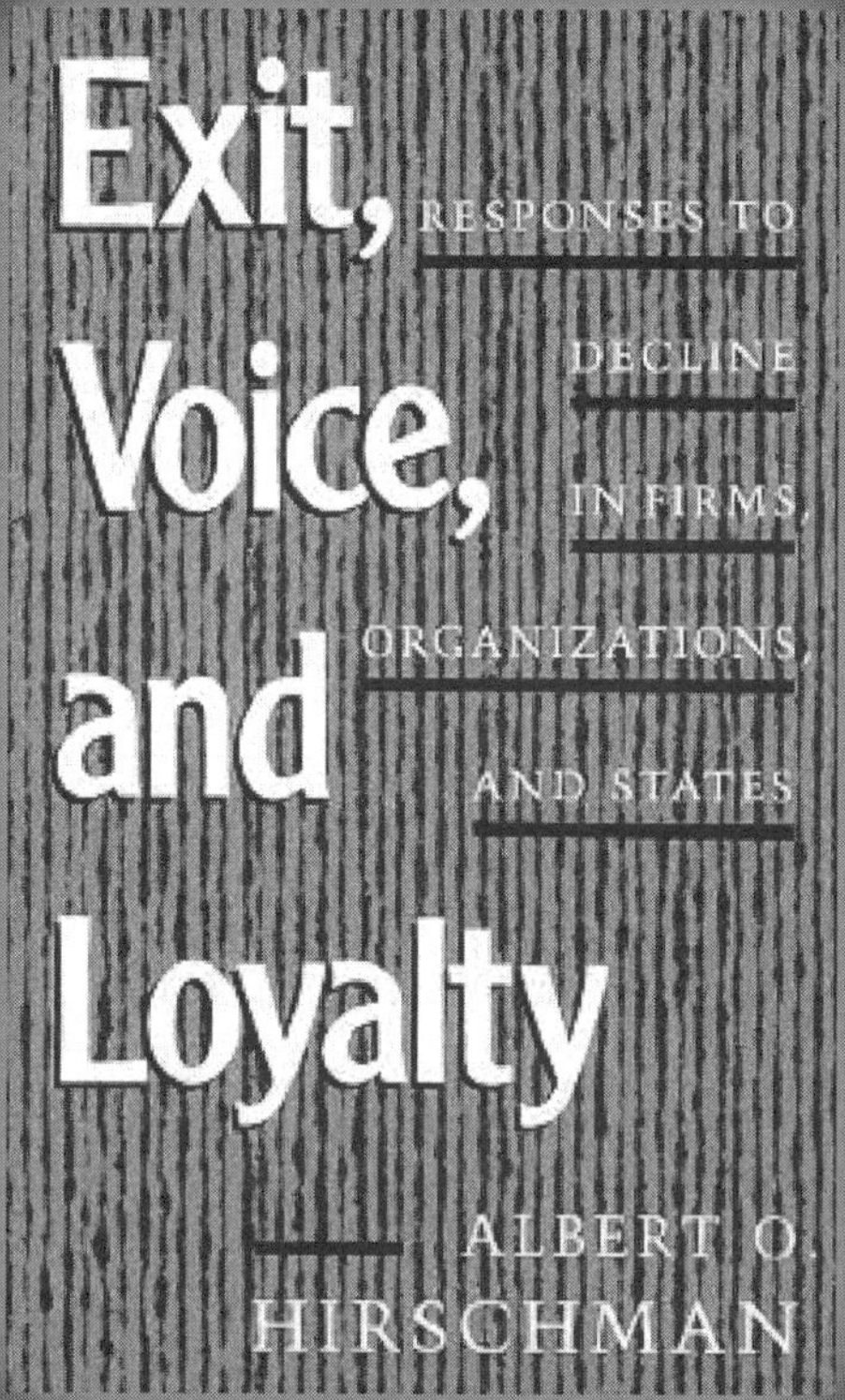

離脱・発言・忠誠

アルバート・O・ハーシュマン

邦訳書

［ 離脱・発言・忠誠 ］

矢野修一 訳　ミネルヴァ書房（2005年）

企業や組織、
そして国家が
健全な状態を保つためには、
「離脱」と「発言」の
有効性を認識し、
それらを役立てる
必要がある。

▼「当時のナイジェリアで私は、離脱と発言の組み合わせが特に回復の妨げとなっている状況にでくわしたわけである。この場合、収入の減少は経営陣にとって大した問題ではないために、離脱は通常の注意喚起効果を発揮することができないし、その一方で、発言も機能しなかった。もっとも目ざとく、したがって潜在的にはもっとも声の大きな顧客が一番最初に鉄道をみかぎってトラックに流れる顧客でもあったからである。」

【51頁】

▼「離脱は、あとに残った人たちを動揺させる。離脱してしまった人に対し「言葉を返す」のは無理だからである。離脱することによって、人は自らの主張を、相手が回答しようのないものにする。」

【141－142頁】

Albert O. Hirschman
アルバート・O・ハーシュマン

ドイツ出身の経済学者

ハーシュマンは1915年にベルリンで生まれた。両親はユダヤ人だったが、息子のハーシュマンにはルター派の洗礼を受けさせた。ハーシュマンがベルリン大学に入学した当時、ヒトラーはますます勢力を増していた。反ナチス思想の持ち主だったハーシュマンはパリへ逃れ、そこでビジネスの学位を取得した後、ロンドン・スクール・オブ・エコノミクスで学んだ。スペイン内戦が勃発すると、ハーシュマンはスペイン共和国政府を支援する義勇軍に加わって戦った。その後イタリアに渡り、1938年にトリエステ大学で経済学博士号を取得した。第2次世界大戦が起きるとフランス軍に入隊し、その後は思想家のハンナ・アーレントや美術家のマルセル・デュシャン、画家のマルク・シャガールをはじめとする数千人のユダヤ人や知識人を安全にアメリカへ亡命させる活動に加わった。

アメリカに渡ったハーシュマンはカリフォルニア州立大学バークレー校で特別研究員のポストを得た。さらにCIAの前身となる組織で働き、ドイツ人将校に対する最初の軍事裁判で翻訳にあたった。1946年から52年にかけてワシントンで連邦準備制度理事会に職を得て、マーシャル・プランに関わる仕事をした。その後コロンビア政府経済顧問に就任して数年間務めた。このときの経験が開発経済学者としてのハーシュマンの名を高めるのに役立った。コロンビアから帰国後、ハーシュマンはイェール大学、コロンビア大学、ハーバード大学、プリンストン高等研究所で教授を歴任した。

主な著書に、『経済発展の戦略』（1958年）、保守的イデオロギーをテーマとした『反動のレトリック—逆転、無益、危険性』（1977年）、初期の資本主義がどのようにして情念を商業的倫理観の中に封じ込めるのに成功したかを述べた『情念の政治経済学』（1977年）などがある。ハーシュマンは2012年に97歳で亡くなった。

組織における人間の行動原理を明らかにし、新古典派の市場主義により失われつつあった〝公共性〟を再生させる手がかりを与えた

正統派経済学では、企業が競争や消費者選好の移り変わり、そして需要供給の変化に直面すると、業績を維持するために経営計画を合理的に変更すると考えられている。企業の失敗は、たいてい資源の効率的な配分がうまくいかなかったせいだと説明される。ある企業が失敗して市場から撤退すると、その企業が占めていた市場を別の企業が奪って、同じ資源をもっとうまく再配分する。

これが〝市場資本主義の効率性〟と呼ばれる仕組みだ。

この楽観的な見方は一見筋が通っているようだが、実はほとんどの資本主義諸国に独占や寡占市場が存在し、そのような市場では、ある企業が経営に失敗しても、その後に最適な資源の再配分は起きないので、企業は「非効率と怠慢という袋小路」[2P]にはまるとハーシュマンは主張する。

現代の資本主義はシュンペーターの言うような「創造的破壊」ではなく、人間の非合理性やきわめて不完全な情報をもとに四苦八苦しながら進むプロセスである。そこでは企業や組

織や国家の衰退が引き起こす社会的損失を防止するために、古典派経済学者が想像する完全競争ではない他のメカニズムが用いられるとハーシュマンは指摘した。このようなメカニズムを、ハーシュマンは「離脱」「発言」「忠誠」と呼んだ。

博学で知られるハーシュマンは、しばしば「ノーベル賞を受賞していない最高の経済学者」と称される。『離脱・発言・忠誠』は、個人や企業、そして国家が合理的に行動するという前提に疑問を投げかけたという点で、行動経済学の先駆けとなった。

顧客の不満が表明されなければ経済は最適以下の水準になる

ハーシュマンは製品を製造する企業や、ある種のサービスや公共財を提供する組織の業績が衰退した場合、提供される製品やサービスの質の劣化に対する顧客の不満は次の2つの方法で表明されると述べた。

- 「離脱」
顧客がその企業の製品を買わなくなる。あるいは組織の影響力やメンバー数が減少する
- 「発言」
顧客やメンバーは離脱する代わりに現状に対する不満を述べ、改革を要求する

標準的な経済理論では、どちらの場合でも経営陣や監督機関は表明された不満に対するフィードバックに着手し、改革や改善によって製品やサービスを変えようとするはずである。経済は無駄のない機械のように、つねに効率的な方法で資源を配分すると考えられている。

しかしハーシュマンは、組織は利潤を極大化するためにつねに最適化を図っているわけではないと主張する。たいていの企業は、現状を維持するために必要なことしかしていない。

簡単に言うと、経済はまったく緩みのない緊張状態にあるよりも、むしろミクロ経済レベルでスラック[*1]があるのが普通なのだ。外部条件に変化があろうとなかろうと、企業はしばしば判断の誤り（「とりかえしのつく過失」）[1P]を犯したり、ときには創造力を失ったりする。そして市場競争があまり激しくないときや、顧客がわざわざ不満を表明しようとしない場合は、経済は最適以下の水準で維持されるとハーシュマンは言う。

実際、人間の歴史を特徴づけるのは、「衰退に対する許容性」[5P]だとハーシュマンは言う。人間社会には生存維持水準を上回る余剰があるので、一握りのエリートが生産した余剰が大衆に共有されない社会や、全員がやっと暮らしていける程度の社会でも、人々は許容できるという意味だ。

このように生産性が最適水準以下に落ち込むのを許容できる社会では、衰退を完全に排除することは不可能だ。衰退と非効率化が進むのを防ぐには、逆向きの力を加えて企業や組織の健全さを回復し、新しい活力を創造するしかない。

*1 **スラック**
組織が最高の能率で運営されていない状態【訳】

しかしこの力の働きは、「競争による資源の最適な配分」が経済を発展させるという正統派経済学による考え方とはまったく異なっている。

顧客から「発言」されることなく、ただ「離脱」されると、衰退へ向かう

消費者が市場に働きかける方法として、経済学者は「発言」よりも「離脱」を重視する。品質に満足できないという理由で顧客が製品を買うのをやめれば、売上が低下し、企業は製品の改良に取り組むだろうと期待される。

1960年代に、ハーシュマンはある経験をきっかけにしてこの固定観念に疑問を抱いた。開発経済学者としてナイジェリアで現地調査を行なっていたとき、ハーシュマンはこの国の国有鉄道が直面している奇妙な現象に気づいた。ナイジェリアの鉄道は大量の貨物と乗客を輸送するために建設されたが、実際には貨物はトラックを、人はバスをもっぱら利用していた。

物や人を運ぶ手段として鉄道は道路輸送よりはるかに合理的なはずだが、鉄道の業績はなぜ低下したのだろうか？　道路輸送との競争に直面したとき、鉄道管理局はなぜ顧客の「離脱」に反応して改革に取り組まなかったのか？　競争がうまく機能しなかったのはなぜなのか？

ナイジェリアの鉄道サービスの衰退が阻止されなかったのは、鉄道は国有企業だが、独占企業ではなかったからだとハーシュマンは主張する。鉄道が独占企業だったら、鉄道を利用する企業も大衆も改革を求めて立ち上がり、改善を要求（「発言」）しただろう。しかし実際にはトラックやバスという代わりの輸送手段があり、道路輸送は十分効率的だったので、顧客は鉄道輸送に対してわざわざ不満を表明する必要がなかった。ただ利用をやめさえすればよかったからだ。

一方、鉄道は国家財政当局がつねに赤字を補填してくれると信じているため、衰退に対して何の手も打たなかった。こうした状況では「離脱」も「発言」も、衰退を阻止したり状況を打開したりする役に立たなかったのである。

不満を抱いた人は、「離脱」という選択肢を選びやすいが、国家や企業に「発言」がなくなれば衰退へ向かう

国民の大多数が政治に積極的に参加しなければ、民主主義は成り立たないと従来は考えられてきた。しかし有権者の行動や政治参加に関する研究によれば、国民は無関心でいるのが通常の状態だとハーシュマンは指摘する。

企業や組織が衰退したとき、離脱せずに衰退に抵抗しようとすれば時間やエネルギーが必要になる。そしてハーシュマンが言うように、「離脱というもう一つの選択肢が存在している

ことが、発言という技芸の発達を萎縮させる傾向をもつ可能性がある」。■46P

「離脱」は消費者の単なる決断にすぎないが、「発言」は市民による創造的な行為であり、単に自分の利益のためだけにその製品やサービスを選んでいるのではなく、組織全体が大切なのだというしるしでもある。

　実際、どんな理由があろうと離脱できず、発言によって不満を表明する顧客には大きな影響力がある。企業や組織は、黙って購入をやめたり組織への忠誠を放棄したりする人よりも、発言に訴える意欲的な顧客に注意しなければならない。

　たとえば共和党員がどれほど党の方針に納得がいかなくても、民主党に投票するとは考えられない。したがってこの党員は「党内抵抗勢力」となり、自分が望む方針を取り入れるように党にうるさく要求するだろう。そうした行動によって、この党員（そして同じ意見をもつ他の党員たち）は、ただ離党するよりはるかに効果的に意見を聞いてもらえるはずだ。このように、離脱できない状況では発言が強い影響力を持つ場合がある。

　経済と「離脱」、政治と「発言」は自然に結びついているが、そうした慣習に反して「発言」が経済の領域で用いられると、いっそう力を発揮するとハーシュマンは主張する。たとえば消費者保護活動で有名なラルフ・ネーダーが起こした消費者革命は、安全でない車を摘発する以上の効果をもたらした。この活動は経済領域における不正を正す方法として、それまでアメリカ人にとって当然の選択肢だった「離脱」に代わって、「発言」の重要性を高めた。

衰退を阻止するために、組織には「発言」という苦い薬が必要だと（顧客の通常のフィードバックが離脱だとしても）ハーシュマンは断言する。顧客やメンバーの「支配的反応モード」■39Pが離脱である場合には、企業や組織は構造改革を行ない、彼らが発言によって不満を伝えやすい制度を作り出す必要があるとハーシュマンは言う。

「忠誠」は衰退を助長するが、「発言」を促し、衰退を阻止する力にもなる

通常、組織に対する「忠誠」はメンバーの離脱を抑制し、メンバーが組織の方針について意見を述べるのを促す。実際、メンバーは組織が衰退して自分の忠誠が試される事態になるのを望まない。

忠誠は、組織が改革や改善に取り組む猶予を与えるという意味で、「非合理的であるどころか、衰退が蔓延するのを防ぐという社会的に有用な目的に貢献できる」■88Pとハーシュマンは述べている。

「発言」は創造的行為であり、努力を必要とする。しかし「忠誠」は、人々にこの努力を進んでさせる力がある。そう考えると、離婚手続きがきわめて複雑な理由が納得できるとハーシュマンは言う。簡単に離婚できないとなれば、夫婦は離婚という最終的な行動をとる前に、自分たちが放棄しようとしている忠誠について考え直す機会を持てるからだ。忠誠が果たす社会的な役割は他にもある。忠誠と愛国心は社会を1つにまとめる働きをする。利己的な消

費者が集まっただけでは決して達成できない一体感がそこにある。

「離脱」「発言」「忠誠」が効果を発揮する場面は、国家においてもつねに見られる。国民が反対意見を発言する機会を与えられれば、国民はその国に留まり、改革の意欲を高めるだろう。

しかし言論の自由がなければ、国民はその国を見限って他国に移住する可能性があり、その国の問題解決には貢献しない。1970年代から80年代のソ連では、国民に国外移住が認められていなかったため、政治改革を望む人々は国内に留まって改革の実現を期待するしかなかった。

現在のロシアでは国民の出入国の自由が認められている。その結果、国内では満足のいく仕事や知的達成感が得られない人々の「頭脳流出」90Pが起きて、「離脱」が明らかに大きな問題となっている。

頭脳流出が起きやすい国では、忠誠や愛国心はしばしば人々の離脱を食い止めたり、離脱した人々を呼び戻したりする唯一の要因になるとハーシュマンは指摘している。

今を知り、未来を考えるために――

衰退を阻止するためには、「離脱」と「発言」という選択肢が両方とも存在しなければならないというハーシュマンの主張は、多数の例によって裏づけられている。

商業面では、顧客が早い段階で企業に簡単に不満を表明したり問題提起したりできれば、顧客は自分たちが尊重されていると感じて、その企業の製品やサービスに愛着を持ち続ける可能性が高い。賢明な企業はそれをよくわきまえている。

どんな業者や製品やサービスにとっても、否定的な意見はきわめて重要であり、鼻であしらったりせず丁重に扱うべきだ。企業を死に追いやるのは欠陥や問題を指摘する人ではなく、黙って買うのをやめる人々だ。現代では製品の品質が落ちたと感じると、消費者はただ製品の購入をやめるのではなく、ソーシャルメディアを利用して元の品質に戻すように企業に働きかけを始める。

経済における発言の重要性を説くハーシュマンの考えは、まさにこの時代に即していると言えるだろう。商業的な領域で容易に「発言」できるようになった今では、発言は「離脱」と同様に、価値あるフィードバック手段になった。

対照的に、政治の世界ではしばしば「離脱」の持つ強力なメッセージが好まれ、

「発言」という選択肢が切り捨てられる場合がある。

その最たる例がアメリカだ。「アメリカ合衆国をまさに形づくり、成長させた要因は、発言よりも離脱を重視してきた数多くの意思決定である」118Pとハーシュマンは書いている。アメリカを建国した人々の大半は、ヨーロッパの宗教的迫害や貧困から逃れてアメリカにやってきた。発言のわずらわしさや苦労を嫌い、離脱の潔さを好むのは、アメリカの歴史に流れる伝統である。

イギリスがEU離脱の決定を国民投票に委ねたのは、離脱のもう1つの例だ。離脱派は、イギリスがEUの「干渉」から解放され、完全な主権を取り戻すことによって繁栄できると主張した。残留派は、イギリスはEUに留まり、組織内から改革を進めた方がうまくいくと説いた。どちらが勝ったかは、すでに知られているとおりだ。

47

1978

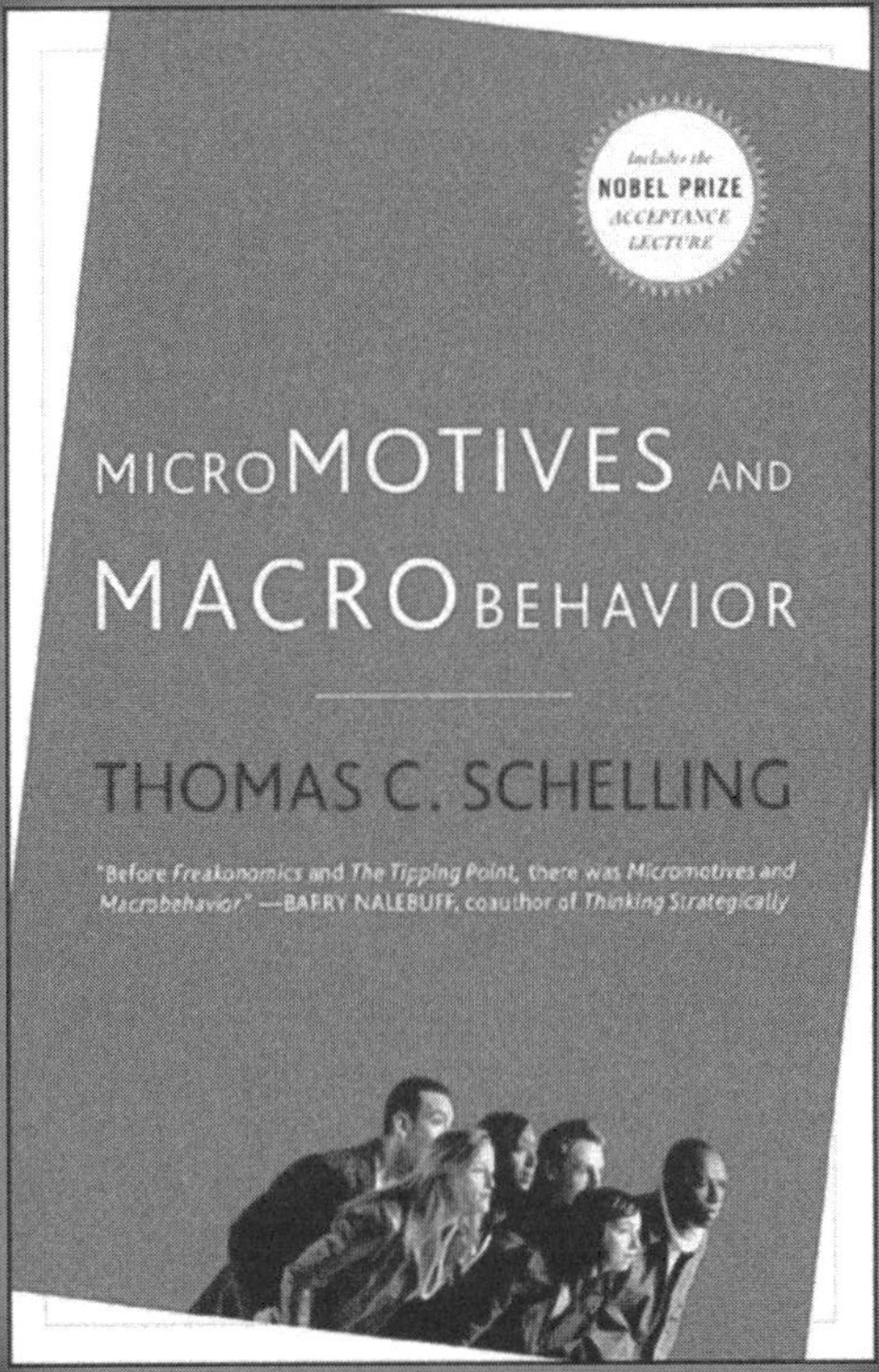

ミクロ動機とマクロ行動

トーマス・シェリング

邦訳書

［ミクロ動機とマクロ行動］

村井章子 訳　勁草書房（2016年）

一人ひとりの決断は、本人にとっては合理的でも、社会全体には損失をもたらす場合がある。

▼「私たちが社会と呼んでいるものによる調整や誘導の多くは、個人が考える利益とより大きな全体の利益との不一致を解決するための、さまざまな制度的なしくみから成り立っている。」

【145頁】

▼「いま取り組んでいるのは、人々が個人としてやりたいことと、みんなと一緒ならやってもいいことが往々にして衝突するという問題である。」

【145頁】

▼「人間が対象の場合、（中略）目的をめざすとか問題を解決するといったイメージに安易に結びつきやすい。このため、およそ見当違いの目的をめざしているとか、目的を知らずに行動しているとか、意識せずに目的を取り違えている、といった可能性を忘れてしまうことがある。」

【13頁】

Thomas C. Schelling
トーマス・シェリング

アメリカの経済学者・政治学者
シェリングは1921年にカリフォルニア州サン・ディエゴで生まれ、そこで育った。カリフォルニア州立大学バークレー校で経済学を学び、1951年にハーバード大学で博士号を取得する。第2次世界大戦後はマーシャル・プランの遂行に関わり、トルーマン政権で顧問を務めた。シェリングは1958年にハーバード大学経済学教授に就任し、1969年からおよそ20年間ハーバード大学ジョン・F・ケネディ・スクールで教鞭をとった。その後メリーランド大学公共政策大学院の名誉教授となる。シェリングは2016年に亡くなった。

個人の合理的な行動が全体の不合理な結果を生むことを身近な事例をもとに明らかにした

マルコム・グラッドウェル*1やスティーヴン・レヴィット*2、ティム・ハーフォード*3といった作家たちが、一般的な読者の興味をそそる経済学の一風変わった話題を取り上げて「身近な経済学」というジャンルを確立するよりかなり前に、トーマス・シェリングはその分野で先陣を切った。

トーマス・シェリングは、「ゲーム理論の分析を通じて対立と協力の理解を深めた功績に対して」■iiP、2005年にノーベル経済学賞を受賞した*4。『紛争の戦略―ゲーム理論のエッセンス』（1960年）や『Arms and Influence（武器と影響力）』（1966年）などの著書の中で、シェリングは核の時代における冷戦下の影響力と抑止力の戦略的な行使について考察した。スタンリー・キューブリック監督の映画『博士の異常な愛情』（1964年）は、シェリングとキューブリック監督、そして原作小説の作家であるピーター・ジョージとの会話をきっかけに誕生した。

*1 マルコム・グラッドウェル
『天才！成功する人々の法則』の著者【訳】

*2 スティーヴン・レヴィット
『ヤバい経済学』の著者【訳】

シェリングは『ミクロ動機とマクロ行動』で、日常生活のさまざまな出来事にゲーム理論を応用している。ジョン・ナッシュが先鞭をつけたゲーム理論を、シェリングは「2つの可能性の間のよりよい選択、あるいは複数の可能性の間の最善の選択が他人の行う選択次第で変わる場合に、合理的な人間はどのように選択するかを追求する学問」と定義している。

簡単に言えば、私たちは他の誰かの選択を見て自分の選択を決めるが、その誰かはまた別の誰かの選択を見て選択しているということだ。「ミクロ動機」、そして「マクロ行動」という言葉は、一人ひとりの行動と集合としての「人々」のふるまいの関係を表している。

経済学者が想定する完全競争市場では、独自に行動する無数の人々が全体として良好な結果を出すと考えられ、その状態は「均衡」と呼ばれる。たとえばあまりに多くの人々が排気ガスをまき散らす自動車を運転し、公害が我慢できないほどひどくなれば、交通手段をバスに変える人が増えて、社会全体が利益を得る。

しかし現実の世界では、個人の選択はその人にとってはよいものでも、社会全体にとってはそれほどよくないということが往々にしてあるとシェリングは指摘する。漁師は魚の数が減っているのに魚を取り続け、子育て中の親は赤ちゃんのおしりふきをトイレに流し、金融業者は住宅バブルのまっただ中にお金を貸し続ける。どのケースでも一応の「均衡」は達成される（魚のいない海、詰まったトイレ、住宅価格の高騰）が、それは集団にとって有益な状態ではない。

*4 イスラエルとアメリカの2重国籍を持つ数学者ロバート・オーマンとの共同受賞

*3 **ティム・ハーフォード** 『アダプト思考　予測不能社会で成功に導くアプローチ』の著者【訳】

人間の行動は合理性ではなく心理で決まり「均衡」は必ずしも最適な状況とは言えない

本書はシェリングがある講演会で経験した客席の座り方についての有名な分析で始まる。シェリングが講演を始めるために演壇に進み出ると、会場はほぼ満席なのに、前方の12列は空席だった。その光景に驚いたシェリングは、席順があらかじめ決められていたわけではないのに、前方の12列にはなぜ誰も座らなかったのかを考察する。

前方に空席の列ができた理由をシェリングはいくつも検討している。

最前列に座って目立つことや、人からじろじろ見られるのが嫌なのかもしれない。誰かの近くに座りたいのかもしれないし、終わったときに早く出られるように後ろの方に座りたいだけなのかもしれない。人は誰かの近くに座るのを好むが、近すぎるのは嫌なようだ（だから自分と隣の人との間に少なくとも1人分の席を開けて座る）。

シェリングにとって明白なのは、着席に関する聴衆の選好は快適さや演壇がよく見えるからという合理的な理由ではなく、その場の心理によって形成されるということだ。前方の列に誰も座らなかったのは、自分の後ろの席が埋まらなければひとりぼっちになってしまうからだ。つまりどの席に座るかは、他の人がどこに座ると予想するかに基づいて選択される。

個人が自分の利益のために決定する目標や選択は、その人が所属するグループや集団、あるいは共同体にとってよい結果になるとは限らないとシェリングは主張する。

講演会場の例で言えば、一人ひとりの選択は着席パターンの偏りという結果を招いた。聴衆は大勢いたにもかかわらず、空席が1か所に固まってしまった。「一人ひとりが社会環境にどれだけうまく適応できるかということと、全員が形成する社会環境をいかに満足できるものにするかということは、同じではない」14Pとシェリングは書いている。

経済学者は、ものごとは自然に均衡がとれた最適な状態になると考えている。

市場については特にそれが言える。しかしシェリングの考えでは、均衡とは単に埃が落ち着いた状態にすぎず、均衡そのものが好ましいというわけではない。「たとえば首吊り死体は揺れが止まったときには均衡しているわけだが、誰も死者が万事ＯＫだとは思うまい」23Pとシェリングは言う。

国民経済は均衡状態にあると経済学者が認めたにもかかわらず、悲惨な状況に陥った例は多々ある。なぜなら長期的な高水準のインフレや失業、あるいは成長が停滞した状態も、均衡と呼べるからだ。講演会場の例では、もう誰も席を移動しようと思わない状態まで聴衆が分散すれば、経済学者はその状態を均衡と呼ぶだろう。しかしそれは、その状態が理想的な着席パターンだという意味ではない。

経済では、出費を控えるという個人の決断はとても合理的かもしれないが、もし他の数百万人が同じ決断をすれば、不景気は免れないだろう。失業や株式市場の大暴落、あるいは銀行の倒産を望む人は誰もいないが、それらは頻繁に起こっている。

人間は自分が望んでいなくても“みんながするから自分もする”ことがある

適度な単純さと複雑さの基準を満たすモデルは、物理系・力学系の活動のみならず、社会現象や人間の行動まで言い表すことができるように見える。

原子炉では、反応が「臨界状態」[97P]に達すると、核分裂反応が自律的に維持されるようになる。このように、何かが最低の水準を超えたら自律的に継続する活動があるとき、その最低水準を「クリティカル・マス」[105P]*5という。

クリティカル・マスの原理は、社会運動や政治運動、ファッションや疫病の流行、子どもにつける名前の流行、そして新しい言葉の定着などに見ることができる。クリティカル・マス現象が起きる鍵は、その運動や流行がそれ自体の勢いを持つ「1つのまとまり」とみなされるかどうか、そして他人がそれについて強い関心を持っているかどうかだ。

クリティカル・マスの例は日常生活の中に豊富にあるとシェリングは言う。

たとえば交差点で信号が変わるのを待つ歩行者は、信号を無視する人が大勢いるなら自分もそうしたいと思っている。学期の最後の日に、教室を出る教授に向かって何人かが拍手すると、クラス全体が加わって大喝采になる場合もあるし、最初の数人の拍手がやがて立ち消

*5 **クリティカル・マス**
本来は核分裂連鎖反応を維持するために必要な最小限の核分裂物質の量、つまり臨界質量を指す。【訳】

えになって気まずい沈黙が残る場合もある。

要するに、人々は「他のみんながやっていること」なら自分もやる。矛盾するようだが、全員がそうするからといって、その結果が好まれているとは限らないとシェリングは言う。サマータイムやメートル法、QWERTY配列のキーボード*6などは、必ずしもそれが「最善」だからではなく、みんながそれに従うから自分もそうするという例である。

「均衡」にまかせると不合理な結果も生じる

シェリングは白人と黒人が居住する地域がいつの間にか分かれてしまう理由を分析した論文で知られるようになった。特にシェリングは、個人のどのような選択や動機が集団的な人種の分離に発展するのかを明らかにしようとした。

シェリングはクリティカル・マス現象の下位区分であるティッピングという現象を、学校や地域内での人種の分離という観点から説明している。

ある地域に1家族か2家族のマイノリティーが引っ越してくると、もともと均質（仮に白人としておこう）だった住民の一部がその地域から出ていく。するとその地域に空き家ができて、もっと多くのマイノリティーが入ってくるので、さらにたくさんの「マジョリティー」の家族がその地域から出ていく。こうしてマイノリティーの流入とマジョリティーの流出は雪だ

*6 **QWERTY配列のキーボード**
現在の標準的なアルファベット配列のキーボード【訳】

るま式に増え、ついにその地域は「白人居住区」ではなくなる。

その地域から出て行った人が全員人種差別主義者だったわけではなく、彼らは単に、他のみんなが出て行けばその地域の住宅価格が下がるので、そうなる前にわれ先にと出て行ったにすぎない。人々は実際にもう我慢できないところまで事態が進むのを待たずに、恐れていること、あるいは期待していることが将来起きるだろうと予測して行動する。

1960年代になると、公立校や大学の学友会、地域の社交クラブ、そして海岸や公園でさえも、ティッピングの原理（のちにマルコム・グラッドウェルの著書『ティッピング・ポイント』で知られるようになった）が働いているのが確認された。

合法的な人種の分離が禁止された後も、非公式な分離は長い間しばしば続いたし、人々が意識的に人種差別をするつもりがなくても、実際には人種の分離は起きているとシェリングは指摘している。人種隔離政策が存在しなくても、人々は似た者同士の安心感が得られるこぢんまりした世界に住みたがるので、人種の分離は起きる。

市内にある高級住宅地に住むお金がある人は、たいていそこに住むことを選ぶ。だから白人が一般に黒人より豊かな社会では、誰かがそう仕向けなくても、高級住宅地はほぼ白人居住区になる。しかしシェリングは、人々は一般的に少数派になるのを嫌がるので、たとえ高級住宅地に住むお金があっても、マイノリティーの家族はそこに住もうとしないと指摘する。

こうして実際には誰も意図していないのに、郊外では人種の分離が進み、最後には完全な分離が成立する。驚くべきことに、完全な人種の分離が成立すると、それ以上の変化が起きない「安定均衡」161Pとなる。

人種の分離のような現象は、有益な目的にはまったく役に立たないが、実際にはしばしば起きているとシェリングは言う。

実際、人種の分離は人々の選択肢や機会を狭め、都市全体の価値を損なう。人種の分離は一部の人々には都合がいいように見えても、社会全体の進歩にはいっさい貢献せず、「社会的効率」158Pも生み出さない。

今を知り、未来を考えるために——

市場は一般に、個人の利己的な選択をより大きな全体に統合する役割をうまく果たしており、それが資源の適切な配分をもたらすとシェリングは考えている。

一方で、人間の心理、そして不完全な、あるいは非対称な情報（誰かが他の誰かより情報をたくさん持っていて、それを自分たちに有利なように使う場合など）のせいで、市場の失敗がたびたび起きるとも指摘している。

シェリングは、経済学者のジョージ・アカロフによる『The Market for 'Lemons'（レモン市場）』と題する論文に触れている。この論文の中でアカロフは、中古車の買い手は市場にあるどの車がよくて、どれが「レモン」（欠陥車という意味）なのかわからないので、知らずに欠陥車をつかまされるのを恐れ、そのせいで一般的に中古車価格は押し下げられると述べた。中古車販売業者の保証や検査証といったものがなければ、中古車市場は衰退し、ついには消滅してしまうかもしれない。

情報が偏っている市場は他にもたくさんある。たとえば生命保険に加入するとき、自分の健康状態を隠そうとする人は多いかもしれない。すると保険会社は車で言う「レモン」に相当する人がいる場合に備えて、保険料を高く設定しなければならない。その結果、長寿の遺伝子を持つ健康な人々は、わざわざ保険に入ろうと思わなくなる。こうして、生命保険の本来の目的である不慮の死に備えたい人々にとって、生命保険はますます役に立たないものになる。

人間は「合理的」であるとか「利己的」であると経済学者が言うとき、普通はいい意味でそう言っているのだが、不正や疑惑、意図的なごまかしの多い市場や社会では、個人の選択が集団として悪い結果につながる可能性があるのは当然と言えるだろう。

幸い、その反対の結果もあり得る。社会は単に巨大な市場ではなく、倫理的な価値観を持った組織だ。人々は合理的な程度に善良である必要があるのだが、一人ひとりがそれをほんの少しだけ上回る程度に善良であろうと努めれば、社会全体が利益を得るはずだ。

48

2005

ヤバい経済学

スティーヴン・D・レヴィット & スティーヴン・J・ダブナー

邦訳書

［ヤバい経済学］

望月衛 訳　東洋経済新報社（2007年）

人は誰でも
世界を動かしているのは
道徳だと思いたがる。
しかし実際に
世界を動かしているのは
〝インセンティブ〟である。

▼「経済学は突き詰めるとインセンティブの学問だ。つまり、人は自分の欲しいものをどうやって手に入れるか、とくに他の人も同じものが欲しいと思っているときにどうするか、それを考えるのが経済学だ。(中略)インセンティブはただ、人にもっといいことをさせ、もっと悪いことをさせないための方法にすぎない。(中略)インセンティブの味付けは基本的に三つある。経済的、社会的、そして道徳的の三つだ」

【📖20-21頁】

▼「道徳は世の中がどうあってほしいかを表すと言えるだろう――一方、経済学は世の中が実際にはどうなのかを表している。経済学は、他にも増して、計測の学問である。」

【📖13-14頁】

Steven Levitt & Stephen Dubner
スティーヴン・レヴィット & スティーヴン・ダブナー

アメリカの経済学者

レヴィットは1967年に生まれ、ハーバード大学経済学部を卒業し、1994年にマサチューセッツ工科大学で博士号を取得した。現在はシカゴ大学経済学部教授。2004年にアメリカ経済学会から40歳未満の最もすぐれたアメリカの経済学者に贈られるジョン・ベイツ・クラーク・メダルを受章している。ダブナーは1963年に生まれ、ノースカロライナ州のアパラチアン州立大学とコロンビア大学を卒業している。レヴィットとダブナーの共著は、本書の他に『0ベース思考 どんな難問もシンプルに解決できる』(2014年)、『ヤバすぎる経済学―常識の箱から抜け出す最強ロジック』(2015年) などがある。彼らは本書と同名の人気ブログ freakonomics.com を書いている。また、ダブナーはラジオ番組 Freakonomics Radio の司会者を務めている。

人々の〝インセンティブ〟に着目し ユニークな分析で 社会通念をひっくり返した

2003年にジャーナリストのスティーヴン・J・ダブナーは、スティーヴン・D・レヴィットにインタビューしに行った。レヴィットはシカゴ大学の新進気鋭の経済学者で、『ニューヨーク・タイムズ』で人気コラムを連載していた。

ダブナーにとって意外なことに、レヴィットは一般人にもわかりやすい言葉で話し、これまでダブナーが会ったどの経済学者とも違って、話が面白かった。レヴィットは数学が苦手で、マクロ経済学には興味がなく、株式市場やインフレや税金のことはさっぱりわからないと告白した。レヴィットが関心を持っているのは、「日々の出来事や謎」だったとダブナーは言う。

インチキ、犯罪、不正に対するレヴィットの変わらぬ好奇心は、経済学の王道からは外れているが、それらの裏側について考えるのは、日常生活の中で人々の決断がどれほど強くイ・ン・セ・ン・テ・ィ・ブに影響されているかを知るのが面白いからだ。

経済学とは本質的に、「人は自分の欲しいものをどうやって手に入れるか、とくに他の人も同じものが欲しいと思っているときにどうするか」[20P]を説明するためにあるとレヴィットは考えている。

レヴィットはこれまで本を書くように勧められても、研究と仮説の検証に忙しくてその暇はないと断っていたが、ダブナーが協力してくれるなら、と承諾した。

こうして、まれにみる調査分析力と才気あふれる書き手の出会いは、本書『ヤバい経済学』で大成功を収めた。経済分析が突然何百万人もの読者の関心の的になったのである。

「現代の日常の上っ面を1枚か2枚引っぺがしてその下に何があるかを見てみよう」[13P]と意気込む著者たちは、大学の入門レベルの経済学では普通教えない一風変わった面白い話を本書に詰めこんで、一般大衆が楽しめる経済学という新しいジャンルを生み出した。

人はインセンティブ次第でインチキだって行う

インチキとみなされる行為をしたか、しなかったかは、誰でも自分が一番よくわかっている。インチキな行為そのものよりもっと興味深いのは、その行為の裏にあるインセンティブだ。

この本では面白い例を紹介して、インチキするインセンティブを考えている。学校の先生は生徒の学習レベルを測る標準テストでどうしてインチキをするのだろうか？ そして普通の会社員がなぜお金を払わずにベーグルを持って行ったりするのだろう？

先生がインチキをするには、いくつかの、そして十分理解できる理由がある。レヴィットとダブナーが取り上げたのは教育政策の1つである「一発勝負のテスト」[28P]だ。

州内の小中学校の生徒に標準テストを課して、点数が悪かった学校は国からの補助金が差し止められ、先生はクビになるかもしれない。逆に、ある先生が教えている生徒たちの点数がよければ、その先生は褒められるし、昇進や賞金も期待できる。一時期、カリフォルニアでは生徒の点数がよかった先生に2万5000ドルのボーナスを支給していた。

ただし問題が1つあった。先生のインチキを調べる方法がなく、インチキが見つかって罰せられた例はほとんどなかったのだ。「インチキした先生は子供たちを助けてやったのだと自分に言い聞かせているかもしれないけれど、どう見ても助けたのは自分のほうだろうとしか思えない」[38P]とレヴィットとダブナーは指摘する。

驚いたことに、シカゴの公立学校のテストの点を分析すると、「点が低いクラスの先生ほどインチキしている可能性が高かった」[39P]。インチキをはっきりさせるために、シカゴでは標準テストをやり直すことにした。すると「先生がインチキをしていると判定されたクラスの生徒の点はずっと悪く、まるまる1学年分も下がった」[41－42P]。

こうした証拠を突きつけられて、点数がよかったクラスの先生への高額ボーナスは結局廃止された。インセンティブが廃止された後、先生のインチキは30％も減った。それを見ると、インセンティブの持つ力がよくわかる。

ホワイトカラーによる知的犯罪の被害は年間数十億ドルに達しているが、知的犯罪は他の犯罪に比べて見つかりにくい。

たとえば横領は銀行強盗に比べて発見するのが難しい。そして知的犯罪の場合には、誰が被害者かよくわからないという問題もある。あなたが会社からコピー用紙をごっそり持ち帰ったとしよう。この場合、被害をこうむるのは誰なのだろうか？

著者たちは知的窃盗とその被害者に関するデータをたまたま手に入れた。ポール・フェルドマンという元エコノミストが体験した話だ。フェルドマンは仕事をやめて、焼き立てベーグルをいくつかの会社に配達するサービスを始めた。彼は朝早くベーグルを入れた容器を契約した会社に届け、空になった容器と代金を後で回収しに行く。代金はベーグルを食べた人が自主的に代金入れに入れておくシステムだったが、自分が食べたベーグルの代金をちゃんと入れておく人は、残念ながら87％しかいなかった。小規模なオフィスの方が大規模なオフィスより正直だったし、天気の悪い日はいい日よりもインチキをする人が多かった。

フェルドマンは、社員の士気が果たす役割は非常に大きいと考えている。社員が上司や仕事を好きなら、たいてい自分が食べたものの代金をきちんと支払う。そして意外なことに、会社での地位が高い人の方が支払いをごまかす率が高かった。役員たちは特権意識が強すぎるのか、あるいはインチキをするような性格だからこそ昇進したのかもしれないとレヴィットは考えている。しかし大事なのは、支払いが自己申告制であっても、ほとんどの人がちゃんと払うということだ。

経済学は何よりも計測の学問であるとレヴィットとダブナーは考えている。そしてしばしば計測は予測を残念な形で裏切るものだ。「道徳は世の中がどうあってほしいか」[13P]を、「経済学は世の中が実際にはどうなのか」[13－14P]を表していると著者たちは書いている。

社会の道徳規範を変えるのは何世代もかかる大変な仕事だ。しかしインセンティブを変えるのは、社会的に好ましい結果を得るための手っ取り早い方法になり得る。

情報をたくさん持っていれば相手を出し抜ける

取引をする一方がもう一方よりも情報をたくさん持っているとき、その状態は情報の非対称性と呼ばれる。そして情報の非対称性は、個人や組織が相手を出し抜く鍵になる。

不動産や生命保険、自動車を売ろうとする人、あるいは白人至上主義の秘密結社クー・クラックス・クランのように会員を増やそうとする組織にとって、非対称情報は、しばしば目的を達するための決定的な要因になる。

専門家が有利なのは、依頼人やお客が、専門家は自分の知らない大事なことを知っていると信じているからだ。「情報で武装した専門家は、そうは言わないかもしれないが、とてつもない武器を持っている。恐怖だ」[80P]とレヴィットとダブナーは言う。しかしいったんその情報が広まってしまえば、武器はもはや武器ではなくなる。

自分の家をできるだけ高く売りたいと思って不動産屋に依頼するとき、お客は自分と不動産屋の利害は一致していると思うだろう。売値が高いほど、不動産屋が手に入れる手数料も高くなるからだ。

しかしレヴィットは、それが本当かどうか考えてみた。彼の調査によれば、不動産屋は最高の値段を払ってくれる買い手を待つよりも、手数料が少し下がったとしてもさっさと売って、次の物件に取りかかる方を選ぶ。

それだけでなく、不動産屋が自分の持ち家を売るときは、お客の家を売るときよりも魅力的な広告を出し、いい買い手が現れるまで自分の家を長く（平均で10日長く）市場に出し、平均より高い値段で（およそ3％高く）売っていた。

だからといって不動産屋が悪い人間だというわけではない。彼らもまた人間なのだ——そして人間というものは、インセンティブがあれば反応せずにいられないのである。しかし不動産売買のウェブサイトが誕生して以来、お客の家と不動産屋自身の家の売値の差は3分の1も縮まった。

目に見えるものに惑わされず、因果関係を見抜く

データ分析で最も難しい点の1つは、いくつかの変数の間にあるのが単なる相関関係なの

か、あるいは因果関係なのかを知ることだ。

因果関係はときには非常にわかりにくく、思いもよらない原因から発生している場合がある。「遠く離れたところで起きたほんのちょっとしたことが原因で劇的な事態が起きることは多い」■14P とレヴィットは言う。

2001年に発表された中絶に関するレヴィットの有名な論文によれば、1990年代に犯罪が大幅に減ったのは、「経済学者の業界用語で言うと（中略）中絶合法化の『意図せざる便益』である」■168P。こんな問題発言をしたせいで、レヴィットは長い間マスコミの攻撃にさらされ、「あらゆる人たちから非難を浴びた」■265P。しかしレヴィットは、この点についてきわめて論理的で説得力のある主張を展開している。

レヴィットは、犯罪が減ったのは景気がよくなったせいだという説を否定する。「景気と暴力犯罪の間には何の関係もない」■142Pことを示す信頼できる研究がたくさんあるのだという。死刑も犯罪を減らす効果はなかった。死刑の抑止効果は、主に殺人にしか及ばないからだ。警官の増員はどうだろう？　警官の増員は犯罪減少のわずか10％を説明するにすぎないとレヴィットは言う。

そしてクラック（コカインを精製した高純度の麻薬）市場の暴落は、犯罪減少の15％の説明にしかならない。犯罪が減ったのはアメリカ人が高齢化したからだという人もいるが、この説を裏づけるようなデータは存在しない。また、銃規制も大きな要因にはならなかった。合法的な販売が規制されても、需要があるところには必ず強力なブラックマーケットがあるからだ。

レヴィットは誰もが思いつくこのような仮説を1つ1つ否定していき、最後に、1990年代に犯罪が減少したのは、それより1世代も前に起きたある出来事が原因だと主張した。1973年のロー対ウェイド裁判で、連邦最高裁判所が中絶を合法化する判決を出したのである。

しかし胎児を中絶する女性の権利の合法化が、どうして「有史以来最大の犯罪減少を起こした」[5P]のだろうか？

それには2つの要因が関係しているとレヴィットは言う。子ども時代の貧困と片親の家庭だ。この2つの要因は、母親の教育水準の低さとともに、子どもが将来犯罪者になるかどうかを予測する最も強力な要因になるとレヴィットは言う。中絶に走ったアメリカ人女性の多くは劣悪な環境で育った。その女性たちがもし子どもを中絶せずに生んでいたら、生まれた子どもたちもまた、犯罪者になる可能性の高い環境で育っていただろう。

レヴィットはこの説をこんな言い方で表現した。「望まれない子が犯罪を増やす。中絶で望まれない子が減る。だから中絶で犯罪が減る」[263P]。1985年以降、中絶率の高い州は低い州に比べて30％も犯罪が減っている。

レヴィットは黒人と白人の収入と教育の格差や、黒人と白人の子どもの名づけの傾向についても調査した。

調査の結果わかったのは、「学校の成績が悪い黒人の子は黒人だから成績が悪いんじゃなくて、家が貧乏で両親に教育がないことが多いから成績が悪い」[195P]ということだった。興味深いことに、同じ社会的・経済的な環境で育ち、同じ学校で学んでいる黒人と白人の生徒は、同じような成績を取るので、黒人であることと成績の相関関係と因果関係を区別するのはいっそう難しくなる。

生まれてくる子の名づけに関して言えば、明らかに「クロい」名前、[219P]つまり黒人に非常に多い名前をつけられた人は、白人ぽい名前の人に比べてよくない生活をしている傾向があることがわかった。しかしレヴィットは、クロい名前はその子の行く末を決めるものではなく、たぶんその子はいい生活にはたどり着けないだろうという指標にすぎないと述べている。

経済学者は〝因果関係〟と〝単なる相関関係〟を慎重に区別し、道徳的な建て前を捨ててデータが示す方向を見るべきだと彼は言う。その方が面白いからだけでなく、そうすれば経済学者がイデオロギーや道徳を押しつけるのを防いでくれるからだ。

今を知り、未来を考えるために——

レヴィットは自分が伝統的な経済学者の範疇には収まらないと考えているようだが、彼の研究は伝統的な経済学をとことん突き詰めた結果だと言うこともできる。

結局のところ経済学は、人間は欲しいものを手に入れるために、自分が置かれた環境のインセンティブにしたがって自己利益最大化を目指して行動する生き物だと

*1 **還元主義的**
複雑な事象を、それを構成する要素に分析して説明しようとする立場【訳】

*2 **アルバート・バンデューラ**
自己効力感や社会的学習理論で知られる【訳】

いう考えに基づく学問だ。

自己申告制にもかかわらず87％の人がベーグルの代金を払うのは、インチキが見つかったときの社会的制裁が怖いからだろうとレヴィットは考え、「お金を払っていないのが見つかったらどうなるだろう？」と葛藤する会社員の心のうちを想像してみる。

人間の行動に対するこうした還元主義的*1な見方（衝動や本能だけ、あるいは社会的条件づけだけが人間の行動を決定するというような）は、ほとんどの人間は良心や道徳心も持ちあわせているという事実を見落としている。

人は胸のうちにアダム・スミスが「公平な観察者」と呼んだ行動規範を持っていて、それは誰が見ていようといまいと、人に正しい行動をさせる。人間は自分が選び取った倫理観にしたがって生きる。その倫理観は自己利益最大化とは何の関係もない——実際、これまでに多くの人が、正しいと信じたことのために命を捧げてきた。

人間の行為はさまざまな動機から生じる。たとえば美や愛や真実を求める不可解なほどの欲求も動機になり得る。それらはたいてい経済学者のありきたりな解釈では説明しきれないもので、非常に純粋で、公平無私でさえある。

人間は確かにインセンティブに反応するが、心理学者アルバート・バンデューラ*2が指摘したように、それらのインセンティブは自分の置かれた状況を克服したい、あるいは目標を達成したいという欲求の一部として、自分で作り出したものだ。道徳的な目標は、最も理にかなったインセンティブになり得るのである。

ともあれ、『ヤバい経済学』は経済学と一般の読者を結びつける新しいジャンルを確立した本であり、それだけでも十分称賛に値する。ぜひ本書を手に取って、ここでは取り上げきれなかった興味をそそる事例を読んでいただきたい。また、本書の続編として『超ヤバい経済学』も出版されているので、そちらも一読をお勧めしたい。

49

2015

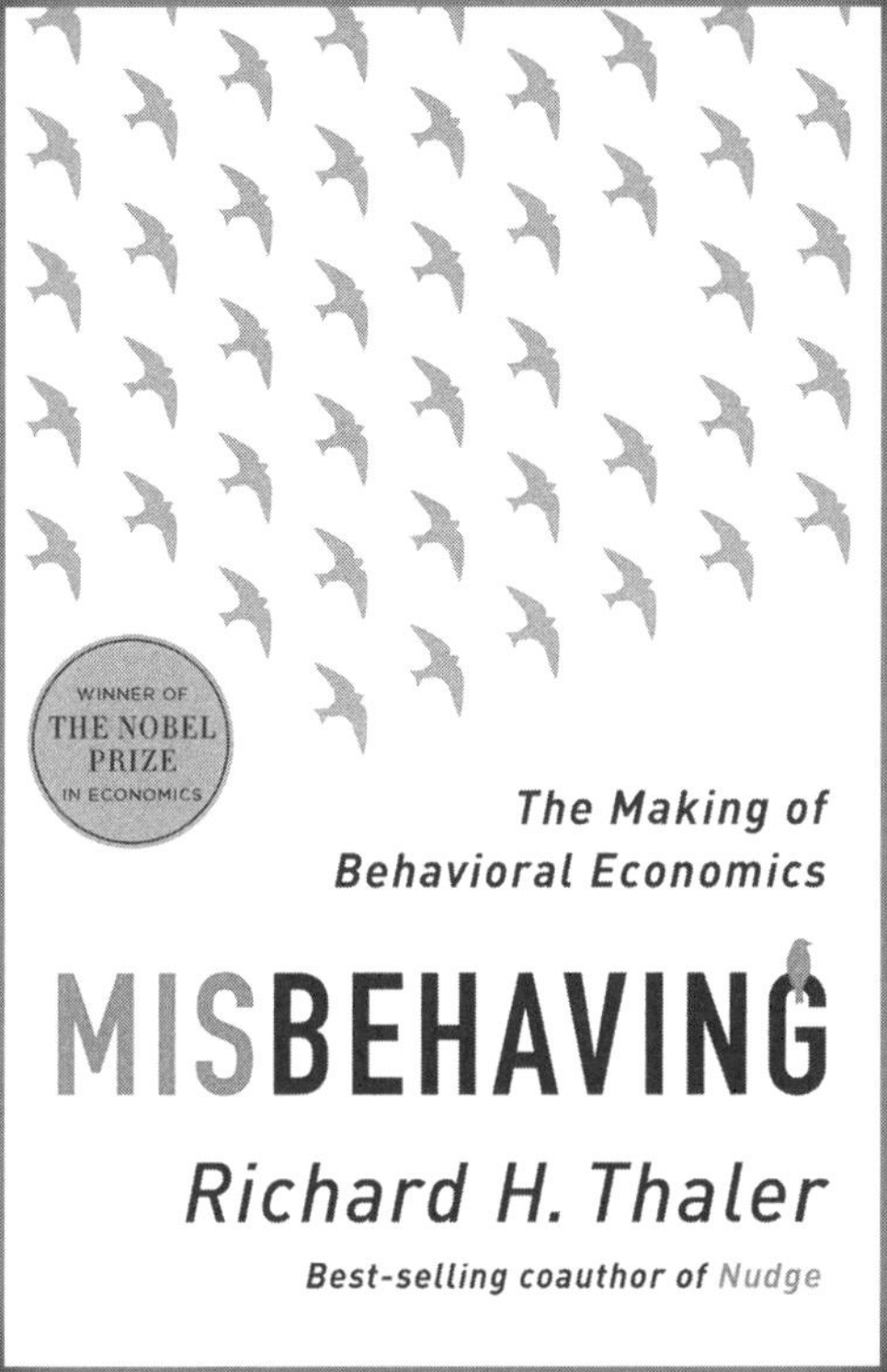

行動経済学の逆襲

しばしば自分の利益に
反する選択をする
ホモサピエンスは、
経済学者の想像する
合理的な
〝ホモエコノミカス〟とは
まったく違う種である。

▼「ところがいくつか問題がある。経済理論が拠って立つ前提には欠陥があるのだ。まず、ふつうの人が直面する最適化問題はたいてい非常に難しいもので、解決するのはおろか、解決に近づくことすらできない。平均的な大きさの食料品店に買い物に行っても、家族の予算内で買える品物は何百万通りもある。みんなほんとうにすべての選択肢を吟味して最良のものを選択するのだろうか。さらに、買い物よりずっと難しい問題も、もちろんたくさんある。キャリアの選択がそうだし、住宅ローンの選択も、配偶者の選択もそうだ。私たちが実際に目にしているように、どれも失敗率が高い。そのため、これらの選択がすべて最適であるという主張を押し通すのは、無理があるだろう。」

【📖23－24頁】

Richard Thaler
リチャード・セイラー

アメリカの経済学者
セイラーは1945年に生まれた。ケース・ウェスタン・リザーブ大学で学士号を取得後、1974年にロチェスター大学で経済学博士号を取得した。現在はシカゴ大学ブース・スクール・オブ・ビジネスで行動科学・経済学教授を務めている。
他の著書に、『セイラー教授の行動経済学入門』(1992年)、『Advances in Behavioral Finance（行動金融学の発展)』(1・2巻、1993年・2005年)、キャス・サンスティーンとの共著による『実践行動経済学—健康、富、幸福への聡明な選択』(2008年）などがある。
セイラーはマイケル・ルイスの『世紀の空売り』を原作にした2015年の映画『マネー・ショート』に本人役でゲスト出演し、カジノで「ホットハンドの誤謬」(ランダム性を考えればありえない成功の連続が可能だと信じてしまう判断の誤り）を実証した。

伝統的な経済学が前提としている〝合理的で最適な選択をする人間像〟を一蹴。現実の人間に即した理論を提唱

リチャード・セイラーは経済学教授になりたての若い頃、学生に出す定期試験を普通のやり方、つまり１００点満点で作った。平均点は72点で、学生たちのこれまでの成績からすると少し低かった。すると学生たちは試験が難しすぎると言って激しく抗議してきた。

このままでは教授の座が危ないと考えたセイラーは、なんとかして学生の不満をなだめたいと思い、名案を思いついた。次回からテストを１００点満点ではなく、１３７点満点にしたのだ。どうしてこんな半端な数字にしたのだろうか？　１３７点満点なら、平均点が90点台になるからだ。

効果は劇的だった。苦情がなくなっただけでなく、大半の学生が自分の成績に大いに満足した。１００点満点に換算すれば、成績は前とまったく同じだったのだが。実際にはA、B、C、Dという評価に何の違いもないのに、満点の数字を変えるだけで利口な学生を有頂天にできるという事実は、人間は合理的な存在だという正統派経済学の教えとはまったく矛盾していた。この学生たちが愚かなのではなく、彼らはただヒューマンなのだとセイラーは言う。

経済学とそのモデルは、架空の人間に基づいて作られている。その人間は「ホモエコノミカス」と呼ばれるが、セイラーは略して「エコン」22Pと呼ぶ。エコンはつねに合理的な行動をするのに対し、ヒューマンは「誤ったふるまい」21Pをする。そしてこの誤ったふるまい、あるいは理想的な行動モデルとの矛盾は、重要な事実を示唆している。

経済学者の予言は外れるということだ。たとえば2007~2008年の世界金融危機を予測した経済学者は1人もいなかったが、それだけでなく、経済学的モデルは、金融危機は起こりえないと告げていた。残念なことに、公共政策を立案する上で経済学者は非常に特権的な地位にあり、他の社会学分野の専門家に比べて経済学者の理論ははるかに重視されている。

プリンストン大学の経済学者オーリー・アッシェンフェルターは、セイラーの研究があまりにどうでもいい事柄を対象にしているという理由で、「ワコノミクス（トンデモ経済学）」*1と呼んだ。

しかし、ほんのささいな例外の解明が、固く信じられたパラダイムを根底からひっくり返すこともあるように*2、人間の弱点と不合理性に関するセイラーの研究は、経済学者が陥る頑迷な「理論による幻惑」145Pを明らかにした。

『行動経済学の逆襲』は、行動経済学という分野の成立に主要な役割を果たした人々の、しばしば笑える逸話を交えながら、この新しい学問の成果を語っている。

*1 Wackonomics

*2 『世界の哲学50の名著』のトーマス・クーンを参照

セイラーがこの分野と運命的な出会いを果たしたのは、1970年代にダニエル・カーネマンとエイモス・トヴェルスキーによる論文を読んだときだった。2人はイスラエル生まれの心理学者で、人間の合理性の限界を研究していた。当時は経済学と心理学の間にあまり交流はなかったが、セイラーは積極的にこの2人と親交を結び、共同で研究を進めるようになった。

カーネマンが「現代に生きる最高の心理学者」とメディアに称賛されるようになった頃、セイラーはカーネマンとトヴェルスキー*3のいくつかのアイデアを基にした研究を進め、行動経済学の分野で将来を期待されるようになっていた。

セイラーはこの本の冒頭に、イタリアの経済学者ヴィルフレド・パレートが1906年に述べた言葉を引用している。

「政治経済の基礎、そして社会科学全般の基礎は、まぎれもなく心理学にある。社会科学の法則を心理学の原理から演繹できるようになる日が、いつかきっと来るだろう」■11P

学問の世界はたいていそうだが、経済学と心理学はそれぞれの関心や視点からなかなか外に視野を広げようとしない。しかし経済学は間違いなく、異種交配によって多くの成果を上げてきた。

*3　カーネマンについては『世界の哲学50の名著』を参照。トヴェルスキーは1996年に亡くなった

伝統的な経済学は、実際の人間の非合理性を加味していない

セイラーは経済学者になったばかりの頃から、合理的選択理論とは矛盾する人々の行動を（自分や知人の経験から）リストアップするようなった。たとえばこんな行動だ。

● ある男性が店で見たカシミヤのセーターを気に入ったが、自分にはぜいたくだと思って買わなかった。しかしクリスマスに奥さんがそのセーターをプレゼントしてくれたとき、その男性はとても喜んだ。この夫婦は家計を一本化していて、2人に別々の収入源があるわけではない。

● 私は45ドルの時計つきラジオを買うなら、10分余計に車を走らせても10ドル安く売っている店に行くが、495ドルのテレビを買うなら、10ドル節約するために別の店に行く気にはならない。10ドルの値打ちは同じなのに、いったいなぜだろう？

● セイラーが数人の若い経済学者を夕食に招いたとき、まずカシューナッツをボウルに山盛りにして出すと、みんなはむさぼるように食べた。この後に出てくる料理が食べられなくなるといけないので、セイラーはカシューナッツを下げると、お客に感謝された。

伝統的な経済学では、人は選択肢ができるだけ多い方を好むと考えられている。それではセイラーがカシューナッツのボウルを片づけたとき、お客はなぜ喜んだのだろうか？

経済学者は、人間の意志の力に問題があるとは考えない。ところが人間は意志が弱いので、あえて選択肢を制限するのである。

アダム・スミスが『道徳感情論』の中で述べた次のような言葉には、自己管理の問題の芽生えが見られる。「10年先に味わえる快楽には、今日得られる快楽に比べたらほとんど魅力を感じない」136P

経済学者のフランコ・モジリアーニは、「ライフサイクル仮説」147Pを提唱した。その仮説によれば、人は自分が一生に稼げるお金を計算し、そこから逆算して生涯の各時期にどれだけ支出すべきかを考える。

セイラーからこの理論を聞かされた心理学者は笑い出したという。実際の生活でそんなことを実践する人間がどれくらいいるだろう？　モジリアーニのような経済学者が作るモデルは、人間が非常に賢明で自制心があり、将来を先まで見通しているという前提に立っている。反対にセイラーのような行動経済学者は、人間が近視眼的で、後から得られる利益よりも現在の快楽を重んじ、何十年も先のことはあまり考えないと思っている。

経済学者は1つの統一された自己があると考えるが、心理学者は昔から、人間には多数の自己があるという考えを受け入れていた。人の心にはイド*4（エス）や自我と呼ばれる領域があるというフロイトの説から、カーネマンが『ファスト&スロー』で書いた速い思考と遅い

*4 **イド**
無意識の本能的衝動や欲求などの源泉。エスともいう。【編】

思考の2つのシステムという概念まで、人間には少なくともコントロール中枢が複数あり、それらの自己は頻繁に葛藤を繰り返していると心理学では考えられている。

人は、経験則や感情で非合理な判断や選択をすることがよくある

セイラーは、1974年にカーネマンとトヴェルスキーが共同で書いた「不確実性下における判断—ヒューリスティックとバイアス」■45Pという論文を『サイエンス』誌で読んで以来、人生が変わったと述べている。この論文の基本的な主張は、人の知力には限界があるので、人は何かを判断し、決定を下すときに簡単な経験則、すなわち「ヒューリスティック」に頼るというものだ。

たとえばアメリカ人に向かって、ドラブというのはよくある名前かと質問したとする。質問された人は、誰かがドラブと呼ばれるのを聞いたことがないので、おそらく「ノー」と答えるだろう。しかしドラブというのはインドではよくある名前で、インドの人口の多さを考えると、たぶん世界にはグレアムやバリーよりドラブと呼ばれる人の方が多いだろう。

人間の思考方法が原因となって、私たちは予測可能なエラーを犯す。これはセイラーにとって画期的なアイデアだった。経済学では、人間が思考するときに犯すエラーはその人に独特のもので、一般的な行動や市場は合理的だと考えられていた。

「全員が経済の原理を熟知しているという大前提に立って、非常に具体的な予測をすると、経済学者は問題にぶつかる」■27Pとセイラーは書いている。

たとえば科学者の研究によって、農家が肥料の量を減らせば所得が増えることが明らかになったとしよう。この場合、最善の政策は、その情報と研究結果を公表することだと経済学者は考える。そうすれば農家は自分の利益を考えて、最善の行動を取るはずだからだ。しかしこの考えは、多くの農家が単にこれまでずっとそうしてきたからという理由で、今までのやり方を変えないだろうという事実を考慮していない。

もう1つ例を挙げよう。あなたが政府の人間だとして、人々にもっと年金制度に投資させたいなら、今貯蓄して将来に備えるのがどれほど有益かという情報を提供するだけでいいと思うかもしれない。しかし実際には、それだけでは政府の責任を果たしたとは言えない。人間には将来より現在の消費を高く評価するというよく知られたバイアスがあるので、「ナッジ」■447P*5、つまりちょっとした後押し（たとえば新しい仕事に就くときは一定の金額の年金拠出をデフォルト設定にするなど）がなければ、人々は将来のために十分な貯蓄をしようとはしないのである。

セイラーはカーネマンとトヴェルスキーのもう1つの発見にも目を見張った。

人々にとって重要なのは富の絶対的な水準ではなく、その相対的な効用、もっとはっきり言えば富の変化だというものだ。人間は利益を欲しがる以上に損失を避けたがるという点で、合理的ではない。損失を回避したいというこの傾向のせいで、人は往々にして間違った決断を下す。たとえば持っている株が値下がりしているのに、売るのをためらってしまう。合理

*5 **ナッジ**
人々に強制せずに自分の判断でよりよい選択ができるように誘導する工夫【編】

的に考えれば、その株を売って今以上の損失を食い止め、もっと有望な株を買うべきだ。

セイラーは、人は将来自分のものになるかもしれないものより、すでに持っているもの（保有しているもの）に高い価値を感じるという現象を、「保有効果」40Pと名づけた。

セイラーは、自身が「メンタル・アカウンティング」と呼ぶ分野の研究にのめり込んだ。これは人がお金や富について合理性から外れた考え方をするときの心理を研究するものだ。

クレジットカードの請求書や借金がとんでもない金額になったとき、その支払いのために貯蓄からお金を引き出すのは理にかなっている。なぜなら貯蓄につく利子よりも、借金につく利子の方がはるかに高いからだ。しかし、人の心の中には「家賃」、「請求書の支払い」、「貯蓄」といった頑固な分類があって、お金は代替可能（お金はお金であり、どんな用途にも使える）という事実は忘れられているように見える。

この不合理性は、ギャンブルに最もよく表れる。ギャンブラーは、ブラックジャックで負けたお金は「自分の」お金だが、勝って手に入れたお金は「カジノのお金」であり、価値が低いと考える。ギャンブラーは自分のお金を失うのは嫌なので、何とか損失を取り返そうとするが、勝ったお金はその日のうちにギャンブルですってしまっても何とも思わない。カジノで勝ったお金だろうと仕事で稼いだお金だろうと、買えるものは同じなのに、これはおかしなことだ。

すでに何かに使ってしまって取り返せないお金を、経済学者は「サンクコスト」104P（埋没費用）と呼ぶ。その支出や投資から何か利益が得られるかどうかは、この場合関係がない。サンクコストは財政的には過去の出来事だ。しかし普通の人はそうは考えない。

セイラーはインドアテニスクラブに1000ドルの会費を払って入会した「ヴィンス」という男性を例に挙げる。入会から数か月後、ヴィンスはテニス肘になってしまったが、痛みがあるにもかかわらず、その後も通い続けた。会費を「無駄にする」のが嫌だったからだ。

経済学者が「サンクコストの錯誤」106Pと呼ぶ現象には、もっと深刻な影響がある。アメリカがベトナム戦争を継続したのは、政府があまりに多くの費用と人員をつぎ込んだせいで、そのすべてが「無駄になる」のに耐えられなかったからだという説がある。

コストコやアマゾンのような企業は、会員登録を促すことでサンクコストの錯誤に陥りやすい人間の性質を利用している。年会費99ドルを払ってアマゾンの「プライム」会員になると、人は「支払ったお金の元を取らなくては」と考えて、アマゾンを利用する機会が増える。

セイラーは消費者心理についても論じている。

スーパーマーケットの「いつでも低価格」102P路線が失敗しがちなのは、何でもほんの少し安く買えるというつまらない節約より、セール価格やクーポンの利用によってお買い得品を手に入れる方が顧客は喜ぶからだとセイラーは指摘している。

これは要するに「取引効用」96P[*6]の例だ。買い物をするとき、顧客は自分が利口で運がよかったと感じたいので、お得感を求める。いつでも低価格路線の小売企業でさえ、セールやクーポン以外の方法で必ず取引効用を提供している。たとえば割引や低金利での分割払い、他店より高い商品に対する差額の返金などだ。
裕福な人でさえウォルマートやコストコで買い物するのは不思議ではない。合理的に考えればそのお得感は勘違いだったとしても、人は誰でも「取引効用のスリルを求めている」103Pのだ。

選択の自由があるように見えても選択肢の設計によって誘導されている

経済学は、人々が政府に干渉されなければ、自分の生活や資源の分配について最善の選択をするという前提に立っている。

しかし、たとえば人は肥満になることを選ぶのだろうか、それとも肥満はあらゆる道路にファストフード店があるというような周囲の環境に影響されるのだろうか？

研究で、人には携帯電話の設定から退職準備貯蓄制度にいたるまで、デフォルト設定に執着する傾向があることがわかっている。惰性の力は大きいが、これには別の効果もある。政府は個人と社会の両方にプラスの結果をもたらす目的で、惰性を利用することができる。

他人の選択をよかれと思ってコントロールしようとしたあげく、大失敗に終わった運動や政府の例は歴史上枚挙にいとまがない。

セイラーは、行動経済学が人に何らかの行動を強制するものだという批判を避けるために、自分のアイデアを「リバタリアン・パターナリズム」446Pという言葉で説明した。

取引効用
*6 実際に支払った金額と、通常支払うと予想される価格の差【訳】

望ましい選択の方向性が明らかな場合，その選択肢を上のほうに記載するなどして選びやすくする設計を導入しつつ，それを選択したくない場合は拒絶する自由を与えるというものだ。たとえば、政府は特定の政策目標を達成するために人々にインセンティブを与えるという方法をすでに取り入れているが、インセンティブはいつも期待通りの効果を発揮するとは限らない。インセンティブと、一見無関係な「ナッジ」の組み合わせは、人間の生まれながらの認知バイアスが持つ悪影響を減らす効果がある。

セイラーが提唱するこのアプローチは、より多くの情報が与えられれば人は違う選択をするかもしれないという前提に立っている。

セイラーのアイデアはイギリスの政治家たちの関心を引き、２０１０年にデヴィッド・キャメロン首相のもとで「行動洞察チーム」■460Pが立ち上げられ、すぐに「ナッジ・ユニット」と呼ばれるようになった。

ナッジ・ユニットが存在価値を認められるには、政府のさまざまな部門の政策実現に協力し、ユニットの設立コストの10倍に相当する政府支出を節約する必要があった。最初に着手した仕事は、税金の滞納者に納税を促すことだった。ナッジ・ユニットは滞納者に督促状を送付して、「ほとんどの人」が税金を期限内に支払っているが、「あなたはいまのところまだ納税していないという非常に少数派の１人」■464Pだと伝えた。

この督促状を受け取ったグループの納税率は一定期間内に5%上昇し、金額にして９００万ポンドの税収を政府にもたらした。督促状につけ加えられたわずか一行の文章の効果としては、なかなかのものだった。

セイラーはナッジの他の例として、ガーナでマラリアの予防接種を携帯メールで通知するだけで接種する人が増えたという例や、臓器提供の意思があるかどうかを選択する場合、提供することをデフォルトにすると臓器提供者が劇的に増えるといった調査を紹介している。

イギリスのナッジ・ユニットは十分な成果を上げてから民営化し、現在はいくつかの公共機関にサービスを提供している。オーストラリアのニューサウスウェールズ州政府にもナッジ・ユニットがあり、ホワイトハウスにも社会・行動科学チームという名称で同様のユニットが設立された。今では130か国以上が公共政策に何らかの行動科学を取り入れている。

***7** この分野についてさらに詳しくは、セイラーの仲間の行動経済学者であるロバート・シラーによる『投機バブル　根拠なき熱狂』（577頁〜）を参照

今を知り、未来を考えるために――

セイラーは『行動経済学の逆襲』の2章分を割いて、行動経済学が金融の世界に与えた影響について詳細に語っている*7。

セイラーはアメリカ経済学会が創刊した『ジャーナル・オブ・エコノミック・パースペクティブズ』という学術誌に年4回「アノマリー（変則性）」と題するコラムを連載した。コラムでは、たとえば株式市場の「カレンダー」効果（株価は金曜日に上がり、月曜日に下がる。休日の前日と1月は株の収益率が高くなる）などを取り上げた。このコラムは

*8 クーンはアノマリーに気づくことからパラダイムシフトが起こると主張した【訳】

ほかの学術論文よりもはるかに多くの読者を獲得し、セイラーをちょっとした有名人にした。しかし14回連載された後で、コラムは休載した。新しい編集長が、読者はもうアノマリーには食傷気味だと考えたからだ。

セイラーはトーマス・クーンの『科学革命の構造』の愛読者だったので*8、コラム終了後もアノマリーの発見を続ける意欲を失わなかった。セイラーは心理学的アプローチを経済学に取り入れることでクーンのような革命的業績を残せると期待したわけではないが、実際にはセイラーは大きな業績を達成した。

行動経済学はもはや「ワコノミクス」ではなく、経済学の重要な下位分野となって、純粋に合理的なモデルの弱点を経済学者に突きつけている。しかし、あらゆる経済学者が行動学的な側面を研究に取り入れるようになれば、「行動経済学という分野」はもはや存在しなくなり、「どの経済学にも、行動学的な洞察が適切に反映されるようになる」490Pとセイラーは期待している。

50

2016

ブルジョアの平等

ディアドラ・マクロスキー

未邦訳

現代社会の豊かさは、資本主義だけによって創造されたわけではない。平等主義的な自由主義という新しい哲学によって、庶民の能力が解放される必要があったのである。

▼「大いなる豊かさは（中略）人種や階級、権力、気候、文化、宗教、遺伝、地形、制度、国民性といった物質的な条件では説明できない。私たちが自動車や投票権、水道、初等教育を手に入れられたのは、自由主義から生まれた新たな理念、すなわち向上を奨励する新しいシステムと、階層社会の部分的な崩壊のおかげである。」

▼「ブルジョア・ディール（【訳】イノベーションの容認や古いやり方からの転換）、顧客の満足を確かめる民主的なテスト、そしてテストに合格しさえすれば得られる個人の利益に感謝しなければならない。国家の栄光や貴族の利益や天国に召された魂の数によってではなく、商業的なコストと便益の合理的な判断によって得られる社会的利益にも感謝しなければならない。」

【本書訳者による訳】

Deirdre McCloskey
ディアドラ・マクロスキー

アメリカの経済学者・歴史学者。

マクロスキーは1942年に生まれた。父が政治学教授を務めていたハーバード大学で経済学を学んだ。1970年代にシカゴ大学で経済学准教授になり、後に歴史学准教授にも就任した。1980年から1999年にかけてアイオワ大学で経済学および歴史学教授を務めた。2000年からはシカゴのイリノイ大学で経済学、歴史学、英語学およびコミュニケーション学教授を務めている。

マクロスキーの著書は、本書および『The Bourgeois Virtues: Ethics for an Age of Commerce（ブルジョアの美徳—商業時代の倫理）』（2006年）、『Bourgeois Dignity: Why Economics Can't Explain the Modern World（ブルジョアの尊厳—経済学はなぜ現代社会を説明できないか）』（2010年）からなる「ブルジョア」3部作の他に、経済学者が明晰な文章を書くための手引きである『Economical Writing（経済学の著述法）』や、経済学は科学と人文学を融合した学問であり、説得術も含まれると主張した『The Rhetoric of Economics（経済学の修辞学）』などの名著がある。

経済学者としては「ドナルド・マクロスキー」として知られていた時期が長いが、1995年に性転換してディアドラ・マクロスキーとなった。著書『性転換—53歳で女性になった大学教授』（1999年）の中で、マクロスキーはこの決断について書いている。マクロスキーはLGBTの平等と権利を求める活動をしている。

平等と尊重こそが世を繁栄に導き それによって過去200年のあいだに 人々の暮らしが大幅に改善されたことを示した

成長や発展を促す力として、物質的要素や制度よりも理念を重視する経済史家が増えているが、マクロスキーもその1人だ（他にジョエル・モキールやポール・ローマーらがいる）。

現代社会は（アダム・スミスからマルクスやピケティといった経済学者が主張するように）、「レンガの上にレンガを、学位の上に学位を、銀行預金の上に銀行預金を」積み重ね、資本を蓄積することによって成立したという考えでは説明しきれないとマクロスキーは主張した。

レンガや学位や預金は必要な要素かもしれないが、2世紀前に北ヨーロッパで始まったあれほど強力な変化は、〝法の前の平等〟と〝人間の尊厳〟（ブルジョアの理念）を抜きにしては語れない。庶民に与えられた「法的な自由と社会的な尊重」の組み合わせこそが、繁栄の永遠の源泉だとマクロスキーは言う。

その組み合わせは19世紀から20世紀にかけてヨーロッパとアメリカで見事な成果を上げ、21世紀には中国やインドで同じく望ましい影響をもたらすだろう。

以上が『Bourgeois Equality』の基本的な主張だが、この主張はマクロスキーの文章によってきわめて強い説得力をもって読者に迫ってくる。経済学と英文学の2つの分野を専門に持つマクロスキーによって、並外れた魅力と面白さに富み、ページをめくる手が止まらない本になった。

マクロスキーは、小説しか読んだことのない読者のために経済学書を書こうと思ったのかもしれない。イプセンやジェーン・オースティン、チェーホフ、バルザック、シェークスピアからの引用が随所にちりばめられた本書を読めば、読者は知識を得るだけでなく、教養が高まる思いがするだろう。

現代は、歴史的上かってないほど非常に恵まれた物質的楽園に近づいている

地球の70億人の人口のうち、10億人は今でも乏しい食料と劣悪な衛生・教育・住宅環境で生活している。

これは悲劇的なことには違いないが、歴史の大半を通じて、ほとんどの人々がこのような暮らしをしていたのを忘れてはいけない。

食べるためだけに働き、地方領主に支配されながらあばら家で暮らし、生まれた子の半分は5歳まで生きられないのが当たり前の生活だった。抗生物質が発見されていなかったせい

で、イギリスの詩人ジョン・キーツが結核にかかって20代の若さで死亡したのはそれほど昔のことではない。

そして1917年になってもスウェーデンの農村ではジャガイモの凶作で人々が飢え死にする可能性があった。本や靴、家具、馬などは、それらを手に入れるために必要な労働時間に換算すると、すべて高価だった。

現在ではそれらのものは（馬は自動車に代わったが）無料か、安価になり、普通の人の給料で容易に買うことができる。現在ではアメリカの農民は1人当たり300人分の食料を生産でき、人間の寿命は2倍に伸びた。

2016年の世界の1人当たり平均所得は1941年のアメリカとほぼ同じで、現在のブラジルの平均所得（33ドル）に等しい。次の世代には、1人当たり所得が1日100ドルを超えるOECD（経済開発協力機構）加盟国の所得と生活水準に世界の他の国々も追いつくだろう。

「私たちはかなり恵まれた物質的楽園に近づいている」とマクロスキーは言う。

人間は今や1800年当時の70倍の商品とサービスを消費し、そのおかげで規模の経済が拡大し、商品やサービスはさらに安くなる。人口が増えれば、もっと多くの知恵を結集して医療や交通問題、そしてもちろん環境問題の解決に取り組めるようになる。

過去200年間に達成されたこのような「大いなる豊かさ」を環境悪化と行き過ぎた消費主義がもたらす一時的な華々しさにすぎないと考えるのは、「世界に残された貧しい人々」に対する裏切りだとマクロスキーは主張する。

現代の大いなる豊かさは、平等主義的自由主義によって達成された

大いなる豊かさによって貧困が解消されるとしても、経済学者も歴史家もその理由を政治に求めることはできないとマクロスキーは考えている。彼らは「要因」に目を向けているが、18世紀末以降、成長と生活水準の突然の飛躍を可能にしたのは理念、そして思想の転換だった。

近代経済学は、分業や資本の蓄積、国際貿易の拡大、あるいは取引費用の低下と規模の経済の増大が繁栄の要因だと言う。

これらはすべて繁栄の一因には違いないが、ジェニー紡績機や保険会社やアウトバーン[*1]だけでなく、アメリカ合衆国憲法やイギリス中流階級のような新しい政治的、社会的概念も含むすべては、新たに誕生した平等主義的自由主義から生まれてきたのである。

この平等主義的自由主義は16世紀末にオランダで誕生し、後にイングランド、スコットランド、そしてニューイングランドに広がった。

発明やイノベーションの急激な増加は、庶民に与えられた新しい自由と社会的承認、そして権利の平等の賜物だ。「私たちが自動車や投票権、水道、初等教育を手に入れられたのは、自由主義から生まれた新たな理念、すなわち向上を奨励する新しいシステムと、階層社会の

*1 **アウトバーン**
ドイツやオーストリアの高速道路【訳】

部分的な崩壊のおかげである」とマクロスキーは書いている。

簡単に言えば、より多くの人が〝挑戦する〟こと、そして努力によって自分の価値を社会に認めさせることができるようになった。資本は生活の改善と向上の理念を反映して蓄積したのであり、資本が改善や向上の原因になったのではない。

歴史を振り返ると、資本主義は過去にさまざまな形で存在したとマクロスキーは指摘する。より厳密にいえば、富の大幅な増大を可能にしたのは、貿易や政治に取り入れられた自由主義である。

だとすれば、現代社会を作ったのは貴族階級や私利私欲にまみれた官僚ではなく、人々が何を欲しがっているかを知り、それを提供してきた平凡な生産者たちだ。

現代の英雄は組み立てラインを考案したヘンリー・フォードや iPhone を発明したスティーブ・ジョブズだ。

この変化は、崇高な貴族的ふるまいや将軍の栄光よりも、思慮分別や効率性、そして単純に〝役に立つことをする〟ことに重きを置くブルジョア（資本家階級）の価値観が高く評価されるようになったために生じた。

新しいものが作られると、それが君主を楽しませ、気に入られるかどうかではなく、数百万人の生活を楽にし、向上させるかどうかで評価されるようになった。それが商業とブルジョア文明の本質であり、占領、搾取、掠奪だけを重視したブルジョア以前の倫理観との決定的な違いだ。

ブルジョアの基本的な思考の枠組みは個人の尊厳に基づいている。かつて尊厳《ディグニティ》という言葉は、社会的序列の中で高い階級や地位や身分のある人のためのものだった（だから英語では高い地位にある人を指して「高位高官《ディグニタリー》」と呼ぶ）。

行動の自由と承認されることの自由は、個人に与えられた尊厳とともに、現代では当然とみなされている。しかしそのようなブルジョアの平等が社会に芽生えたとき、それは人々を解放する大きな力になった。

顧客を喜ばせたいというブルジョアの欲求は、「高慢な貴族や妬み深い農民、偉そうなインテリ」の思考様式に比べればずっと道徳的で、共同体内のすべての人々の進歩に役立つとマクロスキーは書いている。

インテリ——世論を形成する知識人やジャーナリストたち——は、倫理的な優越感と商業主義への反感から、しばしば技術や商業の進歩に反対し、社会主義や中央政府による計画経済、ナショナリズム、あるいはもっと単純な規制強化など、反自由主義的ユートピアを支持する考えを表明してきた。

しかしこのインテリ階級は、「普通の人々は上層部から指図されるまでもなく、尊重され、放任されれば大きな創造力を発揮するという科学的に証明された19世紀の社会的発見（中略）、そして普通の人々に与えられた自由と尊厳が、あらゆる意味で私たちを豊かにしたという事実」を忘れてしまっている。

自由を制限することなく、現代的生活のあらゆる快適さを大多数の人々にもたらした（突発的向上）のは、法の前の平等と尊厳である。

もちろん、人々が競争する必要がある社会や、貯蓄を投じた新規事業が失敗する可能性がある社会は、残念な結果を生む場合もある。しかし、少なくとも競争に参加するすべての人は、「取引という平等な民主的テストに立ち向かう」のである。あなたが売るものを人々が欲しがるかどうかというテストである。

このようなテストを基準としている社会は、生まれや階級、人種、性別に基づく社会よりもすぐれている。ヨーゼフ・シュンペーターの「創造的破壊」という概念は恐ろしげな響きを持っているが、人間の置かれた状態を解決したと主張するどんな共同体主義的な制度（社会主義や共産主義）と比べても公正である。

自由主義的な文明は、話術と討論と説得の文明である。それはまだ問題が解決されていないこと、誰でも権力や富や社会的な栄誉を手に入れられる可能性があることを意味している。プラトンの「真理」やマルクスの「イデオロギー」、デリダの「脱構築」といった、よりよく明快で純粋な世界への知的な鍵と考えられているものを手に入れるより、巧みな話術を持ち、それを宣伝や広告で表現する方がよほど役に立つ。

*2 「強欲は善だ」
映画『ウォール街』の主人公の貪欲な投資家の有名なセリフ【訳】

現代の正統派経済学とは違って、マクロスキーが崇拝するアダム・スミスの世界観では、人間は自己最大化を目的とするロボットとはみなされていない。アダム・スミスは、便益があると認められる場合に限って人間は商業的取引に従事すると考えた。それ以外の人生は、信仰や正義、勇気や愛などの美徳を追求し、育てるためにある。

スミスは近代的な経済社会に暮らす人々が金儲けを必要とする一方で、市民、配偶者、親、隣人、友人としての役割を果たし続けていることを高く評価していた。

現代の「ビジネス文明」は人間精神を堕落させなかったとマクロスキーは主張する。それどころか、繁栄のおかげで生きていける家族や個人が何億も増えたのである。「強欲は善だ」*2という価値観は、資本主義の本来の姿ではなく、アダム・スミスやジョン・スチュアート・ミル、アルフレッド・マーシャルらが語った道徳的な取引の経済学とは違う。

マクロスキーは、資本や技術、資源だけでは決して十分ではないと主張する。それぞれの「要因」の持つ潜在的な可能性を、個人が創造力の限界まで生かすことができる倫理的環境が存在しなければならない。そのためには個人の自由があり、創造された価値が正しく認められる必要がある。そのような平等こそが、富と生活水準の向上を促す真の要因である。

謝辞

この仕事ができたことは本当に幸運だったと思っている。世界に影響を与えた偉大な人々や、その思想と著作について読んだり書いたりできるのはとても恵まれた仕事であり、それを当たり前だと思ったことはない。しかし編集上の助言や原稿の編集、販売、宣伝、翻訳権などを一手に引き受けてくれる強力なチームがなければ、私が書くものは決して完成しなかっただろう。

『世界の経済学50の名著』は、もともとニコラス・ブリーリー出版から依頼され、刺激的な議論を重ねた末に全体的なコンセプトができあがった。ハチェット・グループがニコラス・ブリーリー出版を買収し、ジョン・マレー・プレスとなった後で、ニック・デーヴィスが『50の名著』シリーズの継続を熱心に勧めてくれたので、『世界の経済学50の名著』はシリーズ再開の重要な1冊となった。

ハチェット・グループ・ロンドンの企画担当編集者ホリー・ベニオンと発行編集者イアン・キャンベルにお礼を申し上げたい。2人は最初からこのシリーズに力を入れ、新刊を出すために熱心に努力してくれた。また、このシリーズの販売、マーケティング、編集、宣伝のために尽力してくれたベン・スライト、ルイーズ・リチャードソン、ナディア・マヌエッリ、そしてジョアナ・カリフェシュスカとアンナ・アレクサンダーをはじめとする権利関係チーム、すばらしい装丁をしてくれたホッダー社のデザイナーたちにも感謝を伝えたい。

ボストンのニコラス・ブリーリー社のアリソン・ハンキーとメリッサ・カールは、アメリカとカナダで『50の名著』シリーズの販促活動を続け、読者を増やしてくれた。また、シドニーのハチェット・チームは私の著作のオーストラリアでの販促活動に尽力してくれた。心から感謝申し上げたい。

『世界の経済学50の名著』の執筆にとりかかったばかりの頃、掲載書のリストや本書のコンセプトについて助言してくれた方々にお礼申し上げたい。とりわけ経済学部の学生であるカカニック・ソコリとネイタン・ミサクのおかげで、現在の大学では何を教えているか（あるいは教えていないか）を理解することができた。カカニックにはインターンとして調査に協力し、原稿に目を通してくれたことに感謝したい。また、オーストラリアのロイヤルメルボルン工科（RMIT）大学のスティーブ・ケイツは、初期の掲載書リストに意見を寄せてくれた。言うまでもないが、この本の最終的な責任はすべて私にある。

本書で取り上げた著作の現存する著者の方々全員に、経済学への貢献に対してお礼を申し上げたい。それぞれの著書を取り上げた章に目を通し、質問に答えていただきたいというこちらの依頼を快く了承してくださった方々には特に感謝を伝えたい。最後に、オックスフォード大学のボドリアン図書館には心から感謝している。この図書館の膨大な経済学関連の蔵書は、本書を執筆するための調査に大きな力を与えてくれた。

LIBERAL ARTS COLLEGE

世界の経済学 50の名著

発行日	2018年　10月20日　第1刷
Author	T・バトラー＝ボードン
Translator	大間知知子（翻訳協力（株）トランネット）
Book Designer	辻中浩一　内藤万起子（ウフ）
Publication	株式会社ディスカヴァー・トゥエンティワン 〒102-0093　東京都千代田区平河町2-16-1 平河町森タワー11F TEL　03-3237-8321（代表） FAX　03-3237-8323 http://www.d21.co.jp
Publisher	干場弓子
Editor	堀部直人＋木下智尋
Marketing Group Staff	小田孝文　井筒浩　千葉潤子　飯田智樹　佐藤昌幸 谷口奈緒美　古矢薫　蛯原昇　安永智洋　鍋田匠伴　榊原僚 佐竹祐哉　廣内悠理　梅本翔太　田中姫菜　橋本莉奈　川島理 庄司知世　谷中卓　小木曽礼丈　越野志絵良　佐々木玲奈 高橋雛乃
Productive Group Staff	藤田浩芳　千葉正幸　原典宏　林秀樹　三谷祐一　大山聡子 大竹朝子　林拓馬　塔下太朗　松石悠　渡辺基志
Digital Group Staff	清水達也　松原史与志　中澤泰宏　西川なつか　伊東佑真 牧野類　倉田華　伊藤光太郎　高良彰子　佐藤淳基
Global & Public Relations Group Staff	郭迪　田中亜紀　杉田彰子　奥田千晶　李瑋玲　連苑如
Operations & Accounting Group Staff	山中麻吏　小関勝則　小田木もも　池田望　福永友紀
Assistant Staff	俵敬子　町田加奈子　丸山香織　井澤徳子　藤井多穂子 藤井かおり　葛目美枝子　伊藤香　鈴木洋子　石橋佐知子 伊藤由美　畑野衣見　井上竜之介　斎藤悠人　平井聡一郎 宮崎陽子
Proofreader	スタジオYN＋松久敏也
DTP	株式会社T&K
Printing	大日本印刷株式会社

ISBN978-4-7993-2372-4